Selected Business Cases of COB, SUFE
(Volume 1)

上海财经大学商学院优秀案例集锦

（第一辑）

王少飞 主 编
薛丽萍 姜 晖 副主编

上海财经大学出版社

图书在版编目(CIP)数据

上海财经大学商学院优秀案例集锦(第一辑)/王少飞主编,薛丽萍,姜晖副主编.—上海:上海财经大学出版社,2013.8
ISBN 978-7-5642-1678-8/F·1678

Ⅰ.①上… Ⅱ.①王… Ⅲ.①经济管理-案例 Ⅳ.①F2

中国版本图书馆 CIP 数据核字(2013)第 160914 号

□ 责任编辑　顾晨溪
□ 封面设计　张克瑶

SHANGHAI CAIJING DAXUE SHANGXUEYUAN YOUXIU ANLI JIJIN
上海财经大学商学院优秀案例集锦
(第一辑)
王少飞　主编

上海财经大学出版社出版发行
(上海市武东路321号乙　邮编200434)
网　　址:http://www.sufep.com
电子邮箱:webmaster @ sufep.com
全国新华书店经销
上海市印刷七厂印刷
上海春秋印刷厂装订
2013年8月第1版　2013年8月第1次印刷

787mm×1092mm　1/16　18印张　460千字
印数:0 001—4 000　定价:36.00元

序(一)

作为中国最早的商学研究高等学府,上海财经大学对商学教育改革的热衷愈久弥新。2011年初,上海财经大学根据"具有鲜明财经特色的多科性研究性大学"的发展定位,决定恢复建立商学院,并逐步整合相关学科优势资源,着力打造中国一流、世界知名的高等商科教育品牌,从而确定了"为研究商学而设,为培植商业人才而设,为引领商人而设"的商学院使命。

秉承这一使命,上海财经大学商学院围绕商学研究、人才培养和社会贡献等多个方面开展了一系列大胆的尝试,紧随国际现代高等商学教育的步伐,以国际一流大学为参照,以商学院自身使命为根基,坚持以商学教育培养和发展为核心,破陈出新,不断整合、完善、创新、提高,潜心探索适合中国国情并能够最大限度发挥商学学科教育优势的商学教育运行机制,成为学校商学教育改革的标兵和试验田。而此次上海财经大学商学案例的征集和出版正是商学院在教学创新方面的有益尝试,也是商学院在推进商学教学改革和商学研究创新上持续努力和不懈追求的辛勤结晶。

近年来,上海财经大学商学院为创新提高案例教学质量,不断加大投入和支持力度,多次组织任课教师参加国内外高质量的案例教学研讨会和培训会,并邀请来自加拿大西安大略大学毅伟商学院的陈时奋教授等知名学者,围绕案例教学法与商学教育、案例教学在亚洲等主题,与商学院任课教师进行交流探讨,为切实提升商学院的案例教学水平提供了良好的学习平台。同时,商学院积极借助任课教师的学术力量,以国际一流商学院的优秀案例为范本,进行案例收集、开发与研究,为教学案例的高标准和国际化,以及商业文明的沉淀积累和商学教育的价值回归,迈出了坚实的步伐。本辑案例是上海财经大学商学院案例研发的首批成果,商学院将在此继续努力,加强校内外的合作与交流,为教学与研究提供更多生动鲜活的案例。

孙铮
上海财经大学副校长、商学院院长
2013年8月

序(二)

自20世纪初,哈佛开创了独特的案例教学法并在商学教育得到成功应用以来,案例教学便以其所具有的良好启发性和警示作用,成为丰富和拓宽企业管理者商业思维的有效方法,并成为全球商学教育尤其是专业硕士教育中最为普遍和流行的教学模式。

案例教学不同于传统的以书本为中心、以教学为主导的灌输式教育方式,它更强调学生在学习中的主观能动性,将被动式学习变成主动式学习,通过学生切身的体验、思考、分析、决断、创新,从而增加其对所学相关知识的认知度和兴趣度。这就要求案例的设计和组织必须更好地将情景教学与理论教学进行结合,围绕教学的核心目标与环节,对相关知识进行整合,使学生能在学习过程中巧妙地参与到教学过程,激发学生的学习兴趣和探索热情。

此外,我国独特的转型经济体制环境也为我们研究中国经济的实践提供了丰沃的土壤。作为我国最早开展商学教育的高等学府,上海财经大学在建校之初,就强调了实践对商学教育的重要意义,并指出商学教育应以优良之实践环境,"为商学之试验室,复以研究所得,贡献社会,学校社会联跗并萼,相得益彰"。肩负这份先贤的嘱托和使命,上海财经大学商学院以国际化的案例为标准,大力推进本土化案例的收集、开发与研究,将本土的优秀工商管理经验进行总结与凝练,以全球最新的前沿管理理论,聚焦中国经济发展与企业管理实践,为案例教学提供新案例、新经验,植根中国,放眼全球,以更大力度地帮助和指导我国经济建设的实践,推进经济更快、更好发展。

本辑案例大多以作者的调查资料为基础精心编撰而成,贴近现实管理热点问题,生动展现了当前经济生活中企业在各个领域中所面临的现实情况,形象说明了相关理论和方法,为案例使用者进行更深入的探讨和挖掘提供了好材料、好机会。借此,向支持、参与本辑案例撰写的各位专家和老师表示衷心的感谢。

同时,上海财经大学商学院案例中心负责了本辑案例的集结出版工作,在此向参与编辑和出版工作的所有工作人员表示诚挚的感谢。本辑案例主编王少飞,副主编薛丽萍、姜晖,案例编委会成员李思志、谭惠灵、陈瑜、张倩、冯伟忠、白露明、高明辉、杨建平、陈新惠、刘黎明、张洁、刘松鸽、高斯达。

上海财经大学商学院案例中心
2013年8月

目　录

序(一) 1
序(二) 1
"黛妃"渠道战略
　　——竞争夹缝中的生存与突围 1
绿色米兰广场
　　——奥特莱斯进城的道与术 21
YC公司的六西格玛质量管理 46
分销还是直销
　　——研华的渠道难题 71
京东商城的物流系统改造
　　——来自用户的体验 84
蒙牛乳业的崛起 103
"红绿"之争
　　——"王老吉"商标争议给中国企业带来的启示 120
宝甲公司圈子创业过程 138
即略公司的创业过程 153
奢侈品销售企业的社会责任
　　——来自秀秀公司的道德报告 171
好美家的成长转型之路 184
西马克的全球化绿色供应链管理 201
ZPMC的供应链管理与创新 221
"车前车后"网站诞生记
　　——平台型互联网公司的商业模式选择 247
授权的迷思
　　——某通信公司中层管理者的授权困局 265

"黛妃"渠道战略
——竞争夹缝中的生存与突围[①]

● **摘　要**：近年来，我国化妆品行业进入了加速洗牌的阶段，特别是一些中档化妆品品牌步入了企业生存的关键阶段，这种趋势在2011年愈演愈烈。部分中档化妆品品牌成为行业洗牌的"首选目标"。为了回笼资金，企业的各大品牌之间展开了价格战，从而导致化妆品利润再度下降。在这一洗牌过程中受伤害最深的正是中档品牌。近期已有很多化妆品企业悄然退市，而新进入市场的又多是中小品牌。尽管在2011年化妆品行业前景看好，但不可避免地，中档品牌将成为行业洗牌的牺牲者。在市场的重压下，小品牌也不得不直面竞争。面对如此复杂的背景，作为一个已成立十余年的上海本地品牌，"黛妃"应该如何面对国内市场的激烈竞争，又应该如何从国内外一线品牌的竞争夹缝中找出一条适合自己的发展路径？要想进入全新的市场，"黛妃"该如何规划与设计它的品牌销售渠道？

● **关键词**：化妆品行业；黛妃；渠道管理；渠道设计

引　言

2012年9月26日，"黛妃"品牌山东地区代理商会议在济南舜天大酒店举行。黛妃公司总经理葛志平、营销总监周伟斌、培训总监Kevin及山东地区所有代理商公司总经理出席了本次会议。会议上，葛志平分析了目前的市场状况及山东地区各代理商前两季度的市场回款情况，重申打造强有力的内部服务团队及与公司价值观相一致的代理商团队的决心，对于那些不能和公司步伐保持一致、回款偏离目标太远的代理商，将予以调整和淘汰。会议同时决定，10月15～18日，将在山东济南举行全省"'黛妃'品牌2012年山东地区秋季销售精英训练营"培训会，并于同期在山东省收视率最高的"山东生活频道"《生活帮》栏目投入广告。这表明了公司对山东市场的重视以及加大市场投入力度的决心。

近几年，华北地区的销售额稳步增长，为公司的创收作出了很大的贡献。但为达到公司既定的发展目标，葛志平经考虑后决定将公司的主战场扩展到长江以南地区。但是，公司已有的

---

① 本案例由上海财经大学国际工商管理学院的高维和、姜敏撰写，作者拥有著作权中的署名权、修改权、改编权。未经允许，本案例的所有部分都不能以任何方式与手段擅自复制或传播。

版权所有人授权上海财经大学商学院案例中心使用。

由于企业保密的要求，在本案例中对有关名称、数据等做了必要的掩饰性处理。

案例只供课堂使用，并无意暗示或说明某种管理行为是否有效。

经验是否适用于新市场的拓展？为此，葛志平又陷入沉思之中……

一、公司概况

上海维婕娜（黛妃）化妆品有限公司（简称"黛妃"）是一家秉承"生产一流的产品、培养一流的人才"宗旨，致力于通过不断加强企业内部管理机制，生产出"高端护理、健康有效"的化妆品的公司。"黛妃"于1999年成立，经过十几年的风雨历程，至今已发展为一家集科研、开发、生产、销售、服务为一体的专业化妆品制造企业，其产品包括"黛妃"在内的"莱茜儿"、"诺蒂雅"、"维婕娜"、"水美姬"、"花碧秀"六个日化线品牌，"兰奈姬"网销专供品牌，"眉飞色舞"彩妆品牌以及"南丁·葛尔"专业线品牌，覆盖护肤、洗涤、彩妆几大系列多款品种，可以满足不同肤质、不同层次的消费者的需求。公司在上海和浙江分别设有上海赛丽日用化学品有限公司和东阳黛妃日化有限公司两个生产基地，占地面积近15亩，建有15 000平方米具有国际水平的标准厂房，工厂全套引进高新技术生产线及先进的检测设备，其中最新引进的00-1电脑灌装流水线为国内少见。除良好的硬件外，公司于2001年9月率先通过ISO9001:2000质量体系论证，为生产最优质的产品奠定了坚实的基础，从而确保其在激烈的行业竞争中始终以一流的质量立于潮头。目前，"黛妃"的业务已遍布全国27个省、市、自治区。

（一）公司的发展

经过多年耕耘，"黛妃"获得了众多荣誉，其中，它荣获的"中国驰名商标"称号、被中华全国工商业联合会美容化妆品业商会认定为"优秀民族品牌"以及被香港凤凰卫视评为"最受消费者欢迎品牌大奖"等荣誉更是对公司多年发展的肯定。所有这些成就和荣誉都有赖于"黛妃"对公司愿景、公司使命、公司价值观的坚持和坚守。公司做强做大固然可喜，但"黛妃"认为，要造就百年品牌，必须要看这个公司能走多远，这也为其在未来的长远发展奠定了坚实的基础。

这两年，公司的销售额一直都是2亿多元，没有太大的改变。公司认为，主要原因有三，即国家的宏观行业环境、消费观念以及关联行业（关联行业出现安全问题会对化妆品行业产生负面影响）。在这种情况下，公司将2012年的发展目标定为：稳中求生，稳中求利。

（二）公司的产品

"黛妃"的产品包括护肤品、彩妆、洗涤和香水（见图1）。护肤品是其主营业务，包括"黛妃"、"莱茜儿"、"诺蒂雅"、"维婕娜"、"水美姬"以及"花碧秀"六个日化线品牌。公司的目标市场定位于长江以北，因而产品主要以保湿为主。"黛妃"是公司的主打品牌，公司投入大量的研发及产品维护成本来确保产品质量，避免因出现产品质量或价格不统一问题而使其品牌受损。公司立志将"黛妃"塑造成一个百年品牌，所以"黛妃"的价格、渠道受到公司统一控制：在价格

图片来源：维婕娜公司官网。

图1 "黛妃"的产品介绍

控制上,全国保持统一的零售价,严禁代理商私自涨价或降价;在渠道控制上,公司有严格的分销商选择标准。

相比较而言,"莱茜儿"、"诺蒂雅"、"维婕娜"、"水美姬"以及"花碧秀"是副品牌,公司主要是通过它们进行创收,其中一个副品牌曾在郑州市场上达到1 000万元的销售额。副品牌产品主要是在小商品市场上以批发的方式进行销售,只要批发商付钱,公司就予以批发;在价格监管上,公司也没有相应的管理体制,只要商品批发出去,分销商可根据实际情况自行制定销售价格,公司对此不予干涉。代理商也可根据实际情况对产品进行价格调整,全国没有统一的零售价。所以,副品牌的商品所呈现出来的特点是:质量可靠;价格低;外包装模仿国外品牌;销售渠道不受公司控制;产品一旦出售,公司不为批发商提供服务。整个公司只有一个人负责所有副品牌的运作,包括传达副品牌的产品信息、开展网站维护、通过多媒体或平面广告的形式进行招商。葛志平曾做过这么一个形象的比喻:"黛妃"是公司的"亲生儿子",由公司亲自培养,给予"他"最好的教育,送其去留学,将其培养成最优秀的"人才";而副品牌虽然也是公司的"亲生儿子",但是自其一出生,公司就将"他"送出去由别人养大。"黛妃"和副品牌之间的产品名字、产品系列、产品销售渠道被严格分开,从而切实保证副品牌不会对"黛妃"产生任何负面的影响。

图2反映了主、副品牌的销售额和利润与时间的对应关系。就副品牌来讲,一开始,因为品牌数量比较多,产品的销售量就比较大,利润比较高。但是随着时间的推移,销售额逐渐下降,利润也逐渐降低。而主品牌"黛妃"的销售情况却与之相反,一开始,黛妃的销售额和利润都比较低,但是随着市场的推广以及品牌形象的树立,"黛妃"的销售额逐年增加,并且利润也逐渐上升。

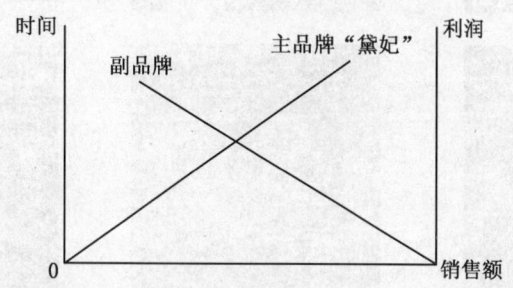

资料来源:根据葛志平总经理描述整理。

图2 主、副品牌的销售额和利润走向

(三)"黛妃"

"黛妃"的产品一共分为12个系列,分别为真皙凝白系列、纯粹净白系列、海洋蛋白系列、抗污染净系列、水凝亮采系列、菁纯水货保湿系列、新润白系列、特殊护理系列、蓝海动力源塑颜系列、海洋鲟鱼子系列、玫瑰香薰花卉系列和男士悍龙系列。每一系列的产品又细分为洗面奶、护肤品、隔离霜和粉底液。公司将"黛妃"的目标市场选在三线城市。葛志平表示:之所以会选择三线市场是因为:一方面,一、二线市场基本上已经被国外的品牌所垄断,作为民族品牌,"黛妃"很难插足这片"红海";另一方面,一、二线城市的消费者更关注产品的品牌,而"黛妃"在品牌的知名度上略有劣势,所以进入品牌关注度较低的三线市场有助于公司的发展。近几年,"黛妃"的总销售额一直保持在2亿元左右,没有提高,也没有下降。公司将"黛妃"定位于中高端市场,具体的产品价格见附录1。

为更好地促进产品的销售,公司曾一度通过网络媒体和平面媒体开展产品宣传。公司曾在一些直邮广告(Direct Mait Advertising,DM)杂志上投放平面广告,如图3所示。

图片来源:维婕娜公司官网。

图3 "黛妃"曾投放平面广告的杂志、DM

2006～2007年公司发展得较快,于是,公司花费了2 000多万元请中国知名影星陈紫函作为代言人拍摄广告,但是后来"零点咨询"的调查报告显示,这组广告的效果微乎其微。由于当时产品并没有在全国形成销售网络,单方面的空中轰炸得不到地下渠道系统的呼应,所以投放广告这一行为几乎是无用功。

二、公司的渠道模式及对经销商的政策

(一)公司的渠道模式

"黛妃"在长江以北地区采用的是多层级渠道模式,主要分为三类:第一类是产品需要经过代理商、分销商等中间环节才能到达消费者手中,其具体形式是黛妃—代理商—分销商—消费者;第二类则是由分公司将产品销售到直营店,再由直营店将产品送到消费者手中;第三类就是电商。

在第一类渠道模式中,"黛妃"分销渠道各层次的具体分工如下:

第一层分销渠道是从公司到达代理商的过程。公司和代理商之间通过签订销售合同,以现款现货的方式进行交易,公司以一定的折扣价格将产品销售给代理商。代理商数量比较庞大,是公司主要的收入来源。在代理商的选择上,公司的标准也在不断提高,并淘汰了一些不符合评级标准的代理商。作为代理商,必须要有"三路",即思路、通路和财路。思路,即有想法;通路,即有渠道,也就是有相关从业经验;财路,即有经济实力。公司提出要建立两支队伍:对内建立一支作风比较顽强、个人素质过硬、理论知识比较全面的管理型队伍,包括培训师、美容导师和大学青年;对外建立一支有"三路"的代理商队伍。第二层分销渠道是从公司代理商到达下级分销商的过程。这些渠道包括传统的百货商店,主要是代理商负责所辖区域的分销商管理和市场监督工作。第三层分销渠道就是从分销商到达终端客户的过程。分销商的驻店促销员在卖场开展促销工作。

第二类分销渠道各层次的具体分工如下:

第一层分销渠道是从公司的分公司到"三专店"——专卖店、专营店、专门店——的过程。在这种分销渠道下,现金周转比较快,而且所有的政策都是由公司制定。因为现如今产品实行"一瓶一码",所以公司能够保证有"三专店"的地方就没有代理商。如今直营的地区主要有甘肃、陕西和山东的两个地区。第二层分销渠道是从公司的"三专店"到达终端客户的过程。公司会有员工服务于"三专店"。

第三类分销渠道是电商。2010年,公司成立了电商部,配有6名员工,以市场零售价七折以上的折扣价格销售"黛妃"的产品,但是迄今为止这一渠道仍然没有盈利。葛志平对此总结的原因是:第一,未对渠道进行细分,出现一定的渠道冲突。对于在线下销售产品的经销商而言,电商渠道的拓展间接损害了他们的利益,导致他们对公司产生意见。第二,产品的价格过高。虽然电商销售产品时的价格是零售价的七折左右,但是消费者仍然嫌贵。而如果价格过低,电商这一渠道会损害"黛妃"的品牌形象,从而降低产品的附加值。第三,没有可以直接通过电商销售的细分化的产品。针对这几个原因,公司又重新研发出"兰奈姬"这一品牌的产品,专供网络销售。但是出现的又一问题是产品包装所用材料为玻璃,不适宜运输,导致顾客收到产品时包装已损坏,顾客的差评增多。现在公司着重做劳动防护用品,并采用定制化生产(B2B)。如果超过一定的金额,公司还可以将客户的标志加在产品外包装上。

公司的销售渠道构架如图4所示。

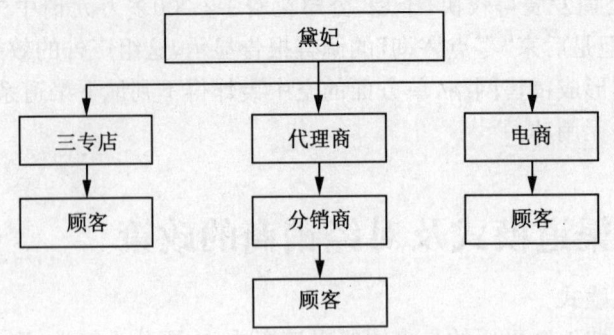

图 4　公司的销售渠道构架

另外,公司也曾尝试过美容院这一渠道,但是亏损1 600多万元,在此不再赘述。

(二)公司对经销商的政策

(1)无论是代理商还是分销商,都要经过公司的系统培训。讲师属于培训部。

(2)对于新加入的代理商,公司会指派美导及督导去代理商所在地进行短期服务,一般为2~5天。一个美导负责四个督导,督导负责地导(地区导购),目前大约有100个美导。当然并不是每个地区都配有美导,有需求才去。公司的美导和督导共计有300多人。

(3)公司以一定的折扣价格将产品卖给代理商,代理商再将产品以高于初始的折扣价格卖给分销商。公司的最初供货价为两折,随着市场的完善和"黛妃"品牌建设的需要,折扣不断提高,目前已经基本维持在三折以上,可以预计,将来代理商进货的折扣会有一定的提高,而折扣提高的同时也是一个不断淘汰不适宜代理商的过程。

(4)维护代理商队伍的稳定。作为已经生存了13年的民营企业,葛志平认为这已经足够使代理商对公司有信心;同时公司也会一如既往地保证产品质量。

(5)公司为消费者制定了会员制计划。只要顾客填写入会申请表,以99元的特供价获得原价198元的"新生焕采1+1月礼制会员专享礼盒",就可以成为黛妃会员,获得黛妃月礼制会员手册,每月获得礼品券,以低价购买指定产品。

三、化妆品市场现状

(一)全球美容及个人护理行业

近年来,全球的化妆品市场发展迅速。其销售额已从2003年的3 561.4亿美元增长到2010年的4 877.2亿美元。2008年的经济危机使日本、美国等主要市场的销售额降低;但是亚太地区及拉美地区在这一时期却表现良好(具体见图5)。

(二)中国的化妆品市场

中国的化妆品市场是继日本之后的第二大亚洲市场,在全球排名第七。2009年,在全球经济不景气的情况下,中国化妆品市场的总价值达到195.1亿美元,比上一年度增加了11.4%。虽然市场很大,但是由于中国的大多数人口居住在农村,因此市场渗透水平较低。2009年,美国在化妆品市场上的人均支出达到192美元,中国香港在化妆品市场上的人均支出达到264.39美元,但是中国内地却只有23.7美元。具体见附录2。

中国的化妆品行业已经吸引了众多的国外投资者,如宝洁、欧莱雅、雅诗兰黛和资生堂

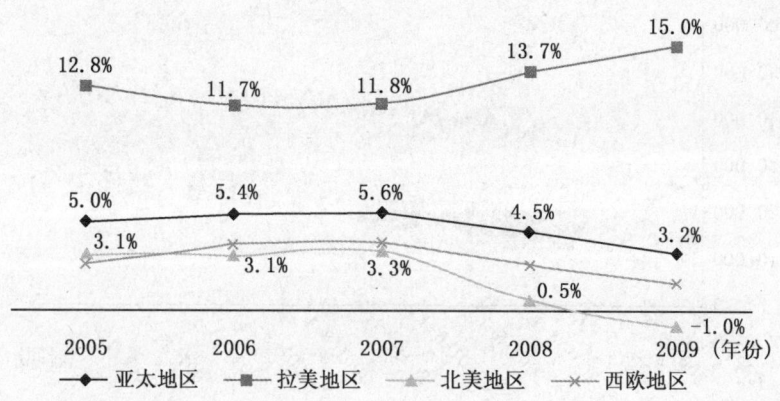

资料来源:转自哈佛商业案例《相宜本草》。

图5 各地区个人护理产品销售额增长率

已大举进入中国市场。我国约有3 500个国内制造商,但是规模大多很小,和国外同行相比没有竞争力。宝洁已连续多年在中国化妆品市场上蝉联市场占有率第一的宝座(具体见附录3)。百度数据研究——2011年中国化妆品护肤产品用户搜索指数——表明:"巴黎欧莱雅"的关注度为7.38%,排在第一位;"相宜本草"排名第二,关注度为4.78%;"雅诗兰黛"和"倩碧"分列第三、第四名,关注度分别为4.69%和4.44%。2011年,"巴黎欧莱雅"护肤类相关内容的日均搜索指数为3.9万,远高于其他品牌;"相宜本草"护肤搜索指数从8月份开始有明显上涨,直到10月下旬开始下降,其2011年日均值为2.5万;"雅诗兰黛"、"倩碧"和"兰蔻"的护肤内容在2011年的日均搜索指数分别为2.3万、2.2万和2.0万,差别不大。具体见图6和图7。

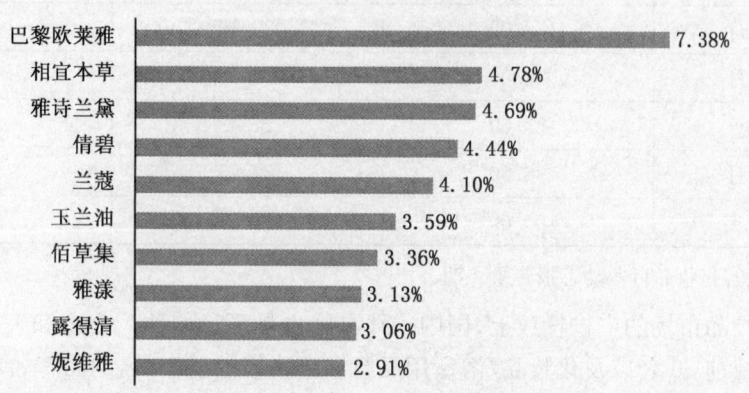

资料来源:百度数据研究中心,2012年2月。

图6 2011年护肤品牌关注度排行

我国化妆品类产品的销售额也在不断地攀升,2011年10月,我国限额以上批发和零售化妆品类销售额已达到100亿元,每月保持20%以上的增长率。具体见表1。

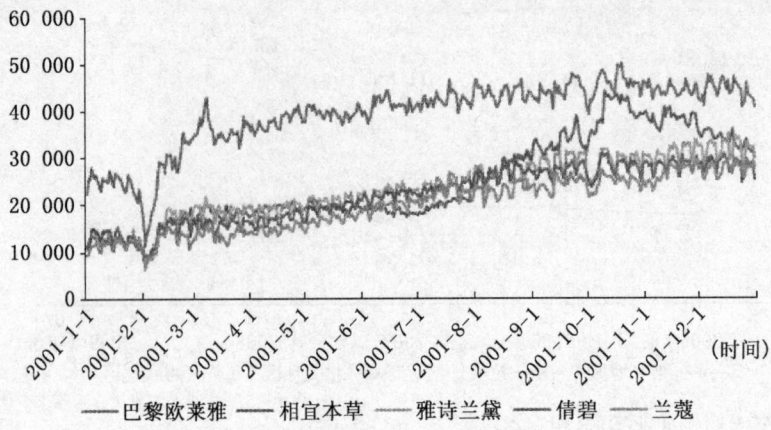

资料来源:百度数据研究中心,2012年2月。

图7 2011年护肤品牌搜索指数

表1　　　　　　　限额以上批发和零售化妆品类销售额及增长率

(截至2011年10月)

时间	化妆品类销售额 (亿元)	增长率 (%)	统计局公布增长率 (%)
2011年1~2月平均	89.50	24.31	16.10
2011年3月	93.00	27.22	21.20
2011年4月	85.00	26.68	23.30
2011年5月	88.00	25.80	20.30
2011年6月	86.00	26.10	19.80
2011年7月	83.00	26.33	19.50
2011年8月	83.00	22.42	14.80
2011年9月	96.00	23.55	19.50
2011年10月	100.00	21.51	15.50

资料来源:美容化妆品行业动态报告第4期。

在中国化妆品市场的广告投放上,国内一线品牌也是不分伯仲。表2和表3是我国2010年期刊广告投放前20名以及化妆品/浴室用品行业广告投放前10名的品牌名单。

表2　　　　　中国2010年期刊广告投放前20名品牌媒介投放组合统计

排名	品牌	电视	报纸	期刊	电台	户外(含地铁)
1	雅诗兰黛	79%	3%	15%	0%	4%
2	兰蔻	78%	4%	18%	0%	1%
3	香奈儿	58%	7%	35%	0%	0%
4	欧莱雅	96%	1%	2.50%	0%	0%
5	克丽斯汀迪奥	73%	5%	22%	0%	1%

续表

排名	品牌	电视	报纸	期刊	电台	户外(含地铁)
6	宝马	41%	24%	29%	4%	2%
7	梅赛德斯—奔驰	40%	34%	18%	5%	3%
8	娇兰	36%	8%	56%	0%	0%
9	玉兰油	98%	0%	1%	0%	0%
10	欧米茄	15%	40%	39%	0%	6%
11	倩碧	64%	3%	31%	0%	2%
12	薇姿	79%	3%	15%	0%	2%
13	奥迪	73%	10%	13%	2%	1%
14	卡地亚	0%	43%	50%	0%	7%
15	迪奥	6%	15%	78%	0%	1%
16	索尼	87%	5%	6%	0%	2%
17	路易威登	7%	33%	57%	0%	4%

表3　　　　中国2010年化妆品/浴室用品行业期刊广告投放前10名品牌　　单位:人民币百万元

广告投放金额排名	品牌	2010年刊例花费	较2009年增长百分比
1	雅诗兰黛	336.47	19%
2	兰蔻	325.44	52%
3	欧莱雅	241.35	−17%
4	克丽斯汀迪奥	224.66	19%
5	香奈儿	175.14	7%
6	娇兰	169.92	30%
7	玉兰油	161.94	−9%
8	倩碧	132.15	21%
9	薇姿	115.28	34%
10	安利雅姿	84.82	93%

资料来源:CTR媒介智讯。

(1)关于限额以上批发和零售行业企业商品零售额的相关解释:根据国家统计局2009年发布的统计年鉴规定,限额以上零售企业是指年主营业务收入500万元及以上的企业,由各省执行统一标准进行数据采集。

(2)本模型中所计算的限额以上零售企业销售增长率高于国家统计局发布数据,主要是由以下两个原因导致:

①国家统计局所计算的增长率中扣除了价格因素的影响,而笔者认为零售行业受益于良性通货膨胀,未将价格因素扣除。

②国家统计局在计算增长率时,将本期符合条件企业的经营数据与上年相同口径企业的

经营数据相比,进一步压低了增长率水平。

(三) 中国化妆品零售渠道

化妆品的零售渠道大致可以分为:商场、超市、专营店、专业店、美容院、网购、直销、药店和医疗渠道。其中,网购和专业连锁店是最近几年来成长最迅速的零售渠道。表4显示了中国化妆品零售的主要渠道及特点。

表 4 中国化妆品的主要零售渠道

渠道种类	基本特点
专柜	外资主导,竞争激烈,适合高档产品
专营店	包括外资连锁与国内连锁及单店。品类齐全、品种丰富、服务专业
专卖店	对企业综合实力要求高(如足够的库存量及营销推广),有利于形象展示和品牌塑造。国际品牌表现突出,国内品牌以"佰草集"为代表
便利店	方便、快捷,但品牌较少
超市、大卖场	品牌多、价格低、竞争激烈,以"促销战"、"货架战"为特色
直销	人员直销,政策敏感度高
电视购物	外资进入,逐渐规范。消费习惯尚需培育
网购、电话营销	发展迅速、潜力巨大。目标受众容易接受新事物,消费能力较强
药妆店	以外资为主,产品高档、专业
美容院	利润空间大,但缺乏监管,良莠不齐,消费者投诉较多

在化妆品的零售渠道中,普通消费者认知最高且销量最大的渠道是商场和超市。这两个渠道合计实现的销量接近化妆品行业零售额的64%。绝大部分化妆品要选择这两个渠道中的至少一个(见图8和图9)。

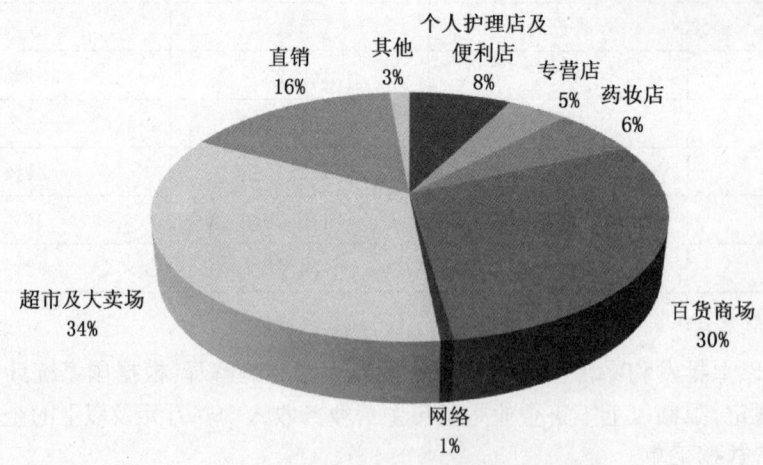

图 8 2005 年中国化妆品零售渠道占比

此外,直销和美容院这两个渠道的实际销量也很大,但知名度很低。直销的化妆品品牌很少,但它们的销量通常都很大,如"雅芳"、"如新"、"安利"、"完美"、"玫琳凯"。这些品牌累计实现的销量在整个行业里举足轻重。专业院线则得益于海量的终端覆盖,也聚积了可观的销量。

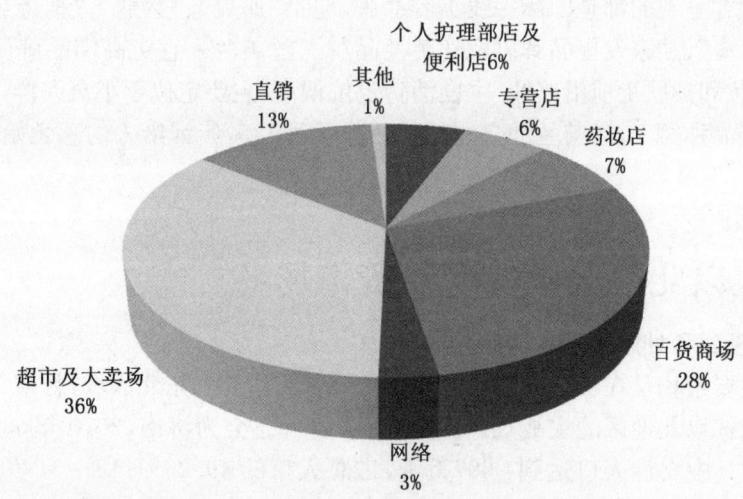

注：其他包括电视购物、美容院等；统计口径为全部美容及个人护理用品。
资料来源：天下网商。

图9 2010年中国化妆品零售渠道占比

随着最近几年整形手术的走红，产生了一些专门针对仪器使用、术后恢复的化妆品，即所谓的药妆，如"理肤泉"、"贝兰夫"、"创尔"等。尽管其整体占比还很低，但由于其极强的专业性，成为化妆品零售渠道的一个有效补充。

值得一提的是丝芙兰化妆品商店。丝芙兰（SEPHORA）始创于1969年。1997年，丝芙兰加入全球第一奢华品牌公司路易酩轩集团（LVMH）并得到快速发展。迄今为止，丝芙兰在欧洲设有420家连锁店，在美国有95家连锁店并发展到加拿大市场。2005年，丝芙兰登陆上海，在淮海路开设首家商店，上海现已有23家门店，之后丝芙兰扩张的脚步也延伸到了北京。丝芙兰打破了以往化妆品的销售模式，采取连锁性质、类似超市开架的经营模式，让顾客自由地挑选自己喜爱的产品，同时由经过专业培训的美容顾问（BA）为顾客亲自解答各种问题并陪同推荐。与其他销售模式相比，丝芙兰为顾客提供的购物挑选余地较大，周围没有促销员的游说，环境幽雅（见图10）。

图片来源：百度图片。

图10 丝芙兰门店

丝芙兰为顾客呈现的都是国际一线美容品牌,包括"迪奥"、"兰蔻"、"雅诗兰黛"、"倩碧"、"碧欧泉"、"佰草集"、独家发售品牌以及丝芙兰品牌。丝芙兰一直走高端品牌的专营店模式,大打品质牌,彩妆和护肤走前沿路线,主题消费定位偏高,主要定位于小众人群,且在小众中很具口碑度。在产品种类上,丝芙兰的自有品牌几乎不到1/5,店铺给人的感觉始终是专业性较强。

四、长江以北地区概况与消费市场

(一)山东、陕西和甘肃的基本情况

"黛妃"的主要市场是在长江以北地区,主要是西北、华北和东北区域,甘肃、陕西和山东又分别是公司在长江以北地区的主战场。山东简称"鲁",省会为济南,2010年全省总户籍人口达到9 536万人,其中女性人口达到4 697万人,占总人口的49.26%;15~64岁人口占山东省总人口的74.4%。2010年,山东省GDP达到39 169.9亿元,占全国GDP的9.8%,人均全年可支配收入达到19 946元,人均全年消费性支出达到13 118元。2010年山东省各市人均GDP排名前五位的城市分别是东营市(116 404元)、威海市(6 918元)、青岛市(65 812元)、淄博市(63 384元)和济南市(57 947元)。

陕西省2010年生产总值达到10 021.53亿元,全省城镇居民人均可支配收入15 695元,人均生活消费支出11 822元;农村居民人均纯收入4 105元,人均生活消费支出3 794元。全省常住人口达到3 732.7万人,其中女性人口约1 804万人,占总人口的48.33%;15~64岁人口为2 865万人,占总人口的76.76%。

甘肃省2010年生产总值达到4 119.46亿元,全年城镇居民人均可支配收入达到13 188.35元,城镇居民家庭食品消费支出占消费总支出的比重为37.41%,农民人均纯收入为3 424.7元,农村居民人均生活消费支出为2 941.99元。甘肃省2009年常住人口达到2 635万人,其中女性人口达到1 284万人,占总人口的48.72%;15~64岁人口达到1 885.93万人。

(二)化妆品市场的消费者行为现状

消费者容易受到打折的诱惑。现在的一个现象是,中国女性消费者对商场定期、不定期的或节日的折扣非常感兴趣,喜欢购买有折扣的品牌商品。在关于"打折对女性消费者的诱惑程度"的调查中,76%的女性网友看到打折就冲进去抢购,11%的人一有空就去逛街买东西,只有24%的人能够抵制住打折的诱惑。

1. 喜欢用信用卡支付

消费的便利和快感,是女性选择消费的主要指针。54%的女性承认,使用信用卡扩大了她们的消费范围,有时候她们会用信用卡买一些不必要的东西,因为"直接刷卡,感觉像不花钱似的"。尽管如此,64%的女性表示,她们完全能够控制自己不去过度消费,避免在还款时资金紧张。

2. 一半人在商场购买化妆品

化妆品是女性日常消费的"大头"之一。中国女性消费者对国产化妆品市场普遍比较有信心,87%的网友认为,"东西好用就行,不在乎是不是国外的"。欧美国家的化妆品虽然名气较大,但近年来,日韩化妆品牌更受中国女性喜欢。在消费化妆品的场所方面,52%的人选择国内主要的大商场,23%的人去超市买化妆品,小部分人选择网上购物或去中国香港等地购买化妆品,86%的人月均化妆品的消费额不足500元。女性消费者对彩妆品的需求也是丰富和全面的。对于"如果你只能使用一种彩妆产品,你会选择什么"的问题,36%的网友选择唇彩/口

红,16%选择粉底,15%选择隔离霜。

3. 容易选择自己熟悉品牌的折扣商品

在另一项关于"女性在各种领域类购买商品忠诚度"的调查中,中国女性也显示了同样的特征,在日用品、化妆品领域,女性消费者都有长期固定使用某一品牌产品的习惯。

五、展望

"黛妃"已经走过了13个年头,销售额从当初的几千万元增长到如今的2亿元,这无疑是一个质的飞跃。葛志平表示,在公司15周年庆典的时候,销售额争取超过5亿元。为达到这一目标,公司决定将主战场扩展到长江以南地区,主要考虑采取的举措有:

1. 由于地理环境、气候等因素的变化,产品要进行相应的调整,同时也要扩大生产基地。在生产过程中,公司非常注重产品质量

葛志平认为,品牌成功的三个维度是美誉度、忠诚度与知名度,公司先做美誉度和忠诚度,然后再做知名度。虽然现如今"黛妃"的知名度或许不如"珀莱雅",但是美誉度和忠诚度却很好。

2. 改变渠道

公司将与万宁合作(万宁与屈臣氏齐名,目前万宁的定位是大众生活用品,有食品、药品和化妆品)。屈臣氏、万宁及康是美的比较见表5。

表5 屈臣氏、万宁及康是美的比较

	屈臣氏	万宁	康是美
进入中国内地市场的时间	1989年	2004年	2005年
商品结构	药品占15%,化妆品占52%,饰品占15%,食品、糖果占18%	以化妆品为主,占60%~70%,保健品、药品占20%,其他(如食品等)仅占10%	药品占40%,化妆品占35%,居家用品占25%
产品经营范围	经营各种保健及美容产品,同时经营玩具、礼品、行李箱包、内衣、游泳系列产品及快餐食品等	主要经营保健、美容产品	主要经营药品、美容产品
价格	与供应商谈判时,具有极强的议价能力	与供应商谈判时,具有极强的议价能力	
截至2011年末的门店数量	超过1 000家	超过200家	—

3. 注重人力资源

化妆品行业是一个浮躁的行业,该行业的员工也是如此,跳槽率较高,很少有人能够长时间待在一个企业。为了留住人才,公司保证了以下员工福利:每个月享有价值200元的化妆品;生日福利500元,但前提是要写一篇富有感情色彩的文章,文章感情色彩浓烈的再加100元;工龄增加1年,工资每月增加100元;如果市场上有好书,公司会进行集中购买,人手一本;公司会采用各种方法鼓励员工进行学习、思考、成长。同时公司也规定,销售型员工一旦离职,即使日后回来也不录用;其他稀缺性人才一旦离职超过5个月,日后回来将被当作新员工看待,工资不再按工龄计算。

4. 加大对代理商、分销商的管理力度

自创业起,"黛妃"在葛志平这位"掌舵人"的领航下,遵循渠道设计和渠道管理的规范流程,特别是与代理商和经销商建立了深厚的战斗情谊,并且拥有了一批与"黛妃"具有共同使命感和品牌意识的经销商队伍。在未来的市场开拓和发展中,需要在维护和稳定代理商和经销商队伍的基础上,通过加大健全代理商和分销商管理的力度,新旧市场一盘棋,切实转换渠道优势为品牌优势,化品牌优势为企业竞争优势,以使公司在竞争大潮的百舸争流中脱颖而出,即"乘风破浪会有时,直挂云帆济沧海"。

附录

附录1:"黛妃"产品的价目表

表6　　　　　　　　　　　　　　"黛妃"产品价目表

系列 LINE	货号 No.	产品名称 ITEMS	净含量(克) NET W(g)	包装规格 P.S.	建议零售价(元) U.R.P.(RMB)	备注
真皙凝白系列	Dz01	真皙凝白洗面奶	80	60	38	15瓶/中盒
	Dz02	祛痘防痘洗面奶	80	60	46	
	Dz03	控油清爽洁面乳	80	60	46	
	Dz07	真皙凝白柔肤水	100	48	68	
	Dz08	真皙凝白紧肤水	100	48	68	
	Dz09	真皙凝白保湿乳	100	48	76	
	Dz10	真皙凝白隔离霜	40	48	66	
	Dz11	真皙凝白抗皱活肤霜	50	48	65	
	Dz12	真皙凝白滋养保湿霜	50	48	58	
	Dz13	真皙凝白精华液	40	48	88	
	Dz14	真皙凝白全效眼霜	20	48	76	
	Dz16	真皙凝白透气粉底液(A)	40	48	58	
	Dz17	真皙凝白透气粉底液(B)	40	48	58	
	Dz18	真皙凝白护手霜	80	100	17	
新润白院装	DY01	新润白柔和洁面乳	400		25	适合:年轻肌肤、基础护理
	DY02	新润白滋养乳液	400		35	
	DY03	新润白爽肤水	400		25	
	DY04	润白祛死皮霜	250		23	
	DY05	润白水分按摩霜	250		30	
	DY06	润白舒缓保湿面膜	250		22	
	DY07	新润白保湿面霜	250		32	
真皙凝白院装	DY08	真皙凝白洗面奶	400		36	适合:肤色暗淡无光泽、有斑的肌肤及成熟肌肤
	DY09	真皙凝白柔肤水	400		46	
	DY10	真皙凝白焕肤啫喱	250		23	
	DY11	真皙凝白按摩乳	250		30	
	DY12	真皙凝白靓肤面膜	250		22	
	DY13	真皙凝白保湿美白软膜	300		45	
	DY14	真皙凝白保湿乳	400		48	
	DY15	真皙凝白滋养保湿霜	250		40	

续表

系列 LINE	货号 No.	产品名称 ITEMS	净含量(克) NET W(g)	包装规格 P.S.	建议零售价(元) U.R.P.(RMB)	备注
海洋蛋白雪肌院装	DY16	海洋蛋白雪肌去角质素	250		23	适合：缺水性肌肤
	DY17	海洋蛋白雪肌水分按摩霜	250		32	
	DY18	海洋蛋白雪肌洁面啫喱	400		38	
	DY19	海洋蛋白雪肌化妆水(滋润)	400		48	
	DY20	海洋蛋白雪肌补水润肤霜	250		53	
	DY21	海洋蛋白雪肌高水润乳液	400		61	
	DY23	海洋蛋白雪肌面膜	250		25	
抗污染净白院装	DY24	净白防敏洗面奶	400		33	适合：成熟肌肤、高保养、高护理
	DY25	净白紧肤水	400		62	
	DY26	净白保湿日霜	250		70	
新润白系列	DXR01	新润白柔和洁面乳	100	48	36	12瓶/中盒
	DXR02	新润白爽肤水	120	48	59	
	DXR03	新润白滋养乳液	100	48	65	
	DXR04	新润白保湿面霜	50	48	49	
	DXR05	新润白柔和感光粉底	40	48	50	
	DXR06	新润白感光滋润粉底	40	48	50	
	DXR07	新润白抗皱紧肤眼霜	20	48	56	
抗污染净白系列	DK01	净白防敏洗面奶	100	24	56	12瓶/中盒
	DK02	净白紧肤水	140	24	106	
	DK03	净白滋润乳液	140	24	106	
	DK04	净白保湿日霜	60	48	90	
	DK05	净白滋养晚霜	60	48	90	
	DK06	净白去皱去黑再生眼霜	40	48	126	
	DK07	净白隐形粉底液	40	48	76	
	DK08	净白防敏精华液	40	48	126	
专业护理系列	DZY01	美白类 美白滋养按摩霜	100	48	69	
	DZY02	净白去死皮霜	100	48	58	
	DZY03	美白靓肤面膜膏	100	48	58	
	DZY04	补水类 水之源补水按摩霜	100	48	65	
	DZY05	水之源净透保湿去死皮霜	100	48	55	
	DZY06	水之源恒润面膜膏	100	48	55	
菁纯水活保湿系列	DJC01	菁纯水活洁面乳	100	48	39	
	DJC02	菁纯水活弹力水	120	48	76	
	DJC03	菁纯水活嫩肤乳液	100	48	80	
	DJC04	菁纯水活保湿凝露	50	48	58	
	DJC05	菁纯水活保湿乳霜	50	48	62	
特殊护理	DT01	美白防晒霜(SPF30)	60	96	48	
	DT02	冰点防晒霜(SPF30＋)	60	96	86	
	DT03	新生焕采美肌霜(内含15ml＋美肌水一瓶)	30	6	380	组合套装
	DT04	新生焕采亮肤水	120	48	138	
	DT05	晶透丝柔BB霜(A)	50	96	89	
	DT06	晶透丝柔BB霜(B)	50	96	89	

续表

系列 LINE	货号 No.	产品名称 ITEMS	净含量(克) NET W(g)	包装规格 P.S.	建议零售价(元) U.R.P.(RMB)	备注
黛妃礼盒	DL01	黛妃礼盒纯粹净白四件套	4瓶		476	
	DL02	黛妃礼盒抗污染净白三件套	3瓶		302	
	DL03	黛妃礼盒海洋蛋白三件套	3瓶		263	
	DL04	黛妃礼盒真皙凝白三件套	3瓶		209	
	DL05	黛妃礼盒新润白三件套	3瓶		173	
	DL06	黛妃礼盒(空盒)			15(供应价)	可装5~6瓶产品
海洋蛋白雪肌系列	DH01	海洋蛋白雪肌洁面啫喱	100	48	50	12瓶/中盒
	DH05	海洋蛋白雪肌化妆水(清爽)	110	48	87	
	DH06	海洋蛋白雪肌化妆水(滋润)	110	48	87	
	DH07	海洋蛋白雪肌收敛紧肤水	110	48	87	
	DH08	海洋蛋白雪肌高水润乳液	110	48	93	
	DH09	海洋蛋白雪肌醒肤霜	50	48	83	
	DH10	海洋蛋白雪肌抗皱紧肤霜	50	48	81	
	DH11	海洋蛋白雪肌补水润肤霜	50	48	78	
	DH14	海洋蛋白雪肌修颜液(绿色)	40	48	73	
	DH15	海洋蛋白雪肌修颜液(紫色)	40	48	73	
	DH16	肤色均衡粉底液(A)	40	48	73	
	DH17	肤色均衡粉底液(B)	40	48	73	
	DH18	海洋蛋白雪肌醒肤精华液	40	48	103	
	DH20	海洋蛋白雪肌三重修护眼霜	40	48	103	
	DH21	海洋蛋白雪肌洗颜泥	100	48	50	
	DH22	海洋蛋白雪肌冰露	110	48	87	
海洋鲟鱼子系列		海洋鲟鱼子氨基酸洁面膏	100	48	85	
		海洋鲟鱼子精华整肌水	130	48	145	
		海洋鲟鱼子日夜精华乳	110	48	145	
		海洋鲟鱼子精华肌底液	40	48	130	
		海洋鲟鱼子精华面霜	55	48	125	
		海洋鲟鱼子精华玉容霜	30	48	198	
		海洋鲟鱼子18ml五件套礼盒		24	198	
纯粹净白系列	DC01	纯粹净白洁面乳	100	48	78	12瓶/中盒
	DC02	纯粹净白平衡水	100	24	138	
	DC03	纯粹净白乳液	100	24	138	
	DC04	纯粹净白睡眠面膜	100	48	88	
	DC05	纯粹净白滋养霜	50	48	118	
	DC06	纯粹净白精华液	30	48	142	
	DC07	纯粹净白隔离乳	30	48	106	
	DC08	纯粹净白无痕粉底液(A)	30	48	98	
	DC09	纯粹净白无痕粉底液(B)	30	48	98	
	DC10	纯粹净白眼部精华液	30	48	166	
	DC11	纯粹净白紧致眼霜	30	48	156	

续表

系列 LINE	货号 No.	产品名称 ITEMS	净含量(克) NET W(g)	包装规格 P.S.	建议零售价(元) U.R.P.(RMB)	备 注
蓝海动力源塑颜系列	DLH01	蓝海动力源塑颜洁面乳	100	48	119	
	DLH02	蓝海动力源塑颜菁华水	120	24	195	6瓶/中盒
	DLH03	蓝海动力源塑颜美容液	100	24	220	6瓶/中盒
	DLH04	蓝海动力源塑颜夜间修复菁华乳	30	24	270	6瓶/中盒
	DLH05	蓝海动力源塑颜菁华霜	50	48	248	12瓶/中盒
	DLH06	蓝海动力源塑颜菁华眼霜	18	48	285	12瓶/中盒

资料来源：上海维婕娜(黛妃)化妆品有限公司内部提供。

附录2：各国消费者对化妆品的人均支出

表7　　　　　　　　2009年各国(地区)消费者对化妆品的人均支出

2009年	人均支出 (美元)	男性人数 (15～64岁)	女性人数 (15～64岁)
瑞士	519.97	2 612 557	2 568 318
挪威	435.96	1 568 729	1 529 799
日本	390.83	40 815 840	40 128 235
奥地利	360.24	2 793 725	2 769 840
新加坡	270.07	1 774 444	1 874 985
中国香港	264.39	2 573 929	2 757 095
美国	262.08	104 411 352	104 808 064
加拿大	259.84	11 776 611	1 151 797
中国台湾	192.68	8 538 881	8 406 716
韩国	176.02	18 151 023	17 400 809
巴西	113.39	67 524 642	68 809 357
中国	23.52	505 326 577	477 953 883

资料来源：转自哈佛商业案例《相宜本草》。

附录3：中国市场份额(%)前30名的个人护理品牌

表8　　　　　　　　中国市场份额前30名的个人护理品牌

公司＼年份	2005	2006	2007	2008	2009
宝洁	20	19.5	18.8	17.8	17.2
欧莱雅	6.5	6.8	7.8	8.9	9.6
联合利华	5.2	4.8	4.3	4.7	4.8
资生堂	2.9	3.7	4.2	4.5	4.8
安利	4.4	3.7	3.7	4.2	4
高露洁	3.9	3.8	3.5	3.3	3.1

续表

年份 公司	2005	2006	2007	2008	2009
雅芳	3.2	2.8	3	3.1	3.1
拜尔斯道夫公司	0.7	0.9	2.8	3	3
强生	1.9	2	2	2.9	2.6
玫琳凯	2	1.9	1.8	1.9	1.9
上海家化	1.3	1.3	1.4	1.7	1.7
江苏隆力奇	1.3	1.4	1.4	1.4	1.4
花王	1.2	1.3	1.4	1.3	1.2
雅诗兰黛	0.6	0.8	1	1.1	1.2
霸王	0.1	0.4	0.9	1.2	1.1
爱茉莉太平洋(韩国)	0.4	0.5	0.6	0.6	0.8
高丝	0.7	0.8	0.8	0.7	0.7
广州熊猫化妆品	0.8	0.9	1	0.8	0.7

资料来源:转自哈佛商业案例《相宜本草》。

Channel Strategy Choice of DEVI—The Survival and Breakthrough Between Up and Down Competition

Gao Weihe[1], Jiang Min[2]

(1. *Shanghai University of Finance and Economics*, *Shanghai*, 200433, *China*;
2. *School of International Business Administration*, *Shanghai University of Finance and Economics*, *Shanghai*, 200433, *China*)

Abstract: In recent years, China's cosmetics industry has entered the stage of accelerated shuffle, especially mid-range cosmetics brands have entered the critical stage of business survival, and this trend will be intensified in 2011. Part of the mid-range cosmetics brands will become the preferred targets of the industry reshuffle. In order to return funds, the price war between major cosmetics brands has resulted in profit declining. In the shuffling process, the mid-range brands suffered most. Recently, a lot of cosmetics companies have been withdrawn from the market quietly, and coming addition are small brands. Although the cosmetics industry in 2011 is promising, it is inevitable for the mid-range brands to become a victim of the industry reshuffle, and small companies also had to face the competition in the market under the stress of market. Under such a complex background, as the Shanghai local brands which have been established for more than 10 years, how can DEVI face the fierce competition in the domestic market and how can DEVI find a suitable path for its own development?

Keywords: Cosmetics Industry; DEVI; Channel Management; Channel Design

案例使用说明

一、教学目的与用途

1. 通过向学员介绍"黛妃"渠道管理的经验和未来面临的战略挑战,分析说明如何为一个二、三线品牌在激烈的市场竞争中制定渠道竞争战略。

2. 启发学生思考企业在渠道管理过程中渠道设计的各个阶段所面临的具体决策问题,尤其是如何在可选的渠道方案中作抉择。

3. 探讨企业如何正确制定渠道管理的基本原理与方法,并引导学生思考:随着企业战略变革、运营环境和竞争态势的演变,现有的渠道管理和渠道模式应该如何因时而变和因地制宜,以及如何通过平衡各个层次的渠道成员,进而产生最大的渠道竞争力,为企业竞争优势的获得服务。

4. 适用的课程:

(1)"渠道管理"课程。本案例可以用于渠道管理教学中各个阶段的决策分析。案例详细描述了渠道设计过程中遇到的关键问题,尤其是在进入新市场时,如何使用渠道设计和管理策略规避市场进入的各种风险,保持渠道竞争力。

(2)"品牌管理"课程。本案例还可以从品牌管理中企业应如何进行品牌培育和品牌发展与创新的角度进行分析,为了保持企业现有的品牌地位,应该如何进行品牌管理,以及渠道管理应该如何为品牌管理服务。

(3)"管理学"课程。案例设计的基本问题覆盖了企业战略分析、产品设计、品牌管理以及变革和创新等内容,教师可以从企业如何利用良好的市场机遇和创新求变为品牌和企业注入新的活力、提升企业竞争优势、获取新的市场业绩这个视角展开。

二、启发思考题

1. 为了增加产品销售额,实现在公司成立15周年时销售额达到5亿元的目标,"黛妃"决定将业务拓展到长江以南的区域,此时公司该如何选择渠道,这一选择和以前的渠道相比有何不同?

2. 公司将"黛妃"品牌的产品定位于中高档,现有的渠道与公司产品的定位是否匹配?若不匹配,该如何解决这一矛盾?

3. 公司的主品牌和副品牌之间的渠道是否存在矛盾?副品牌的销售策略是否会对"黛妃"产生负面影响?如果存在,该如何解决这一问题?

三、分析思路

教师可以根据自己的教学目标(目的)灵活使用本案例。以下为本案例的分析思路,仅供参考。

1. 渠道设计包括消费者分析、企业战略目标、方案设计、方案评价和方案取舍等基本内容,在案例分析中需要去粗存精,把握住中国化妆品竞争波诡云谲的环境,突出核心问题,有的放矢。

2. 中国的化妆品市场目前还处于高度竞争态势,一流的国际品牌和初步确定地位的国内一线品牌以及众多苦心孤诣的二、三线品牌如何围绕消费者的需求提炼独特的卖点,培育良好的品牌形象和切实把握未来发展的定位,从而构建起独特的品牌资产任重而道远,对于"黛妃"来说,现在如何围绕市场开拓、保护和发展品牌,正处在关键的十字路口。

3. 近十年来,获得一定优势的国产美容和护肤品牌无不是利用和把握好了渠道管理的核心点,从一线品牌所忽视的三、四线市场发力,才争得了市场竞争的一线生机。在接下来的市场竞争中,如何分析和看准市场态势,在发展中创新,在创新中突围,对于类似"黛妃"这样的化妆品品牌来说可谓是"风萧萧兮易水寒",必须在变动中把握方向,才能避免"一去兮不复返"的品牌困境。

四、理论依据及分析

1. 作为独特的新兴经济体,再加上中国经济面临的转型困境,企业渠道的发展一直面临着"市场导向"和"关系导向"的生死抉择,案例的分析不能脱离这个现实背景,因而关系营销理论、市场导向和网络理论是透彻分析案例所必须关注的。

2. 中国的企业兴起于快速转型的时代,企业战略制定特别是营销战略制定快速历经了欧美企业数十年甚至上百年的战略历程,在这个过程中,风行于 20 世纪中叶至 21 世纪初的 USP 理论、品牌形象说、定位理论以及品牌资产管理都或多或少在黛妃这样的公司管理实践中凸显,因而案例的分析必须掌握以上基本的营销管理流派和理论依据。

3. 公司管理是一个系统工程,按照彼得·德鲁克(Peter F. Drucker)的观点,企业管理的核心功能只有两个,即创新和营销,这一点对于中国目前的化妆品行业和企业来说莫不如此。如何在发展中创新,以及在创新中寻找合适的营销战略,对于黛妃来说,近乎未来成功的两个支点,破坏性创新和营销战略的相关知识和理论都不可或缺。

五、关键要点

1. 多变的竞争环境下的渠道设计和选择才是解决问题的根本。在本案例分析中,这是一个贯穿黛妃公司发展的核心命题,因为在品牌还不能完全支撑未来发展的上升期,切忌在渠道管理和渠道选择中出现问题,但新市场的进入和全新的产品和品牌传播使得渠道管理不可避免会面临全新的问题或者困境,如何在推陈出新中保持发展的稳定态势,实属不易。

2. 解决问题必须遵循系统的分析,在新市场中锚定细分市场,有针对性地进行市场定位,并制定系统的营销组合,这是一个长期的和一以贯之的问题,在这个过程中需要透过现象看本质,才有可能找到营销管理的真谛。

六、课堂计划建议

本案例可运用于专门的案例讨论课。以下是按照时间进度提供的课堂计划建议,仅供参考:整个案例课的课堂时间控制在 80～90 分钟。

<u>课前计划</u>:提出启发思考题,请学员在课前完成阅读和初步思考。

<u>课堂计划</u>:简要的课堂前言,明确主题 (2～5 分钟)

分组讨论,告知发言要求 (30 分钟)

小组发言 (每组 5 分钟,控制在 30 分钟以内)

引导全班进一步讨论,并进行归纳总结 (15～20 分钟)

<u>课后计划</u>:如有必要,请学员采用报告形式给出更加具体的解决方案,包括具体的职责分工,为后续章节的内容做好铺垫。

绿色米兰广场
——奥特莱斯进城的道与术[①]

● 摘 要: 本案例介绍了绿色米兰广场的基本概况,重点梳理了绿色米兰广场在选址定位、供应链再造、渠道新建和服务能级提升四个方面的创新举措,同时介绍了绿色米兰广场的营销与推广策略,最后介绍了绿色米兰广场在奥特莱斯触网和奥特莱斯连锁经营上的探索。本案例主要用于营销管理,特别是零售管理部分的教学,目的在于让学生了解零售经营需重点解决的问题,特别是奢侈品零售经营需注意的问题。

● 关键词: 城市奥特莱斯;选址;渠道;买手;奢侈品

"奥特莱斯作为零售业的一种业态,1971年发源于美国,并在美国获得了飞速发展。2002年奥特莱斯被引入中国,在中国的经营状况可以说是乏善可陈。业内人士苦寻奥特莱斯中国化之路,我提出城市奥特莱斯的设想,尝试着作为中国多数奥特莱斯企业存在的经营问题的解决之道,以期能够为推动奥特莱斯在中国的发展贡献自己的力量。"

——上海米岚城市奥莱企业管理有限公司总裁 罗欣

引 言

在内环高架杨浦段,两栋高耸的楼宇外墙上镶附着几个硕大的霓虹字"绿色米兰·奢华共享",这就是绿色米兰广场的所在。巨型拱门、罗马式花纹、古神像雕塑,巴洛克风格的建筑无一不演绎着古典主义的复兴之美。一步一景,与品牌店铺完美契合,颠覆空间观念,吸引着每一个漫步于此的市民驻足流连。然而,在总裁罗欣的办公室中所见却是另一番古色古香:精致的木雕长桌上整齐地摆放着文房四宝,中间舒展的生宣上仍留有松烟墨的余香,四周墙壁上悬挂着的水墨山水更添意境。这一切似乎暗示着这位从普通教师岗位走出来的民营企业家的宏伟梦想:真正实现奥特莱斯的本土化创新,打造属于中国的奢侈品王国。

---

① 本案例由上海财经大学国际工商管理学院的江晓东、晁钢令、吉莉撰写,作者拥有著作权中的署名权、修改权、改编权。未经允许,本案例的所有部分都不能以任何方式与手段擅自复制或传播。
版权所有人授权上海财经大学商学院案例中心使用。
由于企业保密的要求,在本案例中对有关名称、数据等做了必要的掩饰性处理。
本案例只供课堂使用,并无意暗示或说明某种管理行为是否有效。

绿色米兰广场——上海首家以意大利特色为主,具有欧洲风情的主题式城市奥特莱斯,于2012年9月15日在上海杨浦区国权路39号金色拱顶下盛大开业(如图1所示)。该项目将立足城市特征,结合区域特点,精选意大利顶级品牌和本土时尚品牌,精心安排、精致布局、精美呈现,打造以城市奥特莱斯为主题的一站式生活体验中心,满足购物、餐饮、娱乐、休闲、教育等众多需求,成为奥特莱斯本土化创新的业态先锋。

图1 绿色米兰广场正面图

一、公司概况

绿色米兰广场的运营公司——上海绿色米兰城市奥特莱斯企业管理有限公司(简称"绿色米兰城市奥特莱斯")——致力于全面推动奥特莱斯在中国的本土化创新,主要从事商业地产开发、经营和管理工作,提供商业地产的全程顾问服务。

(一)公司文化

公司崇尚虎的心态,因为虎有一种舍我其谁、高瞻远瞩的王者之风,威猛自信,勇猛顽强,目标坚定,伺机而动。虎的心态是从容的智慧,是淡定的洒脱,是张扬的自信,是高贵的尽责。公司期望员工拥有虎的心态,在面临诱惑和抉择时,不急功近利,不急于求成,认清自我并明确目标,抓住机会,游刃有余地经营自己的人生和事业。

公司奉行狼的精神,因为狼代表着旺盛的生命力与不羁的野性,自由的天性以及征服世界的战斗性格,既张扬个性又崇尚团队合作。公司希望员工发扬坚韧、奉献、主动的精神,像狼一样主动出击,像狼一样善于团结合作。

公司上下一心,秉承虎狼文化,努力打造一支战无不胜、攻无不克的虎狼之师。

(二)公司部门及其职能

公司各部门及其职能如表1所示。

表1 公司部门及其职能

部门	职能
策划部	商场的活动、媒体宣传、对外协调等
营运部	商场的整体营运及客户维护
招商部	商场的店铺招商

续表

部　门	职　能
行政部	企业的文化、行政管理
财务部	公司商场运营账务处理

（三）品牌招商

上海绿色米兰城市奥特莱斯现在已有68家商户正式签约，经营面积签约率已达100%［其中品牌包括有：杰尼亚(Zegna)、普拉达(Prada)、乔治·阿玛尼(Giorgio Armani)、芬迪(Fendi)、博柏利(Buburry)、思琳(Celine)、香奈儿(Chanel)、雨果·博斯(Hugo Boss)、古驰(Gucci)、范思哲(Versace)、切瑞蒂1881(Cerruti 1881)、菲拉格慕(Ferragamo)、杜嘉班纳(D&G)、蔻驰(Coach)、巴黎世家(Balenciaga)、巴利(Bally)、兰姿(Lancel)、登喜路(Dunhill)、宝缇嘉(BV)、保罗·拉夫·劳伦(Polo Ralph Lauren)、汤米·希尔费格(Tommy Hilfiger)、布克兄弟(Brooks Brothers)、克洛伊(Chloe)、维维安·韦斯特伍德(Vivienne Westwood)、凯文·克莱(Calvin Klein)、麦丝·玛拉(Max Mara)、弗雷(Ferre)、吉凡克斯(Givens&Hawkes)、雅各布斯(Marc by Jacob)］。

绿色米兰广场入驻品牌数量和构成比例如表2所示，其商铺类型如表3所示。

表2　　　　　　　　绿色米兰广场入驻品牌数量和构成比例

品牌档次	数　量(个)	比　例(%)
国外一线品牌	40	73
国外二、三线品牌	5	9
国内一线品牌	5	9
国内知名品牌	5	9

表3　　　　　　　　　　绿色米兰广场商铺类型

商店类型	数　量(家)	比　例(%)
专卖店	17	74
买手店	6	26

（四）商场布局

1. B1层业态(户外运动区)

东楼：始祖鸟(户外品牌中的LV)、耐克(Nike)、新巴伦(New Balance)、路客(Look)、茵宝(Umbro)、天伦天、范斯(Vans)、阿珂姆(Acome)、狼爪(Vack Wolfskin)、乐斯菲斯(The North Face)、美津浓。

西楼：日本X-room逃生吧。

2. 1F业态分布(奢侈品牌折扣区)

东楼：品牌集合店：Della Mela(意大利大牌新品集合店)、Daisy(意大利大牌集合店)、B&B(日本大牌集合店)、Napa(北美大牌集合店)、I. L. Y(Diesel Bondut Dior)。

西楼：品牌专卖店：雨果·博斯(Hugo Boss)、范思哲(Versace)、鳄鱼(Lacoste)、丹尼尔·克莱门克莱克斯(Daniel Cremieux)、新秀丽(Samsonite)、捷豹(Jaguar)。

配套设施：1F——90°Coffee。

3. 2F业态分布(潮流天地区)

东楼：国际馆：La Mia、Italian Multi Brand、Faiosh、Eveny、J&P(意大利大牌集合店)、Bauhaus、L&H大牌集合店。

西楼：品牌女装区：莫斯奇诺(Moschino)、Qua/Iori、奥时裳(Oasis)、奥黛丽、爱乐芬、W Closet、拉夏贝尔(La Chapelle)、Only。

配套设施：2F——奢侈品保养店

4. 3F业态分布(国际家纺区)

东楼：澳西奴、罗莱家纺、恐龙家纺、梦洁、阿思家。

配套设施：3F——风声水起大饭店、爱乐游儿童游艺场。

5. 4F业态分布(会所餐饮区)

东楼：天天渔港。

西楼：花嫁喜铺。

(五)企业使命

打造适合中国本土的奥特莱斯，减少奢侈品消费外流现象，提高民族自信心。

绿色米兰广场欲打造多位一体的奥特莱斯商业帝国，最大限度地满足消费者的各种需求，使城市奥特莱斯在中国大地屹立，真正实现奢华众享的企业目标。

二、奥特莱斯进城之道

(一)选址再定位——把奥特莱斯搬到城市

绿色米兰广场首先从距离上就颠覆了传统奥特莱斯远郊发展模式的"真理"——将奥特莱斯定位于城市交通便利的二级商圈。地处上海市五角场城市副中心繁华商业地段，紧靠国权路黄兴路口，南邻国科路，北靠国权路，西起政仁路，往东步行30米左右就可到达五角场区域的主干道黄兴路，紧靠内环、中环等城市主干道，距内环线200米，距中环线800米，距杨浦大桥、中环隧道约3 000米，20多条公交线路在此始发和中转，轨道交通3号线、10号线、8号线贯穿全城，充分考虑到中国实际的交通状况和私家车拥有的数量，也满足了消费者"就近消费"的特征，不再让奥特莱斯成为一种"假日经济"。这样，对于品牌商而言，与自己的正价店有一定的距离，避免影响正价品的销售，又有一个够档次的倾销库存的场所；对于消费者而言，可以随时前往，不再需要等到周末或者忍受远途交通的不便利，充分体现"半小时消费圈"的特征，让消费者可以随时享受奥特莱斯。

(二)供应链再造——整合买手制

1. 买手制强化奥特莱斯产业链

在服装销售的各种渠道中，服装生产企业—总经销(代理)商—二级分销商—零售商—消费者，这种传统的渠道模式是比较常见的。

在分销体系的代理制下，大量的中间环节成本都由消费者买单，造成了奢侈品牌价格一直高高在上的局面，远远高出了奢侈品牌应有的价格；此外，不是每一家奥特莱斯都会有像北京燕莎奥特莱斯和上海青浦奥特莱斯背后强大的集团支持，无法保证货品的质量和品种。因此，一种全新的品牌供应模式——买手制——被国外奥特莱斯广泛采用从而达到控制成本的目的。

"买手"源于英文中的 Fashion Buyer,"国际买手"则是 International Fashion Buyer,它的出现是零售行业专业化分工的一种体现,按照国际上的通行说法,即往返于世界各地,时常关注各种信息,掌握大批量的信息和订单,不停地和各种供应商联系,并且组织一些资源,满足各种消费者不同的需求。时尚买手在欧美国家是零售业态发展到一定阶段所诞生出来的一个职业,根据服务对象的侧重点和经营内容,主要可以分为几种形式,具体见表4。

表4　　　　　　　　　　　　　　不同买手的区别

买手类型	服务对象	主要工作	采购特点	发展趋势
商场买手	百货商场	主动采购一些品牌进入商场,并且按照商场的零售和管理要求进行分区,吸引顾客的关注	分工很细致,如分为男装、女装、童装、配件和化妆品,主要以新品为主	国外流行,目前国内处于起步阶段
品牌买手	奢侈品牌	按自身需要选择货品,选择合适价位、款式、数量的产品,不听从其代理品牌的需要	新品为主,单一品牌	奢侈品牌部分采用
店铺买手	买手店（自营或合作）	从不同地方挑选出他们认为会受到消费者欢迎的时装并以一个尚有利润可图的价格收购回来放到店里出售	既出售名牌,也青睐一些名气不大但非常有潜质的设计,新旧品都可	日益流行
			一次性限量买断购买品牌库存、滞销、积压产品,品牌的限量商品或经典款式商品最有可能被买断	库存买手
时尚买手	时尚大众品牌,如Zara、H&M	了解最新的流行趋势和动向,了解消费者需求	符合自身品牌风格和定位的产品	国内部分品牌开始学习

对于奥特莱斯而言,合作的对象主要是店铺买手,通过他们良好的渠道资源实现品牌折扣的目的。除了与传统的百货商场或者奥特莱斯合作,越来越多的买手选择自己经营、开设买手店,即多品牌店。在欧美,多品牌店是一种非常主流的销售渠道,在一个店的品牌下,有很多不同的设计师,不同品牌的服装,形成该多品牌店面向的销售者的穿着习惯的产品组合。这类时尚买手店的出现能在最大限度上满足人们在造型方面追求个性的心理。买手店以目标顾客独特的时尚观念和趣味为基准,挑选不同品牌的时装、饰品、珠宝、皮包、鞋子以及化妆品,融合在一个店面里。中国的买手店主要从香港开始,目前在上海、广州、北京等地区都出现了一些具有一定规模的多品牌店,并受到了消费者的认可。

"商家的货物,不是陈列在店里就是在运往各地的途中",这句话或许是对于买手这一职业在运营流程中所起到的作用的最佳表达。一般买手与品牌商的交易都是以"钱货两讫"的形式进行,并且对于售出的货品一般不能退货。可以看出,买手制是品牌商或者生产厂商跨越了所有的分销环节,直接面对消费者,买手省去了中间冗长的过程,使货品只存在于店铺和送货的途中,因此库存压力自然就得到了缓解。同时,买手往往会采取一次性买断付款的方式购买商品,这对于急需回笼资金的品牌商而言,更是天大的利好消息,不再需要为代理商的账期问题所困扰。所以,买手尤其是买断库存的买手,能够拿到更低的折扣,从而提升自身在市场中的竞争力。

虽然奥特莱斯入驻中国已经有近十年的时间,但买手制仍然是相对欠缺的地方。因此,公司总裁罗欣坚定地认为,整合国际买手势必大有可为,而且奥特莱斯能否成功,很重要的一环就取决于能否将这些国际性买手进行整合,进而使产业链得以缩减,尽可能使购物的中间环节减少,而奥特莱斯需要做的只是付出雇佣买手的佣金和物流费,这样奥特莱斯经常断货、缺货、售品过时严重的问题就都可以迎刃而解了。奥特莱斯加强自身产业链的方式就是整合国际买手,实现产业链的强化和畅通。如此一来,整合买手后,奥特莱斯将迎来全新的升级版,即锁定了目标消费群体,满足了这些消费群体从品质到价格、从购物环境到购物心情的多重需求,这将会催生出中国真正本土化的奥特莱斯。

因此,绿色米兰广场直接跟意大利的品牌商、品牌商的买手或者是买手店进行合作,基本覆盖了青浦奥特莱斯A区所有的奢侈品品牌。据介绍,在绿色米兰广场,一线品牌占30%,全部为买手店,其中就有内地第一个由买手开的古奇折扣店,爱马仕买手也将开出品牌小店。二线品牌占20%,均由品牌生产商开店。国内时尚品牌占50%,由代理商开店。意大利马尔凯大区将开出意大利二、三线品牌集合店,在几千平方米的店内汇集上百个品牌。通过比较香港地区的奢侈品价格和国内其他奥特莱斯的价格后发现,绿色米兰广场集合店的价格比它们还要低20%左右,而且款式更新,是"带着余温"的奢侈品。什么是"带着余温"的?即国外的当季品刚下架,就直接发到国内来销售。这种"带着余温"的奥特莱斯品牌店里的产品价格和款式都是相当有竞争力的。

2. 绿色米兰广场部分买手店介绍

奢客尚品是绿色米兰广场自营的意大利奢侈品买手集合店,以其高端品牌新款低价折扣集合店为优势,倾情为每一位消费者打造高端品牌、当红新品、低价享受。该集合店专注于售卖当季高端品牌新款,填补了绿色米兰广场奥特莱斯新品的空缺。店里主营品牌有范思哲(Versace)、芬迪(Fendi)、博柏利(Buberry)、爱马仕(Hermes)等一线大牌。前来购物的顾客无需费力就可以领略到顶级品牌的当红新品,且享受超值的低价折扣。其"大品牌,小价格"的购物体验,可以让顾客在高雅的购物环境中享受实惠的购物体验。

Galla是经典的意大利奢侈品买手精品店。经营品牌主要有D&G、博柏利(Buberry)等国际一线品牌。目前在内地及香港地区开设了4家奢侈品集合店,并在上海绿色米兰广场开设第5家集合店,品种包括服饰、鞋包、手表、香水、太阳眼镜等。店铺当季新品与即将换季商品各占一半,依据商品上架时间给予二至七折不等折扣,针对不同年龄层次,满足各个消费层需求。

DellaMela是高端品牌集合店,专注于售卖当季高端品牌新款,填补了绿色米兰广场品牌新品的空缺(如图2所示)。店内品牌有:古驰(Gucci)、路易威登(Louis Vuitton)、范思哲(Versace)、迪奥(Dior)、阿玛尼(Aremani)等一线大牌。DellaMela品牌集合店最具特色的就是其买手模式,每当那些大牌们有新品上市的时候,DellaMela的买手们就"倾巢而出",在短时间内购买某一周期内该品牌的所有新产品,或者某一产品线所有种类的产品,从而保证店内商品的独特性。因此,前来购物的顾客无需费力就可以领略到顶级品牌的当红作品。DellaMela品牌集合店通过对集合品牌的市场作营销宣传,减少了各个品牌在营销过程中的宣传成本,将更多的资金及资源进行集中化管理。这样,无论是在市场营销上游各个不同的供应链系统,还是在下游终端执行过程中的操作环节,都可以实现最大化节约运营成本的目的,也为新品价格的大大降低创造了有利条件。

图 2 DellaMela 高端品牌集合店店内实景

(三)渠道新建——唤醒沉睡的商业地产

众所周知,传统奥特莱斯选址郊区就是为了通过廉价地产降低租金从而降低终端零售价格,获得比普通百货商店更大的价格优势。相比之下,绿色米兰广场选址市区的决策似乎失去了这一传统优势。然而这也正是绿色米兰城市奥特莱斯的创新之处——通过闲置商业地产,实现距离升级。

商业地产是指通过合理运营实现房地产升值获得回报的房地产投资品,商业地产的概念有广义和狭义之分。从广义上讲,商业地产是指各种非生产性、非居住性物业,包括写字楼、公寓、会议中心以及商业服务业经营场所等。狭义的商业地产是指专用于商业服务业经营用途的物业形式,经营内容有零售、餐饮、娱乐、休闲等,其开发模式、经营模式以及功能、用途有别于住宅、公寓、写字楼等房地产类型。这里考虑的主要是狭义的商业地产。

据商务部统计数据显示,除了上海的商业地产销售率较高,为92%外,北京、广州、深圳这一指标分别为32%、50%、42%。这意味着有一半以上的商业地产没有卖出去。而一处闲置的商业地产项目,前期投入的开发资金可达几千万元甚至上亿元人民币,这样的浪费,在许多大、中型城市都存在。通过数据可以得知,中国的大、中型城市中有很多闲置商业地产亟待开发和使用,这些闲置资源的地理位置都相对优越,具有很好的可改造性,而缺乏的就是正确的项目和成熟的模式推广,导致大量优势资源被白白浪费。

由于依托强大的品牌资源和管理团队,绿色米兰城市奥特莱斯能够有效地解决商业地产所面临的招商和经营两大"瓶颈"问题,因此,绿色米兰城市奥特莱斯的经营模式能够很好地利用这些闲置地产,最大限度地发挥作用。

根据这样的思路,绿色米兰城市奥特莱斯结合国内市场的需求,利用城市副中心的地理位置,把目光聚焦到了城市时尚新中心的开发运营模式上来,将公司定位为一家新型现代商业产业与高端现代服务业综合投资运营商,专注于国内奥特莱斯产业的研究、投资、开发及运营管理,以"商业、地产+产业"的创新发展模式,在大城市周边或者城际之间打造"以奥特莱斯名牌折扣店为核心"的多种商业业态集群的新型现代产业模式。充分利用国际资源,打造规范的具有国际化色彩的多业态、多功能的奥特莱斯商业集群,这就是以奥特莱斯为引擎,吃、喝、玩、乐、购、居为一体的城市时尚新中心。该中心成功填补了五角场一带高端消费的需求,带活了这一区域的经济发展。众所周知,五角场商圈主要以中低端消费群体为目标消费群体,定位于中档综合型购物中心,造成了商圈内长时间的高端品牌的空白,而绿色米兰广场的盛大开业则彻底改变了这一格局,其国际奢侈品牌折扣大本营的清晰定位,价格线上掐两头的独特优势,不仅填补了五角场商圈高端品牌的空缺,更提高了整个商圈的品牌等级,提升了商圈的能级。

(四)"四活"经营——提升服务能级

绿色米兰城市奥特莱斯提出了"四活"的经营理念,即在对周边商业地产、消费者和区域环境进行全面分析的基础上,做到特色突出、个性鲜明,尤其是做到有所侧重、有的放矢,充分体现城市消费的特征,黏住消费者(如表5所示)。

表5　　　　　　　　　　绿色米兰城市奥特莱斯"四活"经营理念

乐活区知名品牌折扣项目	时尚折扣店	主要经营时尚服装、皮具、针织、内衣、鞋包等	都市中高档折扣店
	都市中高档折扣店	各类国际、国内知名畅销品牌	区域特色店
快活区运动娱乐休闲体验项目	休闲娱乐项目	KTV、雪茄吧、酒吧、美容院等	经营唯一性
	运动放松项目	健身馆、运动俱乐部等	时尚运动
激活区亲子教育及陶冶情操的项目	文化体验项目	各国、各地特色商品、国际时尚艺术馆	特色店
	文化教育项目	各种亲子、成人培训机构等	区域唯一性
慢活区居家生活享受服务项目	居家享受项目	电子、宠物乐园、居家用品等	
	综合服务设施项目	商务中心、鲜花店、洗衣店、婚纱摄影、旅游咨询、快递、银行、通信服务等	现代都市时尚
	餐饮项目	西餐餐饮、中餐餐饮、茶馆、咖啡店、糕点屋等	中西时尚餐饮

作为奥特莱斯的本土化升级,绿色米兰城市奥特莱斯特别强调对"生活区"和"消费圈"的打造,而这一概念就是要让城市奥特莱斯成为都市人群时尚生活的一部分。城市奥特莱斯不像传统奥特莱斯那样面面俱到,它的经营体量不再是多则5万、10万甚至十几万平方米,而是结合商业地产的特征,强调自身在某方面的差异优势,直接利用周边配套资源,更利于品牌商经营,凸显定位优势。其中最典型的当属弥娜娃牛排自助餐厅和花嫁丽舍私人婚礼会所。

1. 颠覆传统餐饮文化,引领新式消费观念

上海弥娜娃牛排自助餐厅(简称"弥娜娃餐厅")坐落于杨浦区国权路39号绿色米兰广场银座底楼,交通便利、环境幽雅,餐厅秉承创新经营理念:美食不再只是满足果腹的概念,而是既能给食客带来视觉上的震撼,也能给食客带来心灵的愉悦。弥娜娃餐厅的装修选用意大利现代风格,从墙壁的选色、餐桌椅的款式到巧妙地运用玻璃和各类金属,无不展现意大利现代风格的特点:简约而精致。餐厅环境幽雅,推门而入,首先映入眼帘的是一面装修考究的巨型酒柜,宾客此时多半会被眼前的各种美酒震撼(如图3所示)。沿着酒柜走过去是一个充满艺术气息的过道,一边是红墙黄色花纹雕刻,另一边则是现代气息的金色几何线条图案错综交汇,地板是郁郁葱葱的绿色低碳。尚未就餐,红、黄、金、绿四色带来的视觉效果已让宾客大呼过瘾。步入大厅,装修精致、奢华低调、富于情调,餐桌之间的距离恰到好处,往来其间,不显拥挤,亦不疏远。餐厅的包厢装饰别具一格,灯光柔和,充满梦幻,再配以美味佳肴,不觉之间令人食欲大增。

餐厅自助选区80平方米,包括各类世界美食(创意日式寿司、泰国海鲜汤、印度咖喱、马来西亚沙嗲、台湾泡菜等五十余种各国美食),任顾客挑选。餐厅的营业时间分为午市和晚市。午市从上午10点开始至下午2点结束,分为自助午餐和商务套餐两种。晚市从下午5点至晚上10点结束,自助晚餐分为精致尊贵型和时尚欢乐型两大类。

无论是年轻时尚的学生、白领、情侣还是温馨的三口之家甚至是公司年会,在弥娜娃餐厅

图3 弥娜娃牛排自助餐厅实景

都能收获视觉和美味的双重享受以及心灵的无比愉悦。

2. 楼顶露天私人婚礼会所，尊享欧式古典庄园婚礼

沪上知名的婚礼服务专家——花嫁喜铺婚礼服务公司入驻绿色米兰广场，为即将步入婚姻殿堂的新人们营造了一个浪漫、温馨、梦幻的婚礼场所。

花嫁喜铺在绿色米兰广场王座楼顶设有花嫁丽舍私人婚礼会所。顶楼完全绿化，充满绿色田园气息，置身其间，仿佛来到世外桃源；环顾四周现代化建筑，恍如隔世，顿生天荒地老之感，立感真爱恒久绵长。在楼顶的绿色草坪上，周围绿树环绕，草坪中央金黄色的欧式栅栏围成了一方大小合适的天地。这方小天地里铺着竹黄色木质地板，上有8张白色的典雅圆桌，大红色地毯横贯地板中间，地毯尽头是纯白色哥特式镂空穹顶园亭，地毯两旁是6个完美对称的白色罗马式装饰花柱；地毯的起点是欧式风格的纯白色花园小门，尽显圣洁气息，彰显婚姻之圣洁（如图4、图5所示）。在绿色米兰广场王座四楼还设有2 000平方米的婚宴大厅，大厅装饰充满欧式唯美风格，华美大气，典雅纯白，水晶灯饰晶莹剔透，灯光流泻宛若银河落地，仿佛置身梦幻国度。宴会厅配有专业演出级的视听设配和专业后勤灯光，并有影音调控师全程服务，力保婚礼的每个阶段都有幸福的旋律相伴。

图4 花嫁喜铺内部实景（一）

图 5　花嫁喜铺内部实景(二)

花嫁喜铺婚礼服务公司为新人们提供"一站式"婚礼的优质服务，包括：婚礼策划、习俗培训、婚礼主持、场地布置、摄影摄像、婚礼 MTV 及数码相册制作、婚车装饰、车队租赁 8 项幸福服务。花嫁丽舍私人婚礼会所拥有专业的婚礼创意、婚礼执行、影像拍摄、婚宴执行团队，打破传统的婚庆服务模式，注重婚礼的细节及服务品质，引领婚庆时尚潮流。

三、奥特莱斯进城之术

自 2012 年 9 月 15 日开业至 2012 年 11 月底，绿色米兰广场已实现不菲的销售额，在将城市奥特莱斯理念转化为现实的同时，也成功地在五角场商圈站稳了脚跟。

(一)前期递增式宣传

绿色米兰广场于 2012 年 9 月 15 日正式开业，然而前期的宣传活动早在 2012 年年初便已隆重开启。公司主要先通过各类平面媒体、户外媒体及口碑宣传抓住五角场商圈的客流，然后再通过电视媒体扩大消费群体，形成了以五角场为依托、逐渐往外扩散的递增式宣传方式，同时结合招商进度，在适当的时机进行集中轰炸式传播，在前期积累的基础上瞬间爆发，令"绿色消费"这一消费理念深入人心。

绿色米兰广场在节日活动上注重创新，通过各类文化类活动如文化展(文化讲座等)、亲子乐园(儿童乐园、游戏城)、娱乐休闲沙龙、运动项目(攀岩)等活动从文化营销角度入手，有效地避免了市场上血拼类价格营销的弊端，充分将"奢侈品折扣＋环保的意大利米兰风情＋多种创新业态"互相交融，打造杨浦区乃至整个上海又一商旅文化新亮点!

在情人节这个浪漫温馨的日子里，绿色米兰广场推出以"绿色米兰帮您喊出爱的宣言"为主题的缤纷促销活动与天下有情人一起庆祝。活动从下午 2 点开始一直持续到晚上 8 点，分为抽奖和店内寻宝两个部分。本次活动的推广传播主要通过官方微博等形式展开，吸引了众多情侣们前来参与，现场气氛活跃，欢声笑语不断，消费者往来如织，商场里人气高涨。在活动现场的消费者频频驻足，仔细挑选心爱的商品，在高雅的购物环境中流连忘返，对舒适的环境不时点头称赞，活动取得了良好的效果。

在妇女节当天，绿色米兰广场举办主题为"悦己"的促销活动来犒劳女性消费者，倡导女性关爱自己、犒赏自己、愉悦自己,让美丽永远伴随自己。公司在绿色米兰广场金座一楼举办了抽奖活动,吸引了众多前往商场的顾客踊跃参加。活动现场,每位消费者均可获得三次抽奖机会,只要抽中"幸福女人"、"活力女人"、"健康女人"、"快乐女人"等词语,均可获奖。抽奖现场,消费者踊跃参与、热情高涨,工作人员兢兢业业、服务周到。多数参与活动的消费者还留下自己的联系方式,希望得到更多关于商场的促销、新进商品信息等,她们表示很期待商场的正式营业。

2012年端午节,公司于6月21日~6月23日在绿色米兰广场金座22F举办奢侈品"裸价、内买"答谢酬宾活动。此次活动商品均为国际一线品牌,价格为国内部分新品的六至七折,同时,持米兰众享卡更可再享受九八折优惠。为保证活动质量,举办方将人数控制在每天限200人入场。活动现场,宾客往来如梭、乐此不疲,在古典欧洲唱片机流淌出的悠扬音符的烘托下更像在度假,所有来宾均融入其中,享受这个美好的时刻。此次典雅、舒适的购物氛围令客户体会到了尊崇、娇贵的独特待遇。

2012年的上海购物节于2012年9月14日~10月7日举办。绿色米兰广场承办本次五角场分会场的活动,在五角场标志性建筑巨蛋之下的下沉式广场中举行盛大的购物活动,包括杂技表演、新民乐演奏、法国宫廷舞、大型米兰风尚T台秀,节目精彩纷呈,给各位观众带来一场视觉兼听觉盛宴。一年一度的上海购物节现已成为许多消费者购物的最佳时机。绿色米兰广场在历年举办的基础上,有所创新,有所提升,坚持"商旅文化结合,商业金融结合",依托杨浦区的文化资源,挖掘其独有的商业文化内涵,充分展现商圈、商界、商家的特色,营造商业文化交融的消费磁场,成为上海购物节中一个璀璨夺目的新亮点。同时,在这浓厚的节日气氛中,绿色米兰广场的奥特莱斯正式开业。

(二)树立良好企业形象

从公司成立至今,绿色米兰城市奥特莱斯一直在努力成为一家有社会责任感的公司。公司曾多次组织员工举办慈善活动,包括慈善拍卖、为老年人服务、资助残疾儿童、捐赠奖学金等。目前,公司正准备申请自己的米兰基金。

2010年11月15日,上海市静安区一高层居民公寓发生特大火灾,截至16日9时20分,上海静安高层住宅大火已导致53人遇难、70余人正在接受治疗。"一方有难,八方支援",在绿色米兰城市奥特莱斯党支部的积极倡导下,公司全体员工积极地参与到此次捐款当中,以绵薄之力为遇难同胞及家属奉献自己的爱心。

2011年1月16日上午,绿色米兰城市奥特莱斯党支部领导和总裁罗欣以及公司青年志愿者代表等一行人前往位于政本路上的公司助学学生家庭,询问了学生们的生活和学习状况,表达了公司对学生们的关心和关怀。这些学生和家长纷纷感谢公司的所作所为,学生们表示以后要好好学习,长大后要努力用自己所学的知识为社会和他人作贡献。公司领导在了解了困难家庭的情况之后,代表公司捐赠给困难家庭一份慰问金,期望能对他们有一定的帮助。

2012年2月22日中午,公司的领导和青年志愿者一同前往国定路看望、慰问生病老党员张根宝。公司有关领导十分关心老党员的身体状况,聆听老党员述说自己以前的故事和现在的生活状况,高度赞扬了老党员在自己工作岗位上一丝不苟的工作作风和兢兢业业的工作态度,同时也祝愿老党员早日康复。

2012年3月1日上午,公司党支书和青年志愿者一行人来到上海市杨浦区扬帆学校,开展"心微笑,心飞翔"慈善爱心捐助活动。捐助活动由该校陈校长主持,此次活动共资助6名残障儿童。现场捐助活动结束后,志愿者一行还去了重度脑瘫、行走不便的学生刘书宇家中开展慰问活动,送上公司全体员工的关爱和祝福。

2012年3月2日,公司自营部在位于徐汇区的妇联巾帼园内举行了宣传、特卖活动。活动中,自营部全体员工热情地招待客户,根据客户需求,耐心、细致地介绍公司的相关商品,赢得了客户们对公司服务质量的认可。在此次活动中,公司卖出了不少商品,包括:博柏利(Burberry)的方巾、古驰(Gucci)的围巾等,客户们都十分满意公司员工为他们挑选的商品,并表示有机会一定会去绿色米兰广场购物。

(三)真心、真品、真价

在中国,奥特莱斯面临的最大问题之一就是:真正意义上的奥特莱斯所必须具备的品牌货源欠缺,店家无法直接获得厂商直销产品,其惯用的模式是通过代理商进货,导致货源不充足、不稳定、品牌更换频繁,且价格偏高。为了生存,店家甚至会找一些根本不是名牌的"假洋鬼子"产品来充数,这必然导致奥特莱斯的品味下降。另一方面,本土零售业态在整个供应链上的管理仍很粗放,对产品质量的控制还很脆弱,质量和服务系统的管理协调和标准化建设尚待加强。

绿色米兰奥特莱斯创新地利用供应链再造和渠道新建(引入买手制)在保证货源纯正的同时,更提供了更加优惠的价格。与此同时,公司正在积极建立完整的诚信体系,让诚信不再是"奢侈品",并为喜欢奢侈品的消费者提供了一把有力的保护伞。作为主发起人,公司将联合工商部门、中国海关、质检部门、中国保护消费者保护协会、资深鉴定师协会等机构,全面整顿各国奢侈品牌在城市奥特莱斯的售后问题,其中涉及大牌售后服务不完善、商品质量检测、抽样调查等工作,要求所有的加盟商户必须签署诚信公约,从而为消费者营造一个安全的奢侈品消费环境,维护消费者利益,真正做到"真心、真品、真价"。

(四)重视客户关系的管理

在绿色米兰广场,消费者通过办理会员卡,可以实现折上折的优惠。奥特莱斯产品自身就已经有相当大的优惠折扣,通过办理会员卡可享受折上折和积分送礼,这是任一逛商场的顾客都难以抵挡的诱惑。同时,在开业之初,通过购买任意产品并注册会员,顾客即可免费获得商场的品牌商品一件。采取这种营销手段,有利于商场在短期内大批量积累会员。目前,商场的注册会员接近8 000人。同时,通过建立VIP管理体系,对客户定期开展一些互动类活动,加深客户对商场的个性化服务体验;采取同城网购、跨地营销的方式,通过电子商务方便消费购物的同时注重线下体验,提升消费者的购买满意度。

此外,绿色米兰广场格外重视自身服务质量控制,并着重采取了以下策略,使其能通过优质的服务获得顾客忠诚:

第一,对供应商进行资格认证。由部门经理对供应商的实力进行了解、评估,向商场提供供应商的引进申请,并交质量管理部门审核备案,把好商品进货关。

第二,建立商品上柜档案。商品入库、上柜前,营业员根据商品质量检验报告,对商品进行检查、验收,对要求的各项指标进行登记,不合格的商品坚决不予上柜,把好商品上柜关。

第三,建立有问题商品的档案。部门、小组、员工对商品进行质量跟踪,对售前、售中、售后中出现的商品质量问题以及顾客退换货进行登记、检查,把好商品销售关。

第四,对供应商实施动态管理。根据商品管理档案的内容,对有问题的商品进行分析,查找原因,对质量不能保证的供应商予以清除。

绿色米兰广场对于客户投诉建立了如下处理、反馈制度:

第一,设立"顾客意见、建议登记本"。记录顾客电话、书信、现场等投诉。

第二,服务质量投诉。接到顾客投诉时,立即转交相关楼层处理;一时无法转交的,应首先向顾客道歉,耐心倾听并记录,向顾客表示给予时间调查落实,查清后一定严肃处理。

第三，商品质量投诉。应了解国家的"三包"规定、消费者权益保护法等法律法规及商场的有关规定。当接到顾客投诉时，应立即转交楼层分部处理；一时无法转交的，应向顾客道歉，问明情况并登记，向顾客说明会尽快转交相关部门处理。

第四，其他。接到顾客对商场的意见和建议时，应首先表示感谢并认真听取，经判断后将合理的、具有建设性的意见和建议进行记录上交经理。关于商品价格方面的投诉，登记后转交品质管理分部处理。

四、未来新支点

(一)电子商务——奢侈品触网

电子商务不但彻底改变了传统销售业的营销理念，还改变了传统的贸易支付方式及物流体系，为销售业发展创造了全新的商务模式。在电子商务刚刚兴起的时候，人们几乎认为电子商务将取代传统销售业，而传统销售业必将消亡。但是经过几年的发展，电子商务的出现，促使销售业各个环节发生了变化，但绝对不会取代传统的销售业，它们之间的关系是互相补充、相互融合的，电子商务是一个更新、改造、提升传统销售业的平台。品牌供应商纷纷转型开通网络销售渠道。奥特莱斯进军电子商务不仅要面临与互联网为主导的淘宝网、当当网、京东商城的竞争，还要协调与供应商之间的关系。

面对这一挑战，罗欣仍旧是信心满满。对于电子商务，他有着自己独到的见解："电子商务的本质仍旧是商务，对我来说，电子商务最重要的是给俱乐部成员提供产品信息，基于奢侈品的特殊性——价格昂贵，假货问题显得尤为重要。因此一定要实行会员制，口碑相传，熟人作保。目前我们着重发展地面店，使之成为网络店的展示中心，配送中心，以及售后服务中心。"

公司团队已经在策划运行中，通过建立作为样品展示的样品间(Show Room)，运用互联网与线上电子商务相连接，提供给会员俱乐部成员及时详细的品牌信息，还可以对俱乐部成员进行品牌知识、品牌搭配等方面的训练，从而培养顾客的忠诚度。在未来，绿色米兰城市奥特莱斯一定会将电子商务与实体店紧紧联系在一起，在实体商场的基础上进行电子商务运营，突破传统分销体系，采取直接与品牌商和国际买手相结合的运作模式，让城市奥特莱斯的线上线下利益得到最大化。

(二)业态新锐——"同城网购＋跨城连锁"

到郊区购物或者通过网络平台购物都会面临一个相同的问题：购物花费的时间过长，产品的质量不能保障，遇到问题时不好处理，退货渠道繁琐漫长，在这样的情况下，同城购物应运而生。这种购物方式最大的优点主要体现在以下几个方面：首先，交易在同城进行，购物时间极大地缩短了，即便是在客户没有时间和没有心情的情况下，依然可以通过轻松地点击鼠标，就实现预定产品当日送货上门，避免了外出购物漫长的交通路程或者普通网络购物漫长的等待；其次，同城网购一般是实体店与网络平台同时开张，消费者既可以到现场试穿、参观甚至游玩，也可以在网络上轻松购物，避免了普通网络购物上当受骗的问题；第三，同城网购有着更为便捷的退货渠道和更为可靠的质量保证，顾客可以在收到货物后当场验货，遭遇质量问题可以随时退货或者换货。

任何一种商业模式在成为一种独立的商业业态后，就绝不再仅仅满足于"偏安一隅"，而是要审时度势地向着更远的目标迈进，对于奥特莱斯而言更是如此。绿色米兰广场的奥特莱斯作为升级版的真正本土化的奥特莱斯，势必将遵循它样板店的模式，由它的孕育地不断派生出更多的奥特莱斯店,分布于各大中城市,以跨城连锁的方式真正实现让生活在城市里的人零距离接触尽在咫尺的奢华;同时最大限度地发挥奥特莱斯的规模效应,增强其品牌聚集度、品牌感召力、品牌吸引力,甚至是以资源共享的方式分担进货压力和销货困难。因此,跨城连锁也是奥特莱斯作为一种业态增强自身抵御风险能力的内在选择。

同城网购和跨城连锁两者珠联璧合,既是资源的优势整合与互补,又是渠道的再造与延伸,在最大限度满足消费者需求的同时,也必将为奥特莱斯带来源源不断的财富。

附录

附录1:服装行业渠道的基本成员

表6　　　　　　　　　　服装行业渠道的基本成员

名　称	定　义
服装生产商	提供服装产品的生产企业,是服装销售渠道中最关键的因素。它不仅是服装销售渠道的源头和起点,而且是服装营销渠道的主要组织者和渠道创新的主要推动者
服装中间商	从事服装批零业务及代理业务的商业企业,包括生产商的销售机构、批发商、代理商、零售商等
服装消费者	服装消费者是销售渠道的最后一个环节,也是服装产品服务的对象
其他辅助商	辅助商是指其他一些支持渠道业务的成员,如运输公司、仓储公司、保险公司、保险公司、银行、咨询公司、广告公司等

资料来源:刘小红等编著:《服装市场营销》(第三版),中国纺织出版社2008年版。

附录2:服装行业三种常见的渠道模式

表7　　　　　　　　　　服装行业三种常见的渠道模式

渠道模式	特　征	代表品牌
代理制	在主要的销售区域发展总代理商,再往下发展二级或三级经销商	七匹狼、九牧王
直营	由公司总部直接经营、投资、管理各个零售点的经营形态	雅尔戈:目前拥有超过2 000个销售终端,其中商场专柜和直营店超过40%
特许加盟	利用自己的品牌、专有技术、经营管理模式等与他人的资本相结合来扩大经营规模	海澜之家和美特斯·邦威

资料来源:刘小红等编著:《服装市场营销》(第三版),中国纺织出版社2008年版。

附录3:品牌商渠道分销常见的三种方式

表8　　　　　　　　　　品牌商渠道分销常见的三种方式

	进货特点	采购货品	付款方式	适用范围
代理制	按照总部要求进货	新品为主	较长账期	新市场的初期开拓
直营制	根据自身需要进货	新品	较短账期	扩张和发展的市场
买手制	根据经营特点选购	库存为主,新品为辅	一次性买断	相对成熟的市场

资料来源:罗欣著:《商业价值新支点——让奥特莱斯赢在中国》,中国纺织出版社2011年版。

附录4：扣率制和买手制的比较

表9　　　　　　　　　　　　　　扣率制和买手制的比较

	合作对象	与品牌的关系	软硬件要求	商场利润
品牌扣率制	品牌商或品牌代理商、经销商	紧密，受约束较多	要求苛刻 品牌氛围 贴装修成本	扣率较低，较长免租期
买手扣率制	国际买手	不密切	一般即可，独特风格	扣率较高，自营更增加利润

资料来源：罗欣著：《商业价值新支点——让奥特莱斯赢在中国》，中国纺织出版社2011年版。

附录5：主要国家奢侈品销售额预测

表10　　　　　　　　　　　主要国家奢侈品销售额预测　　　　　　　　　　单位：百万美元

年份 国家	2012	2013	2014	2015	2016	2017
美国	76 912.8	79 568.3	83 370.4	87 026.2	90 866.7	95 107.7
中国	17 937.5	20 877.6	24 092.2	27 596.2	31 441.7	35 628.5
日本	31 657.4	31 719.6	31 776.9	31 589.5	31 321.1	31 155.1
意大利	21 178.8	21 420.3	21 753.9	22 093.5	22 411.6	22 700.9
法国	19 365.1	19 843.5	20 349.0	20 864.2	21 340.1	21 734.6

资料来源：欧睿市场研究公司2012年研究报告。

附录6：零售轮转理论

零售轮转(Wheel of Retailing)理论又被称为"零售车轮理论"、"零售之轮理论"，是美国哈佛商学院零售专家M.麦克尔教授提出的。他认为，零售组织变革有着一个周期性的像一个旋转的车轮一样的发展趋势。新的零售组织最初都采取低成本、低毛利、低价格的经营政策。当它取得成功时，必然会引起他人效仿，结果，激烈的竞争促使其不得不采取价格以外的竞争策略，诸如增加服务、改善店内环境，这势必将增加费用支出，使之转化为高费用、高价格、高毛利的零售组织。与此同时，又会有新的以低成本、低毛利、低价格为特色的零售组织开始问世，于是轮子又重新转动。超级市场、折扣商店、仓储式商店都是沿着这一规律发展起来的。

根据零售轮转理论，成本领先战略往往是新兴零售业态企业后来居上的有力武器。这一战略的实施涵盖了商品购、存、销流转过程所有环节上的成本和费用控制，只有降低商品的进价成本和物流成本、降低商品的经营管理费用，才能实现商品流转全过程中成本费用的控制。在这方面，沃尔玛无疑是零售业成本领先战略最彻底的实施者和经营典范，其优势体现在成本控制方面的先进水平。

GREEN MILAN PLAZA——The Strategy and Tactics of Outlets Go Into Downtown

Jiang Xiaodong, Chao Gangling, Ji Li

(School of International Business Administration, Shanghai University
of Finance and Economics, Shanghai, 200433, China)

Abstract: Firstly, The case introduces the basic information of GREEN MILAN PLAZA. Secondly, the case focus on the location, supply chain reengineering, newly-built channel and featured service of GREEN MILAN PLAZA. Thirdly, the case illustrates the marketing, CSR and CRM strategy of GREEN MILAN PLAZA. Lastly, the case shows the investigation of online outlets and outlets chain for GREEN MILAN PLAZA. The case would be used for teaching of marketing management or retailing management, students will learn the key problem and possible solution for outlet operation and management, especially for luxury retailing.

Keywords: Downtown Outlets; Location; Channel; Buyers; Luxury Goods

案例使用说明

一、教学目的与用途

本案例主要用于"营销管理"或"营销策划"课程的教学,特别是《零售管理》课程的教学,目的在于让学生了解零售经营需重点解决的问题,特别是奢侈品零售经营需注意的风险问题。同时,本案例可让学生了解奢侈品营销需注意的问题。

二、启发思考题

1. 分析国内许多奥特莱斯经营出现困难的原因。
2. 从外部环境和消费者生活方式角度分析奥特莱斯在城市郊区选址和在市区选址的优缺点。
3. 买手制的特点是什么?买手制的引入对于零售渠道有何革命性影响?
4. 奢侈品消费者的生活方式和购买习惯有何特征?在中国销售奢侈品需注意哪些问题?

三、分析思路

1. 分析国内许多奥特莱斯经营出现困难的原因。

究其原因,在于对外国奥特莱斯运行模式的照抄照搬,没有根据中国的实际国情对症下药、探索适合中国的经营之道。

第一,奥特莱斯开在远郊。现在,越来越严重的城市交通拥堵使一、二线城市内实现由市区到郊区或由郊区到市区的交通变得非常困难。

第二,奥特莱斯依赖品牌商资源,很多奥特莱斯缺乏足够的货源。

第三,消费者购买力不足。

2. 从外部环境和消费者生活方式角度分析奥特莱斯在城市郊区选址和在市区选址的优缺点。

就奥特莱斯的本土化状况而言,绝大多数都集中在中国的一、二线城市,不可否认,这些区域拥有着绝大多数具备高端奢侈品消费能力的群体,而选址远郊的奥特莱斯却将这些消费主力军因不便利的交通而拒之门外。尽管在上海、广州、南京等城市私家车的占有率在20%左右,但一个三口之家要驱车到郊外奥特莱斯享受一天或半天的购物旅游几乎是不可能的。

第一,在中国,绝大多数的远郊都不具备成熟的商业环境,单凭奥特莱斯一家就想吸引和留住大量远道而来的游客几乎没有可能。在中国进行本土化尝试的两百多家奥特莱斯中只有为数不多的几家硕果仅存,这不是一个偶然,它们或看中选址地段的区位优势和发展期前景,或凭借于游乐场、高尔夫球场、飞机场等外部性资源。

第二,选址远郊的奥特莱斯必须有方便快捷的交通方式,地铁、公交等能够直接到达的地方才会为奥特莱斯带来源源不断的人气。实际上,郊区的交通远远没有理想中的完善,有时需要乘坐半个小时一班的公交车,在到达终点站之后再乘"摩的"才能到达郊区奥特莱斯。购物的心情、旅游的快乐就在这疲惫的辗转中烟消云散了。可见选址便利不仅是给购物者提供一种更为方便的途径,而且还是满足消费者的购物习惯。

第三,在这个竞争异常激烈的快节奏社会中,时间就是金钱,消费者宁可花费一个小时时间用在补充睡眠上,也不愿意将这些时间浪费在红绿灯和堵车上。绝大多数有实力的消费群体,不会把时间与精力耗费在无意义的过长的购物旅途过程中。何况市区的打折无处不在,市区的品牌更是名目繁多。由此,市区与品牌的捆绑式观点,依然是消费者的主流意识。

第四,拥堵塞车是"非工具性的交通制约"。一、二线城市都有着极为密集的人口分布,"做五休二"、"朝九晚五"的习惯致使工作日很难拿出半天甚至更久的时间去郊外购物,这就决定了人们外出消费时间的集中性——一般都在节假日里才有集中的时间外出,这就容易出现"路虽短,但耗费时间长"的问题。在郊区奥特莱斯受此种种制约的前提下,消费者宁愿将时间花费在多逛一会儿商场上,也不会浪费在漫长的交通上;宁愿将路费添加在产品的价格上,也不愿意消耗在高速路通行费和油费上。

3. 买手制的特点是什么?买手制的引入对于零售渠道有何革命性影响?

买手具有以下特征:(1)站在时尚潮流的最前端,了解行业规范,具备货品辨别能力。(2)在适当的时机敏锐出手,以低廉的价格购买他们认为适合的商品,加价出售,赚取一定利润。(3)拥有多样的经营渠道,便于尽快销售购买的产品。

4. 奢侈品消费者的生活方式和购买习惯有何特征?在中国销售奢侈品需注意哪些问题?

发达国家的奢侈品消费者为40岁以上的富裕阶级,而在中国,则是一群25~40岁的年轻人,这个人群可分为如下三类:第一,富裕新贵。中国经济的繁荣造就了无数富裕新贵,从国企掌门人、外企CEO到金融精英,再到民营企业主,这些成功人士无不迫切希望寻找一种证明自己身份、财富和地位的物品。第二,时髦新宠。这类人群多数是外企白领或金领,他们接受过良好的教育,熟谙当前的时尚潮流,希望通过奢侈品彰显自己的独特个性。他们很重视奢侈品品牌背后的文化内涵、风格、设计和做工。第三,炫酷一族。这类人群由"80后"和"90后"构成,刷着父母的信用卡或是攒了几个月的薪水,去装扮自己、享受不符合这一年龄段的奢侈生活。这一群体有着强劲的消费欲望,成为中国奢侈品群体低龄化的主要原因。

中国的奢侈品消费呈现如下几个特点:

第一,虚荣心占据消费心理的主导。中国人的"爱面子"心理,导致个人在消费奢侈品时有很强的虚荣心和炫耀心。

第二,透支消费严重。年轻消费者有着提前消费的特点,往往是通过信用卡透支来消费奢侈品。

第三,礼品馈赠是重要的消费动机。作为礼品的奢侈品消费,其购买数量和规模都比较大,对运输和通关都有更高的要求。

第四,在消费地点方面,受境内外差价、汇率及新品差异化的影响,中国消费者热衷于在海外购买奢侈品。

基于以上分析,在中国销售奢侈品需注意如下几个问题:

第一,中国奢侈品消费者的年龄跨度较大,对奢侈品品牌文化的理解程度差异大,针对不同年龄、不同品位的消费者,需采取不同的营销策略。

第二,中国奢侈品购买中的团体购买(多用于送礼)比例较高。一方面,要做好面临大规模购买的库存管理;另一方面,要推出一些匿名的购物卡,便于购买者作为礼品馈赠他人,同时也便于收卡人自主购买想要的奢侈品。

第三,要把流向海外的奢侈品购买力留在国内,就要对奢侈品流通的中间环节大幅压缩,尽量减少流通成本,在国内提供有竞争力的价格。

四、理论依据及分析

零售轮转的理论假说认为,零售业的业态变革有一个周期性的像车轮一样的发展规律。零售轮转理论认为,创新型零售商开始总是以低成本、低价格和低毛利为特征进入市场,在与业内原有零售商的竞争中取得优势,而随着这一业态的进一步发展,这些创新者增加经营品质更好的商品,到租金更高的位置开店,不断增加新的服务(承诺退货退款,提供信用和送货上门等),不断购进新的昂贵设备,从而导致经营成本不断提高,逐步转化为高成本、高价格和高毛利的传统零售商,并最终发展为衰退型零售商,同时又为新的零售业态留下生存和发展的空间,而新业态也以同样的模式发展。当位于低端的零售商实施战略升级以增加销售和毛利时,一种新型低价零售形态又在低端市场出现。

五、背景信息

(一)奥特莱斯简介

"奥特莱斯"是英文 Outlets 的中文直译。其英文原意是"出口、出路、排出口"的意思。

奥特莱斯是欧美目前最为流行的零售业态之一,最早主要销售下架、过季、断码产品以及工厂尾货等。经过 100 多年的发展,此业态现已成为主要销售国际一、二线知名品牌折扣商品的新型休闲购物模式,其产品构成中很大一部分由当初所谓的"过时货"、"残次货"演变成"各大名牌专门为奥特莱斯追加生产和设计的经典款式"以及"地域时差商品"。

如今的奥特莱斯已成为国际名品集中地,是一种倡导更聪明的理性消费的国际新型休闲购物模式。

奥特莱斯吸引顾客有三个法宝:(1)驰名世界的品牌——荟萃世界著名或知名品牌,品牌纯正,质量上乘;(2)比一般促销价低的低价——一般以低至一至六折的价格销售,物美价廉,消费者趋之若鹜;(3)方便舒适的氛围——远离市区,交通方便,货场简洁、舒适。

(二)奥特莱斯的产生及演变过程

奥特莱斯最早诞生于美国,迄今已有近 100 年的历史。奥特莱斯最早就是"工厂直销店",

专门处理工厂尾货。后来逐渐汇集,慢慢形成类似商场的大型奥特莱斯购物中心,并逐渐发展成为一个独立的零售业态。虽然工厂直销店这种业态在美国已有100年的历史,但真正有规模的发展是从1970年左右开始的。

1970~1987年:一些大型服装工厂和日用品加工企业利用工厂的仓库销售订单尾货,并开始在他们的仓库建立起奥特莱斯,基本上是一家工厂——奥特莱斯,所集商品既是优质品牌又价格低廉,所以吸引了大批顾客。

1988~1996年:工厂直销店开始繁荣起来并有大的发展,去工厂直销店购买商品的顾客越来越多,因此,很多工厂就把直销店集中在一起开设,这时的购物中心一般都是真正的"工厂直销",虽然以名牌和低价吸引顾客,但没有形成规模销售,而且离城市较远,一般在60~80英里(100~150千米)左右,开车要一个多小时。

1997~2001年:奥特莱斯业态在美国呈现快速发展的势头,截至1996年,美国境内已经建立了300多家奥特莱斯购物中心,并且有了奥特莱斯开发商的加入,这种营销形态发生了实质性的变化。首先是供货商从过去单一的商品工厂发展为商品工厂、品牌所有者、品牌代理商、品牌批发商乃至大型百货商店共同参与的专门供货渠道。其次是功能更加齐全,休闲购物一体化。最后是开始讲究购物环境并向城市靠近。因此这种直销中心渐渐发展成为大型或超大型购物中心。特别是近两年,销售额屡创新高。据美国的统计数字显示,全美目前有400多个大型奥特莱斯购物中心,销售增长率逐年大幅递增。

(三)国外奥特莱斯经典案例

奥特莱斯在欧美已发展得很成熟。确切地说,奥特莱斯本身可涵盖三种业态:首先,它是人们熟知的名品折扣中心;第二,它是二、三线品牌产品的展示直销中心,即厂家的新品展示与大量的库存处理中心;第三,它是中间商品牌,即将符合某种风格定位的品牌厂家库存集中起来,变为自己的品牌来销售。

1. 美国纽约 Woodbury Outlets

Outlet!这个应该是所有爱购物人士最喜欢讨论的议题了!好比纽约旁边的 New Jersey Woodbury,每栋分开在街道两旁的小房子里就是一个品牌。在这里,你可以悠闲地享受购物时光。逛累了,还有附设的餐饮店提供休憩。除了到 Outlet 大肆采购外,纽约城中的百货公司 Berdorf Goodman 和 Saks Fifth Avenue 在圣诞节和新年前都有疯狂大特价。这个时候,你可能会被眼前的景象吓到:鞋区的陈列方式是,不论品牌都依照尺寸大小排成一柜柜,如果你比别人眼睛尖一点,就可能发现一双原价两万多元的 Gucci 高跟鞋,打折后变成四千多元一双!因此,现场可能会是东掉一只 Chanel,西落一只 YSL!全纽约爱买、爱美的女人们在这时候也不顾形象,拼了命、挤破头地争夺一双名鞋。

很多人来美国,省吃、省喝、省住、省交通,就是为了血拼。纽约就是个"败家"的好地方,除了城市里面五花八门的大小商店,在曼哈顿附近的许多 Outlets 也是必须去朝圣的目的地。你如果想要买精品,不一定要到第五大道忍痛刷爆卡,因为在这家知名的畅货中心 Woodbury Common Premium Outlet(见图6)一样有的买,虽然不在纽约市内,但有专车巴士可以到达,许多日本、中国购物团友,为了那220家专卖店和平均比市价便宜25%~65%的标价,无论如何都要花上大约1个多小时的车程来血拼,理由就是——实在太划算啦!

这里有博柏利(Burberry)、蔻驰(Coach)、杜嘉班纳(Dolce & Gabbana)、芬迪(Fendi)、Gap Outlet、乔治·阿玛尼(Giorgio Armani)、古驰(Gucci)、鳄鱼(Lacoste)、拉尔夫·劳伦(Ralph Lauren)、Space(Prada,Miu Miu)、托德斯(Tod's)、杰尼亚(Zegna)等,甚至还能发现

奥斯卡·德拉伦塔(Oscar de la Renta)、Spyder、托里·伯奇(Tory Burch)、真实信仰(True Religion)和吉米周(Jimmy Choo)……规模之大,让你难以想象! 唯一的遗憾就是,美国购物不退税——但是,只要你看到这里的价格,相信你这点遗憾肯定一扫而空。

图 6　美国纽约 Woodlurry Outlets

2. 日本 Gotemba Premium Outlets 御殿场

Chelsea Japan Co.,Ltd. 公司是美国购物中心开发商 Chelsea Property Group,Inc 公司与日本三菱地所株式会社、双日株式会社的合资公司。Chelsea Japan Co.,Ltd. 公司目前已经在日本开发、运营十来家奥特莱斯名品购物中心,御殿场就是其中之一。该中心于 2000 年 7 月开业,2003 年 7 月增容之后再次开业至今。

御殿场名品折扣店坐落于风景优美的自然环境中,可眺望富士山,拥有欧风式的建筑外观(见图 7)。自开业以来,聚集了许多日本国内外著名品牌专营店,加上距离富士山、箱根等度假地近的优越条件,迎来很多海内外顾客。御殿场名品购物中心聚集了包括时装及运动服、内衣、生活用品、童装、皮包及皮革制品、鞋类、项链宝石及手表、饮食 8 个领域世界级和地区级品牌 165 家商店。各种服务设备也已配备,现在已经成为这个巨大观光地区著名的新景点。

图 7　日本 Gotemba Premium Outlets 御殿场

3. 英国伦敦 Bicester Outlet Village

伦敦 Bicester Outlet Village 是英国著名购物村之一,又可称为名店村,是许多游客的购物必到地。每年有很多欧洲游客在圣诞节之前专门到这里来买东西(见图 8)。

图8 英国伦敦 Bicester Outlet Village

位于牛津郡的 Bicester Village 地处伦敦与伯明翰之间,交通方便。90多个世界名牌均在此设有 Outlet 专卖店,商品价格低于市场价60%左右。虽然很多并不是应季产品,但总还能挑到货真价廉的好东西。比如,一双 Clark 的男鞋在这里只卖25镑左右。

其主要品牌包括雅格狮丹(Aquascutum)、博柏利(Burberry)、切瑞蒂1881(Cerruti 1881)、卡尔文·克莱恩(CK)、登喜路(Dunhill)、萨尔瓦多·菲拉格慕(Salvatore Ferragamo)、DKNY、埃麦尼吉尔多·杰尼亚(Ermenegildo Zegna)、艾斯卡达(Escada)、Holland & Holland、罗贝拉(La Perla)、麦丝玛拉(MaxMara)、保罗·斯密斯(Paul Smith)、保罗·拉夫·劳伦(Polo Ralph Lauren)、托德斯(Tod's)、汤米·希尔费格(Tommy Hilfiger)、范思哲(Versace)等。其中范思哲(Versace)、博柏利(Burberry)、保罗·拉夫·劳伦(Polo Ralph Lauren)的店都具有一定规模。

4. 意大利佛罗伦萨郊外 The Mall

说到 Outlet,如果不先提下佛罗伦萨的 The Mall,势必会被人指责!座落在意大利美丽的佛罗伦萨附近,The Mall 是顾客以最好的价格购买顶级奢侈品牌的首选之地(见图9)。The Mall 汇集了各种顶级奢侈品牌,乔治·阿玛尼(Giorgio Armani)、萨尔瓦多·菲拉格慕(Salvatore Ferragamo)、托德斯(Tod's)、芬迪(Fendi)等十几个一线名牌在这里自然少不了,而最受欢迎、款式最全的,还要算是 Gucci 集团下的众多牌子了,古驰(Gucci)、宝缇嘉(Bottega

图9 意大利佛罗伦萨郊外 The Mall

Veneta)、伊夫圣洛朗(Yves Saint Laurent)、塞乔·罗西(Sergio Rossi)、亚历山大·麦昆(Alexander McQueen)和丝黛拉·麦卡妮(Stella McCartney)等,配上低至三折的标签,哪一个购物狂会甘心错过这里?如果你到得早,建议先去 Gucci 专卖店门口抢个好位置吧,在这家由3个独立店面组成的专卖店里,过季商品与当令新货应有尽有,男女款式齐全,三至五折的价格也相当好。为了使顾客享受愉快舒适的购物体验,The Mall 提供了各种各样的服务,包括顾客信息中心(提供 The Mall 和其所在地区的信息)、DOT.COM 餐馆、自动提款机和公用电话。顾客可在时尚设计与高品质烹饪完美结合的 DOT.COM 餐馆放松休憩片刻。高大美观的外窗设计、黑色的内墙、红色的椅子以及独特的灯光所共同营造出的气氛使人耳目一新。除了精美的菜肴外,还有各种各样的高品质酒可供选择。在购物中心附近,还有三个免费的私家车停车场和一个公交车停车场。顾客在这里还可进行免税购物。

5. 法国巴黎 La Vallee Village

香榭丽舍大道和老佛爷是巴黎不可不去的名牌朝圣地,但真正说到血拼,还得算是 La Vallee Village(见图10)。La Vallee Village 很大,而 Outlet 只是其中的一部分而已,而且是在最深处,店内穿行大约要 10 分钟。一个个如雷贯耳的名字,乔治·阿玛尼(Giorgio Armani)、克里斯汀·拉克鲁瓦(Christian Lacroix)、思琳(Celine)、Kenzo、范思哲(Versace)、兰姿(Lancel)……绝对能让你乐不思蜀、乐此不疲、来回奔波。这里的特点:一是价格低廉,哪怕一线大牌也毫不避讳地大打三折的字样,即使不是打折旺季,仍然经常能得到低至五折的心动价。二是每个品牌都有自己的店面,所以货色款式也颇为齐全。有意思的是,众多店铺里客人最多的,经常是拉尔夫·劳伦(Ralph Lauren)和汤米·希尔费格(Tommy Hilfiger)这两家美国品牌以及耐克(Nike)、阿迪达斯(Adidas)等运动品牌。既然生意旺,这里的商品更新得也勤,如果你和那些老外有同样的口味,那很值得恭喜一下。

图 10　法国巴黎 La Vallee Village

(四)国内奥特莱斯发展现状

奥特莱斯在中国的发展也同样迅速。这个源自美国的商业形态在 2002 年开始在中国落地生根,2002 年北京燕莎奥特莱斯购物中心正式营业,标志着中国奥特莱斯的开端。此后,上海、杭州、天津、成都、青岛、深圳等城市都有奥特莱斯开始营业或开工建设。在几年的时间内,奥特莱斯从一个新鲜事物演变成了很多消费者的购物首选渠道,2007 年开始,更是在全国刮起了"奥特莱斯风"。现在全国很多城市都有打着奥特莱斯旗号的终端店。当然,散落各处的不知名的折扣店也就更加数不胜数。然而,这些折扣店大多名不符实。除了北京的燕莎奥特莱斯和上海青浦奥特莱斯这南北两大巨头外,其他各地的奥特莱斯都还称不上真正意义上的奥特莱斯。

1. 北京燕莎奥特莱斯

燕莎奥特莱斯购物中心是燕莎友谊商城的第一家直属分店,也是国内第一家规范的品牌直销购物中心。其坐落于北京东四环工大桥西侧,紧邻东四环路,四通八达的公路构成紧密便捷的交通网络,从购物中心至亚运村方向、或至中央商务区(CBD)方向以及北京市中心方向等均畅通无阻。中心距离首都机场约25公里,距离燕莎友谊商城10公里(见图11)。

图11 北京燕莎奥特莱斯

2002年12月18日,燕莎奥莱A座开业,第一年的市场销售额近3亿元,而开业当天的销售额就达206.6万元。

2003年11月18日,燕莎奥莱B座开业。至此,燕莎奥莱一期项目完成,总建筑面积达3.5万平方米,其中经营面积近2万平方米。

2007年12月,燕莎奥莱二期项目即C座建成开业。至此,燕莎奥特莱斯购物中心全面建成,总建筑面积近12万平方米。

据北京新燕莎奥特莱斯商业运营有限公司总经理王丽华介绍,C座的建成不仅意味着经营体量的增加,更重要的是在经营品类与服务功能等方面的特色延伸,为消费者营造集A、B、C座于一体的"奥特莱斯生活圈"。

为使顾客体验更多的舒适与便利,实现购物中心的一站式服务,C座的招商从餐饮、休闲、保健、美容美发、金融服务等几大方面甄选资源,麦当劳、星巴克、棒!约翰、东来顺、权金城、同仁堂、国美等知名品牌都将进驻C座。据介绍,C座三层特设奥莱生活馆,划分为生活用品区、美食区、家用电器区三个特色区域。其中,生活用品区、美食区包括韩国饮食品牌权金城、日本料理渔涌、老字号东来顺、清淡雅致的茶艺厅、港式火锅喜满多等品牌;家用电器区则由国美电器2 000平方米的电器卖场构成,将为顾客开辟让利专区、3C数码区、传统家电区以及高端精品区,顾客可以在这里得到全市国美折扣价位,而这也是国内首个国美奥特莱斯店。

国际品牌仍是C座的主打特色。一层的奥莱国际馆囊括了利丰集团、Toppy集团、国际时装公司GRI等国际商业巨头旗下众多国际一线服装品牌。其中,切瑞蒂(Cerruti 1881)、都本(Durban)、Kenzo、华伦天奴(Valentino)、罗贝拉(Laperla)、卡拉米洛(Caramelo)、鳄鱼(Lacoste)等顶级品牌将构成名流区;卡伦·米伦(Karen Millen)、Easy、埃斯普利特(Espirit)、Miss Sixty、Replay、马克波士(Mark Bose)、安纳吉(Energie)等潮流品牌将构成时尚区。

在引进国际顶级成熟男女装品牌的同时,C座还将突出年轻时尚品牌集中分布在二层的奥莱风行馆。奥莱风行馆依经营品类的不同,形成商务休闲区、时尚女装区、运动休闲区、韩国City等主题区域。其中,1 700平方米的韩国City将速递当今最为风靡的时尚品牌,包括目前最受韩国女性追捧的化妆品牌谜尚(Missha),韩国年轻休闲装Hum,Satin等。而由阿迪达斯、耐克360和三叶草等品牌形象专卖店构成的运动休闲区,将为消费者带来"快速、平价、便捷"的购物体验。

2. 上海青浦奥特莱斯品牌直销广场

上海奥特莱斯品牌直销广场是由国内规模最大的商业集团——百联集团和香港九龙仓(中国)合作投资建设,总投资4.7亿元人民币,于2006年5月建成并投入运营(见图12)。

图12 上海青浦奥特莱斯品牌直销广场

上海奥特莱斯品牌直销广场是以国际、国内时尚品牌折扣服饰为主,集休闲、餐饮、娱乐为一体的大型综合性购物广场。项目占地面积16万平方米,总建筑面积约11万平方米。其中,品牌服饰直销区的建筑面积为5万平方米,约250个专卖铺位,经营世界一、二线及国内著名品牌的折扣商品,休闲餐饮娱乐区的建筑面积近3万平方米,机动车停车位近1 200个,还有儿童游乐场等配套设施,具有休闲、文化、景观等多种功能。功能上分为三大版块:A区拥有近40个商铺,主要经营国际一线服饰品牌折扣商店;B区主要经营国际知名运动休闲品牌、国际二线品牌以及国内著名名牌;C区为餐饮休闲娱乐区,建筑面积达3万平方米,主要是为各类大型餐饮及娱乐企业提供经营场地;外围停车场占地近4万平方米,设计车位1 200个。

上海奥特莱斯品牌直销广场内90%以上的商铺是扣率经营,而只有不到10%的"先知先觉"者选择了商铺租赁经营。对于折扣率的设定,上海奥特莱斯品牌直销广场认为,奥特莱斯是折扣店,折扣率绝对不能与百货商店动辄25%、30%的折扣率一样,一定要把价格空间让给消费者,提高商品的吸引力。因此,上海奥特莱斯品牌直销广场根据不同的品牌确定了20%～16%的折扣率。20%的很少,一般都在16%左右,但是,对杰尼亚(Zegna)、雨果·博斯(Hugo Boss)、阿玛尼(Amarni)等大品牌,折扣率都只有6%、7%。

六、关键要点

1. 奥特莱斯的特点及面临的挑战

——奥特莱斯与其他零售业态相比有何特点?

——奥特莱斯在中国发展面临哪些问题？
——应用零售车轮理论分析奥特莱斯的发展空间。
2. 奥特莱斯的进城之道
——奥特莱斯进城如何选址？
——买手制的特点及其对零售业的意义。
3. 奥特莱斯进城之术
——如何打好零售促销战？
——如何进行有效的客户关系管理？
4. 奢侈品消费的特点

七、课堂计划建议

本案例以绿色米兰广场的奥特莱斯为例，探讨零售管理的相关知识，可以在讲授"市场营销"课程中的"批发与零售"时，或者讲授"零售管理"课程时作为一个专门的大案例进行讨论。以下是按照时间进度提供的课堂计划建议，仅供参考：

整个案例课的课堂时间控制在80~90分钟。

课前计划：提出启发思考题，让学生对零售管理的选址、供应商管理和促销策略有一个完整的认识。

课堂计划：简要的课堂前言，明确主题（2~5分钟）

　　　　　　分组讨论，告知发言要求（30分钟）

　　　　　　小组发言（每组5分钟，控制在30分钟以内）

　　　　　　引导全班进一步讨论，并进行归纳总结（15~20分钟）

课后计划：如有必要，请学员采用报告形式给出奥特莱斯在中国的发展策略和建议，为后续章节的内容做好铺垫。

YC公司的六西格玛质量管理[①]

● **摘　要**：本案例针对YC公司冰箱前面板生产出现的过程流通合格率低下的质量问题，探讨如何运用六西格玛质量管理方法论组建六西格玛质量项目小组，遵循DMAIC——定义(Define)、测量(Measure)、分析(Analyze)、改进(Improve)、控制(Control)的步骤，运用流程图、帕累托图、鱼骨图等工具找到问题根源，实现质量改进。这可为其他制造型企业实施六西格玛质量管理、改善产品质量提供借鉴。

● **关键词**：质量管理；六西格玛；项目管理

引　言

2011年3月初，大地回春，阳光明媚，但在任勇的脸上却看不到一丝春天来临的迹象。同事张玲对任勇调侃道："我们的开心果今天怎么变苦瓜脸啦？"任勇苦笑道："唉，我们的产品又被客户退回来啦，仓库里的退货已经堆成山了！如果情况得不到改善，估计我们要被客户抛弃了。高层已经下了死命令要在5个月内解决产品质量问题，并且让我来负责。手里捧个烫手的山芋，你说我怎么高兴得起来。"张玲说："这可不像平常的你哦，我知道你向来都是迎难而上的。这是个挑战，但做好了又未尝不是个机遇，加油喽，相信你一定行的！"

任勇任职于一家著名的初始设备制造厂商——YC公司。YC公司为包括国际家电业巨头西门子在内的全球近300家客户提供服务，涉及家电、汽车、IT等诸多行业。2011年年初，公司接到了为西门子公司生产最新品牌冰箱Paris的订单，但制造过程并不顺利，特别是前面板，因其管缝状设计以及非常严格的尺寸和外观要求，使前面板的过程流通合格率非常低，仅为32.24%，直接造成企业制造成本直线上升，且由于不良品增多，导致仓库原材料短缺，客户退回的不良产品积压如山。更为严重的是，公司已无法保证向客户正常交货。在面临严重亏损、即将失去订单和客户的情况下，公司领导决定成立六西格玛质量项目小组来提高Paris前面板的过程流通合格率以达到质量目标，任勇则成为了六西格玛质量项目小组的组织者。

[①] 本案例由上海财经大学国际工商管理学院的宋克勤、肖迪等撰写，作者拥有著作权中的署名权、修改权、改编权。未经允许，本案例的所有部分都不能以任何方式与手段擅自复制或传播。

版权所有人授权上海财经大学商学院案例中心使用。

由于企业保密的要求，在本案例中对有关名称、数据等做了必要的掩饰性处理。

本案例只供课堂使用，并无意暗示或说明某种管理行为是否有效。

一、公司的发展及现状

YC科技股份有限公司成立于1997年,总部坐落于风景秀丽的国家级重点高新技术开发区广州科学城内,注册资本4亿元人民币,在安徽、江苏、青岛、沈阳等省市拥有10家子公司,总资产达28亿元,是中国著名的工业设计产业集团。2009年7月,中国平板电视结构标准工作委员会落户YC,牵头制定国家平板电视结构标准。2010年2月,中国工业和信息化部正式授予以YC为龙头的广州科学城为中国首个国家级工业设计示范基地。

(一)公司的发展

YC公司的产业模式非常独特,被称为DMS(Design & Manufacture Services,设计生产服务),即以工业设计为先导,将包括设计、模具、结构、钣金、注塑、喷涂、组装等环节在内的完整产业链条打通,形成设计与制造相结合的服务模式,为客户提供优秀的工业设计方案和优质的工业设计产品。

(二)公司的质量管理情况

YC科技股份有限公司是国内较早实施六西格玛质量改进并取得显著成效的公司之一,其于2008年底开始引进六西格玛并将其作为一种管理战略列在公司三大战略举措之首(另外两个是全球化和专业化),并全面推行六西格玛流程变革方法。现在,六西格玛质量管理已成为公司的一种文化渗透到公司的各个层面,并且公司正在积极将六西格玛质量管理模式推进到旗下的各个子公司,使每一个业务集团(公司)都开发出与其业务相适应的培训内容和应用工具。

通过近几年不断推进六西格玛质量管理,公司经营管理和产品质量较以往有了长足的进步。以2010年数据为例,公司冲压过程合格率达到90%,喷油过程合格率达到82%,注塑成型过程合格率达到95.2%,组装车间合格率达到95.5%,相比2008年分别提高了21%、22%、20%和13%(如图1所示)。同时,公司产品报废率、客户退货率以及客户生产使用不合格率分别从2008年的4.7%、7.2%和6.5%降低到2010年的0.45%、全年一次以及0.155 4%。质量的改进为公司节省了1.2亿元人民币,相当于当年总销售收入的5%。

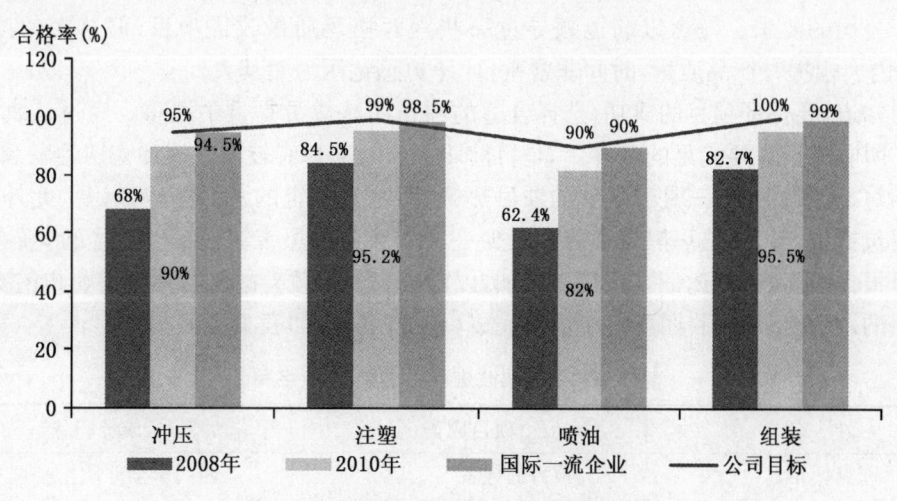

图1 YC公司制造质量水平与外部对照

在YC科技股份有限公司,六西格玛和DPPM(Defect Part Per Million,每百万的缺陷数)已经成为数千员工的日常工作语言之一,六西格玛的词汇和工具应用浸透到其工作的方方面面,六西格玛管理的哲学思想深刻影响着他们的思维和工作模式。

二、行业背景

如今,YC公司产品制造过程已处于国内同类型生产制造业的前列,但公司领导层认识到企业距离国际一流公司的制造质量水平还有很长一段距离,特别是国外的一流公司对结构件的质量标准,更是比目前国内的质量要求严格得多。例如,海尔对冰箱侧面(三级外观面)间隙缺陷的质量要求是低于2.5毫米且无干涉;但西门子的质量要求是1.8~2.0毫米,其公差只有0.2毫米,同时无断差。又如,海尔对油漆附着力的要求是用普通胶带粘住表面撕起,目视无油漆脱落即可;西门子对油漆附着力的检验则要严格得多:用专用百格刀以15°角交叉切割油漆至底材面,共100小格,再以3M的600专用胶带与切割后的底材完全贴合,将胶带以90°角垂直拉起,然后观看表面外形,必须达到胶带上无任何粘起的油漆才算合格,同时还要对油漆表面做硬度测试、耐摩擦测试、耐酒精测试、丙酮测试、老化测试等,每项测试都有规定的测试程序和判定标准。

因此,公司要完成企业全球化的战略目标,与国际化大公司接轨与合作,就必须正视目前质量水平与国际企业和国际标准的差距。幸运的是,公司领导已认识到了与国际一流企业的差距并着眼于未来,目前已购置了5条连续冲压生产线,2条国外先进的机械手自动涂装线,8条自动化生产组装线,并大力推进六西格玛质量管理,让产品产量和质量再上一个台阶。公司制定的质量目标是达到或超过国际一流同行业制造质量水平。

三、初窥门径

任勇很清楚自己所面临的问题有多么严重,公司设定的电冰箱Paris前面板过程流通合格率要高于80%,而现在这种前面板经过冲压、碰焊和喷油过程的流通合格率仅为32.24%,远远低于公司的要求。任勇以前也领导过一些六西格玛质量改进项目,但这次的项目要在5个月之内大幅提升产品质量,时间非常紧,让任勇感觉压力尤其大。

任勇知道,要保证项目的成功,选择合适的项目团队成员是重中之重。经过认真思考,任勇得出了团队成员需要满足的条件:一是目前职位要与项目有较为直接和密切的联系;二是能够取得相对足够的资源;三是有足够的项目热情;四是有一定的六西格玛知识。此外,团队成员一定要包括一名六西格玛黑带主管和至少一位六西格玛黑带。根据以往经验,任勇还决定将该项目报告给客户,并邀请客户代表参加,以向客户展示改善的决心并获得客户的支持。经过仔细斟酌,六西格玛项目团队终于组建完成,成员(名单)如表1所示。

表1　　　　　　　　　前面板六西格玛改进项目小组成员(名单)

姓　名	项目职责	成员职务
迈克(Mike)	项目倡导者	西门子全球质量经理
任　勇	项目黑带主管	质量总监
马　敏	项目联络人	质量经理

续表

姓　名	项目职责	成员职务
张　清	财务代表	财务主管
杨贵平	黑带	六西格玛经理
谢飞烟	项目支持者(绿带)	喷油工程师
唐敬平	项目支持者(绿带)	冲压工程经理
赵广利	项目支持者(绿带)	碰焊专员
吕颂斌	项目支持者(绿带)	供应商品质工程师
何　方	项目支持者(绿带)	喷油工程师
贾　羽	项目支持者(绿带)	供应商代表

在经过细致讨论后，项目组确定了此次项目的目标：

(1) 提高电冰箱Paris前面板的一次过程合格率(FYI)和过程流通合格率(RTY)，使其达到预期品质目标，即冲压过程合格率95%，碰焊过程合格率95%，喷油过程合格率90%，整个过程流通合格率80%。

(2) 提高客户满意度，减少退货率。

(3) 缩短交货周期，达到客户要求。

为了更好地控制项目时间，项目组依照六西格玛质量改进的DMAIC五个阶段确定了计划项目的完成时间，运用项目甘特图(Gantt Chart)把计划加以细化，以利于团队活动(如图2所示)。

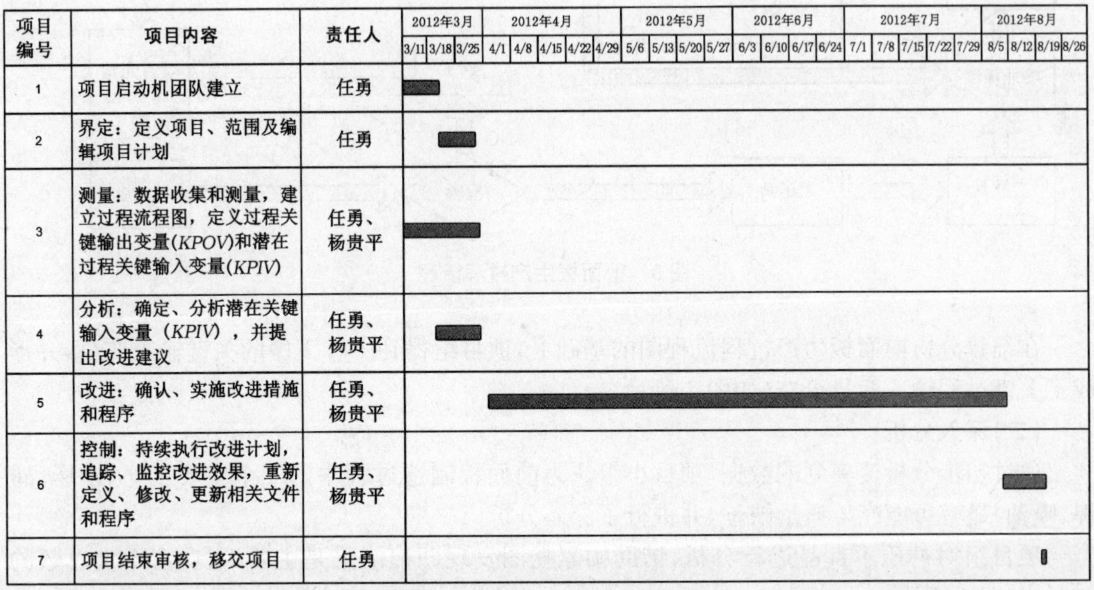

项目编号	项目内容	责任人	2012年3月 3/11 3/18 3/25	2012年4月 4/1 4/8 4/15 4/22 4/29	2012年5月 5/6 5/13 5/20 5/27	2012年6月 6/3 6/10 6/17 6/24	2012年7月 7/1 7/8 7/15 7/22 7/29	2012年8月 8/5 8/12 8/19 8/26
1	项目启动机团队建立	任勇	■					
2	界定：定义项目、范围及编辑项目计划	任勇		■				
3	测量：数据收集和测量，建立过程流程图，定义过程关键输出变量(KPOV)和潜在过程关键输入变量(KPIV)	任勇、杨贵平		■				
4	分析：确定、分析潜在关键输入变量(KPIV)，并提出改进建议	任勇、杨贵平		■				
5	改进：确认、实施改进措施和程序	任勇、杨贵平			■■■■■■■■■■■■■■■			
6	控制：持续执行改进计划，追踪、监控改进效果，重新定义、修改、更新相关文件和程序	任勇、杨贵平						■
7	项目结束审核，移交项目	任勇						▮

图2　前面板改进项目进展甘特图

在开会时，任勇对项目组的成员说："我们要把这个项目看作一次战斗，请大家都要卯足了劲冲锋，我相信我们一定能够赢得最终的胜利！项目完成后我请大家吃美味大餐！"马敏笑眯眯地说："任总，到时候你可要带够了钱哦，我可是出了名的大胃王！"大家哄堂大笑。

四、问题分析

(一)数据搜集

为了使项目组成员对产品生产过程的步骤有统一的认知,任勇首先组织谢飞烟、唐敬平和赵广利绘制了 Paris 前面板的生产过程流程(如图 3 所示)。这样,项目组就可以将精力集中在需要改进的步骤,并为以后制作关键输入变量过程流程图奠定了基础。

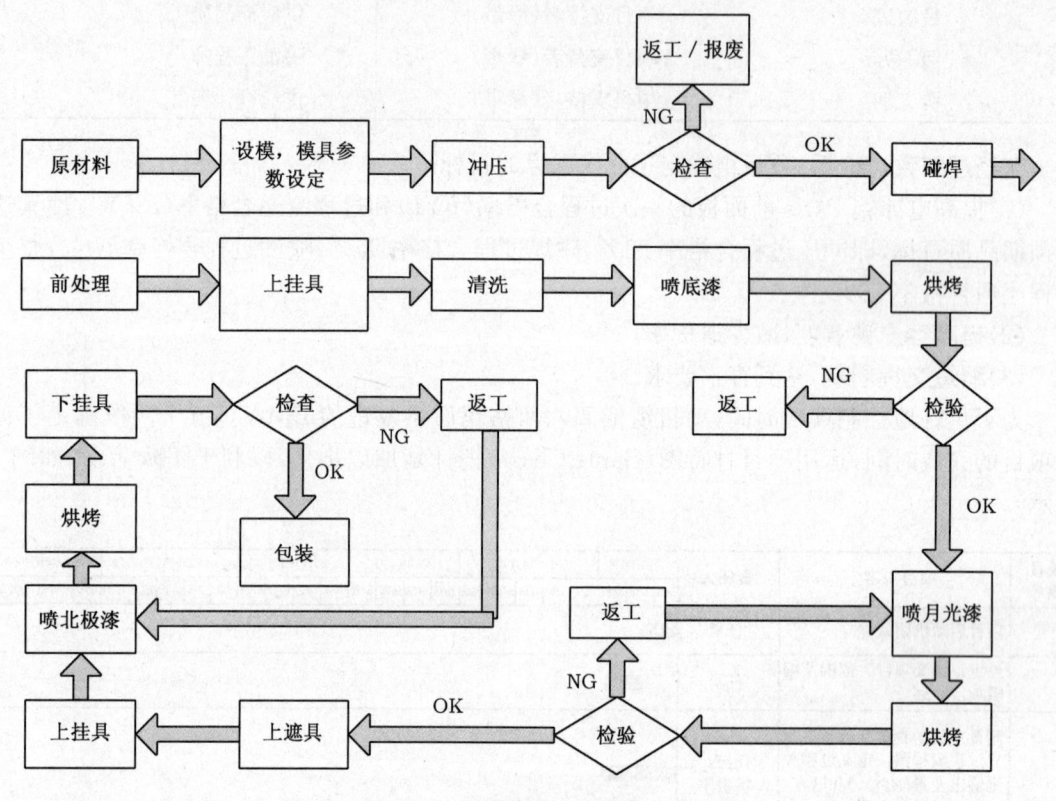

图 3 前面板生产过程流程

在细致分析前面板生产过程流程图的基础上,项目组得到了各工序的关键输入变量,并形成了关键过程输入变量分布(如图 4 所示)。

(二)深入分析

通过初步分析搜集到的数据,项目小组认为前面板制造过程中的三个主要工序(冲压、碰焊、喷油)最有可能产生质量缺陷,并进行了深入分析。

项目组对冲压不良品进行分析,借助帕累托图发现凹痕缺陷是主要不良,占不良总数的67%(如图 5 所示)。

项目组又运用鱼骨图对凹痕不良作进一步的分析(如图 6 所示)。

根据图 5、图 6 和冲压过程的失效模式效果分析,项目组做出了要因相关矩阵图(C & E Matrix),如表 2 所示。对表 2 进行分析可以得出,金属屑和包装不合理是造成凹痕的主要原因。冲压工程经理唐敬平在仔细调查后发现,金属屑粘附在冲压模的上模或下模,在冲压过程中,金属屑与部件相压,造成凹痕缺陷。同样,由于包装不合理,部件之间互相挤压,造成刮伤和凹痕。

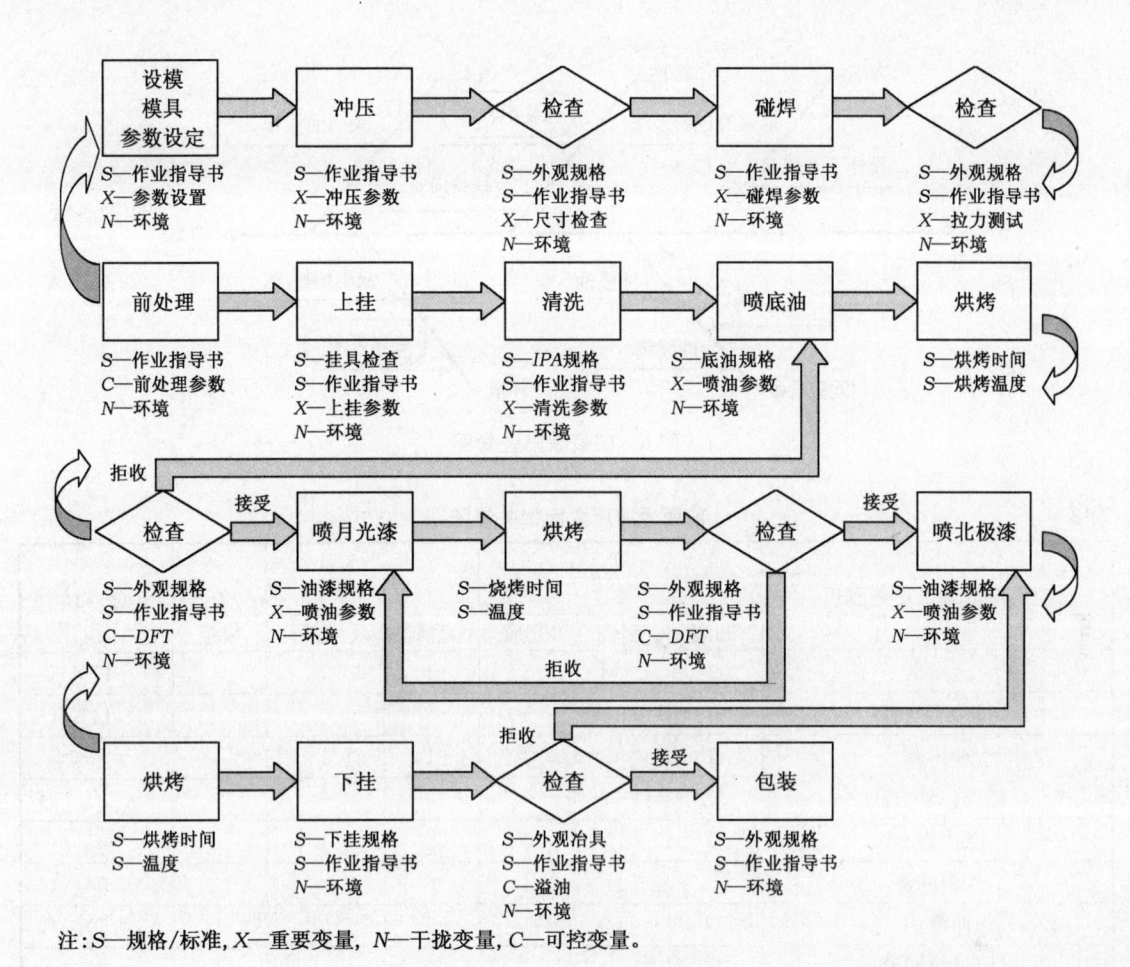

```
┌─────────────┐    ┌──────┐    ┌──────┐    ┌──────┐    ┌──────┐
│ 设模         │ →  │ 冲压 │ →  │ 检查 │ →  │ 碰焊 │ →  │ 检查 │
│ 模具参数设定 │    │      │    │      │    │      │    │      │
└─────────────┘    └──────┘    └──────┘    └──────┘    └──────┘
```

- S—作业指导书　　S—作业指导书　　S—外观规格　　　S—作业指导书　　S—外观规格
- X—参数设置　　　X—冲压参数　　　S—作业指导书　　X—碰焊参数　　　S—作业指导书
- N—环境　　　　　N—环境　　　　　X—尺寸检查　　　N—环境　　　　　X—拉力测试
- 　　　　　　　　　　　　　　　　　N—环境　　　　　　　　　　　　　　N—环境

```
┌──────┐    ┌──────┐    ┌──────┐    ┌──────┐    ┌──────┐
│ 前处理│ →  │ 上挂 │ →  │ 清洗 │ →  │喷底油│ →  │ 烘烤 │
└──────┘    └──────┘    └──────┘    └──────┘    └──────┘
```

- S—作业指导书　　S—挂具检查　　　S—IPA规格　　　　S—底油规格　　　S—烘烤时间
- C—前处理参数　　S—作业指导书　　S—作业指导书　　X—喷油参数　　　S—烘烤温度
- N—环境　　　　　X—上挂参数　　　X—清洗参数　　　N—环境
- 　　　　　　　　　N—环境　　　　　N—环境

```
        拒收
    ┌────◇         接受
    │  检查 ├──────→ 喷月光漆 → 烘烤 → 检查 ──接受──→ 喷北极漆
```

- S—外观规格　　　S—油漆规格　　　S—烧烤时间　　　S—外观规格　　　S—油漆规格
- S—作业指导书　　X—喷油参数　　　S—温度　　　　　S—作业指导书　　X—喷油参数
- C—DFT　　　　　　　　　　　　　　　　　　　　　　C—DFT　　　　　　N—环境
- N—环境　　　　　　　　　　　　　　　　拒收　　　　N—环境

```
                    拒收
┌──────┐    ┌──────┐    ┌──────┐  接受   ┌──────┐
│ 烘烤 │ →  │ 下挂 │ →  │ 检查 ├──────→ │ 包装 │
└──────┘    └──────┘    └──────┘         └──────┘
```

- S—烘烤时间　　　S—下挂规格　　　S—外观冶具　　　S—外观规格
- S—温度　　　　　S—作业指导书　　S—作业指导书　　S—作业指导书
- 　　　　　　　　　N—环境　　　　　C—溢油　　　　　N—环境
- 　　　　　　　　　　　　　　　　　N—环境

注：S—规格/标准，X—重要变量，N—干扰变量，C—可控变量。

图 4　关键过程输入变量分布

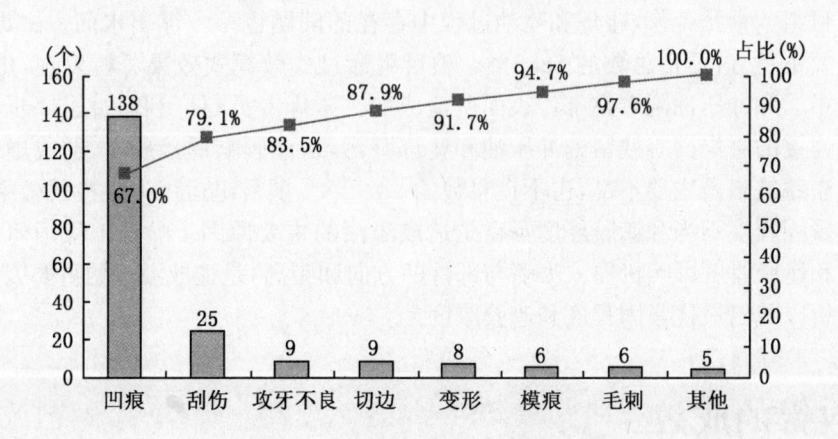

不良类型	凹痕	刮伤	攻牙不良	切边	变形	模痕	毛刺	其他
数量(个)	138	25	9	9	8	6	6	5
累计占比(%)	67.0	79.1	83.5	87.9	91.7	94.7	97.6	100.0

图 5　冲压过程不良分析帕累托图

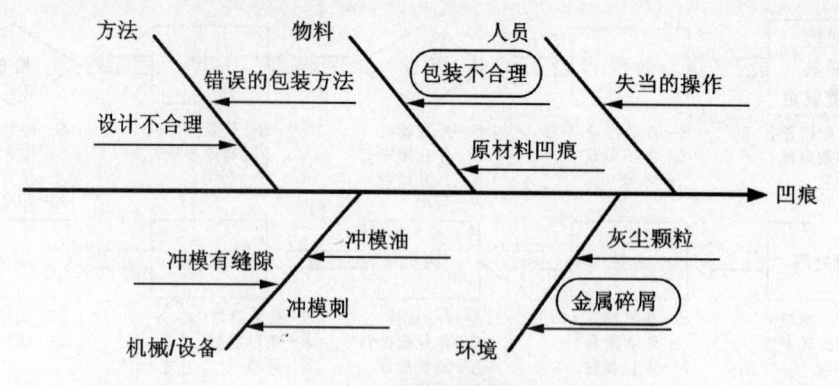

图 6　凹痕缺陷鱼骨图

表 2　　　　　　　　　　　前面板冲压要因相关矩阵图

对客户的重要影响程度	9 1 凹痕	6 2 刮伤	6 3 变形	7 4 毛刺	4 5 攻牙不良	3 6 模痕	总　计
金属屑	9	9	5	1	1		176
包装不合理	9	9	1				141
冲模刺	5	5	1	1	1	1	95
错误包装方法	5	5	1				81
灰尘颗粒	5	1			1		61
冲模间隙	1	1	1	5			56
冲模油	5	1					51
原材料凹痕	5						45

注：强相关——9，一般相关——5，弱相关——1，不相关——0。

经过项目组的紧张工作，碰焊和喷油过程中存在的问题也一一浮出水面。碰焊过程中虚焊缺陷是主要不良，占不良总数的58.9%。项目组通过失效模式效果分析发现，虚焊主要是由清洗方式不当和冲压油附着在部件表面所造成的。碰焊专员赵广利通过进一步调查发现，部件与销钉连接的碰焊面有残留的冲压油和些许脏污，从而影响焊接质量，造成虚焊或托焊。喷油过程中溢漆缺陷是主要不良，占不良总数的58.5%。项目组运用失效模式效果分析进一步认定遮具紧固程度不当和遮胶厚度不良是造成溢漆的主要原因。喷油工程师何方发现，遮具紧固程度和遮胶厚度影响机器人喷嘴与部件的方向和距离，是造成溢漆的重要因素，但还需要进一步分析以找出最优紧固程度和遮胶厚度。

五、取得的成效

看到项目组取得的阶段性成果，任勇长长舒了一口气，对项目组成员说："找到了病根，治病就容易了！大家再加把劲，我们一鼓作气把问题解决掉。"任勇知道，冲压和碰焊过程的改进措施比较好制定，而喷油过程的改进措施就有点难度了。这是因为，虽然项目组已经发现遮具紧固程度和遮胶厚度影响喷嘴与部件的方向和距离是造成溢漆的重要因素，但仍然不知道怎样的紧固程度和多厚的遮胶才能有效降低下溢漆缺陷。为此，任勇让经验丰富的杨贵平精心设计了试验,借助 Min-Tab 软件计算,找出了最优紧固程度和遮胶的厚度。

实验过程如下:

1. 选择因子和设置水平

杨贵平经过慎重考虑后,决定设置两个因子,即遮具紧固程度(DT,用切片数量表示)和遮胶厚度(MT,用毫米表示),如表 3 所示。

表 3　　　　　　　　　　　　　　DOE 因子设计

因子	低水平	高水平
DT	2 片	4 片
MT	1.5 毫米	1.8 毫米

2. 设定 DOE 各实验运行顺序

因子设计分全因子设计和部分因子设计,杨贵平考虑到公司虽有足够资源但喷油过程的稳定性不够,并征得任勇的同意后,最终确定设定为全因子设计,并仿行 2 次,也就有 8 个实验。

3. 试验数据测量

项目组对测量人员和测量仪器作 GR&R 分析(人员/仪器可重复性和可再现性测量,参考附录 4),确认合格后对试验产品进行测量,测量位置如图 7 所示,测量结果见附录 5,每组测试平均值如表 4 所示。

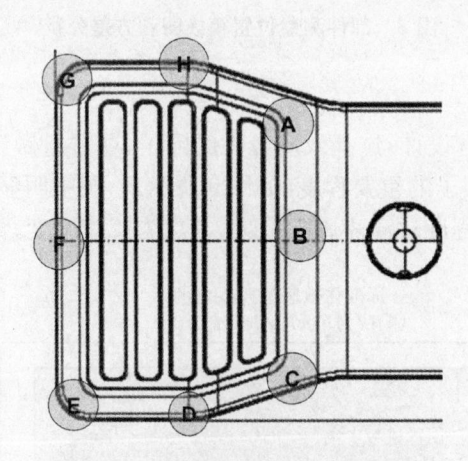

图 7　前面板溢漆测量位置示意图

表 4　　　　　　　　　　　　　　DOE 实验测试数据

StdOrder	RunOrder	CenterPt	Blocks	DT	MT	F(x)
5	1	1	1	2	1.5	0.386
2	2	1	1	4	1.5	0.528
1	3	1	1	2	1.5	0.386
4	4	1	1	4	1.8	0.507
3	5	1	1	2	1.8	0.115
7	6	1	1	2	1.8	0.096
6	7	1	1	4	1.5	0.516
8	8	1	1	4	1.8	0.496

4. 确定部件溢漆是否与位置有关

通过 Min-Tab,项目组对部件 8 个测量位置的数据进行箱线图和方差分析。由图 8 可以看出,各点量测值的中位数及上下四分位数没有明显相差,同时,$P=0.715$,大于 $alpha\ 0.05$ 的水平。这就说明,位置对溢漆的影响不是很明显,也就是说,溢漆与位置没有明显的关联。

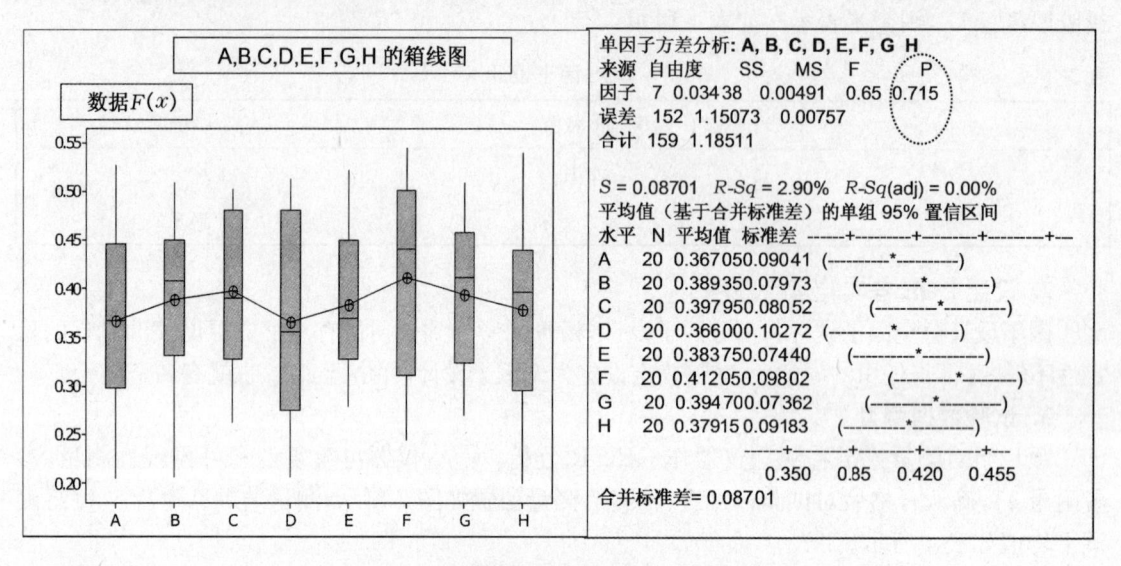

图 8 部件测量位置箱线图和方差分析

5. 确认重要效应

通过 Min-Tab 进行筛选设计,选择效应较大的因子,项目组做出了拟合模型,同时得到标准效应帕累托图来确定各因子的重要程度(如图 9 所示)。图中明显观察到各因子的效应:$DT>MT>DT\&MT$,即紧固程度对溢漆影响最大,其次为遮胶厚度,再为两者的交互影响。

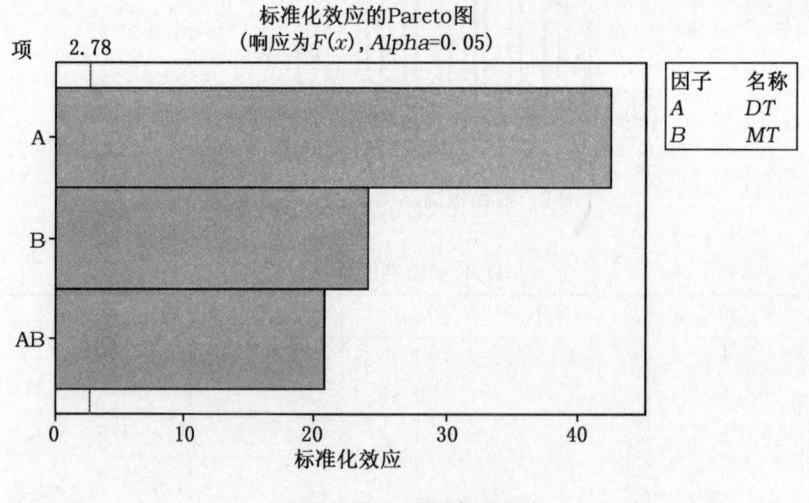

图 9 标准效应柏拉图

6. 残差值检测

通过残差分析(Residual Analysis),项目组发现残差是以正态分布的,同时 $F(x)$ 值无规律随机分布在水平轴的两侧,说明残差图令人满意。

7. 主效应和交互作用分析

从主效应和交互作用分析得到如下结论:

(1)紧固程度(DT):切片越少,溢漆也越少。

(2)遮胶厚度(MT):遮胶越厚,溢漆也越少。

(3)DT 线和 MT 线不平行,说明它们有正交作用。

8. 参数优化响应

项目组由表5中得出优化参数为:

(1)紧固程度(DT):用2片切片。

(2)遮胶厚度(MT):1.75毫米。

经过检验,项目组得到溢漆标准为 0.15 毫米,因此可信度为 99.65%。

表5　　　　　　　　　　　参数优化响应

参数	目标	下限	望目	上限	权重	重要性
$F(x)$	望目	0	0.15	0.5	1	1

起始点
$DT=2$
$MT=1.5$
全局解
$DT=2$
$MT=1.75152$
预测的响应
$F(x)=0.150833$,合意性 $=0.997619$
复合合意性 $=0.997619$

经过项目组的多方努力,终于得到了前面板生产过程质量的改进措施,如表6所示。

表6　　　　　　　　　　　前面板生产过程改进措施汇总

阶段	改进措施
冲压	每次模冲压完毕,作业员用高压气枪对上下冲模进行清洁,确保无金属屑或其他杂质附着在冲模表面
	每次模冲压前,作业员用高压气枪对加工部件进行清洁,确保无金属屑或其他杂质附着在部件表面
	冲压出部件以流水线传递到下一工序,同时改变部件包装方法
碰焊	由清水清洗改为酒精清洗,再针对焊接位置,用 IPA 酒精擦拭冲压油污,确保焊接顺利进行
喷油	设定紧固程度(DT)为用2片切片
	设定遮胶厚度(MT)为 1.75 毫米

经过一段时间测试,质量改进的效果渐渐清晰。改进后冲压过程凹痕缺陷、碰焊过程虚焊焊缺陷和喷油过程溢漆焊缺陷均已不是各过程的主要缺陷,各缺陷占总不良比率分别由改进前的 67%、58.9% 和 58.5% 降为 15.8%、6.5% 和 11.7%,改进后冲压过程、碰焊过程和喷油过程近4个月平均良率分别为 95.4%、96.5% 和 92.3%,较之前 81.9%、66.5% 和 59.2% 的良率有很大的提升。

为保证前面的改进成果以及改善效果长久持续下去,项目组对改善措施进行了文件化和系统化,将相关改进措施更新至作业指导书(WI),并在生产控制计划(PMP)、过程失效模式效果分析(FMEA)等文件中做系统控制和执行,而且打算作为经验教训推广到其他同类型或类似的项目当中去,作为一般性的作业准则。

六、结语

在庆功宴上,任勇和同事们推杯换盏,相谈甚欢,供应商代表贾羽满面笑容地说:"任总真是一员猛将,任何困难在你那儿都是小菜一碟,颇有当年彭大将军横刀立马的气魄啊!"任勇刚要谦虚几句,手机响起,任勇按下通话键,手机中传来了董事长的声音:"任勇啊,最近我们给惠而浦的产品出了问题,新的六西格玛质量改进小组组长的位子虚位以待,看来你的假期要泡汤啦! 不好意思哦,能力大责任也大啊。"任勇放下手机,冲大家高声喊:"大家不醉不归啊,今天是最后的狂欢,明天又要踏上新的征程啦!"

附录

附录1:DMAIC过程活动重点及其工具

表7　　　　　　　　　　DMAIC过程活动重点及其工具

阶　　段	活动重点	常用工具和技术	
D 界定阶段	项目启动 寻找 $Y=F(x)$	头脑风暴法	SDCA 分析
		亲和图	因果图
		树图	顾客之声
		流程图	劣质成本
		SPIOC 图	项目管理
		平衡计分卡	
		立场图	
M 测量阶段	确定基准 测量 Y、X	排列图	劣质成本
		因果图	PDCA 分析
		散布图	水平对比法
		过程流程图	直方图
		测量系统分析	趋势图
		失效模式分析	检查表
		过程能力指数	抽样计划
A 分析阶段	确定要因 确定 $Y=F(x)$	头脑风暴法	抽样计划
		因果图	假设检验
		PDSA 分析	多变量图
		审核	回归分析
		水平对比法	方差分析
		清洁(5S法)	箱线图
		劣质成本分析	测量系统分析
		试验设计	过程改进

续表

阶 段	活动重点	常用工具和技术	
I改进阶段	消除要因 优化 $Y=F(x)$	试验设计	
		质量功能展开	
		正交试验	
		响应曲线法	
		展开操作(EVOP)	
C控制阶段 更新 $Y=F(x)$	维持成果	控制图	过程文件控制
		统计过程控制图	防差错措施
		过程能力指数	
		标准操作程序	

附录2:六西格玛质量管理主要工具

1. 项目甘特图

为了使六西格玛项目有效实施,六西格玛团队界定项目时,就要注意项目计划的制定。依照六西格玛质量改进的DMAIC五个阶段,相应确定计划项目的完成时间,用项目甘特图把计划加以细化,以利于团队活动。图10为某项目界定阶段的甘特图。

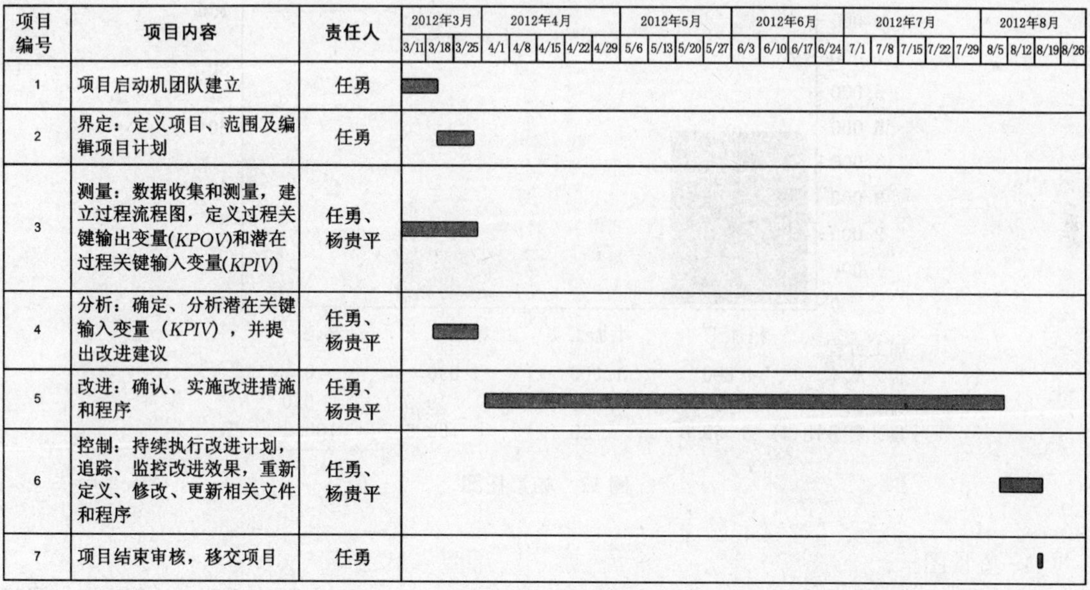
项目编号
项目内容
责任人
2012年3月
2012年4月
2012年5月
2012年6月
2012年7月
2012年8月
3/11 3/18 3/25 4/1 4/8 4/15 4/22 4/29 5/6 5/13 5/20 5/27 6/3 6/10 6/17 6/24 7/1 7/8 7/15 7/22 7/29 8/5 8/12 8/19 8/26
1 项目启动机团队建立 任勇
2 界定：定义项目、范围及编辑项目计划 任勇
3 测量：数据收集和测量，建立过程流程图，定义过程关键输出变量(KPOV)和潜在过程关键输入变量(KPIV) 任勇、杨贵平
4 分析：确定、分析潜在关键输入变量（KPIV），并提出改进建议 任勇、杨贵平
5 改进：确认、实施改进措施和程序 任勇、杨贵平
6 控制：持续执行改进计划，追踪、监控改进效果，重新定义、修改、更新相关文件和程序 任勇、杨贵平
7 项目结束审核，移交项目 任勇

图10 项目甘特图

2. 过程流程图

过程流程图是一种通过显示构成过程的步骤、事件和操作（按时间顺序），以简单、直观的方式定义过程的工具。其主要作用是:

(1)帮助团队对过程步骤和发生顺序的统一认识。

(2)明确过程中重复的工作和其他无意义的步骤或流程的"瓶颈"。

(3)阐明相关人员、组织的关系,以进行绩效考核。

(4)目标集中于过程中要改进的步骤。

图11显示了有关输入变量的流程图的制作。

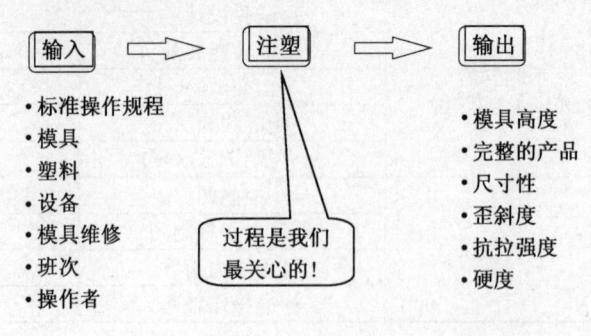

输入 → 注塑 → 输出

- 标准操作规程
- 模具
- 塑料
- 设备
- 模具维修
- 班次
- 操作者

过程是我们最关心的!

- 模具高度
- 完整的产品
- 尺寸性
- 歪斜度
- 抗拉强度
- 硬度

图11 过程流程图

3. 帕累托图

帕累托图也称主次因素排列图,是用来寻找影响产品质量的主要因素的一种方法,由此可以用来确定质量的改进方向。它是由经济学上的20/80原理(社会上大部分财富掌握在少数人手中)引申而来的。图12为某加工中心刀具磨损帕累托图。

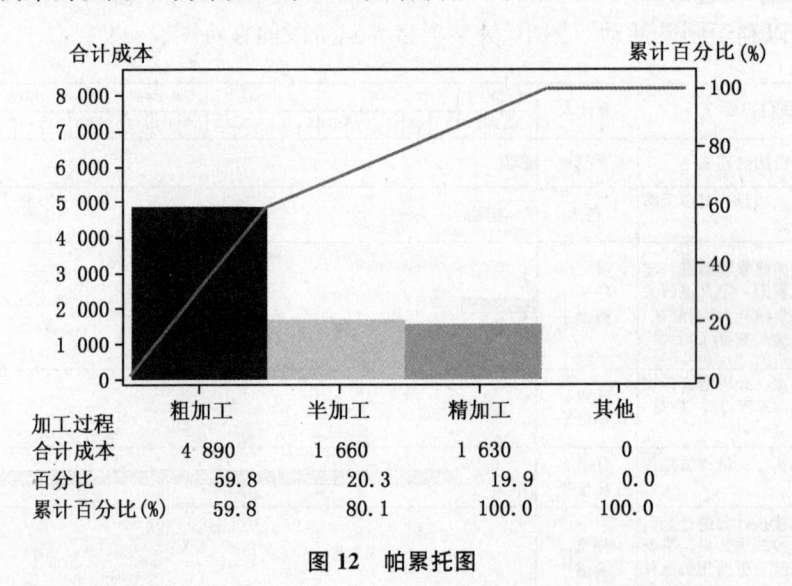

加工过程	粗加工	半加工	精加工	其他
合计成本	4 890	1 660	1 630	0
百分比	59.8	20.3	19.9	0.0
累计百分比(%)	59.8	80.1	100.0	100.0

图12 帕累托图

4. 鱼骨图

鱼骨图也称要因分析图,是利用"头脑风暴法",集思广益,寻找影响质量、时间、成本等问题的潜在原因,然后用图形形式来表示的一种十分有用的方法。它能帮助我们集中注意力搜索产生问题的根源,并为收集数据指出方向。其作用是定义和显示影响过程或特性的主要原因、次要原因和根本原因,同时显示造成问题、缺陷的因素间的可能关系。图13是某加工中心刀具磨损鱼骨图。

5. 失效模式与效果分析

失效模式与效果分析是作为一种可靠分析技术,可以推动设计过程、制造过程或服务过程进行深层次的质量改进,对过程中各个组成部分及流程步骤进行事先分析的一种方法。其主要作用是:(1)识别不能满足顾客关键需求的流程;(2)估计特定原因引发失效的风险;(3)评估

图 13　鱼骨图

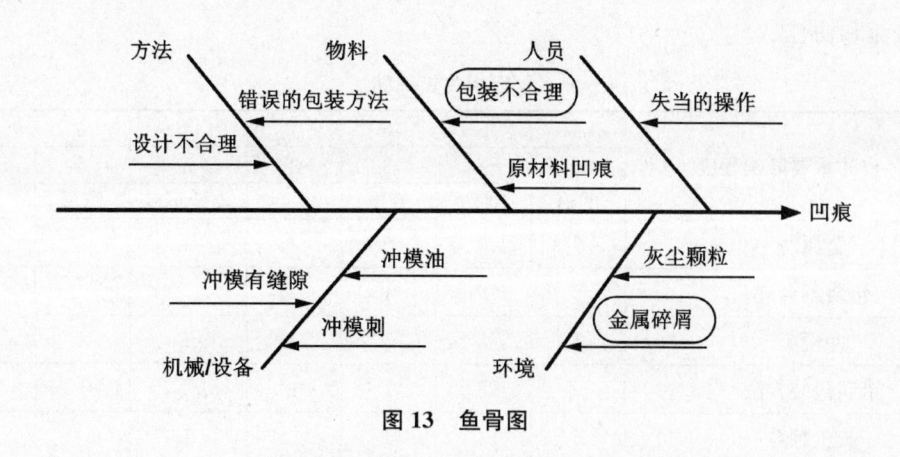

阻止失效的当前控制计划;(4)定义流程改进的先后顺序;(5)FMEA 是一种错误预防性技术,是"事先的行为",而不是"事后的行为";⑥FMEA 最终目的是标出产品或过程可能失效的方面,并消除或减少失效的风险。

FMEA 的主要内容有:(1)标出产品或过程可能发生的各种失效模式;(2)评估每个失效模式可能产生的后果(对顾客)及其严重程度;(3)评价每个失效模式的起因及其发生的可能性大小;(4)按顺序列出减少失效发生可能性的各种措施;(5)评估产品的设计确认计划或当前控制计划过程。

表 8 是过程失效效果模式分析表。表中风险优先级数或 RPN 是计算出的某个故障模式相对风险的数字结果,其公式为:

$$RPN = 严重性 \times 发生次数 \times 检测能力$$

表 8　　　　　　　　　　　　失效模式效果分析

潜在失效模式	潜在失效效果	严重性	潜在原因	发生率	目前控制	可知度	优先度	推荐措施
什么情况下会出错	出错后对顾客的影响	对顾客的影响有多严重	引起失败模式的原因	原因或失败产生的几率	目前控制手段	检查出原因和失效模式的能力	计算	降低发生率、减少严重性和提高可知度的措施
							0	
							0	
							0	
							0	
							0	

6. 要因相关矩阵图

要因相关矩阵图也称质量功能展开(QFD),是一种将顾客要求转化为产品周期各阶段相关要求的体系,如表 9 所示。要因相关矩阵图是一个连接产品生命周期各要素的过程,通过各种途径听到顾客的呼声,将质量管理带入产品开发、设计、制造等阶段。整个过程首先是将顾客的要求通过相关矩阵转化为技术上的参数,利用同样的转换将技术上的参数转换为部件上的性能,再将部件上的性能转换为重要的工序和零件,最后,将重要的工序和零件转换为生产的要求,从而保证产品的性能满足顾客的要求,从源头治理开始,沟通各个环节的信息,加强各部门的交流和协作。

表9　　　　　　　　　　　　　　　要因相关矩阵图

对客户的重要影响程度	9 1 凹痕	6 2 刮伤	6 3 变形	7 4 毛刺	4 5 攻牙不良	3 6 模痕	总　计
金属屑	9	9	5	1	1		176
包装不合理	9	9	1				141
冲模刺	5		1	1	1	1	95
错误包装方法	5	5					81
灰尘颗粒	5	1	1		1		61
冲模间隙	1	1	1	5			56
冲模油			5				51
原材料凹痕	5						45

7. 合格率和流通合格率

根据过程结果可以计算不合格品数或西格玛水平,但当项目团队的主要目标是改进过程来满足客户需求,通常用合格率(Yield)和流通合格率(RTY)来表示。

过程的最终合格率(Final Yield)一般是指最终通过检验的合格品数与全部生产总数的比值。这种质量方法不能反映在经过返工、返修而通过的产品上。我们称返工为"地下工厂"(Hidden Factory)。流通合格率就是能找到"地下工厂"的度量方法。

简单来说,流通合格率就是每个子工序合格率的乘积。例如,某过程有5个子工序,每工序的合格率为 $y_1, y_2 \cdots y_5$,那么,该过程的流通合格率 $= y_1 \times y_2 \times y_3 \times y_4 \times y_5$。

RTY 充分考虑了"地下工厂"的存在,通过 RTY,能找到"地下工厂"的"地点"和数量。

8. 试验设计(DOE)

质量改进中经过设计的试验用于:(1)确定哪些自变量(X)对因变量(Y)的影响最大;(2)量化自变量(X)对因变量(Y)的影响;(3)证明你认为重要的自变量会对工序真正产生的影响。

试验设计通过收集和分析数据,目的是:(1)改变结果分布的平均值;(2)减少结果的变差;(3)产生可以应用于多种条件之下提供更可靠工序的结果;(4)确定潜在关键少数 X 是否对 Y 响应值产生影响。

附录3:项目收益预估表

表10　　　　　　　　　　　　　　　项目收益预估表

工序名称	年度总需求 (片)	实际良率 (%)	实际投入数 (片)	目标良率 (%)	目标投入数 (片)	节省数 (片)	单价 (美元/片)	成本节省 (美元)
冲压	304 816	81.9	372 181	95	147 738	224 443	1.641 2	368 355.95
碰焊	202 703	66.5	304 816	95	140 351	164 465	2.535 8	417 050.90
喷油	120 000	59.2	202 703	90	133 333	69 369	3.463 3	240 246.94
合　计								1 025 653.78

附录 4：冰箱前面板溢漆测量系统分析（计量值）

表 11　　　　　　　　　　　　　　　GR&R 分析

Part Number : JF100	Description : Paris 前面板	Instrument No: CMM
Characteristic :		Zero=
Specification : 2.302	TTL Tolerance: 0.02	Measurement Unit:
Department Name: QA	Analysis Supervised by : Yoke Ren	Instrument name:
Inspector Name: Yang Zhao	Date Inspected: 2011-4-1	# Oprs: 2
Inspector Name: Changjun Ai	Date Inspected: 2011-4-1	# Trials: 3
Inspector Name:	Date Inspected:	

	OPERATOR 1				OPERATOR 2				OPERATOR 3			
Sample	Trial 1	Trial 2	Trial 3	Range	Trial 1	Trial 2	Trial 3	Range	Trial 1	Trial 2	Trial 3	Range
1	0.301	0.300	0.300	0.0005	0.300	0.300	0.300	0.0008				0.0000
2	0.297	0.297	0.297	0.0004	0.297	0.297	0.297	0.0004				0.0000
3	0.302	0.302	0.301	0.0004	0.301	0.301	0.301	0.0006				0.0000
4	0.299	0.299	0.299	0.0005	0.299	0.299	0.299	0.0005				0.0000
5	0.297	0.296	0.296	0.0005	0.297	0.296	0.296	0.0006				0.0000
5	0.298	0.298	0.298	0.0005	0.298	0.298	0.297	0.0006				0.0000
7	0.297	0.297	0.297	0.0003	0.297	0.297	0.297	0.0004				0.0000
8	0.302	0.301	0.301	0.0005	0.302	0.302	0.301	0.0003				0.0000
9	0.300	0.300	0.300	0.0003	0.300	0.300	0.299	0.0007				0.0000
10	0.298	0.297	0.297	0.0004	0.298	0.297	0.297	0.0006				0.0000
TTLS	2.99	2.99	2.99	0.0043	2.99	2.99	2.98	0.0055	0.00	0.00	0.00	0.0000
				0.0004				0.0005				0.0000

Sum	8.962		Sum	8.959		Sum	0.0000
X_A	0.299		X_B	0.299		X_C	

TEST FOR CONTROL

Upper Control Limit, $UCL_r = D_4 R$ = 　　2.570　x　0.000　=　0.001

X min	0.299
X max	0.299
X diff	0.0001

If any individual range exceeds this limit, the measurement or reading should be reviewed, repeated, corrected, or discarded as appropriate, and new averages and ranges should be computed

Factors

# Trials	2	3	# Oprs	2	3
K1	4.56	3.05	K2	3.65	2.70
D4	3.27	2.57	n=# parts, t=# trials		

MEASUREMENT SYSTEM / GAUGE / CAPABILITY

Equipment Variation ("Repeatability") = $K_1 R$ = 　　3.050　x　0.000　=　

Repeatability	% Tolerance
0.001	4.982%

Operator Variation ("Reproducibility") = $\sqrt{(K_2 \cdot X_{diff})^2 - (EV)^2/nxt}$

Reproducibility	% Tolerance
0.000	1.992%

Total "repeatability" and "reproducibility" Variation (R&R) =

Total	% Tolerance
0.001	5.365%

Notes:

附录5：冰箱前面板溢漆测量点数据（DOE 产品）

Run Order

No.1: DT & MT: 2 & 1.5

No.	A	B	C	D	E	F	G	H
1	0.374	0.406	0.472	0.504	0.283	0.409	0.509	0.368
2	0.342	0.358	0.373	0.261	0.479	0.276	0.462	0.443
3	0.320	0.434	0.494	0.355	0.489	0.329	0.479	0.286
4	0.294	0.345	0.334	0.281	0.337	0.501	0.418	0.303
5	0.335	0.277	0.495	0.324	0.326	0.489	0.271	0.461
6	0.312	0.509	0.327	0.350	0.358	0.463	0.420	0.256
7	0.371	0.419	0.444	0.433	0.381	0.436	0.319	0.395
8	0.263	0.434	0.278	0.250	0.446	0.386	0.503	0.433
9	0.434	0.362	0.502	0.495	0.368	0.499	0.286	0.365
10	0.368	0.328	0.501	0.438	0.373	0.258	0.431	0.398
Sub-total	Average	0.386	Min	0.250	Max	0.509	Stdev	0.077 984 7

No.2: DT & MT: 4 & 1.5

No.	A	B	C	D	E	F	G	H
1	0.387	0.619	0.647	0.400	0.488	0.670	0.382	0.438
2	0.446	0.390	0.456	0.577	0.444	0.665	0.572	0.658
3	0.446	0.560	0.668	0.533	0.547	0.439	0.431	0.557
4	0.642	0.452	0.663	0.545	0.490	0.624	0.589	0.532
5	0.547	0.667	0.556	0.587	0.434	0.573	0.563	0.447
6	0.472	0.550	0.527	0.607	0.452	0.537	0.608	0.621
7	0.508	0.447	0.611	0.536	0.421	0.615	0.428	0.608
8	0.650	0.619	0.619	0.632	0.481	0.580	0.528	0.428
9	0.487	0.401	0.445	0.583	0.665	0.530	0.476	0.400
10	0.474	0.390	0.386	0.624	0.437	0.476	0.419	0.636
Sub-total	Average	0.528	Min	0.382	Max	0.670	Stdev	0.088 380 2

No.3: DT & MT: 2 & 1.5

No.	A	B	C	D	E	F	G	H
1	0.368	0.503	0.297	0.287	0.407	0.502	0.339	0.378
2	0.526	0.312	0.434	0.361	0.434	0.544	0.389	0.510
3	0.479	0.293	0.400	0.507	0.471	0.489	0.450	0.539
4	0.494	0.410	0.380	0.232	0.300	0.506	0.348	0.201
5	0.450	0.452	0.263	0.378	0.521	0.294	0.299	0.294
6	0.249	0.207	0.329	0.274	0.347	0.305	0.421	0.403
7	0.497	0.456	0.484	0.513	0.451	0.447	0.303	0.490
8	0.269	0.363	0.381	0.513	0.280	0.352	0.406	0.400
9	0.390	0.475	0.451	0.357	0.290	0.511	0.460	0.240
10	0.206	0.444	0.320	0.207	0.334	0.245	0.381	0.420
Sub-total	Average	0.386	Min	0.201	Max	0.544	Stdev	0.094 447 7

No.4: DT & MT: 4 & 1.8

No.	A	B	C	D	E	F	G	H
1	0.476	0.469	0.416	0.528	0.527	0.560	0.400	0.465
2	0.563	0.478	0.531	0.496	0.548	0.496	0.555	0.417
3	0.553	0.522	0.586	0.619	0.580	0.380	0.392	0.403
4	0.542	0.389	0.566	0.465	0.537	0.627	0.422	0.467
5	0.392	0.623	0.453	0.378	0.551	0.604	0.552	0.505
6	0.523	0.536	0.616	0.615	0.586	0.493	0.595	0.425
7	0.553	0.516	0.461	0.388	0.421	0.398	0.458	0.402
8	0.428	0.573	0.536	0.564	0.629	0.457	0.500	0.559
9	0.592	0.507	0.474	0.616	0.426	0.464	0.501	0.618
10	0.625	0.386	0.578	0.591	0.404	0.570	0.538	0.382
Sub-total	Average	0.507	Min	0.378	Max	0.629	Stdev	0.076 278 2

No.5: DT & MT: 2 & 1.8

No.	A	B	C	D	E	F	G	H
1	0.005	0.027	0.157	0.211	0.145	0.219	0.123	0.094
2	0.016	0.058	0.150	0.096	0.158	0.046	0.098	0.006
3	0.069	0.116	0.104	0.181	0.118	0.235	0.109	0.075
4	0.184	0.238	0.226	0.037	0.118	0.132	0.210	0.032
5	0.187	0.156	0.080	0.246	0.087	0.115	0.053	0.026
6	0.084	0.154	0.017	0.148	0.056	0.038	0.162	0.181
7	0.190	0.047	0.068	0.205	0.042	0.221	0.071	0.037
8	0.206	0.104	0.116	0.078	0.016	0.217	0.114	0.212
9	0.176	0.050	0.246	0.003	0.028	0.155	0.173	0.133
10	0.019	0.038	0.228	0.071	0.134	0.234	0.012	0.005
Sub-total	Average	0.115	Min	0.003	Max	0.246	Stdev	0.073 140 3

No.6: DT & MT: 2 & 1.8

No.	A	B	C	D	E	F	G	H
1	0.066	0.017	0.029	0.028	0.060	0.172	0.068	0.069
2	0.210	0.029	0.144	0.208	0.199	0.132	0.015	0.018
3	0.046	0.046	0.156	0.141	0.091	0.110	0.046	0.072
4	0.021	0.039	0.034	0.196	0.179	0.064	0.071	0.092
5	0.040	0.158	0.160	0.106	0.084	0.104	0.104	0.074
6	0.107	0.140	0.059	0.014	0.084	0.154	0.194	0.054
7	0.152	0.082	0.086	0.169	0.068	0.106	0.159	0.101
8	0.190	0.066	0.023	0.190	0.161	0.039	0.080	0.056
9	0.107	0.028	0.013	0.093	0.044	0.096	0.143	0.042
10	0.072	0.114	0.133	0.144	0.119	0.202	0.100	0.016
Sub-total	Average	0.096	Min	0.013	Max	0.210	Stdev	0.056 511 3

No.7: DT & MT: 4 & 1.5

No.	A	B	C	D	E	F	G	H
1	0.598	0.481	0.593	0.533	0.412	0.467	0.434	0.509
2	0.553	0.594	0.567	0.534	0.428	0.557	0.585	0.614
3	0.418	0.616	0.448	0.508	0.466	0.564	0.606	0.536
4	0.507	0.533	0.510	0.614	0.570	0.615	0.593	0.543
5	0.415	0.439	0.597	0.458	0.467	0.604	0.426	0.464
6	0.619	0.534	0.423	0.476	0.546	0.490	0.531	0.581
7	0.600	0.545	0.491	0.476	0.432	0.498	0.527	0.610
8	0.535	0.490	0.481	0.448	0.544	0.434	0.444	0.458
9	0.469	0.588	0.562	0.511	0.441	0.522	0.600	0.588
10	0.415	0.537	0.537	0.517	0.502	0.437	0.470	0.434
Sub-total	Average	0.516	Min	0.412	Max	0.619	Stdev	0.062 923 8

No.8: DT & MT: 4 & 1.8

No.	A	B	C	D	E	F	G	H
1	0.473	0.421	0.518	0.446	0.516	0.606	0.595	0.374
2	0.513	0.486	0.394	0.465	0.545	0.464	0.558	0.393
3	0.530	0.537	0.457	0.586	0.613	0.423	0.433	0.512
4	0.593	0.544	0.409	0.467	0.573	0.531	0.452	0.444
5	0.372	0.590	0.481	0.547	0.592	0.447	0.558	0.608
6	0.594	0.389	0.507	0.559	0.471	0.426	0.373	0.595
7	0.413	0.608	0.579	0.381	0.545	0.397	0.440	0.620
8	0.413	0.624	0.395	0.488	0.422	0.622	0.520	0.595
9	0.621	0.518	0.530	0.370	0.457	0.430	0.376	0.444
10	0.449	0.590	0.428	0.517	0.539	0.435	0.563	0.377
Sub-total	Average	0.496	Min	0.370	Max	0.624	Stdev	0.078 451 1

The Practice of Six Sigma Quality Management in YC Corporation

Song Keqin[1], Xiao Di[2]

(1. *School of International Business Administration, Shanghai University of Finance and Economics, Shanghai*, 200433, *China*; 2. *School of Business Administration, Zhejiang Gongshang University, Hangzhou*, 310012, *China*)

Abstract: The case we analyzed was based on the quality problem of YC Company that the qualified rate of process circulation was low in its refrigerator front panel production. And we discussed how to use the six sigma quality management methodology to build the six sigma quality project team, and then to follow the DMAIC steps and use tools such as flow chart, pareto diagram and fishbone diagram to find the root causes so as to realize quality improvement. This can provide a reference for other manufacturing enterprises to implement the six sigma quality management and improve product quality.

Keywords: Quality Management; Six Sigma; Project Management

案例使用说明

一、教学目的与用途

1. 本案例主要适用于"运营管理"课程和"项目管理"课程。

2. 本案例是一篇描述 YC 公司六西格玛质量管理实践的案例。YC 公司遇到的质量管理问题具有很好的代表性，很多 OEM 厂商在质量控制过程中都会遇到。本案例的教学目的是：使学员对中国制造业的质量管理水平有清醒的认识，明确与外资企业的差距；培养学员深入思考如何采用系统的方法改进产品质量；引导学员采用国际上先进的六西格玛质量管理理论、方法和工具，分析和解决企业中遇到的质量管理问题，提高企业的竞争力。

二、启发思考题

1. 你如何看待YC公司的六西格玛质量管理？六西格玛质量管理是企业的战略问题还是战术问题？若企业要成功实施六西格玛质量管理，需要注意哪些问题？

2. 在六西格玛质量改进的过程中运用了哪些分析工具？这些分析工具的作用是什么？还有哪些工具可以运用在六西格玛质量改进过程中？

3. 若项目选择不当，而在后面的改进过程中又用六西格玛这种正确严谨的方法去执行，对企业而言是一种非常大的潜在风险。对于选择合适的项目，你有什么好的建议？

4. 有人认为，六西格玛质量管理要花费高额的成本和专业人才，我国企业很难从战略层面实施六西格玛质量管理。从YC公司实施六西格玛质量管理来看，你能获得哪些启示？

三、分析思路

教师可以根据自己的教学目标（目的）来灵活使用本案例。这里提出本案例的分析思路，仅供参考。

1. 从质量成本的角度思考为什么要实施六西格玛质量管理。质量成本由预防成本、鉴定检验成本和故障成本构成。YC公司实施六西格玛质量管理的原因在于通过适当提升预防成本来大幅降低鉴定检验成本和故障成本，使得质量总成本能够降低。

2. 实施六西格玛管理体系，也即六西格玛突破性改进体系，主要有三个关键要素：六西格玛组织（OFSS）——黑带团队是基础；六西格玛策划（PFSS）——项目策划是关键；六西格玛改进（IFSS）——DMAIC过程为程序。

3. 高层管理者重视六西格玛质量管理，并且将六西格玛质量管理提升到企业战略的角度是企业成功实施六西格玛质量管理的前提条件。公司推行六西格玛，关键是要认识到六西格玛是一种新的质量管理方法，而不是技术项目，其目的具有挑战性——几年内改进质量十倍或百倍。六西格玛可以看作是一种创作性项目，其任务是发现新的更好的工作方法，迫使公司放弃现有的常规工作程序和工艺技术。可以说，六西格玛管理的宗旨是使这种"创作性破坏"在公司内活跃地开展。

4. 以黑带团队为基础的六西格玛组织是实施六西格玛项目的成功保证，图14为六西格玛项目团队组织结构示意图。

图14 六西格玛组织结构

参加六西格玛质量管理活动的成员都有一个特定的称谓,这些成员在六西格玛质量管理实践中都有非常重要的作用。具体解释如下:

(1)执行领导

六西格玛质量管理推行是至上而下的,因此执行领导是推行六西格玛质量管理获得成功的核心。

(2)倡导者

倡导者发起和支持六西格玛质量管理项目,并保证项目与企业的整体目标一致,同时是资源的争取和保障人。

(3)黑带主管

黑带主管为参加项目的黑带提供指导和咨询,保证项目团队保持在正确的轨道上。

(4)黑带

黑带是六西格玛质量管理项目中最为关键的职位,贯穿整个六西格玛质量管理项目改进的全部过程,直接组织、管理、激励、指导项目团队开展工作,负责团队的运作,管理团队项目的进展,并最终使项目获得成功。一个黑带拥有多项技能,如解决问题、收集和分析数据、领导和管理等。

(5)绿带

绿带是六西格玛质量管理活动中人数最多的,也是最基本的团队力量,在六西格玛先驱企业,很大比例的员工都接受过六西格玛基本知识培训,其主要职责是收集资料、接受并完成指派的工作项目、执行改进计划等。

(6)过程管理者

成功的六西格玛质量管理项目需要过程管理者的支持和配合,过程管理者要确保过程改进的落实及改进后成果的保持。

5.严格遵循六西格玛质量管理DMAIC的流程,选择合适的工具(柱状图、帕累托图、鱼骨图、散点图等),以提升六西格玛质量管理的成功率。下面解释六西格玛质量管理的5个阶段:

(1)界定(Define)

界定是六西格玛突破性改进DMAIC的第一步,自此正式开启项目。我们应明确几个问题:我们在解决什么问题?为什么要解决?客户是谁?客户需求是什么?原来是怎样的?所花费成本多少?实施改进后的收益如何?这是六西格玛突破性改进的基本思考,驱使我们以新的角度和创新的方式来考虑过去被忽视的问题。这些问题将写进项目的DMAIC特许任务书中。

界定阶段的活动重点主要包括以下四方面的内容:

①阐明团队使命,说明问题、价值和存在的机会。这些内容将写入项目特许任务书中,同时还要确定项目目标和资源需求,并对团队成员进行明确分工和计划。最重要的是,该项目计划必须得到高层领导的支持和批准。

②识别客户及客户需求。无论是外部客户还是内部客户,只有在其需求得到充分理解和获得预期的质量后,才会向企业展示满意和忠诚。如何准确理解客户需求,是六西格玛项目团队的重要职责。因此,六西格玛团队必须理解客户需求,将其转化为过程输出的质量要求,并识别哪些是关键需求,即关键质量特性(CTQ)。这里经常要用到高水平流程图(SPIOC)来确定关键客户、关键客户需求及核心过程,并为接下来的测量阶段做好准备,让团队清楚从何处收集数据。

③进行劣质成本分析。为明确过程绩效的财务指标,团队必须做劣质成本分析。在关注客户满意度的同时,六西格玛项目团队也应把焦点集中在财务贡献上。降低劣质成本包括降低非符合性成本和维持现状成本(符合性成本),这也是做六西格玛项目的一个重要意义。

④对缺陷进行初步分析。对缺陷进行初步分析也可以是测量阶段的工作,但如果能清楚地界定缺陷,那么质量问题也就能明确了,产品和过程的质量水平(良率或多少西格玛)也可以相应地确定。因此,缺陷分析对向下一阶段的量测过渡显得异常重要。

(2)测量(Measure)

测量是界定阶段的后续活动,同时也是联系分析阶段的桥梁。测量是六西格玛项目的关键工作,也是六西格玛项目的精髓之一,是以数据驱动决策和管理的具体体现。测量阶段数据收集的主要作用为:一是收集数据确认问题和机会,并对其进行量化;二是对数据进行梳理,为查找原因提供依据和线索。

对于一个过程,其测量主要包括三个方面:

①对输出和结果的测量。输出的测量集中于过程的结果,如交付期、不良率等,或是长期的影响,如满意度、流动率等,输出和结果的测量经常需要考虑客户的需求,其测量值用 Y 表示。

②对过程的测量。这包括过程中可测量、可追踪的事物,它经常可以帮助查找原因。

③对输入的测量。这是六西格玛项目的主要测量,它是帮助确认问题原因的主要因素。一个过程可能要对多个输入进行测量,如员工熟练程度、机器参数、材料成本等,其测量值用 X 表示。

(3)分析(Analyze)

分析阶段是六西格玛项目 DMAIC 各阶段中最难预测的阶段,所使用的分析方法主要取决于所涉及的问题及数据的特点。在此阶段,团队认真研究相关数据资料,增强对问题和过程的理解和领悟,在此基础上,通过分析来寻找问题的根源。

有时,造成问题的根本原因一目了然,我们可以很快完成分析工作。但多数时候,由于多年来人们一直习惯于他们固有的工作方式,问题的根本原因就隐藏在历史文件堆和旧程序之中,这时团队应采用各种六西格玛工具,并试图用不同观点去分析,可能需要几周或更长周期才能得出正确的分析结果。

六西格玛项目管理解决问题的方式就是综合考量各种不同类型的因素,不以偏见和经验左右团队的判断。分析问题产生的原因可能从 5M1E 中考虑:

①方法(Method):工作中使用的程序和技术。

②机器(Machine):过程中的硬件设施,如计算机和相关的仪器设备。

③材料(Material):原始数据、指令或事实,表格和文件。这些材料如有缺陷,将对输出产生非常负面的影响。

④测量(Measurement):错误或有缺陷的数据往往起因于测量过程、测量方法及测量对象。

⑤人员(Man):这是最重要,同时也是最难控制的因素。

⑥环境(Environment):天气的温湿度影响,经济大局的兴衰和繁盛,都可能对过程和绩效产生影响。

(4)改进(Improve)

六西格玛 DMAIC 过程显示效果的关键步骤是改进阶段。在改进阶段,项目要获得解决问题的方案,关键是对潜在问题的原因进行分析,并且尽可能使解决方案容易被具体操作,而且一旦发现新的建议,就必须对其进行分析、测试和实施。

产生新的解决方案有其一定的困难性,一方面由于企业习惯于使用传统的、既定的方法,以至于很难摆脱原来的思想;另一方面则是真正的创造性解决问题的方案总是很少见。新的方式和创造力可以帮助企业改变习惯的工作方式,用新的思路来思考问题。

六西格玛项目团队一旦提出潜在的解决方案后,要再回到分析阶段,评估其机会成本和机会效益,从而挑选最有希望和可行的解决方案。同时,最终解决方案必须获得倡导者和高层领导的同意和批准。

我们再次提到描述输入、输出和过程之间的关系的表达式 $Y=F(X)$,表示输出结果 Y 是输入参数 X 的函数。在界定阶段,六西格玛项目团队关注输出结果 Y,在测量阶段关注输入参数 X,在分析阶段关注过程关系 F,在改进阶段则关注 Y 的最理想值和 X 的最佳组合。

在改进阶段,六西格玛项目团队要确定因果关系,也就是关键输入变量和关键输出变量间的函数关系,以此预测、改进和优化过程质量和性能。必要时,六西格玛项目团队要策划试验设计(DOE)方案,应用刷选试验的方法来识别关键输入变量和关键的少数原因。在改进阶段必须做到:①确定关键的少数问题的根本原因;②测试解决方案和方法;③尽可能使解决方案程序化;④测量论证结果;⑤方案修改并持续改进。

对于提出的解决方案,六西格玛项目团队必须谨慎处理和试验,通过严谨的潜在问题分析,找出潜在的失效及其模式,并对其进行预防和处理。

新的改进方案须推销给部门其他成员,因为他们的参与十分重要,同时收集、追踪数据,核查解决方案的影响。

(5) 控制(Control)

控制阶段是六西格玛 DMAIC 过程的最后一个阶段,也是项目团队保持改进成果的重要步骤,是一个十分关键的阶段,主要目的是避免改进后的现状突然回归到改进前的习惯和程序上来。要想长期持续改进结果,不仅要对结果进行测量和监视,还要对六西格玛观念进行宣传和推销。应关注以下细节:①制定过程监视程序,明确已经做出的改善;②制定应变计划;③关注焦点,集中在少数重要的测量上。这些测量结果能显示最新的项目结果(Y)和关键过程变量值(X)的动态。

控制阶段有以下四个要素:

①条件。六西格玛项目团队要对相关人员进行选择、培训,确保维持一个稳定的可预测的过程。它可以通过使用流程图来记录程序;使用数据来监控员工绩效;使用制程控制图来发现潜在的问题;让人员明确责任和义务。

②对过程的改进进行文件化和系统化。要使改进成果保持下去,必须使改进过程文件化和系统化,用文件记录过程。同时,文件化程序应文件简练,易于理解;包括对常规工作的说明,又包括对紧急事件的注释。

③持续的过程测量。通过过程控制图,能迅速发现过程的异常。同时,六西格玛项目团队必须找出关键输出变量(KPOV)和关键输入变量(KPIV),实施关键过程测量,确保更长时期维持和管理改进的过程和成果。

④建立过程管理计划。必须修改和更新过程管理计划,以便针对过程以后出现的问题进行预警和预防,这也体现了六西格玛预防性管理的主题思想。过程管理应包括:正确的流程图或 SIPOC 图,行动预警和过程应对计划,应急方案。

6.解决我国企业质量管理问题的思路在于转变高层管理者认为高质量和低成本不可兼得的误区,企业高层管理者首先要接受六西格玛质量管理,并可以采用试点和逐步推进的方式实施六西格玛质量管理。

四、理论依据及分析

1.质量管理。
2.项目管理。
3.六西格玛管理。

五、背景信息

(一)关于六西格玛质量管理

"σ"(sigma)来源于希腊字母,在统计学上的意思为"标准差",是用来描述数据离散程度的一个统计量,是过程变异在统计上的度量。但六西格玛管理与三西格玛(传统过程能力质量模型)有质的不同:(1)三西格玛模型仅用于制造过程,而六西格玛可用于所有重要的商业过程,其更新了人们的观念——把制造作为商业大系统的一个组成部分来看待;(2)三西格玛要求过程标准差是容许偏差的1/6,而六西格玛要求过程标准差是容许偏差的1/12。三西格玛的质量水平意味着过程合格率为99.73%,转化为百万分之不良率(DPPM)为2 700DPPM,而六西格玛在考虑了平均值单侧1.5个西格玛的偏移后,转化成对应的合格水平是3.4DPPM。六西格玛的贡献是把质量水平从百分之几精确到百万分之几,甚至十亿分之几,基本上达到了完美的质量水平。

(二)关于YC公司实施六西格玛质量管理的激励措施

在YC公司刚实施六西格玛项目管理时,有3个项目实施被拖延将近3个月之久,究其原因是因为士气低落,没有很好的激励政策来鼓励团队成员去努力完成六西格玛项目。在他们看来,执行六西格玛项目是额外加给他们的义务工作。YC公司领导也看出了这一问题,并制定了相应的激励政策。可以说,正是这激励政策保证六西格玛项目被YC整体员工接受并持续执行。

(三)关于绿带/黑带人员的认证

在YC公司,开始时很多绿带黑带的候选人是由部门经理指定的,这样对实施六西格玛项目管理造成很大困挠。例如,公司内部竞争不公平,很多员工渴望参加公司的黑带、绿带培训,但是没有机会,打击了员工的参与热情和积极性;盲目选材,造成六西格玛人员的水平参差不齐,有的黑带或绿带完全对数学没有概念,做出的六西格玛项目缺乏数据支持,不能让人信服。YC公司六西格玛项目管理委员会针对这种现状,建议采取统一报名、统一面试的方法筛选六西格玛候选人,确保候选人在语言能力、专业能力、工作对口等方面与公司需求相匹配。

六、关键要点

1.系统地运用六西格玛质量管理方法论是实施六西格玛质量管理的根本。在本案例中,DMAIC的步骤并没有被很明显地提出,需要教师指导学生界定这5个步骤。

2.了解六西格玛质量管理的相关工具是本课程的另一要点,教师可以引导学生学习更多六西格玛质量管理的工具。

七、课堂计划建议

本案例可运用于专门的案例讨论课。以下是按照时间进度提供的课堂计划建议,仅供参考:

整个案例课的课堂时间控制在 80~90 分钟。

课前计划:提出启发思考题,请学员在课前完成阅读和初步思考。

课堂计划:简要的课堂前言,明确主题 (2~5 分钟)

     分组讨论,告知发言要求 (30 分钟)

     小组发言 (每组 5 分钟,控制在 30 分钟以内)

     引导全班进一步讨论,并进行归纳总结 (15~20 分钟)

课后计划:如有必要,请学员采用报告形式给出更加具体的解决方案,包括具体的职责分工,为后续章节的内容做好铺垫。

分销还是直销
——研华的渠道难题[①]

● **摘　要:** 研华是产业电脑领域的全球领导企业,而以中国内地为主的"大中华地区"被研华视作战略上最重要的大本营。在中国内地产业电脑市场中,大部分企业采取以直销为主的渠道模式,即直接在各地建立分支机构来负责当地的销售和服务。只有研华反其道而行之,以经销商为主来铺设营销渠道和服务体系,并且在过去二十几年里成功地依靠上述渠道模式占据着市场领导地位。然而近年来,随着市场的迅速变化和新竞争对手的崛起,加上自身在经销商管理当中遇到的诸多困难,研华不得不对现有的渠道模式进行反思。到底是应当开动一体化引擎从而转向直销模式,还是应当继续特立独行"与各路诸侯共享天下"? 研华的决策者必须解答这一难题。

● **关键词:** 市场营销;渠道管理;研华;产业电脑

引　言

创立于1983年的研华科技[②]是一家提供产业电脑(Industrial Personal Computer,IPC)解决方案的领导厂商,30年来从一家台湾本土企业发展为遍布21个国家、71个主要城市的跨国企业。研华目前拥有员工5 400多人,市值超过15亿美元,营业收入达8.8亿美元(其中70%来自海外市场)。[③] 仅以市场占有率来衡量,无论是在全球市场还是亚太地区,研华都堪称IPC第一品牌。[④]

研华于1991年进入中国内地市场,之后确立了"以大中华区为大本营(Homeland)进行深耕"的策略。一个耐人深思的事实是:在中国内地产业电脑市场,大部分企业采取的营销渠道模式是以直销为主,分销为辅;只有研华反其道而行之,是以分销为主,直销为辅。在过去二十几年里,研华的营销渠道模式被证明是成功的。然而近年来,随着中国内地经济的发展和产业

[①] 本案例由上海财经大学商学院姜晖等撰写,作者拥有著作权中的署名权、修改权、改编权。未经允许,本案例的所有部分都不能以任何方式与手段擅自复制或传播。
版权所有人授权上海财经大学商学院案例中心使用。
由于企业保密的要求,在本案例中对有关名称、数据等做了必要的掩饰性处理。
本案例只供课堂使用,并无意暗示或说明某种管理行为是否有效。
[②] 全名为"研华股份有限公司",成立于1983年,注册地在台北,台湾股市代号为2395。
[③] 可在研华公司主页http://www.advantech.com.cn/查询公司发展的相关数据。
[④] 参见图6和图7相关数据。

电脑市场环境的剧变,研华的营销渠道模式面临着严峻挑战。是否应改变现有的渠道模式?研华的高层决策者正面临着考验。

一、相关背景

(一)关于产业电脑

产业电脑又称工业电脑或工控机,起源于工厂生产制造流程中机器设备的控制监测应用,最初仅指工业自动化版卡系统。近年来,随着通信、网络、软件及光电等技术的迅速整合发展,产业电脑被逐渐应用到生产、生活的各个领域——出租车读卡机、自动售票机、自动取款机(Automatic Teller Machine,ATM)、POS(Point of Sale)机、网络连接式储存(Network Attached Storage,NAS)、数码显示屏(Digital Signage)、智慧型楼宇自动化监控系统、环境监控系统、乐透彩券电脑等。产业电脑的制造和销售行业呈现出蓬勃的发展势头,其涉及领域也远远超越"工业"范畴,因此,业界倾向于用"产业电脑"来代替原有的"工业电脑"或"工控机"的称谓。

2011年,中国内地市场共有产业电脑供应商50多家,包括30家左右的传统机架式产业电脑供应商,共同创造了近40亿元的市场规模。其中,销售额过亿元的有8家企业,占整体市场份额的63.9%[1],市场集中度比较高;其他中小规模企业与大型企业的销售规模差距明显,成为整体市场的补充角色或者少数细分领域的竞争者。

中国市场产业电脑分为整机和板卡级产品两类,而整机又分为原装整机和组装整机两类,加上又有厂商直销和代理分销两种销售模式,且下游应用行业比较分散,这就使得大陆产业电脑的产业链显得凌乱而又复杂。产业电脑市场产业链的三个主要环节——厂商原装整机、厂商板卡、代理商组装整机等细分产品市场已经形成了不同的竞争格局,产业链的三个环节对整体市场容量的贡献率分别为48.6%、27.1%和24.4%。并且,在此产业链的三个环节中,前4名供应商的市场集中度分别达到了54.2%、40.3%和96.0%[2],也即说明产业电脑市场产业链的三个环节的主要市场竞争力量和竞争强度是不一致的。产业电脑市场的这种客观特征值得各家供应商注意,因为它关乎企业营销政策的制定以及渠道模式的选择。

产业电脑的下游细分应用市场包括:OEM(数控机床、塑料机械、纺织机械、电梯)、Enduser(智能交通、电力、石油石化、钢铁冶金)和第三产业(军队、金融、医疗)3个行业类别、11个细分应用市场。2011年,内地产业电脑下游应用市场OEM、Enduser、第三产业的细分市场容量分别占整体市场容量的13.7%、46.5%和39.7%。三类下游应用市场呈现对产业电脑产品的不同应用需求,主要供应商在三类领域形成不同的竞争格局,可以看出:Enduser依然是产业电脑最大的应用领域,第三产业次之,OEM最小;其中又以Enduser中的智能交通、电子警察和第三产业中的金融、医疗等细分领域的增长速度最快,近几年的发展潜力最大。[3] 产业电脑下游应用市场的新变化是最值得各家供应商关注和重视的,毕竟谁顺应了市场发展的趋势、谁抓住了市场先机,谁就有可能成为下一个市场的领导者。

产业电脑最新应用的典型例子就是物联网。物联网被视为新一轮信息发展的新热潮,它

---

[1] 数据来源:中研华泰研究院《中国工控机行业市场运行态势研究报告》,http://www.zyhtyjy.com/report/。
[2] 可在中国行业研究网 http://www.chinairn.com/查询产业电脑行业相关数据。
[3] 资料来源:中研华泰研究院《中国工控机行业市场运行态势研究报告》,http://www.zyhtyjy.com/report/。

将技术与应用有力地结合起来,不断促进产业的升级改造,打造更为智慧的生活环境。产业电脑商积极推动物联网在应用层的实施,秉持开放式架构理念,提供基于 PC-Based 技术的产品及解决方案以整合系统上、下游各类产品,保障通信的及时有效和数据处理的简单规范。

与家用电脑显著不同的是,产业电脑通常销售给系统集成商或中间增值商,很少直接销售给终端使用者。换句话说,产业电脑的销售采取的是"B2B"(Business to Business)的商业模式。由于产业电脑的产品复杂程度和单价都很高,并且客户对系统整合及匹配程度有较高的要求,所以产业电脑商取得客户认可的时间较长。一般情况下,开发一个新客户需要 3~6 个月,对于一些行业大客户甚至需要长达 1 年以上。不过,产品和服务一旦得到客户的肯定,再购率及忠诚度也都相应较高。

(二)关于研华

研华是由我国的三位台湾人于 1983 年创立的,其创始人之一、现任董事长刘克振曾说:"我无法像运动员那样在奥运会上为中国人拿一枚金牌,但我希望能够在工业控制领域为中国人拿第一枚金牌。"也许正是基于这种雄心壮志,研华在短短 30 年的时间里从一家台湾本土企业成长为了全球产业电脑第一品牌(如图 1 所示)。

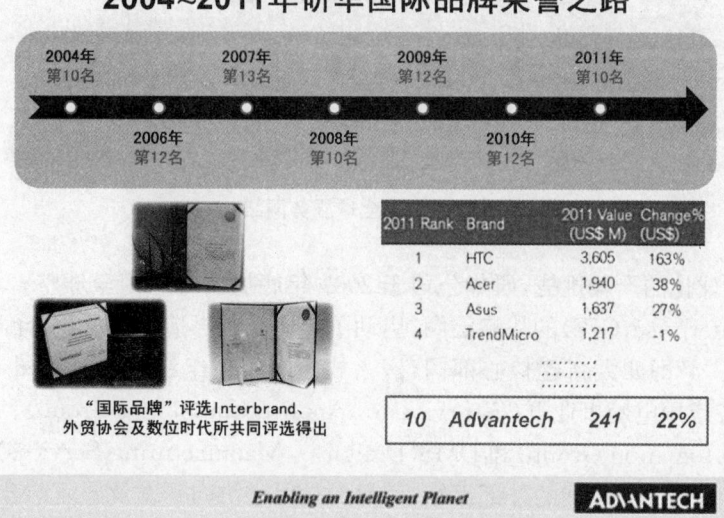

图 1 研华成长为全球领导品牌之路

研华科技作为自动化国际领导厂商,以"改善人类网络时代的生活品质"为目标,以"以人为本,诚信笃实,卓越创新,放眼天下"为理念,为全球提供 e 化电脑作业及基于网络的自动化平台。研华在致力于新产品与新技术创新的同时,也提供客制化的产品与服务,以满足全球客户在不同领域的 e 化及自动化需求。自 1983 年成立以来,研华秉承"客户导向"的宗旨,从研究开发、生产设计、制造品到售后服务,都以满足客户在不同领域的应用需求为依据。研华同时也提供高度整合系统,将 All-in-One 的功能、规格、开放的特性及工业电脑的稳定性、易操作性等功能特性融于一体,还整合了友好的用户操作界面及应用平台。研华科技根据产品及其应用领域不同分为 4 个事业群,通过各事业群的运作,将研华工业电脑的专业知识和技术,籍由深入的分工与整合,为各个领域提供有针对性的系统解决方案。

研华于 1987 年进入美国市场,以贸易开始海外市场的开拓。1995 年初,其海外布局初见规模,成立了以美国、荷兰、中国昆山、中国台北四大物流中心为布点的全球运营网络,真正实现全球布局,响应本地服务(如图2所示)。如今,研华拥有两大全球制造中心,分别位于中国台北及昆山,这使研华得以从研发、制造、运输到服务,为企业提供了直接适用于服务产业应用。通过全球布局、当地配送,研华还提供区域质量保障及服务完善的售后服务中心,为产品生命周期提供技术支持及维修服务,全球客户可以通过呼叫中心,享受研华专业服务的便利,从而减少商业周转时间。

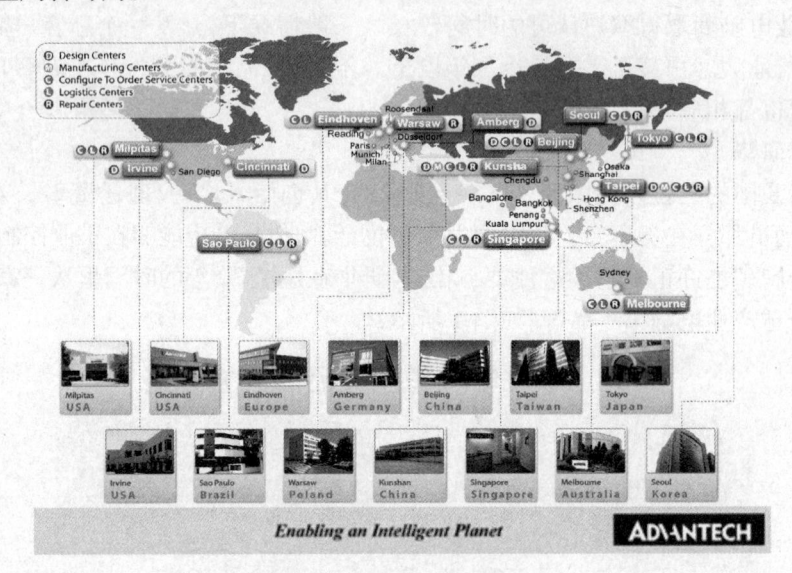

图2 研华全球服务网络

为了应对全球化的严峻挑战,研华公司于2007年底提出转型为全球整合型企业(Globally Integrated Enterprise,GIE)的战略宏图,启动了企业组织再造和资源重分配,并发动了"4+N"成长引擎——"4"即四大新建核心部门:嵌入式电脑平台组织(Embedded E-platform Organization)、服务应用电脑事业群(E-services & Applied Computing Group)、工业自动化事业群(Industrial Automation Group)和DMS(Design & Manufacturing Services)服务部;"N"则是以集团企业形态弹性所发展的外部组织,其目的是促进协同开发及异业结合,如以智能家居(Real Estate Intelligence)及智能零售(Retail Intelligence)为目标的研华智能、专注于智能建筑软件与影像监控软件的柏众科技(Broadwin)等。

目前,研华的主营业务是工业自动化和嵌入式平台,产品应用在交通、能源、安防、医疗等很多产业领域,基本上只要是产业智能化的地方都有研华的产品。未来十年,研华将矢志成为"智能地球的推手"。研华参与的国内重大工程包括:三峡工程、秦山核电站、六大干线提速、大秦重载、青藏铁路、京津城际铁路、上海浦东机场、上海虹桥机场、广州白云机场等。

在经营理念上,研华科技制定出企业的"刺猬三圆圈"经营理念。该经营理念来自于吉姆·柯林斯(Jim Collins)的《从优秀到卓越》一书。书中指出,卓越企业通常能在"三圆圈"里清楚地表述出经营理念,并且能持续、有纪律地执行。研华参照此书,定义出企业经营的"刺猬三圆圈"(如图3所示),以此为核心严格执行,持续推动企业的成长飞轮。

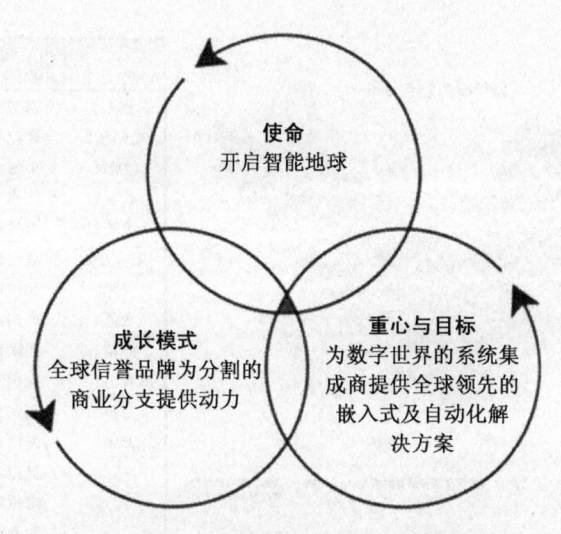

图 3　研华"从优秀到卓越"刺猬三圆圈理念

二、研华以经销商为主体的渠道模式

作为营销经理,王宇这样概括研华目前的营销渠道:"主要分为大客户和经销商两类——大客户业务的重点是垂直产业的开发,服务对象是高度个性化、需求复杂的产业客户;其余业务均通过经销开展,占比约为70%～80%,所以经销商是研华最重要的伙伴,每两年一次的全球经销商大会是公司最重要的活动。"

(一)作为主营渠道的经销商体系

商品经济的高速发展使工商企业的经济协作和专业化分工水平不断提高,面对众多消费者群体,生产厂商既要生产或提供满足市场需要的产品和服务,又要以适当的成本快速地将产品和服务送至目标消费者,实现销售。而对于厂商来说,可以选择通过其他中间商贸企业丰富而发达的市场体系来分销产品。研华采取的就是这种方式。分销渠道是由处于渠道起点的制造商、处于渠道终点的消费者,以及处于制造商与消费者之间的中间商(因为他们取得了商品的所有权)和代理商(因为他们帮助所有权的转移)等营销中介构成。分销渠道对产品的作用越来越大,尤其对于全国范围内的分销,大多数渠道不仅起到销售的作用,还兼具售后服务、品牌推广等职责。

目前,研华遍布全国的各级经销商已经超过了100家,其中59家有授权服务站资格,可提供基本的售前、售后,乃至上门服务(如图4所示)。任何一个省市的研华客户,都可以在自己的家门口享受本省市工程师的服务。另外,研华在中国内地各城市还设有52家办事处(其中北京、上海、深圳、广州、西安和昆山6地设有分公司),主要负责管理和协调本地区的经销商,另外也从事直接的销售工作。

研华对经销商实行典型的"扁平化"管理——目前主要是区域代理制,未来将会是区域代理制与行业代理制的结合。研华根据销售数据把经销商划分为白金级经销商、黄金级经销商和授权经销商三级,每一等级对应不同的价格体系和优惠政策。

(二)面向需求复杂的大客户部

研华的大客户部负责对口服务于一些具有复杂的、个性化需求的最终用户,其工作宗旨除

| | 华东/华 | |
华北/东北	中/华南	西北/西南
北京 3	南京2	西安3
哈尔滨2	合肥1	兰州2
沈阳1	上海3	乌鲁木齐1
长春1	杭州3	银川1
大连1	南昌1	成都2
石家庄2	武汉3	贵阳1
天津2	长沙1	昆明1
太原1	广州1	重庆2
济南1	无锡1	南宁2
青岛1	深圳2	包头1
郑州2	福州1	西宁1
邯郸1	厦门1	
	昆山2	
	常州1	
	海南1	

图 4　研华在中国内地的授权服务站分布

了满足客户现有的需求外，更着眼于与之建立长期的战略合作关系。对于某些有潜力的客户，如果经销商无力经营，也会转由研华的大客户部进行长期培养。为了保证经销商能积极、持续地推荐大客户，此类客户的销售额和部分利润依然归最初推荐的经销商所保有。

这是研华在 2005 年启动的模式，用以迎接大设备制造商的计算机外包业务。研华让总部制造中心和研发团队根据项目组成专职队伍，由研华高级主管直接与客户的高级主管对话，使大客户可以直接获得研华全方面的服务，充分满足高度定制化需求，并减少不必要的层级营销加价。

（三）作为技术性补充的网络营销和电话直销

研华的网络营销系统分为经销商管理信息系统和网上订单系统——前者是为了方便经销商查询自己某批货物订单的处理情况和物流信息，研华也会利用本系统向经销商发布公司或行业信息，促进双方的交流和信息资源共享；后者主要是为了方便最终客户灵活的配置所需要的个性化产品，研华则会把客户订单分配给某个经销商具体跟进。

早在 2000 年，研华就开始建立信息化平台，收集客户的意见和需求。随着网络化的发展，研华建立了更加透明化的网络平台，不但方便客户咨询、交易，而且客户可以随时随地查看常见问题的解决方案视频，听取网络研讨会。与此同时，他们把用户协会从线下搬到线上，构建工控领域的对话平台，客户可以根据博客、论坛与不同地域、不同行业的人交流经验，满足客户更广的需求。

电话直销是研华采取主动营销的一种尝试，其最大的优点是营销成本低。筛选出来的客户资源也和网上订单的处理方式一样，即按照客户的综合情况分配给某个经销商继续跟进。从 2000 年成立的研华电话中心（Call Center）演变至今天的"研华在线（AOnline）"直销行销部，AOnline 已经逐步发展为适合新兴销售的整合营销平台，营销模式多样化和个性化，满足了不同种类的客户需求。

AOnline 具有严格的商机分转和跟踪工作流程，在标准的流程下进行运作。客户可以通过拨打 800 呼叫电话或在线咨询详细描述自己的需求，专业的客户关怀代表将呼入电话详细记录在客户管理系统里，并进行严格的分类和筛选，由 AOnline E-sales 团队根据客户需求提供专业和快速的产品选型建议,在 2 小时内回复客户,并对潜在商机进行跟踪。通过选型、报价、测试、签订商务合同、提供技术服务、最后形成订单的全流程,专注服务客户。此外,客户通过 AOnline 购买与实物方式购买所能享受的售后服务并无差异。

三、激烈市场竞争引出的"直分之争"

(一)研祥:青出于蓝而胜于蓝

作为最早在中国内地从事产业电脑制造和销售的企业,研华以其技术上的领先地位和时间上的先发优势曾一度在该市场独占鳌头。然而,在中国经济高速发展的大背景下,任何一个市场都可能是瞬息万变的,产业电脑市场也不例外。近年来不断涌现出一些强有力的竞争对手,有些已经能够挑战研华在中国内地市场的领导地位——研祥就是典型的代表。

研祥的创立比研华正好晚了 10 年,其创始人陈志列原本就曾受雇于研华。在看到中国内地产业电脑市场巨大的潜力后,陈志列离开了研华,在深圳创立了研祥,并于 2003 年成功使研祥在香港联交所上市[①]。2004 年,中国社科院工业经济研究所、世界贸易组织(WTO)研究中心和中国经营报社共同组织对香港上市公司 H 股进行竞争力指数排名,研祥的智能综合指数排第九名,效益指数排第七名。2010 年,研祥"EVOC"商标被国家工商总局认定为"中国驰名商标"。

中国内地政府的支持无疑是研祥相对于研华的一大竞争优势——研祥是国家"火炬计划"重点高新技术企业、国家规划布局内重点软件企业、中国企业信息化 500 强。研祥不仅有产品被列入国家重点新产品和国家"火炬计划"项目,并多次获得科技进步奖励,公司董事长陈志列还是第四届深圳市政协常委。总资产超过 25 亿元人民币、年营业收入超过 12 亿元人民币的研祥,已经率先喊出了"中国第一"的口号。[②]

(二)激烈竞争引出的渠道模式之争

研祥似乎处处有意无意地采取与研华相反的策略——仅以营销渠道建设来说,研祥绝少依赖经销商,而是在各地成立分支机构直接负责销售。研祥在中国深圳、中国西安、中国上海以及德国、美国等地设有多个研发中心、数十家全资分支机构,并建立了覆盖全球各主要城市的"EVOC"特种计算机产业联盟,组成了庞大的销售、服务网络,能够随时为客户提供周到的服务。目前,研祥拥有 30 余家全资分支机构和 20 余家代理商,形成了强大的研发、销售、服务网络。

相对于研华的分销模式,研祥以直销为主的渠道模式似乎更能够代表"主流"。事实上,中国内地产业电脑行业的多数企业采取的都是类似研祥的渠道模式。这不禁令人反思:随着研华"一家独大"时代的一去不复返,研华是不是应主动地调整自身的战略,包括对销售业绩和售后服务至关重要的渠道模式?

关于"直销"与"分销"之争,研华内部已经截然分成了观点针锋相对的两派——"挺'直'派"认为研华应当学习竞争对手的优点,逐步加强"直销"在整个营销体系中的比重和地位;"挺'分'派"认为研华应当继续以领导者的姿态特立独行,坚定地开拓出与经销商"唇齿相依,荣辱与共"的产业电脑新生态。

---

① 股票代码:02308.HK。
② 资产额和营业收入数据来自研祥 2010 年财务年报,http://www.evoc.cn/2010426/LTN20110411128_C.pdf。

(三)"挺直派"的诘难

支持研华走向"直销为主"渠道模式的一方认为,研华目前的营销渠道过于依赖经销商,并且存在以下几个明显问题:

1. 削弱对最终用户的影响力

既然产品销售主要通过经销商实现,售前、售后服务也是由经销商来完成,那么研华就丧失了接触最终用户的机会,造成大部分最终用户的资源都掌握在经销商手中。一旦研华与某个经销商合作破裂,往往会导致研华丧失该经销商所掌握的用户。从长远来看,这种情况尤其不利,因为越来越多的企业正在引入间接渠道(即使是那些以直销为主的企业也不排斥利用经销商),关于经销商的争夺在所难免。当经销商手中握有大量客户资源,而可选择的供应商又越来越多的时候,经销商的议价能力就会增强,研华在今后的合作中就有可能处于劣势地位——不但利润会降低,而且辛苦培育出来的经销商可能还为竞争对手做了"嫁衣"。

2. 不利于培养行业渗透能力

产业电脑行业的客户遍布各行各业。由于市场竞争的加剧,通用硬件平台的市场会逐渐萎缩,取而代之的是更加有行业针对性的产品。为了研发制造出符合客户需求的新产品,研发团队深入地了解各行业的具体需求,此时,市场信息是否能够准确而及时地得到反馈就显得尤为重要。直接渠道在这方面比较有优势,而间接渠道就必须保证和经销商之间能够建立起顺畅的沟通机制才能克服其本身的不足。从研华目前的情况来看,售后服务大多由经销商来完成,只有少部分的疑难问题会由研华派工程师解决。因此,在信息沟通机制上,造成"只重视大问题而忽略小问题"的结果。反映到产品的研发上,也会产生攻克难点的能力强,而细节设计上差强人意的问题。这些都会最终导致研华的产品固然可靠、稳定,但是难以取得某一行业的深入认同。

3. 不利于培育大客户

由于大部分经销商只负责本地区域,市场规模限制了其发展壮大,因此研华的经销商规模普遍较小,不具备培育大客户的能力。但如果允许或鼓励经销商跨区发展,又会出现"奴大压主"的风险(研祥就曾是研华的代理商,通过跨区销售发展壮大,而后独立出来的)。另外,由于利益诉求不完全一致,使得经销商对某些有重要战略意义但需要花费长期时间或者投入大量人力、物力的项目没有兴趣。诚然,研华大客户部能够部分缓解上述矛盾,但是大客户部的销售成本较高,需要对项目进行重要性甄别,这就造成了长期以来经销商对大客户的培育能力得不到提升。

(四)"挺分派"的决绝

支持研华将"分销为主"进行到底的力量大多来自上层,他们主张从正面的角度看待和解决经销商管理问题,其理由颇有点"路径依赖"的味道。

研华上海分公司的总经理罗焕城说:"在大陆,我们的很多经销商是跟研华一起成长起来的,从最初仅有两三名员工的小公司到现在近百人的公司,革命情感、忠诚度都很高。不过这几年,随着他们的公司规模扩大,就出现了很多新问题,例如人员、财务等。我们关注到这一点,并且采取了一些措施来帮助经销商突破……另外,现有的经销商大多是以贸易为主,业务增值能力比较弱,如何突破也是现在一个重要的课题。总体来讲,研华在经销商管理方面强调伙伴关系,'信赖、共赢'是最重要的原则。"

研华公司总经理何春盛的态度更为鲜明:"经销商在研华全球化的进程中起到了很重要的作用,在新国家或地区增加布点时,基本上是采用渠道先行的策略,这样可以降低风险。研华渠道策略中最有特色的是文化传承,我们很注重与经销商的伙伴关系,用文化来影响,例如,每两年一次的经销商大会,我们以英文为会议语言,举办文化之夜(Culture Night),安排高层聊天(Executive Chatting)等。"

四、结语:向左还是向右,这是个难题

不管研华内部是否能提前取得一致意见,都是时候在营销渠道的方向上做一个选择了。王宇直言不讳地道出了目前研华经销商管理的难题:"一方面,业务正在迅速向二、三线城市扩展,而在当地招募合格的经销商越来越难;另一方面,现有的经销商数量庞大而又良莠不齐,管理起来困难重重。仅以会议制度为例——什么时候开什么会都是各区域自行决定,有的经销商问题得不到解决就跑到总部来告状。总经理每天要处理很多这样的'告状'电话,既影响效率也影响关系。"

而何春盛总经理本人虽然是个"挺'分'派",却给出了一条看似可行的出路:"澳洲、新加坡、韩国等分公司,之前都是我们的经销商,后来因为公司经营的问题,研华就把他们买进来,成为一个分支,这种过渡通常很顺利,对当地市场的影响较小。这种案例目前在大陆还没有,但我们已经开始跟经销商进行战略性合作,例如2007年我们跟浙江拓峰合资成立了研拓,专注在制造自动化领域的经营。"

研华在中国内地到底是应该启动大规模并购经销商的行动从而迈向一体化战略,还是应该继续保持特立独行的"领袖范",继续"与各路诸侯分享天下"? 这确实是个难题。

附录

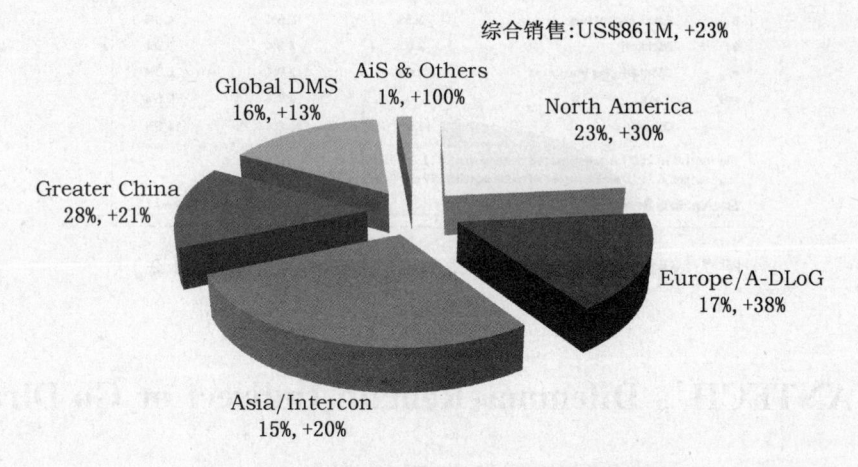

综合销售:US$861M, +23%

- AiS & Others 1%, +100%
- North America 23%, +30%
- Europe/A-DLoG 17%, +38%
- Asia/Intercon 15%, +20%
- Greater China 28%, +21%
- Global DMS 16%, +13%

图5 研华在全球各地区的销售数据(2011年)

Table 2.17
Market Share Estimates for Industrial PCs
World - 2009 & 2010 - $ Revenues

	Company Name	2009 Share	2010 Share	% Change
1	Advantech	20.5%	25.5%	5.0%
2	Siemens	9.5%	9.0%	-0.5%
3	B & R Automation	6.0%	6.0%	0.0%
=3	Kontron	5.5%	6.0%	0.5%
5	Beckhoff	4.0%	5.0%	1.0%
6	Shenzhen EVOC	3.5%	3.0%	-0.5%
7	Pro-Face	2.0%	2.5%	0.5%
=7	Aaeon	2.0%	2.5%	0.5%
9	GE Intelligent Platforms	2.0%	2.0%	0.0%
	Others	45.0%	38.5%	-6.5%

The market in 2009 was estimated to be worth $1,703.4 million.
The market in 2010 was estimated to be worth $2,073.3 million.
Source: IMS Research   Nov-11

附6　研华在全球产业电脑领域市场的占有率(2011年)

Table ES.8
Market Share Estimates for Industrial PCs
Asia Pacific - 2009 & 2010 - $ Revenues

	Company Name	2009 Share	2010 Share	% Change
1	Advantech	28.5%	37.0%	8.5%
2	Shenzhen EVOC	9.0%	9.0%	0.0%
3	Siemens	3.5%	3.5%	0.0%
4	Aaeon	3.0%	3.0%	0.0%
=4	Flytech	3.0%	3.0%	0.0%
=4	Contec Microelectronics	2.5%	3.0%	0.5%
=4	B & R Automation	3.0%	3.0%	0.0%
8	Aplex Technology	2.5%	2.5%	0.0%
9	Beckhoff	2.0%	2.0%	0.0%
=9	GE Intelligent Platforms	2.0%	2.0%	0.0%
=9	iBase		2.0%	0.5%
	Others	41.0%	30.0%	-11.0%

The market in 2009 was estimated to be worth $534.2 million.
The market in 2010 was estimated to be worth $657.0 million.
Source: IMS Research   Nov-11

图7　研华在亚太地区产业电脑领域市场的占有率(2011年)

ADVANTECH's Dilemma: Remain Indirect or Go Direct?

Jiang Hui[1], Wang Yu[2]

(1. *College of Business, Shanghai University of Finance and Economics, Shanghai,
200083, China*; 2. *Marketing Manager in ADVANTECH(China)*)

Abstract: ADVANTECH was known as the top brand in the global market of *industrial personal computer* (*IPC*). Greater China, largely mainland China, was considered as homeland and hence most important by ADVANTECH. Most IPC manufacturers in mainland China did business directly with their customers (termed *direct sale*), with whose branches established in every local market to take charge of their own sales and services. However, ADVANTECH took an unusual business model of selling its products and services through distributors (termed *distribution or indirect sale*), which had been proved successful in the past two decades. Nevertheless, confronted with the great changes in business environment as well as the emergence of new entrants, ADVANTECH had to reconsider its distribution model, not to mention the many difficulties in distributor management by itself. Whether to turn to direct sale by integration or remain indirect by sharing profit with its distributors? ADVANTECH's decision-makers needed an answer.

Keywords: Sales Channel; Distribution; ADVANTECH

案例使用说明

一、教学目的与用途

1. 本案例主要用于MBA和EMBA"市场营销"课程,也可用于"战略管理"等课程。

2. 本案例的教学目的是:通过对特定行业中一个典型企业渠道变革真实案例的分析,帮助学生理解和模拟企业如何根据内外部环境因素变化来变革自身的营销渠道,并从中体会和归纳出渠道管理的关键要素。

二、启发思考题

教师应在保证学生充分阅读案例正文和查询相关资料的基础上,按照"从一般到特殊,再从特殊到一般"的基本思路引导学生分析案例。

1. 一个全国性或国际性企业在决定自身的渠道模式时,主要应考虑的因素有哪些?

2. 在中国内地市场上,研华所采取的以经销商为主的渠道模式与大部分其他企业不同,并且研华的模式被过去的历史证明是成功的。我们如何看待这一事实?

3. 导致研华进行渠道变革的动力或压力有哪些?

4. 如果你是研华的营销经理,你会向总经理提出何种建议?

5. 如果你是研华的总经理,是否会对目前的渠道模式进行变革?会朝哪个方向变革?

三、分析思路

教师可以根据自己的教学目标(目的)来灵活使用本案例。这里提出本案例的分析思路(以分别如何回答启发思考题为例),仅供参考。

1. 针对问题1的分析思路

(1)战略因素:企业的定位和目标是跟随者还是领导者?企业的基本战略属于差异化、成本领先还是专一化?由自身品牌、规模、市场占有率等因素决定的自身的控制力是怎样的?

(2)竞争因素:竞争对手的渠道模式是怎样的?要采取模仿策略还是差异策略?供应商或合作伙伴的市场结构是怎样的?

(3)财务因素:哪一种渠道模式的财务风险较小?其自身的盈利状况和现金流状况是怎样的?

2. 针对问题2的分析思路

这一事实告诉我们：在同一市场上，应该采取哪种渠道模式是因企业而异的，绝不可盲目模仿他人。同时，这一事实也启发我们，研华必定有其他同行所不具备的特征。通过仔细阅读案例资料可以看出，在过去二十多年里，研华是中国内地产业电脑市场上唯一具有国际影响力的品牌，技术优势、品牌优势和先发优势保证了研华在与众多经销商的合作共生中不担心其自身的地位受到威胁；并且，研华的台湾血统决定了研华既具有利用经销商开拓大陆各地市场的必要性，又具有与大陆经销商融洽相处的文化特质。

3. 针对问题3的分析思路

从外部环境来说，研祥等强大竞争对手的出现改变了行业竞争态势，以前对研华不成问题的事情，现在有可能变得很成问题，如保持经销商的忠诚度；从内部因素来说，业务向二、三线城市的推进、经销商群体规模过于庞大和自身良莠不齐都促使研华认真对待其目前的渠道模式。既然企业的任何营销策略包括渠道模式都是由内外部环境共同决定的，那么当这些环境因素发生重大变化时，企业也必须作出相应的调整。

4. 针对问题4的分析思路

作为企业中层的营销经理，其职责是向总经理及时反映市场变化的信息，提供尽可能准确、详细的情报，并梳理出较为清晰的决策选项，此外还应给出对应每个选项的优点、缺陷以及实施路径、风险防范措施等。如果营销经理有较为强烈或明显的个人倾向，也应向总经理汇报并阐明理由。

5. 针对问题5的分析思路

这是本案例的关键问题，要很好地回答这个问题具有相当的难度。评判学生答案的好坏不在于答案本身，而是在于学生在回答过程中所体现出的思考方式。研华的渠道模式必然面临变革的压力，这是毋庸置疑的，但是就本案例所提供的信息要作出正确决策还是有一定难度的。教师应引导学生主动进行以下思考：若研华延续目前的分销模式，则需要重新对待经销商管理问题，并制定一套相应的制度体系来应对不断变化的经销商群体和市场竞争压力；若研华决定逐步提升直销模式的比重，则通过并购经销商的一体化战略来实现是比较可行的，但同时应提前充分评估对应的财务风险和管理压力。

四、理论依据及分析

1. 市场营销学中关于渠道管理的理论。
2. 战略管理中的波特"五力模型"和一体化理论。

五、背景信息

关于后续发展的提示：自2011年以来，业内不断传出关于研祥涉足房地产和资本运作的消息，这似乎表明研祥正在走向一条中国内地民营企业的老路：依靠艰苦创业或技术发家赚到第一桶金，之后就投入资本市场的怀抱去分享资产价格上涨的泡沫。

笔者曾当面问过现任研华全球总裁何春盛先生：研华是否会效仿研祥（哪怕部分地）放下实业去搞投资？他的原话回答是："研华是决心做实业的，不想也不敢去碰资本市场，因为怕赚过太容易赚的钱，就永远回不了头了。做实业的钱虽然赚得辛苦一点，但形成了品牌就可以一代一代做下去。"

研祥在向资本市场分散注意力的同时，在主营业务开发和科研投入方面的确表现出了退守姿态。对此,何春盛表示"已经充分做好准备接受研祥拱手让出的市场份额"。虽然已经超出了本案例所涉及的范畴,但读至此处的老师和同学们应与笔者一样为中国内地民营企业的成长路径扼腕叹息,并不禁问一句:中国内地的土壤能否孕育出像研华这样令华人骄傲的民族品牌?

尽管预见到主要的竞争对手——研祥将来可能会失去威胁,但并不意味着研华关于渠道策略的反思和行动就可以停止或拖延。中国内地产业电脑市场毕竟方兴未艾,如西门子、IBM等一些国际巨头已开始瞄准这一目标。要想保持领跑地位,研华必须习惯于主动进行变革,只是未来的假想敌可能不再是就地崛起的"土八路",而是船坚炮利的"洋巨头"。

六、关键要点

通过比较分析来理解"分销"和"直销"两种渠道模式的优、劣势,并培养运用维度划分和逻辑分析的系统思维。

关键要点如表1所示:

表1 关键要点

维 度	分 销	直 销
财务风险	资产风险小,流动风险大	资产风险小,流动风险大
渠道管理难度	较大	较小
客户控制力	较小	较大
新市场开拓成本	较小	较大
更适应的市场特征	快速成长市场	成熟市场
更适应的企业特征	领导型或垄断型	追随型

七、课堂计划建议

本案例教学建议总共占用6个学时,其中课外学时和课内学时各占一半。以下是按照时间进度提供的课堂计划建议,仅供参考:

课前计划:提前将案例阅读材料发给学生,并请学生提前查阅关于企业和行业的相关信息(建议课外学时:3)。

课堂计划:教师讲解案例背景并提出思考题 (建议课堂学时:0.5)

学生当堂回顾案例并自由讨论 (建议课堂学时:0.5)

教师根据学生意见将学生分为"挺'分'"和"挺'直'"两派,每派指定一位组长代表持相同观点的研华高管,由组长组织本组进行讨论后在黑板上归纳出5~8条理由,并派代表报告本组观点及实施对策 (建议课堂学时1.5)

教师总结并播放事后研华高管对此问题表态的视频 (建议课堂学时:0.5)

课后计划:以小组为单位提交案例分析报告。

京东商城的物流系统改造
——来自用户的体验[①]

● **摘　要**：电子商务的发展给传统物流带来了革命，物流信息系统的建设成为推动电子商务企业获得竞争优势的重要推进器。本案例从用户体验的视角描述了2010年以来京东商城物流系统的改造，并进一步从用户的视角引发对京东商城物流系统未来改进的思考。

● **关键词**：信息系统；电子商务；物流；用户体验

引　言

2012年4月30日，"五一"小长假。

天气渐热，家里的厚棉被要收纳起来。上午，Z太太跟Z先生说，"下午出去买几个压缩袋吧，趁着这两天休息，赶快把厚棉被晒晒收起来了。""不用出去买了，我直接在京东上订吧。"Z先生回答。"嘿，你这段时间在京东买东西上瘾了。我今晚就想把厚棉被收起来，现在下单，今天能送来吗？""你不知道啊，听说京东对物流系统做了改造，速度快多了，很多东西当天下单当天就能送到。""那你还不赶快订！"

10:06，Z先生在京东递交了订单，购买压缩袋、车载MP3播放器、给父亲的衬衣，三样物品共计334元。

10:30，Z太太对Z先生说，"我们去滨江森林公园转转吧，听说这几天那里的杜鹃花开得不错。你这10点以后才下的订单，就算今天能到，至少也得晚上6点了。"

下午2点，全家人饥肠辘辘出了公园，去饭店喝午茶。2:50，Z先生的电话响起，是京东快递员的电话。"呵，还真快啊，才半天的工夫就送来啦！今晚就能把棉被收起来了。"Z太太不由得感叹。"怎么样，我说的没错吧，看来京东这次对物流系统的改造还真的是有点成效的。快点吃吧，回家收快递。"

4:20，Z先生一家三口回到家，快递员已经等在门外了。"你们现在配送的速度很快啊！"Z先生说。"公司物流系统改造过了，给我们快递员每人配了一台PDA（Personal Digital Assis-

---

[①] 本案例由上海财经大学信息管理与工程学院的劳帼龄撰写，作者拥有著作权中的署名权、修改权、改编权。未经允许，本案例的所有部分都不能以任何方式与手段擅自复制或传播。
版权所有人授权上海财经大学商学院案例中心使用。
由于企业保密的要求，在本案例中对有关名称、数据等做了必要的掩饰性处理。
案例只供课堂使用，并无意暗示或说明某种管理行为是否有效。

tant,掌上电脑)随身携带,可以随时知道我们的位置,为我们配置最合理的送货路径,就连你几点刷的卡,待会你自己上网也能查到。"快递员回答。

待刷卡、收货完毕,Z先生打开电脑查询,果然,207534080订单从提交到完成,每个节点的处理时间、处理内容、操作人员等信息都清晰地呈现在屏幕上(如图1所示)。

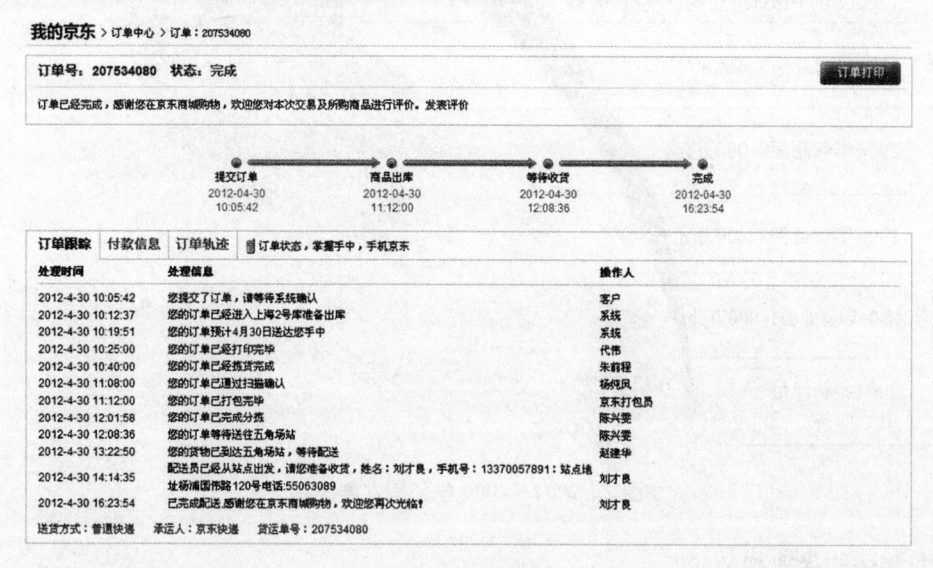

图 1 订单跟踪

"太太,你来看看,过程详细到每分每秒,还真不错!""哇,跟踪得这么仔细精确啊,数据量很大的,用了什么技术做到的?"

一、项目背景

(一)公司的发展历程

京东集团(北京京东世纪贸易有限公司)(简称"京东")是中国领先的 B2C(Business to Customer)电子商务公司,其旗下的京东商城是中国家喻户晓的 B2C 网购平台。

自 2004 年年初正式涉足电子商务领域以来,京东始终坚持以纯电子商务模式运营,缩减中间环节,第一时间为消费者提供优质的产品及满意的服务,从而保持高速成长,已连续几年增长率达 3 倍。2009 年,京东实现销售额 40 亿元,占国内网购 B2C 市场份额近 30%,占国内 3C 网购市场份额近一半(如图 2 所示)。

2010 年,京东商城在线销售商品包括家用电器、手机数码、电脑商品及日用百货四大类,达 10 余万种。京东商城拥有超过 800 万的注册用户,日订单处理量突破 40 000 单,日均页面浏览量超过 2 000 万。无论在访问量、点击率、销售量及行业影响力上,京东商城均在国内 B2C 网购平台中首屈一指。

高速发展的京东商城获得了多项殊荣,"中国企业未来之星"、"2008 中国最具投资价值企业 50 强"、"年度商业模式 10 强"、"2009 年度网民最喜爱的网上购物商城"、"2009 年度中国最具投资价值企业 50 强"、"2009 年度北京十大商业品牌"等奖项的荣膺不仅是对京东商城业绩的肯定,更是对公司未来前景的充分认可。

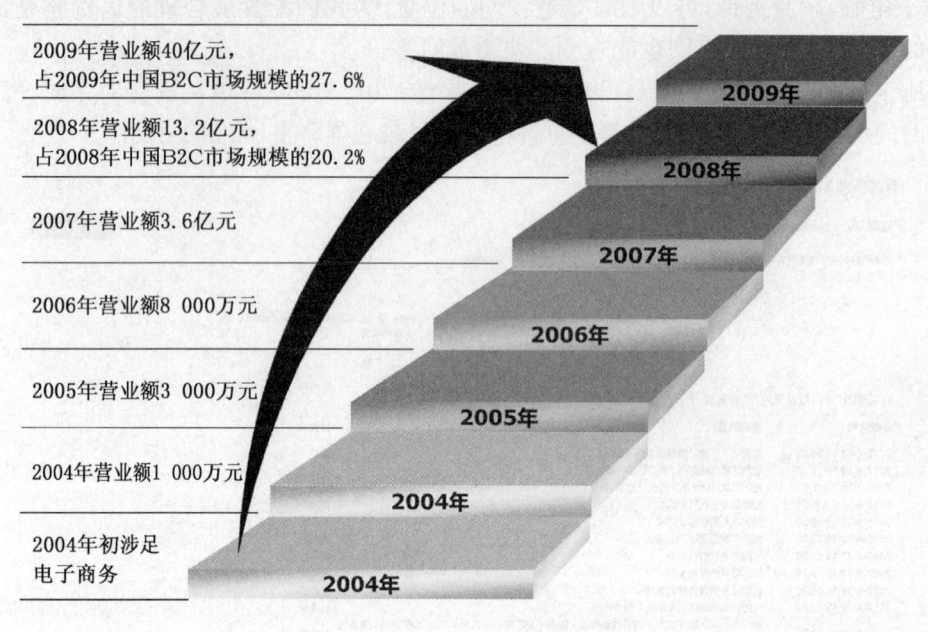

```
2009年营业额40亿元,
占2009年中国B2C市场规模的27.6%          2009年

2008年营业额13.2亿元,
占2008年中国B2C市场规模的20.2%       2008年

2007年营业额3.6亿元              2007年

2006年营业额8 000万元         2006年

2005年营业额3 000万元      2005年

2004年营业额1 000万元   2004年

2004年初涉足
电子商务              2004年
```

图 2　2004~2009 年公司发展历程

(二)物流配送遇到的问题

京东商城强调"用户体验 以人为本"。公司提供了灵活多样的商品展示空间,消费者查询、购物都将不受时间和地域的限制。依托多年打造的庞大的物流体系,消费者充分享受了"足不出户,坐享其成"的便捷。2009 年年初,京东商城斥资成立物流公司,布局全国物流体系。公司分布在华北、华东、华南、西南、华中的五大物流中心覆盖了全国各大城市,并在沈阳、西安、杭州等城市设立二级库房,仓储总面积达到 50 万平方米。2009 年起,京东商城陆续在天津、苏州、杭州、南京、深圳、宁波、无锡、济南、武汉、厦门等超过 130 座重点城市建立了城市配送站,为用户提供物流配送、货到付款、移动 POS 刷卡、上门取换件等服务。

随着公司业务的飞速增长,公司必须扩大自有配送队伍的规模和效率,配送管理的科学化、信息化就显得尤为重要。传统的配送管理模式通过语音呼叫通知或者反馈,无法实现动态实时调度,不能充分合理利用运能,对配送成本和效率都不利。

以往,配送管理站若想知道车辆行驶到什么位置或者配送员向管理站报告位置,只能用手机联系,不但时效性不高,还产生了不少话费,位置沟通也不一定准确。因此,改造原有的物流系统,建立完善的配送管理网络系统,以现代管理手段提高配送效率,为客户提供最快、最好的配送服务,已势在必行。

(三)物流系统改造的设想

2010 年,京东商城物流系统改造的设想提上了公司的议事日程。

公司管理层认为,从市场需求和行业发展的态势来看,电子商务配送系统的革新势在必行,首先是观念的更新和对现代物流的正确理解;其次是应注重研究开发物流配送技术和装备,降低物流成本,提高物流配送效率;最后还要重视物流理论的研究与交流,加快推动物流的合理化、现代化进程。

而在物流系统的改造中,若能把地理信息系统(Geographic Information System,GIS)技术融入配送服务中,将更容易地处理配送过程中货物的运输、装卸、传递等各个环节,并对其中涉及的行车路线选择、合理装卸策略、车辆调度、投递路线选择等问题提供有效的管理和决策分析。唯有这样，才真正符合现代物流的要求，有助于全程物流管理，充分利用运能、降低能耗、提高效率。

二、项目实施条件

(一)资金条件

打造一个高效、先进的物流系统，需要大量的资金投入。

京东商城的飞速发展和广阔前景赢得了国际著名风险投资基金的青睐。2007年，京东商城获得了来自今日资本千万美元的融资。2008年底，今日资本、雄牛资本以及亚洲著名投资银行家梁伯韬先生私人公司共计2 100万美元的联合注资，为京东商城的高速发展再次提供了资金保障。2010年初，京东商城获得老虎环球基金领投的总金额超过1.5亿美元的第三轮融资。这是自金融危机发生以来中国互联网市场上金额最大的一笔融资，说明投资者对京东商业模式和出色经营业绩的认可，对于正在发展的京东商城乃至中国电子商务行业具有非常积极的意义。

(二)实施主体及人员条件

即便有了资金的支持，系统由谁来开发改造也是一件需要费心考虑的事情。

上海圆迈贸易有限公司(简称"圆迈")是京东在华东地区的全资子公司，业务范围覆盖上海、江苏、浙江、安徽四省市，销售额占集团总销售额近1/3。在仓储、配送方面，一直处于集团领先地位，曾多次开创性地应用仓储、配送领域的创新技术。经过反复考虑，2010年上半年，圆迈在上海市发改委"服务业发展引导资金"的支持下，启动了京东商城物流系统的改造项目。

一个信息系统项目的成败，涉及的影响因素固然有不少，但项目负责人的选择或许是其中不可忽视的重要因素。

京东商城物流系统改造项目技术负责人李大学是高级工程师，专业领域为分布式计算，本科毕业于数学系，研究生毕业于自动化系，工作后历任电脑报社技术总监、天极网技术总监、重庆电脑报经营有限公司副总经理等。作为中国较早投身互联网事业的前沿人士，李大学通过长期的互联网实践，积累了丰富的项目建设和组织管理经验，其经营过的项目无不以最专业的技术架构和最好的经营模式出现在互联网业界。

2008年初，李大学从规划、架构、设计和编码方面对公司的信息系统设立了相关技术规范和标准，明确了公司要构建一个强调客户体验、轻松适应100亿级销量、每天10万单的新版电子商务系统。在之后的开发管理中，他身兼总架构师、总技术指导、业务决策者等数职，开发团队在他的指导下有序地建立起来，人才得到了重用，开发和业务流程得到了梳理，过程管理得到了加强。

除了负责人之外，项目的其他主要参加人员包括：

曹×，时任开发总监，有丰富的系统开发建设管理经验，从最初的商城前端开发做起直到现在任ERP项目的开发总监，对新老系统的变迁最为熟悉。

吕×，时任运维部总监，负责京东商城网站和ERP系统的布署和运维管理，是京东商城创新业务模式最早的技术实现者，有果断的工作作风和知难勇进的激情。

樊×，时任数据库管理员，有良好的沟通组织能力，吃苦耐劳，有团队精神，在京东快速发展的几年里，作为数据库的直接管理者，经受了业务和技术压力的考验。

朱×，网站项目组经理，一直负责网站前端跟订单有关的相关功能设计，订单中间件的负责人。

耿×,项目经理,高级软件工程师,网站促销引擎的主要开发负责人,多个单据及项目的负责人。

张×,系统分析师,权限、消息、自动代理、库存中间件的分析设计人,京东社区的设计开发者。

张×,仓储项目经理,负责"我的京东"、邮件营销、仓储管理系统。

杨×,物流配送项目经理,先后参与了京东配送系统1版、2版的设计开发。

谭×,售后项目经理,参与了京东售后系统2.0的研发。

(三)其他条件

作为京东的华东总部,圆迈当时的办公面积约1 700平方米,可容纳约150人。公司预计在项目实施期内,将办公面积扩至3 000～4 000平方米。此外,公司已在宿迁建成6 000平方米的集中式全国呼叫中心。

三、项目建设内容

(一)项目拟解决的重点问题

电子商务的发展给传统物流带来新的革命,而作为网上商务活动基础的物流,成为电子商务企业推进其顺利进行的一个关键因素。京东商城的物流系统改造项目着力于加强对物流过程的全面监督与管理,帮助企业建立一个合理的物流体系。经过反复斟酌,项目组决定在一期改造中重点解决以下问题:

1. 车辆和货物跟踪

利用GIS/GPS(Global Positioning System,全球定位系统)技术可以实时显示出车辆的实际位置,并任意放大、缩小、换图,可以随目标移动,使目标始终保持在屏幕上;还可以实现多窗口、多车辆、多屏幕同时跟踪,可对重要车辆和货物进行跟踪运输,以便进行合理调度和管理。

2. 货物配送路线规划和导航

利用GIS/GPS技术,设计最佳行驶路线,包括最快的路线、最简单的路线、通过高速公路路段次数最少的路线等。路线规划好之后,利用GPS的三维导航功能,通过显示器显示设计路线以及汽车运行路线和运行方法。

3. 信息查询

对配送范围内的主要物标进行查询,查询资料可以文字、语言及图像的形式显示,并在电子地图上显示其位置。

4. 指挥与决策

指挥中心通过GIS/GPS可以监测区域内车辆的运行状况,对被监控车辆进行合理调度,利用长期客户、车辆、订单和地理数据等建立模型来进行物流网络的布局模拟,并以此来建立决策支持系统,提供更有效而直观的决策依据。

(二)项目主要子系统构成

京东商城物流改造项目的核心是建设一个基于GIS的配送监控调度系统。该系统是以GPS为数据采集源、以GSM(Global System for Mobile Communication,全球移动通信)/GPRS(General Packet Radio Service,通用分组无线服务技术)为通信方式、以GIS为信息处理方法的全数字化的综合软件系统平台,配送调度员可用多种方式在该平台进行查询和统计。

系统输出方面也可以人工选择,仅仅显示出需要的信息,屏蔽掉不需要的,并可将数据与图表结合,以最直接的方式在数字地图上表示出来。

监控调度系统主要建设三大部分,即 GIS 监控系统、通信系统和手持 PDA 系统,而尤以监控调度中心为开发重点。

1. GIS 监控系统

GIS 监控系统主要由四个系统构成,即 GIS 网关通信系统、车辆 GPS 监控系统、包裹跟踪 GIS 系统和配送信息监控 GIS 系统。

(1)GIS 网关通信系统。负责通信数据的上传下达,实时接收和处理配送员手持 PDA 和车载 GPS 设备等上传的 GPS 数据和业务数据。GIS 网关通信系统与 ERP 系统对接,配送员可通过 PDA 直接获取当天的配送包裹信息。

(2)车辆 GPS 监控系统。

①实时监控车辆的运行状态,据 GIS 网关收到的 GPS 位置数据群,计算车辆的移动速度、移动方向,并直观地在数字地图上显示每个车辆的位置和运动参数。

②监控车辆的配送包裹信息,包括包裹的重量、价值、包裹的货物明细等。

③查看车辆的历史轨迹,并计算车辆某时刻所在的位置、速度、移动方向等。

(3)包裹跟踪 GIS 系统。用户可以查看包裹实时位置信息,并显示配送员的实际轨迹和预测路线、预测距离、配送员电话、配送员姓名等信息。

(4)配送信息监控 GIS 系统。

①全国配送信息监控,显示各个城市当前时刻的配送单量统计信息。

②站点配送信息监控,显示站点、自提点当前时刻的配送单量统计信息。

③配送员配送信息监控,显示配送员当前时刻的配送单量统计信息。

2. 通信系统

这主要包括手持 PDA 的 GPRS 通信链路、监控中心到 GPRS 服务器的链路等,保证监控中心与车辆之间的通信、数据录入、数据派发等通信链路处于联通状态;统计数据流量;管理、控制网络安全防范防火墙,保证数据流的安全传输;与因特网直接相连,有实际 IP 地址。

3. 手持终端系统

手持终端系统配置有 GPS 定位模块、GPRS 通信模块、控制处理模块等模块。

(1)GPS 定位模块:接收卫星信号,计算出车辆的即时位置数据(经纬度和时间),并交由控制处理模块读取。

(2)GPRS 通信模块:连接 GPRS 网基站,将控制处理模块采集并预处理的数据发回监控中心;接收监控中心发来的各种指令,并交给控制处理模块处理。

(3)控制处理模块:从 GPS 模块读取位置数据并预处理;将监控中心发来的指令处理后写入 GPS 模块;向通信模块发出连接指令,完成数据收发。

(三)项目预计进度计划

项目预计建设周期为一年半,即从 2010 年 6 月至 2011 年 12 月。

项目进度安排如下:

筹备期(2010 年 3 月~2010 年 6 月):筹措资金;制定、完善商品监控系统规划。

建设期(2010 年 6 月~2011 年 6 月):开发监控系统软件;订制嵌入控制处理模块、各功能模块及通信模块的信息块;订制嵌入 GPS 功能模块的无线 POS(销售终端)机;安装、调试监控系统;完善人员配置,培训操作规程。并将产品测试版实际安装于本产品目标客户的应用现场,以检验产品的实际效果,完成测试,并以待完善。

试运营期(2011年6月~2011年11月):收集反馈系统测试信息,不断优化监控系统。

正式运营期(2011年12月至今):专业运维团队保证监控系统正常运转;持续优化、升级监控系统。

四、项目实现的功能

经过一年半的努力,2011年12月,京东商城物流系统改造项目(一期)顺利完成,实现功能如下:

(一)全国配送信息监控

对全国范围内城市当前的配送信息进行监控,可以实时查看当前各个城市的订单信息,包括城市的基本信息:配送中心、配送站、自提点、直送中心、第三方的个数以及当前配送状态为在途、完成、退货、再送的订单个数(如图3所示)。

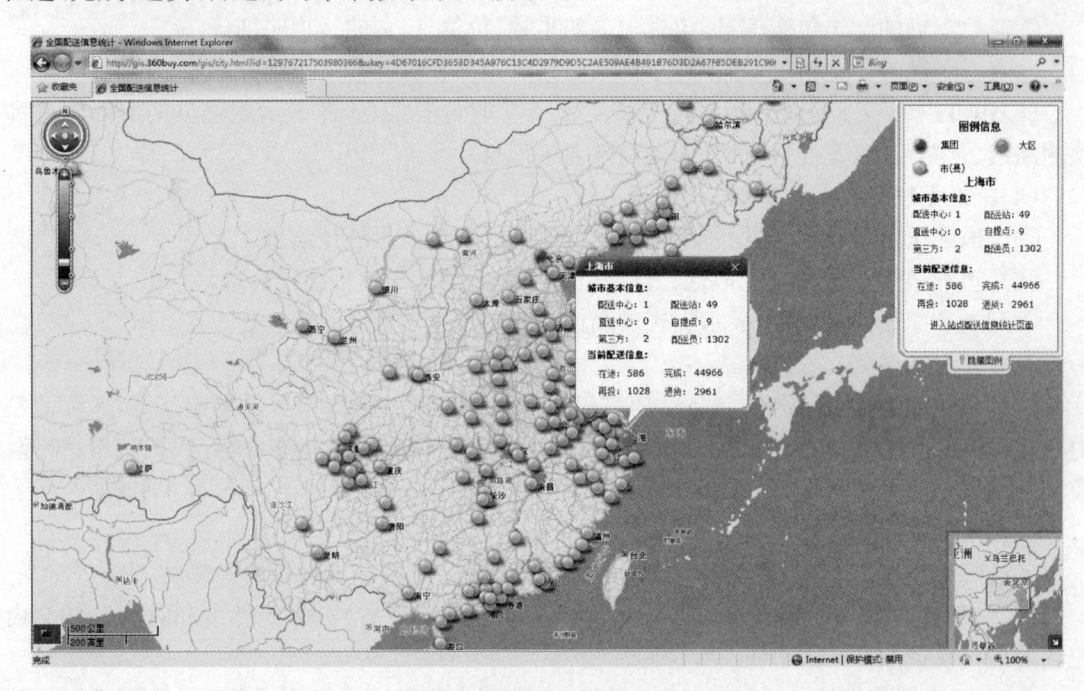

图3 全国配送信息监控

(二)站点配送信息监控

对全国的配送站、自提点当前的配送信息进行监控,可以实时查看当前各个配送站、自提点的订单信息,包括配送状态为在途、完成、退货、再送的订单个数。站点的信息包括站点名称、站点地址、所在站点的配送员数量等(如图4所示)。

(三)配送员配送信息监控

对全国的配送员当前的配送信息进行监控,可以实时查看当前各个配送员的订单信息、配送信息,包括配送状态为在途、完成、退货、再送的订单个数。配送员的信息包括姓名、联系电话等(如图5所示)。

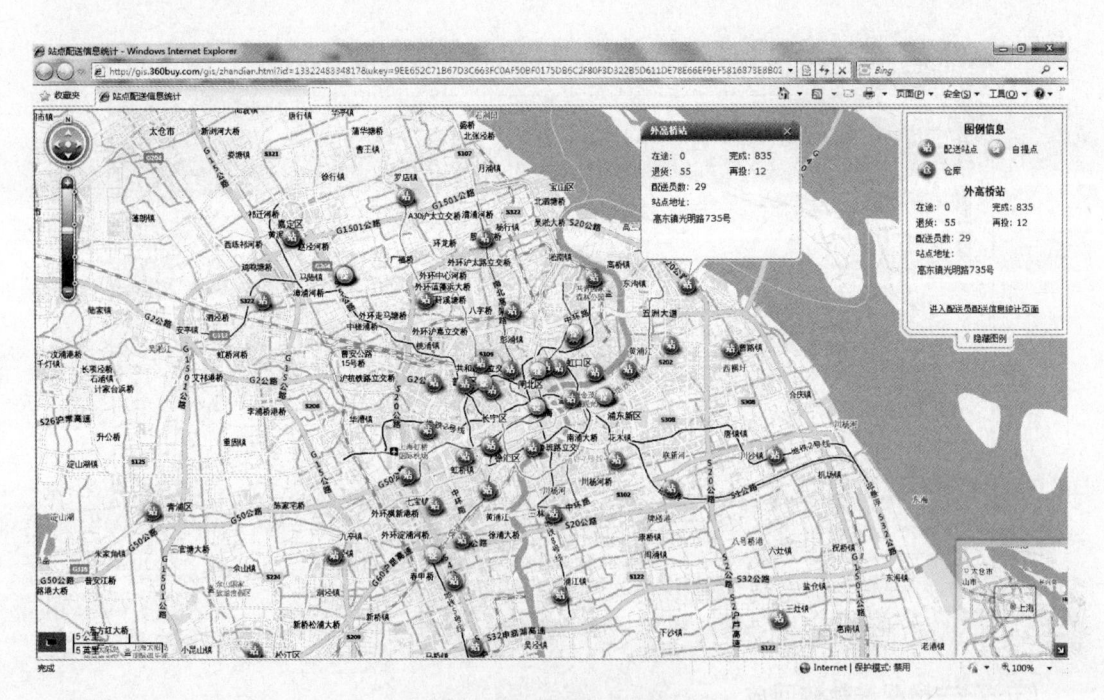

图4 站点配送信息监控

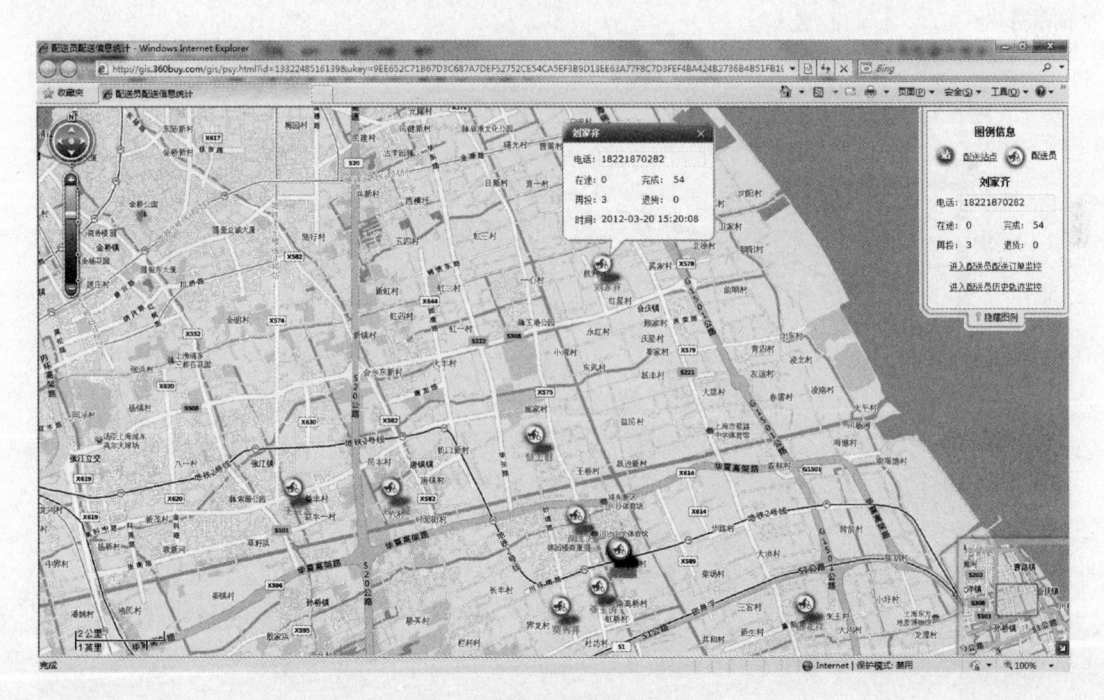

图5 配送员配送信息监控

(四)配送员实时位置监控

对全国的配送员当前的实时位置进行监控,包括配送员当前的位置、所在的地点等(如图6所示)。

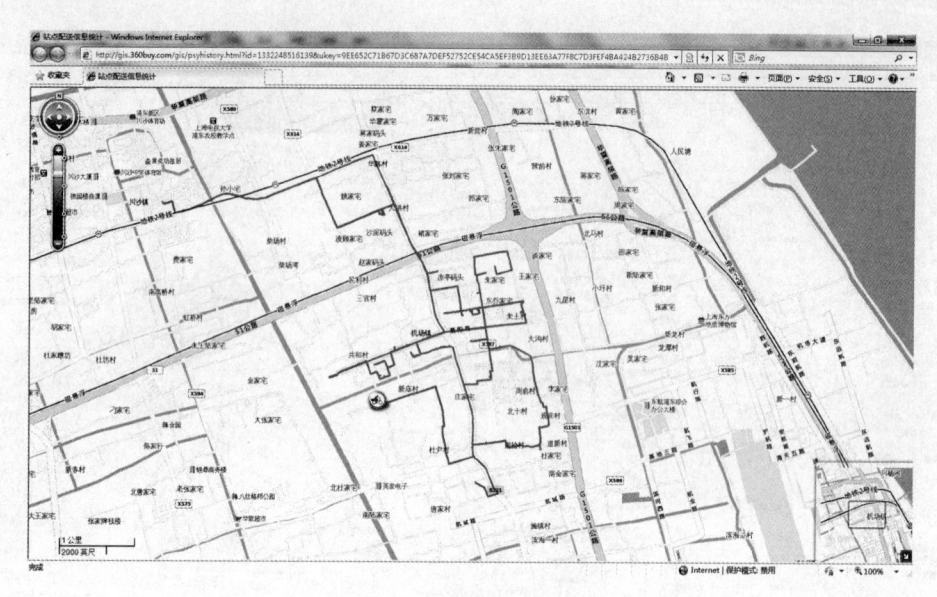

图6　配送员实时位置监控

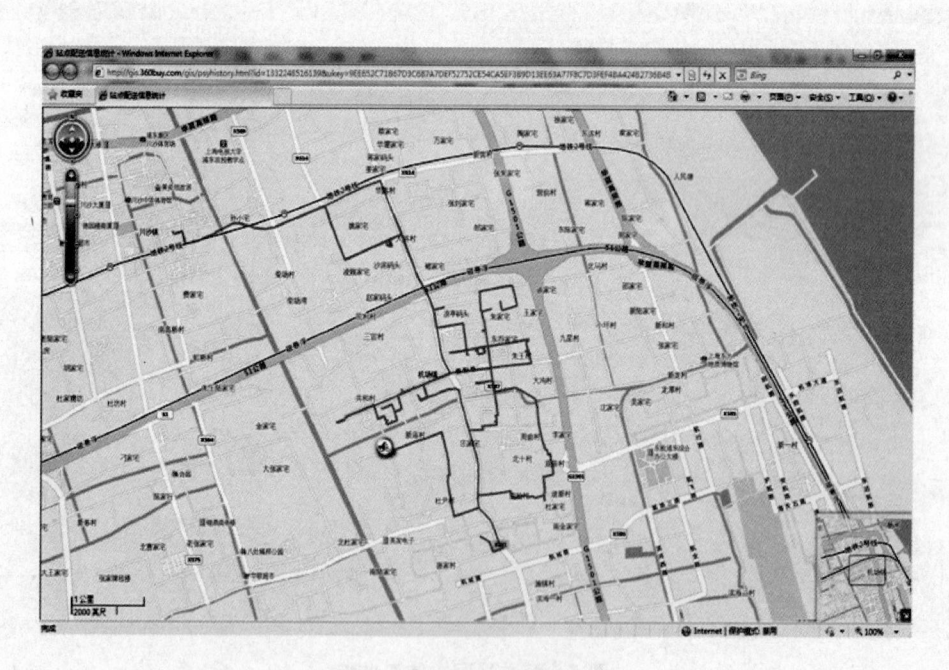

(五)配送员配送轨迹回放

从配送员配送轨迹的历史库中查询出全国有 PDA 设备的配送员某一天的配送轨迹(如图 7 所示)。

图7　配送员配送轨迹回放

(六)车辆实时位置监控

对全国的京东自营车辆的实时位置进行监控,包括车辆当前的位置、所在的地点、运行速度、方向、包裹单量、包裹总重量,当前驾驶员姓名、电话等(如图 8 所示)。

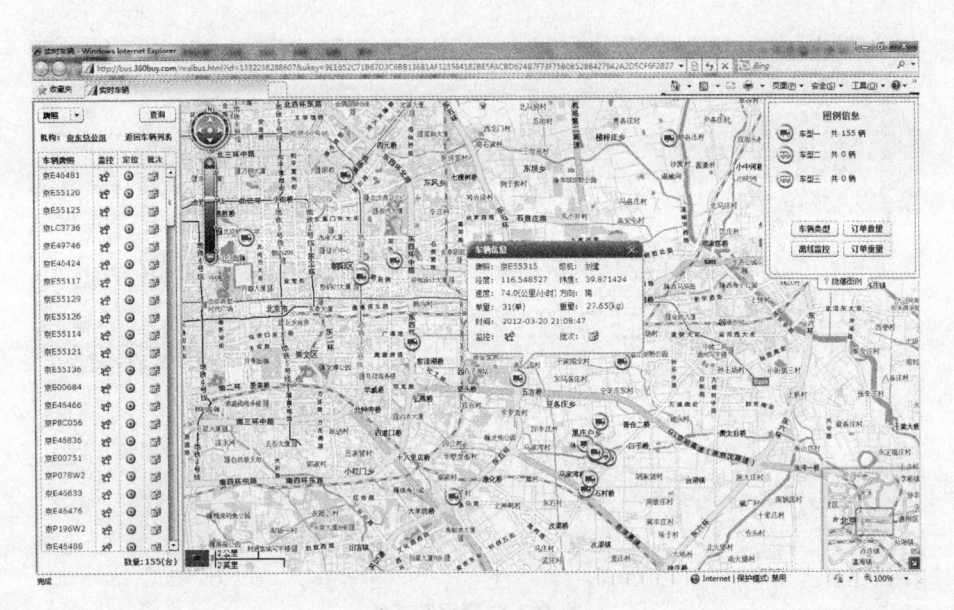

图 8　车辆实时位置监控

(七)车辆运行轨迹回放

从车辆运行轨迹的历史库中查询出某一天的车辆轨迹,包括查询那天某时刻的车辆位置、速度、方向等信息(如图 9 所示)。

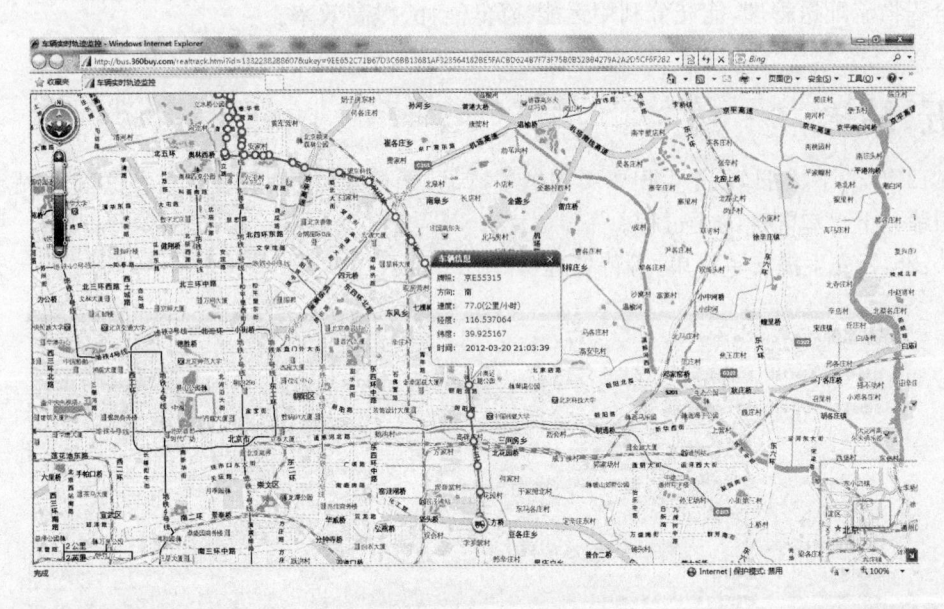

图 9　车辆运行轨迹回放

(八)包裹跟踪系统

用户下单并且进入到配送环节后,将在地图上对包裹进行全程跟踪,包括从包裹从仓库运输到配送站和自提点的车辆实时轨迹、配送站到客户位置的配送员的实时轨迹(如图 10 所示)。

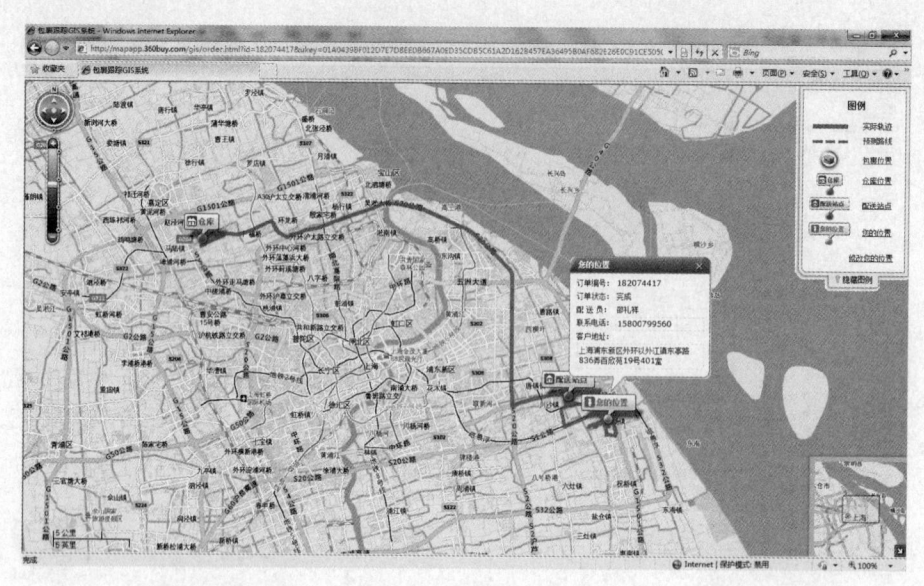

图10　包裹跟踪系统

2012年4月,京东商城物流系统改造项目通过了市发改委组织的验收。验收专家认为,该项目把GIS技术融入到配送服务中,能更准确、更直观地对配送包裹进行全程监控和跟踪,提升客户的购物体验;同时,对配送路线选择、人员调度等问题提供有效的管理和决策分析,有助于全程物流配送管理,能充分利用运能、降低能耗、提高效率。

五、结语

2012年5月12日,Z先生想要买些电子产品,老规矩,他又上了京东。这次,Z先生决定顺便跟踪一下订单配送的全过程。

20:26,Z先生提交了订单,等待处理(如图11所示)。

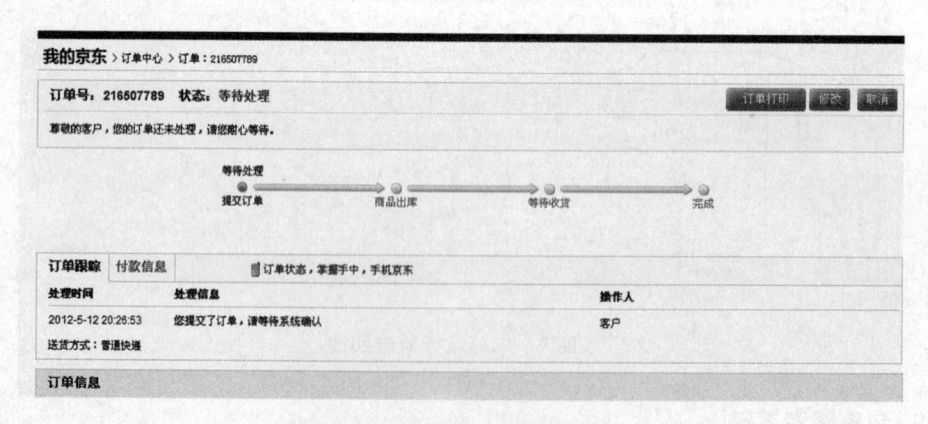

图11　订单状态——等待处理

21:10,Z先生查询,该订单正在出库(如图12所示)。
22:10,Z先生查询,该订单已进入商品出库状态(如图13所示)。
23:30,Z先生查询,该订单已进入等待收货状态(如图14所示)。

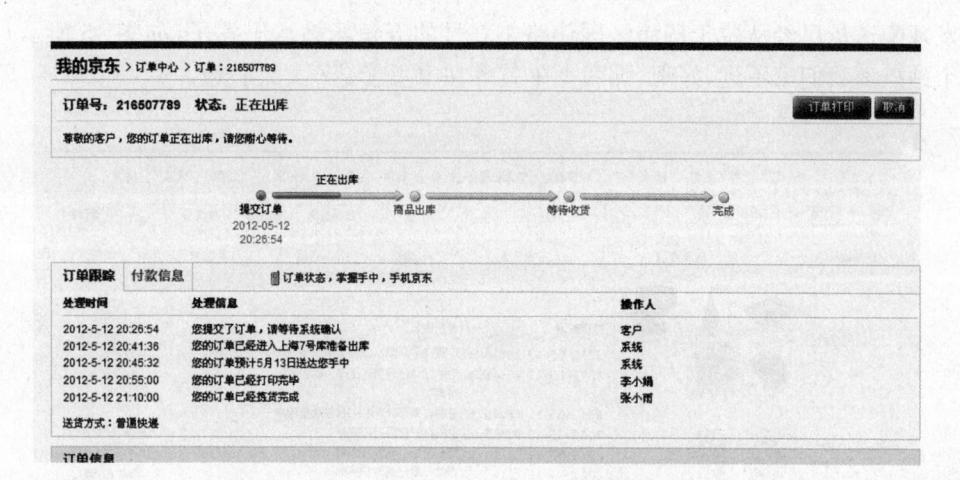

图 12　订单状态——正在出库

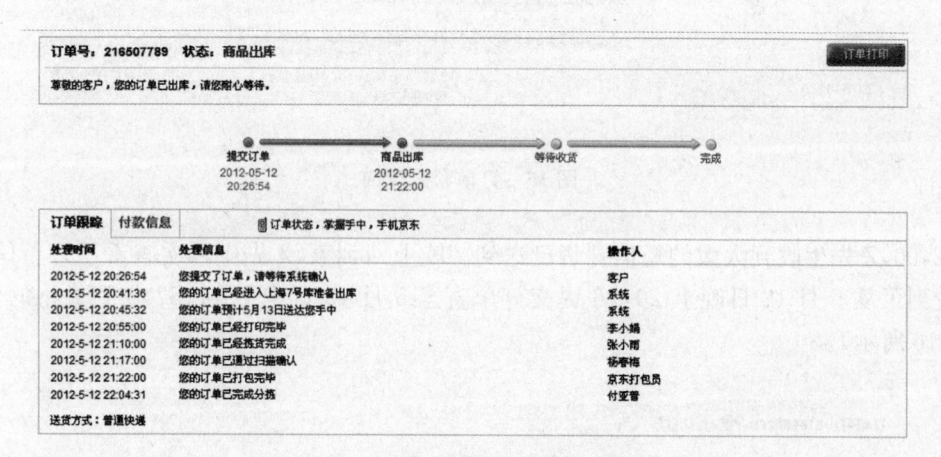

图 13　订单状态——商品出库

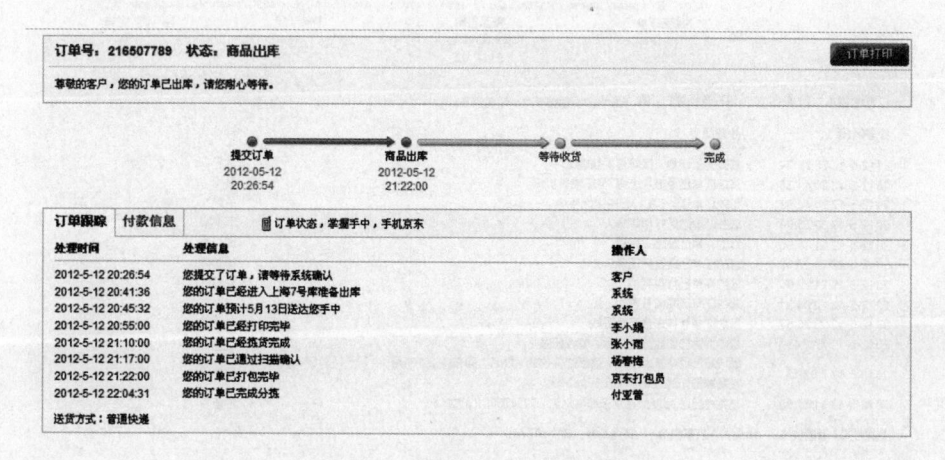

图 14　订单状态——等待收货

第二天,Z 先生要去单位开会。一早他跟太太说:"待会你查一下订单状态,如果已送出的话,你上午就不要出去了,说不定上午就到了。"8:00,Z 太太登录京东网站查询 216507789 号订单,发现配送员已经从位于杨浦区国伟路 120 号的五角场站点出发了(如图 15 所示)。"喔哟,那个站点离我们家不远,好吧,那我上午就等在家里了。"Z 太太心想。

图 15　订单状态查询

12:00,Z 先生收到太太的短信:"货已送到。"晚上回到家,Z 先生再次查看了订单信息,清晰地看到了从 5 月 12 日晚上 20:26 提交订单直至 5 月 13 日中午 11:57 收到货物的全过程(如图 16 所示)。

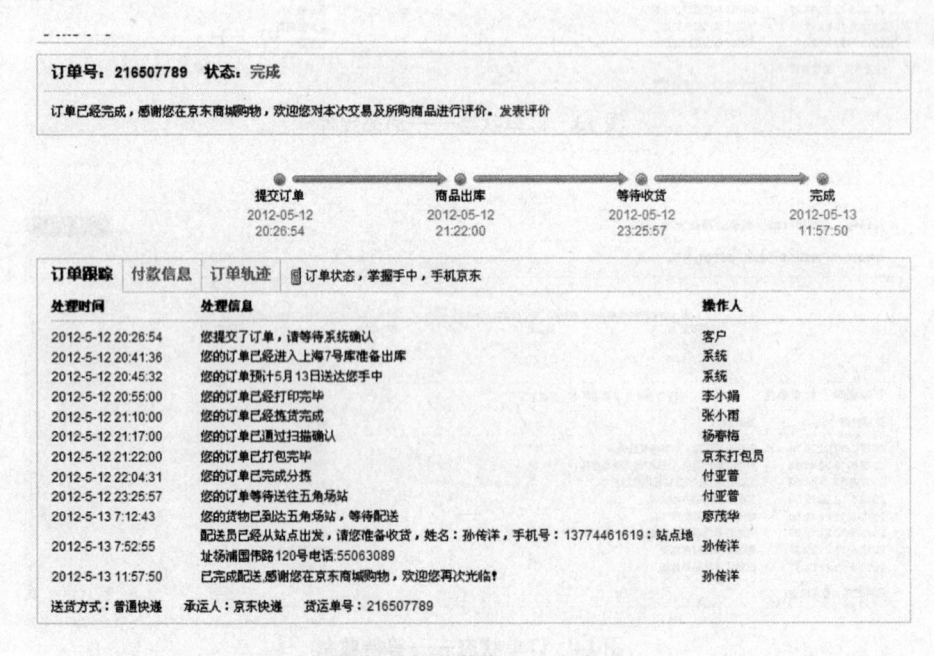

图 16　订单状态——完成

不过,Z 太太好像还有点不满足,"我等了一上午,早知道要等到 11 点半以后才能送来,我上午出去一趟,11 点回来也能赶上,如果能提前 1~2 小时预告一下就好了。""你的要求还挺高的,不过从用户体验的角度来说,还真的有这种需求,下次让京东来听听你的建议。"Z 先生笑着回答。

从客户体验的角度,你认为,未来京东商城的物流系统还可以做哪些改进呢?

Rebuiding Logistics System of 360Buy－From The View of User Experience

Lao Guoling

(School of Business,Shanghai University of Finance and Economics,Shanghai,200433,China)

Abstract:With the development of electronic commerce, traditional logistics is undergoing a revolution. By the construction of the logistics information system, it becomes the important driver to promote the e-commerce enterprise to gain competitive advantage. This case describes the rebuilding of the logistics system of 360Buy since 2010 from the view of user experience, and further leads to the thinking of the future improvement of 360Buy's logistics system from the user's perspective.

Keywords:Information System;Electronic Commerce;Logistics;User Experience

案例使用说明

一、教学目的与用途

1.本案例属于描述型的综合性案例,主要适用于"管理信息系统"、"信息管理"、"电子商务"等课程。本案例主要为 MBA 和 EMBA 学员的案例教学而开发,最适合有一定工作经验的学员和管理者,背景不限;此外,也可以用于工商管理或管理科学与工程各本科专业。

2.本案例的教学目的,是启发案例使用者对企业利用信息技术打造核心竞争力、信息系统作为企业发展的助推器、信息系统开发中的内包/外包问题、电子商务企业发展中的物流"瓶颈"问题、企业如何重视客户体验等问题进行深入的思考。

二、启发思考题

1.京东为何要进行物流系统的改造?如何理解物流已成为电子商务发展的"最后一公里"?

2.京东商城物流系统的改造,其系统开发实施是由企业自己来进行的,对此你如何理解?

3.京东商城物流系统改造项目的完成有何经济和社会意义?

4.从京东的案例中,你如何理解信息系统对企业把握竞争优势的作用?

5.Z 太太最后的抱怨是否有道理?如果你是企业管理者,站在客户体验的角度,京东商城物流系统的客户端功能还可以做哪些改进?

6.从 Z 先生每份订单的截屏图片来看,提交订单—商品出库—等待收货—完成,每份订单在这四个阶段中都采集了10余条信息,而这仅是显示给用户看到的。此外,围绕着每份订单的运输车辆、快递员位置等还会有更多的信息。所以,可以想象围绕每份订单将产生大量的数据,对企业信息系统的存储容量将有巨量的要求,因而数据存储的代价不小。但如果仅仅只是把订单过程中的信息密集地采集来,放入数据库,是否有点浪费?如何把企业数据存储的投入变成数据利用的产出,对此你有什么建议?

三、分析思路

教师可以根据自己的教学目标(目的)来灵活使用本案例。这里提出本案例的分析思路,仅供参考。

(一)从电商企业的发展角度思考

在电子商务的"三流"中,信息流、资金流似乎已不成问题,唯有物流还在困扰着众多电商企业,成为了信息化高速公路上的"最后一公里"。自建物流还是委托第三方物流,各家电商企业"八仙过海、各显神通"。而即便是企业自建物流,也不是简单地招募一些快递人员就能解决问题的。电商企业围绕订单产生的大量物品的流动,伴随而来的是大量信息的产生和流动,电商企业物流信息系统的开发、电商企业物流信息系统的高效运作成为了关键。

普通用户提及京东时,第一个联想到的往往会是送货超快。堪称极速的网购体验是京东迅速崛起的一大杀手锏。这归功于京东商城坚持自建物流的运营战略。纵观京东商城的发展历史,不难看出,随着订单的增加,只增加人手和仓库面积虽然能在短期内加速订单的处理、缩短配送时间,却不是足以可持续性支撑业务发展的长久之计。所以,京东商城在运营初期就已经确立了自建物流战略,在模式基础之上着手加强在物流体系硬件、软件的投入,通过先进系统的规模效应以铸造"最后一公里"的用户体验。在业界看来,京东商城极具战略性地在仓储配送、信息系统、客户服务等方面的巨大投入,才使京东商城迅速成为中国电子商务领域的旗舰企业。这一目标和愿景也获得了资本市场的认可。2011年,京东商城获得中国互联网史上最大一笔融资——15亿美元,这笔钱主要投入了物流和技术研发的建设项目中。

(二)从信息系统和信息技术对企业的作用角度思考

随着各行业的激烈竞争,企业必须及时开发新产品、推出新服务,改革原有的业务流程,才能得以生存和发展,而信息系统和信息技术是帮助企业实现这些目标的强有力工具,可以让企业在竞争中脱颖而出,帮助企业获得竞争优势。

通过本项目,圆迈把信息平台的技术先发优势转化成了市场领先优势。有超过4 000万注册用户享受到物流系统改造所带来的全新体验,享受信息技术在物流配送中的应用所带来的服务价值,全面提升了顾客的购物体验,而因该系统所带来的间接经济效益预计会给公司带来巨大的销售收入,为业务发展带来强大的推动力。

(三)从信息系统开发实施的内包/外包角度思考

2011年,京东CEO刘强东在接受记者采访时曾提到,京东的信息系统都是自己做的,没有一个代码是买别人的,截至2010年年底,京东的程序员就已接近300人,这是一支庞大的开发队伍。调查一下其他大型电商企业的信息系统是否也是自己开发的,为什么?

(四)从客户体验的角度思考

客户体验角度的思考,既可以是一般意义上客户对于企业所提供的产品和服务的体验,关注质量、服务态度,关注电商企业如何以最快的速度将货物送达客户手中且无破损;也可以是将客户视作企业信息系统的用户,从用户使用企业的信息系统、希望信息系统及时提供有效信息的角度来考虑的客户体验。

系统为用户提供的可视化的订单跟踪,不仅方便了用户的查询和操作方式,为京东的服务质量开辟了用户监管途径,同时基于地图的这种物流链的管理方式有利于整合各种信息和服务,具有较大的应用延伸空间,将会为电子商务和物流企业带来另一次发展变革。

(五)从善待信息、从数据中挖掘信息金矿的角度思考

企业尤其是电商企业,在经营活动中产生了大量的信息。仅仅堆在数据库中,这些信息或许只是过去的数据垃圾;若加以分析利用,它们就成为了企业决策的重要依赖信息,成为利润的来源。

四、理论依据及分析

(一)信息系统和技术在企业中的作用

信息系统是今天企业开展商务活动的基础。在很多行业,如果没有信息技术的广泛使用,企业的存在和继续生存都是非常困难的。如今,所有的企业,不管规模大小,都利用信息系统来实现六大主要目标:实现卓越运营;推出新的产品、服务和商业模式;亲近客户和供应商;提高决策能力;取得竞争优势;求得继续生存。

(二)发挥信息的价值

商务智能大师、Business Objects公司创始人伯纳德·利奥托德(Bernard Liautaud)先生曾给出过一张著名的信息价值曲线图。他认为,企业的信息会经历数据负债阶段、信息阶段、企业智能阶段、企业智能延伸阶段、信息商品化阶段,共5个阶段。伴随着这些阶段的变化,信息的价值将越来越明显地体现出来(如图17所示)。

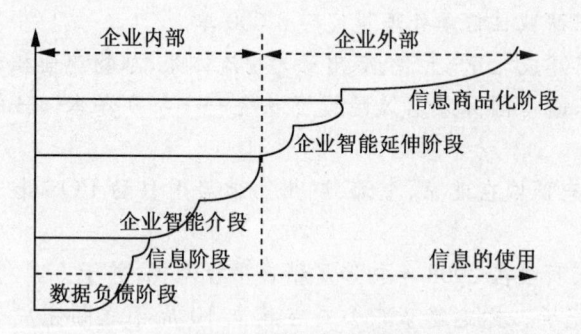

图17 信息价值曲线

电子商务的竞争压力迫使零售商要考虑的问题超越了产品销售的基本内容:谁、什么、何地、何时、为什么、如何。谁在购买我们的产品?他们的收入来源是什么?他们住在哪儿?这些人还购买哪些其他产品?我们如何把产品交叉销售到他们手里?我们的电子商务渠道是怎样影响其他渠道的?哪个渠道的增长率最大?我们怎样整合现有资源?我们的产品在哪儿卖?我们的利润有多少?这些产品的销售情况与去年同期相比如何?广告投入能拉动销售几个百分点?有多少是通过直销进行的?未来12个月的销售情况预计如何?是按地区、按人口,还是按产品的颜色分布?

企业通常并不缺乏数据,相反,它们拥有大量数据。企业在日常工作中积累了万亿兆字节的信息,包括销售的产品、拥有的客户、管理的员工以及拥有的资产等。这些信息通常被存储在庞大的企业数据库里,但是在大多数情况下,这些数据未被利用和挖掘,像库房里的旧箱子

一样落满了灰尘。虽然这些数据具有相当大的潜在价值,却难以被发现。需要这些信息的企业领导和部门经理不知道该如何得到这些信息,甚至不知道它们的存在。结果是很简单的问题却无人知道答案。把数据转化为信息、知识,将为企业带来巨大的利润。

五、背景信息

(一)京东大事记

1998年6月18日,刘强东先生在中关村创业,成立京东公司。

2001年6月,京东成为光磁产品领域最具影响力的代理商,销售量及影响力在行业内首屈一指。

2004年1月,京东涉足电子商务领域,京东多媒体网正式开通,启用域名www.jdlaser.com。

2004年7月,京东在全国首创即时拍卖系统——京东拍卖场正式开业,目前已经成为各大IT电子商务网站争相模仿的对象之一。

2005年11月,京东多媒体网日订单处理量稳定突破500单。

2006年1月,京东宣布进军上海,成立上海全资子公司。

2007年5月,京东广州全资子公司成立,全力开拓华南市场。广州全资子公司的成立代表着京东以北京、上海、广州三地为基础覆盖全国的销售网络的形成。

2007年6月,京东正式启动全新域名www.360buy.com,并成功改版。

2007年6月,成功改版后,京东多媒体网正式更名为京东商城,以全新的面貌屹立于国内B2C市场。

2007年6月,京东商城日订单处理量突破3 000单。

2007年7月,京东建成北京、上海、广州三大物流体系,总物流面积超过5万平方米。

2007年8月,京东赢得国际著名风险投资基金——今日资本——的青睐,首批融资千万美元。

2007年10月,京东商城在北京、上海、广州三地启用移动POS上门刷卡服务,开创了中国电子商务的先河。

2008年6月,京东商城在2008年初涉足销售平板电视,并于6月将空调、冰箱、电视等大家电产品线逐一扩充完毕。标志着京东公司在建立10周年之际完成了3C产品——计算机(Computer)、通信(Communication)和消费类电子产品(Consumer Electronics)的全线搭建,成为名副其实的3C网购平台。

2009年1月,京东商城获得来自今日资本、雄牛资本以及亚洲著名投资银行家梁伯韬先生的私人公司共计2 100万美元的联合注资。这也是自2008年金融危机爆发以来,中国电子商务企业获得的第一笔融资。

2009年2月,京东商城尝试出售特色上门服务,此举成为探索B2C增值服务领域的重要突破,也是商品多元化的又一体现。

2009年2月,京东商城获得国家商务部发放的"家电下乡"零售商牌照,成为首个承担家电下乡任务的电子商务企业。

2009年3月,京东商城单月销售额突破2亿元;成为国内首家也是唯一一家月销量突破2亿元大关的B2C电子商务公司。

2009年6月,京东商城单月销售额突破3亿元,与2007年全年销售额持平。同时,日订单处理能力突破20 000单。

2009年6月,京东商城2009年第二季度销售额达8.4亿元,占据中国B2C电子商务市场28.8%的份额。其中6月销售额突破3.7亿元,6月18日单日销售额突破3 000万元。

2009年10月,京东商城呼叫中心由分布式管理升级为集中式管理,并由北京总部搬迁至江苏省宿迁市。升级后的京东商城全国呼叫中心在电话接听率、客户服务水平及业务流程管理方面得到了全面的提升。

2010年3月,京东商城坐落在成都的西南分公司成立,宣告京东以华北、华东、华南、西南四大物流中心为基础覆盖全国的销售网络正式形成。2011年2月,京东商城上线音像频道以及在线读书频道,深入图书音像领域,这意味着京东商城向综合型网站发展方向又迈出了一步。

2010年3月,京东商城收购韩国SK集团旗下电子商务网站千寻网(qianxun.com)。2011年5月,重启千寻网,上线运营。

2010年4月,京东商城推出"售后100分"服务承诺——自京东售后服务部收到返修品并确认属于质量故障开始计时,在100分钟内处理完一切售后问题。在全面提升网购售后服务反应速度的同时,带给京东网友100%满意的服务体验。

2010年4月,京东商城在上海市正式推出家电以旧换新业务,消费者可通过京东足不出户享受家电以旧换新补贴。

2010年4月,手机版京东商城(www.360buy.com)正式推出,用户可通过搜索功能,搜寻目标商品的价格、库存等信息,还可以随时随地查询订单的配货、出库、配送等即时状态。京东商城完善的服务体系让用户摆脱电脑限制,网购信息触手可及。

2010年6月,京东商城开通全国上门取件服务,彻底解决网购的售后之忧。

2010年8月,京东商城在北京市正式推出家电以旧换新业务,京东商城成为首批入围家电以旧换新销售和回收双中标的电子商务企业。

2010年11月,图书产品上架销售,京东商城成功实现从3C网络零售商向综合型网络零售商的转型。

2010年12月,京东商城"品牌直销"频道正式上线,宣告其开放平台正式运营。开放平台采取与联营商户更紧密的合作体系,商户可借助仓储、配送、客服、售后、货到付款、退换货、自提货等体系,优化网购体验,削减自建服务体系的成本,消费者则可通过京东开放平台,购买到更丰富的商品。

2010年12月,京东商城2010年销售额达102亿元,占据中国B2C电子商务市场33.9%的份额,成为国内首个销售额过百亿的网络零售企业。

2011年2月,京东商城上线包裹跟踪(GIS)系统,方便用户实时了解追踪自己的网购物品配送进度。

2011年2月,京东商城苹果、安卓客户端相继上线,启动移动互联网战略。

2011年3月,京东商城获得宏碁电脑产品售后服务授权,同期发布"心服务体系",开创了电子商务行业全新的整体服务标准。

2011年4月,京东商城获得俄罗斯投资者数字天空技术(DST)、老虎基金等共6家基金和社会知名人融资共计15亿美元,这是中国互联网市场迄今为止单笔金额最大的融资。

2011年7月,京东商城与九州通联合宣布,京东商城注资九州通医药集团股份有限公司旗下的北京好药师大药房连锁有限公司,正式进军B2C在线医药市场,为消费者提供医药保健品网购服务。

(二) 京东业务布局

京东商城的总部设在北京,目前在北京、上海、广州、成都、武汉设立了华北、华东、华南、西南、华中分公司和自己的服务、物流系统,为了确保全国客户服务品质和速度,京东商城还建立了以下几个中心:

管理中心:北京。

采购中心:北京。

一级物流中心:北京、上海、广州、成都、武汉。

二级物流中心:沈阳、济南、西安、南京、杭州、福州、佛山、深圳。

全国客服中心:宿迁。

(三) 圆迈的成长

作为京东的华东总部,圆迈自成立以来,始终保持高速成长,公司员工从最初的不足10人,到现在超过3 500人。目前,圆迈在华东地区建有自身专用物流园区,面积达10万平方米左右,在上海、南京、杭州还分别拥有专门供大家电调配使用的专用仓库。在配送方面,圆迈在华东地区58个城市建有146个配送站,建立自提点35个。公司推出了"211限时达"配送服务,在最大程度上满足客户的网购需求,获得了网民和业内的高度认可。

通过率先在华东地区实施物流系统的改造,圆迈把信息平台的技术先发优势转化成了市场领先优势。2010年圆迈实现销售额30亿元,2011年为66亿元。本项目实施后,有超过4 000万注册用户享受到物流系统改造所带来的全新体验,享受信息技术在物流配送中的应用所带来的服务价值,从而全面提升了顾客的购物体验。因该系统所带来的间接经济效益预计会给公司带来巨大的销售收入。随着公司盈利的增加,其带来的利润将持续增长,为公司大幅减少运营成本,并且为业务发展带来强大的推动力。

六、关键要点

1. 物流问题是电子商务企业发展中的重要问题。

2. 信息技术是帮助企业打造核心竞争力的重要工具,信息系统是企业发展的重要助推器。

3. 企业应高度重视客户体验,包括客户对于企业信息系统使用的体验。

七、课堂计划建议

本案例可运用于专门的综合案例讨论课,也可以结合相关课程要求,选取案例中的部分内容和问题,开展针对性的专题讨论。以下是作为综合案例讨论课,按照时间进度提供的课堂计划建议,仅供参考:

整个案例课的课堂时间控制在80~90分钟。

课前计划:提出启发思考题,请学员在课前完成案例阅读和初步思考。

课堂计划:简要的课堂前言,明确讨论主题　(2~5分钟)

　　　　　　分组讨论,告知发言要求　(30分钟)

　　　　　　随机选取3个小组,每组发言10分钟　(30分钟)

　　　　　　案例点评,引导全班进一步讨论　(15~20分钟)

课后计划:以小组为单位对案例进行深入分析,采用报告形式给出具体分析及可行性建议。

蒙牛乳业的崛起①

● **摘　要**：蒙牛乳业集团(简称"蒙牛")成立于1999年。从创业初"零"的开始,2004年其液态奶产品市场占有率达20.6%,销量全国第一,并于当年在香港上市;2005年,蒙牛销售收入超百亿元,2007年主营业务收入实现213亿元,成为全国首家收入过200亿元的乳制品企业;主要产品的市场占有率超过35%;UHT牛奶销量全球第一,液体奶、冰淇淋和酸奶销量居全国第一;乳制品出口量、出口的国家和地区居全国第一。牛根生和他的蒙牛如何在短短数年时间内创造出了举世瞩目的"蒙牛速度"和"蒙牛奇迹"?蒙牛成功的关键因素是什么?蒙牛的奇迹能否复制?通过了解乳制品行业环境以及蒙牛采取的战略将有助于寻找上述问题的答案。本案例适用于"战略管理"和"创业"等课程,让学生了解在传统产业中创业型企业的发展过程,并分析公司是如何在发展中顺应环境、制定战略获取成功的。

● **关键词**：蒙牛乳业；行业分析；战略管理

引　言

牛根生,其父从事养牛送奶工作38年,其本人于1958年出生于呼和浩特,中共党员、我国社科院工商管理硕士、政工师、高级经济师,曾在北京大学深造,1978年参加工作,在呼和浩特大黑河牛奶厂任养牛工人5年。1983～1992年,其在呼和浩特回民奶食品厂[内蒙古伊利集团(简称"伊利")前身]担任班长、车间主任、副厂长、厂长。1992～1998年担任伊利集团生产经营副总裁。1999年,牛根生与人合伙租用一间53平方米的民宅建立蒙牛,当年实现销售收入0.37亿元,5年后牛根生带领蒙牛坐上液态奶全国销量第一的宝座,销售收入增长200倍,"蒙牛"成为了家喻户晓的品牌,并于同年在香港交易所上市;上市两年后,蒙牛在2007年超越同城"老大哥"——伊利,成为全国首个销售收入超过200亿的乳制品企业,至此,蒙牛成为我国乳制品行业的领跑者。

面对如此迅猛的发展速度,在惊叹蒙牛的成功之余,我们不禁要问,蒙牛能够在一个传统的食品行业而非高科技行业中迅速崛起所依赖的优势是什么?在发展过程中,蒙牛遇到哪些

---

① 本案例由上海财经大学会计学院李增泉、官峰撰写,王少飞、张佩佩参与了编写工作。作者拥有著作权中的署名权、修改权、改编权。未经允许,本案例的所有部分都不能以任何方式与手段擅自复制或传播。
版权所有人授权上海财经大学商学院案例中心使用。
由于企业保密的要求,在本案例中对有关名称、数据等做了必要的掩饰性处理。
本案例只供课堂使用,并无意暗示或说明某种管理行为是否有效。

问题？又采取了哪些重要的战略？外部行业环境为蒙牛的发展带来了哪些挑战和机遇？蒙牛又是如何应对这些挑战和机遇的？通过本案例的描述，有助于我们了解和分析这些问题。

一、蒙牛的发展和产品

（一）公司介绍

蒙牛是目前中国乳制品行业的龙头企业。公司创始人牛根生于1958年1月25日生于呼和浩特。1978年参加工作，成为一名养牛工人。1983年进入呼和浩特回民奶食品厂（伊利前身），从一名洗瓶工做起，依靠自己出色的业绩和良好的品行走上领导岗位——从班组长、工段长、车间主任、分厂副厂长、分厂厂长一直做到生产经营副总裁，在伊利工作了16年，积累了丰富的行业经验，对乳制品行业有自己深刻的认识。牛根生的战略思想大胆且极具创造力，善于利用一切可以利用的手段和资源实现企业的超常规成长，花了10年时间将伊利冰淇淋做到全国第一品牌。

1998年，由于在性格和战略思想上与时任伊利董事长郑俊怀产生冲突，牛根生没能继续其在伊利的职业生涯。1999年，在众多原伊利老部下的要求和支持下，牛根生创立了蒙牛。成立之初，蒙牛除了拥有一支经验丰富、技术过硬的管理团队外，几乎一无所有，当年销售收入0.37亿元，行业排名第1 116位，同城的全国乳业巨头伊利就在身边盯着自己。在这样一种困境中，牛根生大胆和创造性的战略思想反而得到了充分的发挥，蒙牛不仅迅速走出了困境，并赶着中国乳制品行业发展的大潮以超常规的速度发展成为全国乳业巨头，2000年实现销售收入2.47亿元，行业排名第16位；2001年实现销售收入7.24亿元，行业排名第5位；2002年实现销售收入16.68亿元，行业排名第4位；2003年实现销售收入40.71亿元，行业排名进入前三，液态奶销量全国第一；2004年销售收入达到72.14亿元，行业排名第2位，冰淇淋销量全国第一，同年在香港交易所挂牌上市；2005年销售收入超过百亿元，液态奶市场占有率超过25%，居全国首位；2007年，成立仅8年的蒙牛成为中国首个年销售额超过200亿元的乳制品企业。蒙牛的发展速度令世人震惊，在瑞士召开的"利乐全球乳业年会"上，利乐公司CEO蔡尔柏在介绍牛根生时说："世界上发展速度最快的乳制品公司，就是他领导的中国蒙牛。"

（二）蒙牛的产品和市场

蒙牛实施的是单一品牌的策略。牛根生等在成立公司之初就认识到，要进行市场营销，让消费者接受和认可自己的产品，首先要有一个能够正确、有效地传递企业产品特色的品牌名称。经过一番头脑风暴和集思广益之后，"蒙牛"这个代表公司产品的主品牌诞生了。"蒙"——内蒙古，寓意：蓝天，白云，草原，畜牧的故乡，牛奶的摇篮；"牛"——奶牛，牛奶，寓意：牛根生，牛气，牛市，勤奋如牛，气壮如牛。"蒙牛"不仅从奶源、品质等维度突显出产品的特色，将蒙牛的产品与光明、三元等同行区分开，向消费者传递了自己的企业文化，而且这个名称组合简练、朗朗上口，消费者容易记忆。

围绕"蒙牛"这个主品牌，蒙牛的产品涉及液态奶、酸牛奶、冰淇淋和奶粉四个乳制品的细分领域，每个具体产品都有其针对的具体细分市场。蒙牛大冰砖是蒙牛冰淇淋产品线上的第一个产品，大冰砖产品设计突出卫生、时尚和使用方便，外包装"浓眉大眼"，体现了在众多品牌中跳跃而出的"五米效应"；包装盒与砖体不粘不贴，再配上吃勺，使用方便卫生；砖体"一品两味"，半边牛奶味，半边香草味。蒙牛大冰砖产品设计市场针对性强，1999年在北京市场一经推出后就获得消费者认可，当年就取得日销售1万箱的不俗成绩。蒙牛砖牛奶和枕牛奶是蒙牛针对距离其大本营较远的液态奶市场推出的,两种产品的特点在于其使用 UHT 技术,相对于传统的巴氏杀菌奶大幅度提高了产品的保质期。蒙牛推出的这两个产品解决了全国性市场布局和工厂、奶源布局的区域性间的矛盾。蒙牛酸酸乳是 2004 年通过与超级女声合作推出的一款酸奶产品。"蒙牛酸酸乳"品牌定位为年轻而又有活力,主力消费群体定位为 15~25 岁的女孩子。产品口味酸甜可口,包装清新时尚,与目标消费群体追求个性、前卫,喜欢彰显个人魅力与自信的特点吻合。蒙牛酸酸乳推出一年便获得年销售额 25 亿元的佳绩。特仑苏系列打的是品质牌,定位于高端市场。特仑苏纯牛奶使用的奶源来自中国乳都核心区,具有奶牛养殖最适宜的海拔、纬度、阳光和水土,采用国际专业牧场,精挑高质牧草,优选良种乳牛,特仑苏纯牛奶富含天然优质乳蛋白,每 100 克牛奶中蛋白质含量 3.3 克,比国家标准高出 13.8%。特仑苏低脂奶则在保持高蛋白营养的同时,脂肪含量比全脂灭菌纯牛奶减少 50% 以上,每 100 克牛奶仅含 1.0~1.5 克脂肪。特仑苏系列产品旨在迎合高端消费市场对于乳制品营养、健康及安全等需求特点。作为中国首款高端乳制品,2007 年 10 月,特仑苏荣获"影响中国生活方式十大品牌"称号。

二、行业背景

我国奶业有着悠久的历史,早已见诸史书记载。但是,长期以来,除了以放牧为生的少数民族地区外,大多数城市和农村居民均缺乏消费乳制品的习惯。解放以前,中国的乳品供应基本上是依靠"洋奶",国内虽有养牛者出售原奶,但数量极其有限,且主要集中在京沪市郊。我国奶业真正开始发展是在建国后,随着国民经济的发展、科技的引进和进步,奶业得以较快发展。尤其是改革开放后,具体表现为以下四个主要发展阶段:

(一)快速发展阶段(1979~1992 年)

1979 年经济体制改革,乳制品领域单一的公有制局面被打破,实行以国营奶牛场为主,适当发展集体奶牛场,鼓励奶农组织起来,成立乳业合作组织,采取生产、加工、销售一体化的经营模式。在政策方面,国家、地方陆续出台了一系列鼓励乳制品业发展的措施;在技术方面,奶牛饲养科技得到卓有成效的推广。另外,联合国世界粮食计划署援助的六大城市及其郊区的奶类发展项目极大地提高了牛群质量,促进了原奶产量的增加和所在地区农村奶牛的发展;欧洲经济共同体援助的 20 个城市奶类发展项目,提高了这些地区集体和个体农民的奶牛饲养水平。由于政策的鼓励和技术的支持,在这一时期我国乳制品业发展迅速。1979~1992 年,原奶产量以每年 13.4% 的年均增长率递增(见图 1),奶牛年末存栏量也以平均每年 14.4% 的速度递增。

这一时期,我国乳制品消费也进入一个快速增长的阶段。改革开放后,城乡居民收入水平大幅度提高,对乳制品产生了很大的需求,1979~1992 年全国鲜奶产量由 130.1 万吨增加到 563.9 万吨,干乳制品产量由 5.4 万吨增加到 41.3 万吨,与 1979 年相比,分别增长了 4.3 倍和 7.6 倍。与此相对应,1982 年,我国有 500 家乳制品厂,设备加工能力 4 000 吨/日,1990 年乳制品加工厂增加到 756 家,总产值达到 29.81 亿元。这一时期,我国乳制品产业链的雏形基本形成,初具规模。

(二)发展波动阶段(1993~1998 年)

政策方面,乳制品行业进入壁垒进一步降低,取消了政府对原料奶和消毒牛奶的价格管制,采取了更加开放的政策,鼓励和吸引外资到中国投资经营乳制品行业。随着行业市场化程

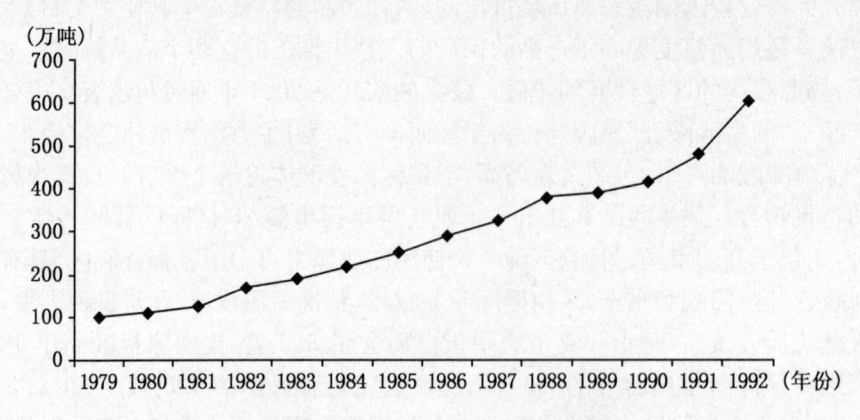

图1　1979~1992年中国原奶产量

度的加强和之前十多年的快速增长,新的乳品加工企业不断增加,国际上有实力的大乳品企业纷纷进入我国市场,行业竞争加剧,加之很多国内乳制品企业盲目进入该行业,缺乏科学合理的战略定位和适应市场需求的产品结构,最终导致大量国产品牌产品积压,一批企业因产品滞销而停产或者半停产,整个乳制品行业发展速度减慢,甚至在某些年份出现倒退。如图2所示,1993年我国原奶产量下降为498万吨,首次出现负增长,经过1994年的调整,在之后的三年我国奶牛存栏数和原奶产量又开始增长,但1997年再次出现下落,下降到601.1万吨。同期乳制品产量也出现了震荡下滑的情况,其中1996年年产量下降4.2%,1998年下降了2.8%。

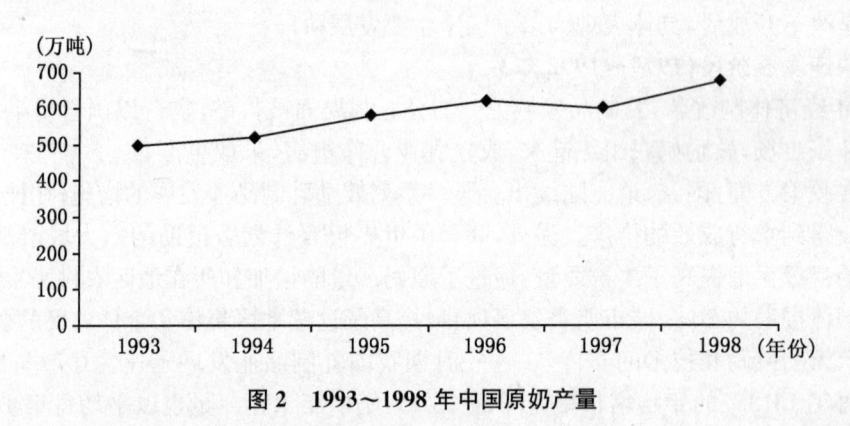

图2　1993~1998年中国原奶产量

然而,进入20世纪90年代,人们食用乳制品的意识逐渐形成,我国的乳制品消费总量及人均消费量都呈现出不断攀升的格局,但人均水平仍然较低、增速缓慢,而且我国乳制品消费市场主要集中在大中城市,占全国人口70%的农村人均乳制品消费量很低且增长缓慢(见表1)。

表1　1993~1998年中国城市、农村牛奶消费量统计　　　　　　　　单位:万吨

年　份	人均消费量	城市	农村
1993	4.79	6.12	0.85
1994	5.30	6.71	0.67

续表

年　份	人均消费量	城市	农村
1995	5.66	5.23	0.64
1996	6.08	5.56	0.80
1997	6.35	5.92	0.95
1998	6.07	7.25	0.93

(三)又一高速发展阶段(1999~2004年)

首先,政府给予乳制品行业持续的支持和鼓励,1999年农业部明确提出,在"稳定发展生猪和禽蛋生产、加快发展食草家禽生产"的同时,"突出发展乳品生产";同时,在这一时期,营养学家、医学工作者通过各种宣传媒体的方式开展了乳制品对改善人们营养健康状况、提高国民身体素质的作用的宣传,积极引导乳制品消费。1999年我国乳制品消费市场开始快速增长,2000年比1999年消费总量增长15.1%,人均消费量增长14%。1999~2004年,这一强劲的增长势头得以保持,其中大中城市的增长幅度更大,如北京、上海、广州等地的液态奶消费量增长速度保持在20%~30%之间。与此相应,我国乳制品加工企业也发展迅速,表现在产量快速增长、产品趋于多样化、龙头企业和外资纷纷进入国内市场。2000年鲜乳产量比1998年增加107万吨,增长幅度达到14.6%;干乳制品产量较1998年提高28万吨,增长幅度超过50%。乳制品加工企业根据不同消费群体的需求,加大了产品研发力度,提供了多样的产品。在激烈的市场竞争中,伊利、蒙牛、光明等一批龙头企业脱颖而出,与此同时,国外投资者同样看好我国乳制品加工业的发展,纷纷在我国投资建厂,截至2001年,排名世界前25位的乳制品公司中有13家进入我国乳制品市场,如瑞士雀巢、法国达能、意大利帕玛拉特等,"三资"乳制品企业的产量达到全行业的30%。

(四)平稳增长阶段(2005~2007年)

经过之前一个时期的高速发展,从2005年开始我国乳制品的产销量进入一个平稳增长的时期。从图3可以看出,这一阶段我国奶牛存栏量和乳制品产量都在稳步增长,但已经不是之前那种跳跃式的增长。同时,乳制品消费的增长速度也明显放缓,城镇居民人均乳制品消费支出由2005年的138.62元/人增长到2007年的160.72元/人,而北京和上海等地甚至出现乳制品人均消费水平小幅下降的情况,但是乳制品的民族品牌已经发展壮大,成为行业支柱。2007年我国乳制品销售为1 310亿元,其中蒙牛占16.27%,伊利占14.78%,蒙牛和伊利的销售额都超过100亿元。此外,这些大型的乳制品企业在占据国内市场的同时,还逐步开始拓展国际市场,如蒙牛成为香港乳制品市场的明星品牌。

三、蒙牛成立之初

(一)行业宏观环境

自1979年经济体制改革开始,随着政府对乳制品业管制的逐步放松,政府出台的一系列旨在鼓励乳制品业发展的政策以及国际组织的支持,我国乳制品加工业已经有了一定的发展,拥有了一定的工业基础,乳制品的生产和包装技术也有了重要的发展,高温杀菌技术和利乐枕的包装使得牛奶的保鲜期更长,易于长途运输。另外,经过连续20年的高速发展,伴随着总体经济的快速发展,国民的人均收入水平大幅度提高,消费理念和消费习惯也在悄然发生着变

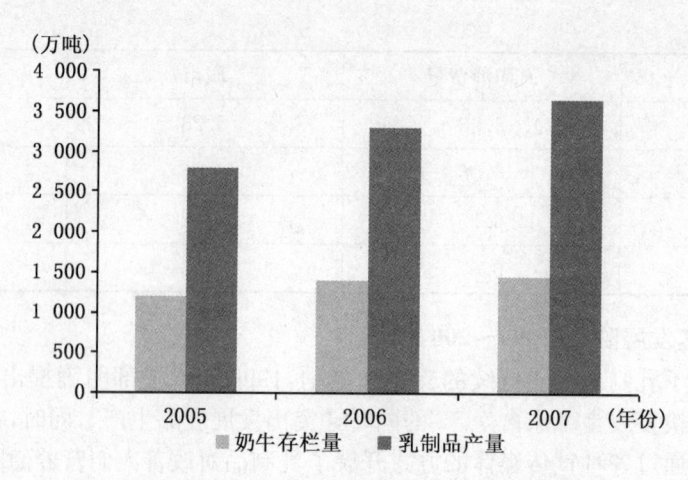

图3 2005~2007年中国奶牛存栏量和乳制品产量统计

化,逐渐树立起使用乳制品的消费意识,对乳制品的需求有了一定的增长。以鲜奶产量为例,1979年全国鲜奶产量130.1万吨,至1998年鲜奶产量接近700万吨,但是相对于我国人口总量而言,这样的乳制品消费水平还是很低的。我国乳制品市场初具规模,即将开始进入一个高速增长的阶段。

(二)本行业及相关行业环境

乳制品产业链由原料奶供应、乳制品加工和乳制品销售三个环节组成。蒙牛成立之初的1999年对于我国乳制品消费市场而言是具有重要意义的一年,这一年前后我国的消费市场发生了巨大的变化。从1999年开始,我国进入了一个消费空前爆发的阶段。乳制品市场尤其典型,在此之前,我国的成年人是不喝牛奶的,牛奶是儿童、老人和病人的专属食品,1999年我国人均牛奶占有量仅6千克,而世界人均为90千克。到了20世纪末,国民的消费观念发生了转变,在营养健康饮食的驱动下,我国迅速进入了全民饮奶的时代。简而言之,我国不仅有巨大的潜在乳制品消费市场,而且在1999年,这个市场已经开始快速启动,1993~1999年我国人均乳制品消费量增长率在7%左右,而2000年人均乳制品消费量相对于1999年增长14%,这对于我国乳制品业而言是一个重要的战略机遇期。

这一时期,我国乳制品产业链源头的原料奶供应表现出两个主要特征。首先,原料奶供应已经具有了一定的规模和产能。随着改革开放后乳制品行业的逐步市场化经营,在消费市场增长的刺激和政府原料奶生产的政策支持下,如20世纪80年代实施的"菜篮子"工程通过进口国外优质奶牛扩大了国内奶牛养殖的规模,到1999年底,我国奶牛存栏量增至442.8万头,奶牛年平均增速10%左右;原料奶产量达806.7万吨,平均每年以36.67%的速度增长,形成了一批具有一定规模的奶源基地,保证了有充足的奶源供给加工环节,乳制品业的产业雏形基本形成。其次,奶源基地地域分布不均是我国原料奶供应的一个固有特征。由于奶牛自身的生物特性以及我国各地区自然资源和气候条件的差异,奶源基地的分布存在地域不平衡性,我国的奶源基地主要分布在北方地区,集中在内蒙古、新疆、黑龙江、河北和山东五省,其中内蒙古具有优良的自然禀赋,拥有我国最丰富的原料奶资源。

蒙牛成立之初定位于乳制品加工领域。1999年,我国乳制品加工领域基本实现市场化经营,进入门槛较低、市场空间大,吸引了众多企业进入这个领域,1999年我国乳制品企业突破千家,但大多是规模较小的企业,规模较大的企业仅有上海光明、内蒙古伊利、北京三元、河北三鹿等少数几家完成转型的国有企业,行业集中度较低。尽管乳制品业是个传统行业,但此时我国的乳制品业正处在一个快速发展的朝阳阶段。蒙牛董事长牛根生当时认定:"国内整个乳业市场成长性很好,是一个无污染、可持续发展、绿色的朝阳产业。"

四、蒙牛的起跑(1999～2004年)

1999年,蒙牛由自然人出资,租用一间53平方米的民宅起步。成立之初,蒙牛是个典型的"四无新人"——无奶源、无工厂、无市场、无品牌,行业排名第1 116位,成立后3年时间蒙牛投资收益率超过了5 000%,平均每天超越一家同行,蒙牛是如何实现这一火箭般的发展速度的呢?

(一)人力资本优势

成立之初,蒙牛在奶源、产能和市场各个环节没有任何优势可言,但是牛根生带领的蒙牛拥有一支行业经验丰富的专业化团队。首先,牛根生本人是原伊利的生产经营副总裁,经过10年时间,将伊利冰淇淋由年销售额15万元的一个"土著品牌"做到年销售额7亿元的全国第一品牌。牛根生对于乳制品行业的特点、发展方向有切身的体会和了解,加上大胆挺进的战略思想,使得他具有一个合格创业者所需具备的能力。其次,蒙牛成立时的管理团队大多是牛根生在伊利时的老部下,如孙玉斌,原伊利冰淇淋公司总经理,掌管伊利当时的核心业务;杨文俊,原伊利液态奶公司总经理,伊利常温奶项目的创始人;孙先红,先行广告集团创始人,原伊利冷冻食品公司广告策划部部长。由这些人构成的管理团队不仅具有丰富的经验,而且相互了解、配合默契、认同牛根生的战略思想。蒙牛拥有人力资源方面的优势,更重要的是,牛根生充分认识到人才对于蒙牛的重要性,制定发展策略,扬长避短。蒙牛成立之初,他就确定了蒙牛的用人原则——"有德有才破格重用,有德无才培养使用,有才无德限制使用,无德无才坚决不用",充分发挥蒙牛人力资源的优势。刚刚成立的蒙牛看似一穷二白,但牛根生为蒙牛组建了一支有才有德更具有创造性的管理团队,并充分发挥了其创造性。

(二)经营策略——"先建市场,后建工厂"

对于一个传统的制造型企业,最重要的两个问题就是生产和销售。蒙牛在成立之初制定了快速扩张的生产策略,并通过战略合作的经营方式成功实施了这一策略。1999年乳制品行业进入快速发展的阶段,要抓住这个发展机会,市场宣传和相应的产能同等重要,但当时的蒙牛在这两个方面都是"零",而且受到资本限制,无法在短时间内同时完成这两项任务。面对公司发展战略的资源要求和自身资源限制的困境,牛根生用他大胆的创造性思维巧妙地解决了这个难题。蒙牛没有像同时期很多同行那样,按部就班地先建工厂、引进设备、然后生产产品和市场销售,而是实施了"先建市场,后建工厂"的策略。牛根生将蒙牛有限的资源集中用于企业品牌的市场宣传、营销推广和产品的研发方面,在生产方面则采取与现有乳制品加工企业合作的扩张策略,由蒙牛提供品牌、技术、配方和管理,由生产企业贴牌生产蒙牛的产品。通过这种合作模式,蒙牛充分发挥其人力资源优势,利用有限资源树立起自己的品牌,并在短时间内调动7.8亿元企业外部资产迅速形成生产能力,抓住了转瞬即逝的发展机会。下面几组数据能够比较清楚地说明这一扩张策略的成效:1999年1月13日,蒙牛乳业有限责任公司成立;1999年3月8日,第一本蒙牛CI手册完成;1999年4月13日,第一批"蒙牛"牌纯牛奶问世;1999年5月1日,"蒙牛"牌冰淇淋上市;1999年7月3日,蒙牛全脂甜奶粉进入市场。

经济界人士指出,如果采用传统的"先建工厂,再建市场"的发展模式,蒙牛产品的问世至少要晚一年。虽然也许只有一年时间,但处在我国这样一个乳制品行业快速发展的市场中,一年的时间足以决定蒙牛成为"巨婴"和"死胎"的不同结局了。因此,很多人在赞叹蒙牛创造的"先建市场,后建工厂"模式的成功之余,更多的是佩服牛根生的大胆和创新能力。然而,仔细分析后,我们不难发现,这成功的第一步固然与牛根生的勇气分不开,但更多的是其商业智慧的体现。其实,当时蒙牛面临两种商业模式的选择,即将生产加工内化到一个企业中,或与已有生产加工企业进行市场化的交易。这两种模式各有利弊。对于前一种模式,由于生产和营销都内化到一个企业中,有利于实现各个部门的协同,同时避免了在市场上交易的成本,如寻找合适的生产企业、计量生产企业的产品质量和防止对方违约的成本;但是这种模式的弊端就是牺牲了生产和营销分开经营的专业化优势和规模效应,而且造成大量的人力、财力等资源束缚在变现能力较差的固定资产上,降低了企业的灵活性和机动性。采取市场机制进行交易的模式的利弊与内化到企业中的利弊正好相反。因此,两种模式并没有绝对的孰优孰劣,而是取决于企业所处的经济环境及其自身特征。蒙牛拥有专业的技术、营销和管理团队,对乳制品行业的熟悉和对产品质量的把控能力大大降低了蒙牛与生产企业采用市场手段交易时的信息不对称,从而其搜寻合适生产企业以及计量产品质量的成本相对较低;同时,市场上存在大量拥有生产能力却没有品牌,缺乏营销、管理能力的加工企业,出于企业生存的压力,这些生产企业违约的概率也比较低。因此,通过市场化的战略合作,蒙牛和那些销售困难的生产企业以较低的交易成本换取了各自专业优势和规模效益的充分发挥。因而,蒙牛的成功在于,牛根生为蒙牛选择了一个传统行业中少有采用,但却是最适合蒙牛特征以及当时经济环境的商业模式。

(三)市场策略——先难后易

在牛根生和蒙牛的成功法则里有这么一条,即"迎难而上,效仿海尔,先难后易,势如破竹"。正是这样的经营理念,使得牛根生与他的蒙牛做事先挑难的做起,树立高标准,确立高目标,首先进攻最难的市场。成立之初,蒙牛的营销战略就颇具牛气,确定从1999~2001年,重点开发全国最成熟也是竞争最激烈的三个乳制品市场:北京、上海、珠三角。牛根生认为,"先难后易"是具有其优越性的,对于乳制品尤其如此。首先,我国乳制品消费市场分布存在显著的区域性差异,城市人均牛奶消费量是农村的10多倍,其中北京、上海和珠三角是全国乳制品销量最大的三个区域。其次,消费时尚存在一个"梯度传递效应",即"消费领袖"一定是在中心城市而不是乡镇。在一线核心市场赢得了认可,在二、三线市场也会成为知名品牌。中心城市本身就是市场营销中最重要的战略要地,不抢占这些战略市场,品牌就无法成为主流,就注定无法发展壮大。因此,这三个市场对于任何一个乳制品企业的诱惑力都是巨大的,然而很多外地的知名品牌都在这里无功而返,折戟沉沙。牛根生认为,没有科学、合理的策略,这个"大蛋糕"也是看得见吃不到的。在这三个市场中,蒙牛无一例外的在短时间内便获得了成功,牛根生和蒙牛到底有什么独门绝技完成了别人不敢或者无法完成的任务?

1. 带着大冰砖进北京

对于北京市场,蒙牛采取了"先集中化,再新产品"的战略。首先,蒙牛没有盲目地进入市场与当地品牌正面竞争,而是在进入前进行了详细的市场调查和分析,并结合自身优势选择冰淇淋中的大冰砖这个细分市场作为切入点,将蒙牛这个品牌打进京城。进入北京市场前,蒙牛对京城的乳制品市场进行了细致的调研,发现北京夏季很长而且炎热,市场上冰淇淋产品系列中冰砖深受消费者欢迎,但是市场上已有的冰砖存在一些缺点:包装纸与冰砖粘在一起,而且没有吃勺,食用不方便且也不卫生。根据市场调研的结果并结合管理团队在冰淇淋生产和营销方面的经验优势,蒙牛决定在冰砖这个细分市场上推出与现有产品不同的差异化产品,以点带面,使京城消费者认识、认可蒙牛这个品牌。很快,差异化的蒙牛大冰砖问世了,与市场上已有产品不同,蒙牛大冰砖包装靓丽、包装盒与冰砖之间有一层雪糕纸巾避免粘连、冰砖一体两味、配有吃勺。这些独特的特点使得蒙牛大冰砖在冰砖市场上迅速脱颖而出,一经问世就受到了市场的大力追捧。在凭借差异化赢得市场的同时,蒙牛又在价格上做了文章——开启了中国冰淇淋发展史上的第一次"买赠"活动。品质和价格双管齐下,蒙牛大冰砖销量飞速增长,1999年11月份,日销量为1 000箱,一个月后日销量猛增到10 000多箱。蒙牛在冰淇淋市场的成功,吸引了众多经销商主动要求合作,而蒙牛则趁势建成了自己在北京地区的营销网络。通过在大冰砖这个细分市场取得的品牌效应和销售网络,蒙牛迅速在北京市场推出了自己的液态奶产品。在具体市场营销中,蒙牛再一次使用了差异化战略。在蒙牛进入北京液态奶市场时,北京液态奶市场呈现三元、伊利和光明三足鼎立的局面,三大品牌的产品包装是"巴氏塑料袋"和"UHT利乐砖"——当时已经相当成熟的两种产品包装。两种包装各有特点,前者是将原料奶经过80℃以下长时间加热处理,保质期短,需要冷藏保存;后者则是经过137℃的瞬间加热消毒,可以常温保存且保质期长达6~9个月。虽然国际品牌帕玛拉特销售"利乐枕"包装的牛奶已有一年多,但是其市场占有率极低,留有很大的市场空间;同时,由于其一年多的销售,京城消费者对利乐枕已经比较熟悉,有了一定的接受度。蒙牛没有与伊利、三元等大品牌直接竞争,而是在他们产品的空白地带推出保质期45天、可以常温储藏的"利乐枕"包装牛奶。利乐枕与利乐砖有很多相似之处,只是保质期相对较短,但考虑到北京的地理位置,45天的保质期对于蒙牛而言已经足够了,而且利乐枕在价格上比利乐砖有优势。蒙牛的差异化产品战略再次奏效,进入北京短短1个月销量就达到600多吨。到2000年,蒙牛已成为北京外埠牛奶的第一品牌。蒙牛在京城市场的成功,关键在于将其有限的资源和精力投入到"大冰砖"这个细分市场的开拓中,而这个市场又为蒙牛发挥其优势(牛根生具有10年的冰淇淋生产和市场营销的经验)提供了舞台,最终通过高质量、低价格的蒙牛大冰砖成功攻克了京城乳制品市场,并利用以此建立起来的营销网络迅速将液态奶引入北京市场。

蒙牛开拓北京市场的战略一直被认为非常巧妙,而且环环相扣,战略执行非常紧凑,达到事半功倍的效果。北京市场的成功首先要归功于蒙牛采取的"先建市场,后建工厂"与乳制品生产企业组成战略联盟的商业模式,正是这一模式赋予了其多样的产品线和灵活机动的产能,使其能够对市场需求做出迅速反应;其次,在最初的冰淇淋市场和后来的液态奶市场中,蒙牛都有意选择避开北京当地品牌的主要产品,采用差异化产品的策略赢得市场份额。这正是牛根生一直强调的低调风格的表现,牛根生的这一做法既是其行事风格的体现,也是其商业智慧的展现。就如在蒙牛成立之初,牛根生拒绝出任董事长一职,避免引起同城行业巨头伊利的挤压一样,牛根生非常清楚如果在进入北京市场之初就与当地品牌直接竞争,触动他们的既得利益,势必会引起他们的强烈反击,而且这些企业中不乏伊利、三元等行业巨头,他们不仅会在乳制品市场上与蒙牛展开正面的市场争夺战,而且会借助强势的市场地位向供应商和销售商施压,使得供应商和销售商在与蒙牛的合作中获取收益的不确定性增多,进而增大蒙牛与之进行合作谈判的困难。这对于采用与供应商和销售商通过市场方式进行合作的蒙牛而言是灾难性的,而蒙牛通过差异化产品和细分市场的方式有效地降低了同行业对其的注意力,避免招致强大竞争对手的激烈反制,极大地降低了蒙牛进入北京市场的门槛;最后,谈到蒙牛开拓北京市场的成功,不得不提蒙牛在冰砖销售中实施的"买赠"营销模式。"买赠"并非是蒙牛的首创,但是蒙牛在恰当时机的应用,充分发挥了这一营销模式的功效。蒙牛的"买赠"营销一方面促进了大冰砖的销量,提高了市场份额,更重要的是让蒙牛借此契机进行品牌投资,建立了蒙牛在北京市场的品牌知名度和认可度,而这正是成立之初的蒙牛亟需做好的核心任务。蒙牛在北京市场推出的大冰砖的单位成本并不高,因此在"买赠"营销中,虽然有一定收益的损失但数额并不大,即便对于成立不久的蒙牛也是可以承受的,然而通过"买赠"活动,广泛地宣传了蒙牛的品牌,使得蒙牛这一品牌得到了北京消费者的认可。在北京,一提到大冰砖,消费者就想到蒙牛,且大冰砖成功之后,大量销售商主动找蒙牛寻求合作,这便是蒙牛品牌成功建立的表现。蒙牛的"买赠"营销以相对较小的代价,赢取了北京消费者对蒙牛品牌的认可,从而轻松建立了北京的销售网络并为后续其他产品如液态奶的成功打下了坚实的基础,可谓"四两拨千斤"。

2. 网络营销进军上海

乳制品行业里,上海被称为"牛奶高地",因为上海人均牛奶消费量是全国平均水平的4倍;但是上海市场也被称作是一根"难啃的骨头"和"要花吃奶的力气才能挤进去的市场"。这是因为在上海,光明乳业已经牢牢地占据了绝大部分市场,很多想在这个市场分一杯羹的同行都铩羽而归,就连北京三元这样的行业大佬在上海市场也败在光明面前。面对光明在上海的强进势头,蒙牛没有退缩,也没有冒进,而是在市场调研的基础上制定相应的营销战略。上海是光明乳业的根据地,光明在上海牛奶市场具有绝对的霸主地位,掌控当地的奶源,品牌在当地有很高的认可度,而且光明与超市、便利店等传统的销售渠道关系密切,有很强的控制力。在产品方面,当地消费者对于光明销售的"巴氏"牛奶已经非常熟悉,而对"利乐枕"牛奶缺乏了解,所以根本就"不感冒"。但是作为窗口城市,上海消费者喜欢新奇事物,对于新事物有很强的接受能力。在这样的市场情形下,蒙牛没有采取其在北京市场取得成功的策略——在细分市场建立品牌知名度,进而进入超市、便利店。蒙牛再次灵活地使用了差异化产品战略。这次的差异化体现在包装和营销渠道两个方面。包装上,蒙牛利用利乐枕牛奶,避开与光明强项巴氏奶的直接竞争,同时凸显其内蒙古优质奶源的优势;营销渠道方面,蒙牛绕开传统超市、便利店模式,而是采用"更快捷,更省钱"的电子商务营销模式。蒙牛与当时上海著名的销售网——易购365合作,将产品通过网络销售,消费者只要打一个电话,牛奶就能够送到家。网络购物在2000年还是一个新兴的"舶来品",对于喜欢追求新鲜事物的上海人尤其是年轻人而言,是一个不小的诱惑。在通过网络渠道成功吸引了消费者的关注后,蒙牛又推出了"产品试用模式",将牛奶免费赠送给精心挑选出来的5 000户家庭,请他们品尝,并随时追踪访问。最终,利用独特的营销渠道和从5 000户这样一个小市场的突破,蒙牛的利乐枕牛奶得到了上海消费者的认可,销量从最初的每月200箱到2002年9月达到每天200多箱,并借网络销售开拓了传统的销售渠道,成功地立足上海滩。

蒙牛在上海市场的成功再一次体现了牛根生与其团队的创造性,但是他们的创造性并非是天马行空的想象,而是根据具体的市场环境,进行理性选择和大胆尝试。首先,在产品方面,蒙牛选择与利乐公司合作,在上海销售利乐枕包装的液态奶,表面看这是蒙牛在液态奶方面做的一个创新,达到与上海乳制品巨头光明生产销售的巴氏消毒奶相区别的目的,更深层次的原因是使用利乐枕包装使得蒙牛避免了对上海当地奶源和乳制品加工企业的依赖,这对于蒙牛而言是至关重要的。面对光明在上海的市场统治地位,任何与其他乳制品企业合作的供应商(奶源和加工企业)都存在失去光明这个大合作伙伴,以及对新进入者未来市场份额的高度不确定性的担忧,加之外埠新进入的乳制品企业对上海市场缺乏足够的了解,要在上海寻求与奶源和乳制品生产加工企业的合作成本是高昂的,即便对于其他的国内乳业巨头也难以承受,更不要说是刚刚起步的蒙牛了。蒙牛推出利乐枕牛奶,虽然只是换了个包装,却巧妙地避开了这个难题,不仅可以根据交易成本孰低的原则自由选择供应商进行合作,而且还可以凸显其产品来自内蒙古大草原的奶源优势。其次,在销售渠道方面,蒙牛没有与传统的超市、便利店进行合作,而是转而与网络销售平台——易购 365 合作。有人说,蒙牛在上海采用网络营销的方式是由于其无法负担进入传统销售网络的高昂费用而做出的不得已的选择,但是很幸运,这个选择是对的。或许有一定的运气,但如果我们切实地处在 2000 年的市场中,就会明白蒙牛在上海的成功不是简单的"山穷水尽疑无路,柳暗花明又一村"的运气使然。现在,我国电子商务已经过了十多年的发展,京东、易贝、1 号店、淘宝等 B2C 或者 C2C 电子商务平台已经为消费者所熟悉和认可,电子商务已经成为一个可靠的销售渠道,但在 2000 年,电子商务仍然是一个新兴的销售方式,其在中国的前景无人能够预料,而且合作伙伴——上海烟糖公司也因为对未来不确定性的担忧而中途退出。蒙牛坚持了其与易购合作的网络营销模式,这种坚持源于蒙牛管理层大胆创意的文化和对这一营销模式的信心,而蒙牛的勇气和信心则源自他们对这一模式的深入分析。蒙牛与易购的合作并非是简单的无奈之选,而是深思熟虑后作出的谨慎决定。首先,2000 年网络销售虽然在我国刚刚起步,但在发达国家已经是一个较为成熟的产业,因此双方合作的技术风险并不高;其次,相对于传统的销售渠道,网络销售在很多方面能够降低买卖双方的交易成本。通过网络销售,蒙牛可以摆脱地域和传统销售网点的限制,以低成本向目标消费者营销产品。牛根生正是借助易购 365 这个网络销售平台,将牛奶送给了经过分析后选择的上海的 5 000 户家庭,请这些消费者品尝。如果依赖传统的销售方式,完成这样一个任务将是异常的费时费力。另外,通过网络销售平台,蒙牛以低成本收集到消费者的反馈信息,如购买行为记录。正是基于对这些数据的分析,蒙牛发现消费者已经开始重复购买蒙牛的乳制品,上海市场已经开始认可和接受蒙牛这个品牌,进而坚定了蒙牛在合作伙伴中途退出的情况下仍然坚持的信心。同时,网络销售改变了传统的乳制品生产商到销售商(如超市)最后到消费者的产业结构,蒙牛通过网络销售平台实现了与消费者的直接联系,这种距离的拉近不仅节省了中间环节的成本,而且有利于更好地了解消费者的需求特征并及时反应。当然,并非在所有城市、任何时期、任何产品都可以通过网络销售平台获益。这主要取决于两个基础因素:第一,是否拥有足够数量的网络用户;第二,是否有可靠的线下配送系统。首先,蒙牛与之合作的易购 365 是上海烟糖公司和上海第一食品公司于 1999 年成立的电子商务网上销售平台,2002 年已经拥有数十万客户。虽然相对于上海市千万级的人口总量这只占很小的比重,但是这却是一个代表性群体,他们受过较好的教育,对新事物、新产品有很强的接受能力,注重生活品质同且有一定的消费能力,换言之,乳制品的主要消费者就集中在这个群体中。其次,易购 365 拥有自己的物流配送系统和基于呼叫中心技术的客户服务中心,是当时国内少有的正常运转的网络销售平台。由于上海具备了网络销售平台发挥作用的基本条件,因此,蒙牛在上海市场的战略是一次胸有成竹的冒险。

3. 深圳——从小区到超市

深圳是中国面对世界的窗口,是我国重要的乳制品消费市场,但包括深圳在内的整个华南地区乳制品市场一直由广州达能主导、地方品牌为依托,外地品牌很难进入。这是因为深圳地处华南,与我国北方主要奶源基地距离遥远,加之该地区超长的酷热期,使牛奶这类中低温产品的长途运输成本高昂,而打开深圳营销渠道费用也是一般乳制品企业难以承受的。此外,深圳消费者对于来自内蒙古的牛奶并不热情,在蒙牛之前,伊利曾于 1997~1998 年进军深圳,失败而归。蒙牛初到深圳市场同样遭遇无人理睬的境地,这次蒙牛又一次发挥了集中化战略的优势:集中力量先从居民小区消费者开始,然后再做小店和商场超市。这一先一后的选择为蒙牛在深圳市场的成功打下了坚实的基础。与进入上海市场时相似,蒙牛同样没有选择直接与当地经销商合作,因为蒙牛在深圳没有市场认可度,尚未被当地消费者所接受,经销商对于与蒙牛合作销售蒙牛的乳制品带来的收益很难预测,这种不确定性导致此时直接寻求与经销商的合作是非常困难的。同时,由于深圳没有易购365,因此上海的模式也难以复制,这一次蒙牛因地制宜,采取了直销的模式。首先在小区支起摊位提供免费品尝,促销员身着蒙古袍,三五人一组,最多时达几百人,遍布主要社区。同时,针对城市小区家庭追求产品质量和对缺乏自然风光的特点,打出很有诱惑力的广告语:

提起深圳,你会想到高楼大厦,高科技;提起内蒙古,你自然会想到蓝天、白云、小羊,还有那从遥远年代飘来的牛奶的醇香……几千里路来到这里;不尝,是你的错;尝了不买,是我们的错……

这一尝,尝出了蒙牛的品质,征服了深圳的消费者,品尝过蒙牛产品的小区居民逐渐养成了喝蒙牛奶的习惯,并自发到超市指名要买蒙牛的产品。建立起自己的品牌后,之前经销商对蒙牛产品市场前景的顾虑和不确定性消除了,双方合作的障碍不存在了。因此,蒙牛牛奶由小区摊位到小店,由小店到商场超市,一路绿灯成功占领深圳市场,使蒙牛产品很快进入千家万户。最终,蒙牛牛奶成为深圳第一品牌!

2001年,在北京、上海、广州、深圳等大城市,蒙牛产品的销量都跃居市场前列,这对于成立只有两年多的蒙牛而言可谓是巨大的成功。蒙牛在三个主要市场的成功模式各不相同,但都取得了相似的结果——成功地建立起蒙牛在当地的销售网络,顺利完成了"先难后易"的市场策略。很多行业巨头都做不到的事情,为什么蒙牛做到了呢?如果说蒙牛有什么独门绝技的话,那就是坚决贯彻了先建立品牌,再寻求与经销商合作的策略。无论是北京大冰砖的"买赠"活动、上海的网络营销还是深圳的小区直销模式,都是蒙牛根据当地市场具体情况采取的有效的快速建立品牌的方式,并通过建立起的品牌效应,降低了经销商与之合作的不确定性和顾虑,进而迅速在当地市场立足。这一曲线救国的方法,使蒙牛快速建立起了品牌认可度,同时节省了其直接进入当地经销网络的高昂费用。

(四)以香港为跳板走向世界

2002年对于蒙牛是一个重要的年份。这一年10月,蒙牛以1 947.31%的成长速度位列中国超速成长百强企业(非上市、非国有控股)之首;12月,被誉为"全球样板工厂"的蒙牛和林格尔生产基地三期工程落成投产,当年蒙牛使用利乐包装超10亿;12月,摩根士丹利、鼎晖投资、英联投资等全球知名的投资机构共同向蒙牛注资2 599万美元;2002年蒙牛实现营业收入21亿元,在全国乳制品企业中的排名升至第4位,被评为"中国乳品行业竞争力第一名";牛根生当选"中国十大创业风云人物"、"中国经济最有价值封面人物"、"中国民营工业行业领袖"。经过三年多的发展,蒙牛在国内建立起了自己的品牌和稳定的市场份额,并吸引了摩根士丹利等国际投资机构的合作,此时的蒙牛已不是当初的初生牛犊了,而已经成长为具备相当实力的国内著名乳制品企业。正是在这样的基础上,蒙牛拉开了走向世界的序幕,我国香港则成为其走向世界的一个重要基点。

蒙牛初入香港时,香港消费者对大陆品牌并不认可,当地的商场、超市本能地拒绝与蒙牛合作。然而香港也是一个注重食品质量的地方,蒙牛凭借内蒙古大草原独特的奶源和由此制成的优质牛奶,辅以大量而又集中的营销攻势,从日本人开的崇光超市开始,经过半年时间,蒙牛奶的足迹遍布香港三大连锁超市。百佳190个分店里,120个有蒙牛牛奶;惠康255个分店里,24个有蒙牛牛奶;华润69个分店,全部有蒙牛牛奶销售。2003年5月,香港居民投票选举"超市十大品牌",蒙牛牛奶荣获"香港超市表现最优秀新产品奖",与可口可乐、雀巢等国际大品牌比肩而立。2004年,蒙牛成为香港牛奶第一品牌。根据AC尼尔森的统计数据,蒙牛砖牛奶的市场占有率达25%。同时,蒙牛以香港为跳板进入东南亚、美国塞班岛、加拿大等国家和地区,成为中国牛奶出口量最大的乳制品企业。蒙牛走出国门的成功主要源自其"世界牛"的目标和"前管理"的理念。牛根生说道:"从蒙牛创立那天起,我们就立志为父老乡亲建立一个'百年老店',为国家民族打造一个世界品牌。"所谓"前管理",就是一切机遇都要在来临前做好准备,一切竞争都从设计时开始。就如牛根生所说,与其说"决胜终端",不如说"决胜开端"。最初限于资源的束缚,蒙牛在北京、上海和深圳市场中主要是通过产品包装、销售渠道等方面的差异来赢得市场,但是要想保住"蒙牛"的品牌效应,赢得国内外消费者的信赖,获取长期的收益还需不断提高其产品质量。蒙牛不仅认识到这一点,更是早早的落实到了行动中。2000年,在蒙牛资金还非常紧张时,牛根生就决定采用"运奶车桑拿浴车间"和"闪蒸设备",实施"一净一稠"提高产品质量。"一净"着眼于卫生,蒙牛建起了我国第一个"运奶车桑拿浴车间"。这是一套保证奶源清洁的措施,奶罐车每从奶源基地向加工厂运送一次原奶,就要在高压喷淋设备下进行酸、碱、蒸汽及开水清洗,最大限度地保持了牛奶的原汁原味。"一稠"是通过"闪蒸设备"做到的,在百分之百原奶的基础上再剔除一定比例的水分,从而使草原牛奶闻着更香、饮着更浓。除此之外,2002年引入风险投资后,蒙牛自己的工厂落成投产。在建工厂方面,蒙牛的标准也是世界级的。蒙牛的工厂每天生产乳制品达1 000多吨,处理消化数万牧民生产的原奶,而如此大规模的生产车间,仅需要两三个人操作,全部在无菌环境下完成,被国际著名牛奶设备制造商利乐公司称为"全球样板工厂"。蒙牛的"全球样板工厂"虽然投资不菲,但有效地保障了产品的质量。2004年,蒙牛又引进国外技术,建起国内规模最大、设施最先进的"国际示范牧场",饲养万头奶牛,并聘请中国、美国、英国、澳大利亚、印度尼西亚、新西兰、新加坡等国的专业人员参与牧场的建设和管理,从而使得蒙牛产品在源头上保证了好品质。牛根生和蒙牛对产品质量不断投资的坚持为其成功进入中国香港、中国澳门、东南亚等国内外市场打下了坚实的基础,同时也为蒙牛带来了丰厚的回报。

五、奔腾的蒙牛(2005～2007年)

在这个时期,蒙牛完成了两项壮举:2005年销售收入超过100亿元;2007年销售收入达213亿元,成为全国首家收入过200亿元的乳制品企业;主要产品的市场占有率超过35%;UHT牛奶销量全球第一,液体奶、冰淇淋和酸奶销量居全国第一;乳制品出口量、出口的国家和地区居全国第一。蒙牛如此惊人的发展速度与其2004年实现上市获得充裕的资本支持不无关系,但2004年上市的企业不止一家,而上市后取得如此快速增长的企业却唯独蒙牛一家。我们不禁要问,蒙牛是如何使用上市资源,使其发挥如此大作用的?

(一)拓展产品线——酸酸甜甜就是我

2004年蒙牛在香港上市后,就制定了年销售额超百亿元的发展目标。这是一个怎样的目标呢?首先,纵观我国乳制品业的发展可以发现,1999～2004年是我国乳制品市场快速发展的时期,但进入2005年后,乳制品消费市场发展速度明显放缓,传统乳制品如液态奶等的消费总量增长缓慢甚至停滞,各大乳制品巨头的市场份额趋于平稳。其次,2004年,蒙牛的销售额是72亿元,百亿元销售额相当于在此基础上增长40%多,无论是通过不断拓展已有产品市场还是赢得新增消费量都很难达到这一目标。蒙牛选择推出新产品,利用已经建立起来的品牌效用,使新产品促进销售额的增长。在新产品的选择上,蒙牛确定了酸酸乳,这并非是随便作出的决定,要达到促进销售额增长的目的,新产品需要与已有主要产品在功能上有差异,至少不能是相互替代的产品,而酸酸乳从口感到功能方面都与液态奶、冰淇淋、奶粉等产品存在明显差异,不会出现自己产品系列的内部竞争。确定了酸酸乳这个产品后,下一步便是如何找到目标消费群体,让他们了解并接受它。酸酸乳的营销不是一件容易的事情,一方面,酸酸乳并非创新产品,而是一个近乎同质化的成熟产品;另一方面,伊利优酸乳已经先蒙牛一步进入乳制品饮料这个市场并占据了统治地位。因此,要取得消费者对蒙牛酸酸乳的认可并从伊利这样一个强劲的对手中夺取市场,使之成为蒙牛新的销售增长点,难度可想而知。此时,牛根生又发挥了他勇于啃硬骨头的精神,尽管面对重重困难,硬骨头还是要啃,但不是硬啃而是要巧妙地啃。2005年2月24日,牛根生与湖南卫视在长沙联合宣布,双方将共同打造第二届超级女声——"2005快乐中国蒙牛酸酸乳超级女声"年度赛事活动,并且选择首届"超级女声"的季军张含韵做产品形象代言人。此外,量身定做了广告曲《酸酸甜甜就是我》。酸酸乳和超级女声的组合可谓是成功营销的经典案例。蒙牛酸酸乳品牌定位年轻又有活力,主要目标消费群是年轻女生,而"超级女声"代表了新一代都市女性的年轻、活力和个性,选择这么一项电视赛事作为载体,使酸酸乳的个性化元素在其目标消费群面前得到充分展现,为产品找到了一个效率极高的营销平台。蒙牛购买"超级女声"冠名权的1亿元投资可谓物超所值,在"超级女声"的5个赛区:长沙、郑州、杭州、成都和广州五个城市,蒙牛都取得了风味奶销售战的胜利,蒙牛酸酸乳的销售额从2004年的7亿元暴增到2005年的25亿元,成为蒙牛2005年销售收入超百亿元的一个重要组成部分。

(二)治理制度创新

"三合论"和"阶段性"的用人原则是这一时期蒙牛如此快速增长的重要制度因素。"三合论"的核心思想就是"人岗匹配",其实质就是实现公司内部人力资本和生产资源的恰当结合,充分发挥资源的生产效率。牛根生很早就认识到这个问题的重要性,他曾表示:"选人是重要的难题。我的原则是'三合论'——在合适的时间、合适的地点把合适的人放上去,衡量人才要坚持岗位标准,离开岗位去谈抽象意义的人才没有太大的实际意义。陈景润是数学天才,但是在教师的岗位上却算不上好人才,所以岗位一定要与人匹配,千万不能错位,错位就会出现'大马拉小车'的激励不足和人力资源浪费以及'小马拉大车'的低效率。"在"三合论"的指导下,蒙牛很好地做到了物尽其用、人尽其才,每个蒙牛的员工都能在自己合适的岗位上发挥自己的能力,员工得到了职业的成就感,企业实现了资源的合理配置,可谓真正的"双赢"。

"三合论"主要针对的是基层管理和工作人员的配置问题,而"阶段性"用人原则则涉及蒙牛高层管理结构的变化——由集权到分权的管理模式。蒙牛是以牛根生为核心的几个创始人白手起家建立起来的,与很多类似的企业一样,蒙牛在创业最初的五六年里使用的也是一人身兼数职,所有权与经营权集于一身的集权管理模式,牛根生个人对企业的影响非常大,蒙牛内部就流传着:"老牛没发话,好多事情没法做"的说法。这种管理模式在初期是适合蒙牛的。首先,在创业之初,牛根生等创始人具有丰富的行业经验,具备应对企业发展中各种问题、引导企业向正确方向发展的能力和知识。其次,蒙牛创业之初正是我国乳制品行业快速发展的时期,蒙牛也面临着不断开拓新市场的需要,面对瞬息万变的市场情况,这种集中化的管理模式提高了蒙牛快速应对各种变化的能力。简而言之,牛根生等创始人本身就具备了蒙牛初期发展需要的各种知识和能力,集权的管理模式既不需要发生这种知识和能力在不同人之间转移的成本,也避免了分权管理模式下的代理成本。蒙牛自成立到2004年成功上市的成就就是这一管理模式适用性的体现。然而,2004年蒙牛在香港上市后,已经完成全国布局,并决定走向国际市场。随着蒙牛规模的不断增大,以及国内市场发展中不断出现的新变化和国际市场中的新情况,蒙牛创始人的知识和能力渐渐不能满足蒙牛发展的需要,如果再坚守以前集权的管理模式,势必使得蒙牛也走上家族企业经营权在家族内部小圈子中封闭循环、人才资本与企业经营权错配,最终造成企业被市场淘汰的老路。牛根生在这个问题上很早就有准备。成立之初,牛根生就"约法三章",其中就有一条是:管理层成员完成了阶段性的历史使命之后必须退出管理岗位。牛根生认为,就像火箭在升空的不同阶段使用不同的燃料并抛弃前一阶段的废弃物才能达到更高的轨道一样,企业也应该在不同阶段使用适合该阶段的人才,让已经发挥完该阶段能量的人退出管理岗位。因此,在经历了6年发展,站在世界市场上时,蒙牛果断地开始了管理模式的改革:老的创始人退出管理层,在全球范围内招聘合适的经理人进入管理层。在这次全球招聘中,原蒙牛副总裁杨文俊成为蒙牛新总裁,原郑州太古可口可乐饮料有限公司的林彤出任企划中心主任一职,来自正大集团的刘艳辉掌管蒙牛质量技术中心,雀巢液态奶的销售副总黄奎璋加入蒙牛的营销团队。这些新生力量也确实为蒙牛带来新的生机和活力,如现在大家看到的整箱牛奶上便于携带的塑料提手,特仑苏的外包装箱等人性化的创意都是杨文俊等新的管理层根据新的市场需求进行的设计。后来的事实也都证明这次分权的正确性,蒙牛持续的高速发展正是得益于其在合适的时间、采用合适的方式果断地实施了改革,实现了所有权与经营权的分离,将经营权赋予有能力的职业经理人。分权是大势所趋,但怎样实施、如何解决由此带来利益和权力的冲突、如何应对分权后由于信息不对称和道德风险所导致的所有者与职业经理人之间的代理问题以及这些问题能否得到有效的解决是决定分权成功与否的关键。在应对这些问题的过程中,牛根生的创造性再次得到展现。2005年,在牛根生的倡导下,一个新的机构——"蒙牛集团顾问委员会"正式成立,包括他自己在内的一些管理层的元老都进入顾问委员会,牛根生任主任。牛根生对顾问委员是这样定位的:只搞建言的事,不搞建设的事;只干服务的事,不干业务的事;只管验收的事,不管创收的事;只谋战略的事,不谋战术的事——总之一句话:给年轻人腾位子,为接班人出点子。这样一个创新可谓一举两得:第一,牛根生亲任该委员会主任,并主动让出总裁的位子,起到示范带头的作用;同时,并没有让这些元老彻底离开企业,而是让出经营权,仍然握有一定的战略决策权,这样的改革方式照顾了创始人的感情,大大降低了分权改革的阻力。第二,由元老组成的顾问委员会行业经验丰富,非常关心蒙牛的发展,这样的一个机构在公司中能够有效地监督职业经理人的经营行为,解决了分权带来的代理问题。"三合论"和"阶段性"用人原则的成功实施,解决了企业中人力资本和资源合理结合的问题,成为蒙牛持续高速发展的动力源。

六、结语

社会各界在评价蒙牛的快速崛起时毫不吝惜溢美之词,大家普遍将蒙牛的成功称作"奇迹"。从1999年的一间出租屋、几个人到2007年年销售收入超200亿元的行业巨头,仅仅8年时间就做到这一点本身就是一个"奇迹"。然而,蒙牛不仅是结果"奇",发展的过程中更是"奇"招百出。无论是在市场营销、生产模式、治理模式还是人力资源管理等方面,蒙牛都屡有奇特的创新,而每次创新都推动了蒙牛又一轮的快速发展。在感叹蒙牛"奇迹"的同时,我们更应该思考为什么蒙牛能够创造出这么多"奇"招?抛开这些"奇"招的不同表现形式,它们有没有什么共同之处?它们是通过什么机制和路径推动了蒙牛一轮又一轮的高速发展?对这些问题的思考,有利于我们找到蒙牛成功的核心规律,使第二、第三个蒙牛的出现成为可能。

Fast Development of Mengniu

Li Zengquan, Guan Feng

(School of Accounting, Shang University of Finance and Economics, Shanghai, 200433, China)

Abstract: Mengniu Dairy Company Limited was founded in 1999 by Mr. Niu Gensheng, and it took Mengniu five years from the beginning to become the NO. 1 of fluid milk sale who occupied 20.6% of the market share. At the same year, Mengniu went public in Hong Kong. Mengniu's sale revenues exceeded one billion in 2005, and two years later, this number has doubled to 2.13 billion, which was an outstanding record in dairy industry of China. In details, its market share of major dairy products was over 35%, the sales of fluid milk, ice cream and yoghurt ranked first in the nation while the sales of UHT milk ranked first in the world. Meanwhile, it acted as the biggest exporter of dairy products, selling its products to a wide range of countries and regions. What did Mr. Niu Gensheng do to create remarkable "Mengniu Growth" and "Mengniu Miracle" in such a short time? What's the key factor to success? Can the miracle be duplicated? We hope to get insight to these questions through a review of dairy industry and Mengniu strategies. This case applies to strategy management and entrepreneurship classes, offering students a chance to learn how to succeed in the traditional industry using untraditional minds and take the advantages of every variation.

Keywords: Mengniu Dairy; Industry Analysis; Strategy Management

案例使用说明

一、教学目的与用途

1. 适用的课程:"战略管理"。
2. 适用对象:研究生及 MBA。
3. 教学目标:了解创业型企业的发展历程及在这个过程中企业在生产组织、市场营销、公司治理等方面采用的策略,并通过分析这些策略成功的关键原因,使学员在企业发展的理论和实践上有所认知和提高。

二、启发思考题

1. 蒙牛建立之初采用"先建市场,后建工厂"的生产组织方式的合理性在哪里?
2. 蒙牛进军京、沪、深三地乳制品市场的不同营销策略均取得成功的原因何在?
3. 蒙牛上市后实施的"分权"改革对后来酸酸乳等产品的一系列新发展有什么推动意义?

三、分析思路

教师可以根据自己的教学目标(目的)来灵活使用本案例。这里提出本案例的分析思路,仅供参考。

企业发展过程中采用的生产组织方式、市场营销策略、公司治理模式等都应该围绕着降低交易成本、提高生产效率的核心展开。因此,能够推动企业发展的策略一定是有效地降低了交易成本和提高了生产效率。

四、理论依据及分析

分析该案例主要使用产权经济学的理论。这个理论的核心思想是:将市场中所有的经济活动都视为一种产权的交易,而在一定的环境中,交易双方总是试图以最合理的方式降低交易成本、提高生产效率。能否找到最有效的交易方式便成为成功的关键。因此,我们在关注蒙牛快速发展的过程时,应该注意分析在不同时段、不同地区,蒙牛灵活使用的各种方式通过什么途径降低了交易成本并提高了生产效率。

五、关键要点

根据所处环境采取因地制宜的方式提高生产效率和降低交易成本是企业获取发展动力的关键所在。能够从众多不同的表象中,梳理出企业进行的交易中实质的交易对象和环境对交易成本的影响是深入理解蒙牛快速发展的原因所需的核心能力。

六、课堂计划建议

本案例可运用于专门的案例讨论课。以下是按照时间进度提供的课堂计划建议,仅供参考:

整个案例课的课堂时间控制在80~90分钟。

课前计划:提出启发思考题,请学员在课前完成阅读和初步思考。

课堂计划:简要的课堂前言,明确主题 (2~5分钟)

    分组讨论,告知发言要求 (30分钟)

    小组发言 (每组5分钟,控制在30分钟以内)

    引导全班进一步讨论,并进行归纳总结 (15~20分钟)

课后计划:如有必要,请学员采用报告形式给出更加具体的解决方案,包括具体的职责分工,为后续章节的内容做好铺垫。

"红绿"之争
——"王老吉"商标争议给中国企业带来的启示[①]

摘　要：战略合作与协同效应是近年企业战略发展模式中的热点问题,然而在具体实施过程中企业需要对合作协议的内容纠纷、合作过程磨合问题以及最后的经济后果做充分的预期和应对。本案例以广药集团和加多宝集团围绕"王老吉"商标旷日持久的争议为分析对象,在全面回顾与总结双方在合作过程中各自的成败得失基础上,分析加多宝集团在品牌定位上的独到之处以及在运营"王老吉"品牌上的成功经验,从而引领读者更好地思考中国企业发展战略定位。同时,企业围绕着商标权的合作中到底有哪些应该考虑的因素也是本文分析的重点,如何在企业发展中更好地制定商标战略,企业在商标权的合作上应采取怎样的模式都是本案例解读的重点。本案例的研究为中国企业间商标和品牌的战略合作与协同提供了具有借鉴意义的思想和结论。

关键词：商标；品牌；战略合作

引　言

"怕上火,喝王老吉"——这句普普通通的广告词伴随着各方媒体铺天盖地的宣传,已经被越来越多的国人所熟知。小小的一罐凉茶,其作用真如广告所说,喝了就可以不上火吗? 至少,围绕着"王老吉"这一品牌的争夺,广州广药集团和香港加多宝集团不仅很上火,甚至不惜对簿公堂,这也正是近两年闹得沸沸扬扬,并频频见诸于媒体的王老吉商标"红绿之争"。虽然伴随着近期一系列仲裁和判决结果的出炉,这场争夺看起来似乎已经逐渐尘埃落定,但围绕着"王老吉"商标的争夺,人们不禁要问,一个流传了百年的中华老字号商标,为什么在广药集团的手中默默无闻,却在加多宝集团的手中重新焕发青春? 为什么企业间的合作总是在合作初期亲密无间,却在规模扩大、经济效益显现后形同陌路? 广药集团虽然在法律上重新拿回了"王老吉"的商标使用权,但"王老吉"还能延续当年的辉煌吗? 商标权的租赁对企业发展到底有何利弊? 企业间到底应该采取怎样的合作模式才能真正实现"双赢",而不是在恶性竞争中

[①] 本案例由上海国家会计学院、上海财经大学会计学博士刘凤委撰写,作者拥有著作权中的署名权、修改权、改编权。未经允许,本案例的所有部分都不能以任何方式与手段擅自复制或传播。
版权所有人授权上海财经大学商学院案例中心使用。
由于企业保密的要求,在本案例中对有关名称、数据等做了必要的掩饰性处理。
案例只供课堂使用,并无意暗示或说明某种管理行为是否有效。

相互消耗？围绕着"王老吉"商标的"红绿之争"已经开始被越来越多的研究者关注，想必会给发展转型中的中国企业提供诸多经验教训。

一、案例追溯——"王老吉"商标"红绿之争"的始末

（一）广药集团

广药集团广州王老吉药业股份有限公司的前身为王老吉药厂，由广东鹤山人王泽邦于1828年始创。当时他在广州十三行靖远街开设凉茶铺，经营大碗凉茶。凉茶铺附近都是些码头搬运工、黄包车夫及来往客商，人们但凡咽喉肿痛、口臭舌苦时，喝上一碗凉茶均能药到病除，"王老吉"从此声名远播，凉茶铺经常门庭若市。一些走南闯北的生意人纷纷要求将王老吉制成方便携带的成药，于是王泽邦便以前店后厂的形式生产纸包装的王老吉凉茶，并进行出售，这就是最早的王老吉药厂。

经过数十年的苦心经营，"王老吉"第三代子孙分别在中国香港和中国澳门设立分店，并在中国香港注册。解放后，王老吉凉茶的生产得到进一步发展，历经了工商业的社会主义改造和文化大革命的冲击。在更迭了王老吉联合制药厂、广州中药九厂、广州羊城药厂等多个名称之后，在1992年转制成为国有股份制企业，更名为广州羊城药业股份有限公司。

其母公司广州医药集团有限公司于1997年资产重组，成立了广州药业股份有限公司，并发行H股在中国香港上市。2004年3月，广州羊城药业股份有限公司更名为广州王老吉药业股份有限公司，至此，广州王老吉药业股份有限公司的名称与其产品宣告真正的合二为一。

（二）香港加多宝集团

香港加多宝集团（简称"加多宝"）隶属于香港鸿道集团，是一家以香港为基地的大型专业饮料生产及销售企业。目前，加多宝旗下产品包括红色罐装"王老吉"和"昆仑山"天然雪山矿泉水。作为国人熟知的红色罐装"王老吉"是加多宝于1995年推向大陆市场的产品。4年后，在中国广东省东莞市，加多宝以外资形式设立了红色罐装"王老吉"生产基地，随后，又于2003年底投资成立了加多宝饮料有限公司，2004年在浙江绍兴成立了浙江加多宝饮料有限公司，2005年在福建省石狮市投资成立福建加多宝饮料有限公司。随着业务量的进一步提高，为配合进一步在大陆开拓市场的策略，集团先后在北京、青海、杭州、武汉成立生产基地，并有多处原材料生产基地。

（三）双方的交集与争执

从加多宝在大陆市场迅速扩张的历史可以看出，1995年是加多宝推出红罐"王老吉"产品的元年，也正是在1995年，广药集团将红罐"王老吉"生产销售的相关权益租给了加多宝。1997年，广药集团与加多宝的投资方香港鸿道集团签订了商标许可使用合同；2000年双方第二次签署合同，约定了鸿道集团对"王老吉"商标的租赁期限至2010年5月2日到期。2年之后的2002年，当时的广药集团总经理李益民又与鸿道集团签署了一份补充协议，将租赁期限延长至2020年。

广药集团认为，时任广药集团总经理的李益民是在收取了鸿道集团数百万元的商业贿赂之后，才签署了将租赁期限延长至2020年的授权书，在李益民东窗事发之后，广药集团坚持认为该补充协议并不具有法律效力，商标租赁期应于2010年5月到期，因此自2008年开始，广药集团开始就此问题与香港鸿道集团交涉，但一直没有得到明确的答复。同年8月，广药集团向鸿道方发出律师函，声称李益民签署的两个补充协议无效。

2010年11月,广药集团启动了"王老吉"商标评估程序,经北京名牌资产评估有限公司评估,其品牌价值为人民币1 080亿元,摇身一变成了中国目前的第一品牌。同时在2011年4月,广药集团向中国国际经济贸易仲裁委员会提出仲裁要求,2011年年底,此案正式进入了仲裁程序。在历经半年的反复取证、讨论和审理后,中国国际经济贸易仲裁委员会于2012年5月9日作出裁决,要求加多宝停止使用"王老吉"商标。

而与此同时,在红罐"王老吉"越来越被国内消费者熟知的情况下,广药集团经过对自身产品的重新包装,推出了绿色的盒装王老吉产品,并一路搭便车迅速占领了部分市场份额,对加多宝的红罐"王老吉"构成了巨大冲击,加多宝集团对此也是无可奈何。

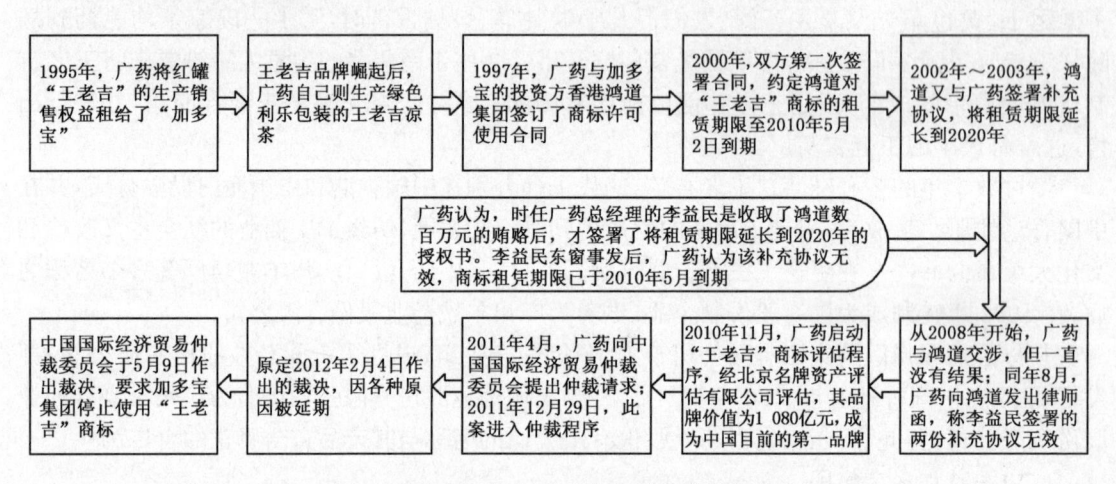

图1 广药集团与加多宝集团的交集与争执

二、案例反思——"红绿"双方各自的得失

(一)"红绿"双方品牌意识的模糊

十几年前,"王老吉"这三个字可能仅在两广(广东和广西)和浙南地区有着一定的知名度,但是十几年后,同样的三个字已经被全国数十亿人民所熟知,这就是普通商标和著名品牌的巨大差别。如果数十年后"王老吉"三个字还是之前的那个普通商标,广药集团会不惜气力的试图早日收回"王老吉"的商标使用权吗?

商标,是商品的生产者、经营者在其生产、制造、加工、拣选、经销的商品上或者服务的提供者在其提供的服务上采用的,用于区别商品或服务来源,由文字、图形、字母、数字、三维标志、颜色组合,或上述要素的组合,具有显著特征的标志,是现代经济的产物。在商业领域,文字、图形、字母、数字、三维标志和颜色组合,以及上述要素的组合,均可作为商标申请注册。经国家核准注册的商标为注册商标,受法律保护。商标通过确保商标注册人享有用以标明商品或服务,或者许可他人使用以获取报酬的专用权,而使商标注册人受到保护。

品牌,是给拥有者带来溢价、产生增值的一种无形资产,它的载体是用以和其他竞争者的产品或劳务相区分的名称、术语、象征、记号或者设计及其组合,增值的源泉来自于消费者意识中形成的关于其载体的印象,是人们对一个企业及其产品、售后服务、文化价值的一种评价和认知,是一种信任。品牌已是一种商品综合品质的体现和代表。

从以上概念性的介绍,我们可以看出商标与品牌的巨大差别。很显然,广药集团在与加多宝签订租赁合同时,"王老吉"这三个字只是一个普通的商标。根据2011年底双方撕破脸皮对簿公堂时,广药集团公开的双方商标租赁合同的细节显示:广药集团向香港鸿道集团收取的商标使用费十年间仅从450万元/年增加到506万元/年,而双方如果继续按现有合同合作到2020年,当年的商标使用费也将只有537万元。

"450万元就是当年定的收费标准,当时广药集团考虑到王老吉仍处于品牌培育期,只按照当时鸿道2亿元年销售额的2.25%作为商标使用费,此后这个标准一直没有变过,只是按照合同,每年约有9‰的上浮。"广药集团专门负责"王老吉"商标案的一位中层领导在接受采访时如是说。

而在此十年间形成鲜明对比的是加多宝行情的一路看涨,据不完全的公开数据统计显示,加多宝2002年销售额尚不及2亿元,2007年飙升到50多亿元。尤其是2008年加多宝为四川地震灾区捐款1亿元的举动及营销推动,当年加多宝销售额高达120亿元。2010年,其销售额超过150亿元。

按照国际惯例,品牌使用费一般是年销售额的5%。而据广药集团该中层透露,广药即便对旗下合资公司王老吉药业、白云山、记黄埔等,收取的品牌使用费都是按照销售额的2.1%收取。而如果香港鸿道严格按照销售额2.25%的比例给广药集团,按照其2011年150多亿元的销售额,要支付3.6亿元的商标使用费。因此,业内有一种声音认为,加多宝多年来一直在廉价使用王老吉商标。而来自加多宝方面的声音则主张,租赁合同签订时,"王老吉"只是一个毫不起眼的普通商标,十年间将其打造成著名品牌的是自己而非广药集团。当年签订协议时的450万元对于重组前的广药集团来说无异于雪中送炭,而经过十年的打拼,将"王老吉"打造成著名品牌后,广药集团撕破脸皮要收回商标未免有窃取果实之嫌。两种声音到底孰是孰非?

不可否认的是,"王老吉"作为一个存在了百余年的商标,在2002年以前其销售的地域性特征非常明显,在两广和浙南地区之外,并没有多少人了解这一生产凉茶的品牌,可以说,当年广药集团以450万元的价格将王老吉的商标使用权租借给加多宝集团是基本符合当时市场的基本情况的,这个价格也是双方都坦然接受的最终结果。

而加多宝集团在拿到"王老吉"的商标使用权之后,借助"王老吉"在两广及浙南地区已有的影响力,成功将其推广为全国人民耳熟能详的一个品牌,则是后话。这一点不仅当时的广药集团没有想到,可能加多宝方面也没有想到对该品牌的推广会如此成功。可以说正是"红绿"双方对品牌认识的模糊才导致了之后的巨大争议。

(二)"王老吉"品牌定位的高下

1. 广药集团的困局

营销学上有一个经典的小故事:某鞋厂派了两名推销员,一同飞往一个海岛开辟市场。刚一下飞机,他们就了解到所有岛民从来没有穿鞋的习惯。推销员甲心里凉了半截,立即向厂里发出电报:"这里没有市场,预计他们的需求量为零!"推销员乙却惊喜万分,也立即向厂里发了电报:"市场前景广阔,他们的需求量将从零开始。"结果甲回去了,继续着辛苦的推销生涯,整天为生活奔忙。而乙驻扎海岛,耐心地给岛民们灌输穿鞋比赤足要舒服的道理,最终岛民们接受了这一观念,鞋子的销售量猛增,乙成为领导一方的大区域经理。在这个简单的小故事里,广药集团和加多宝集团恰恰扮演了甲乙双方的角色。

"王老吉"这一品牌在运营之初就遇到了故事里的问题。在两广地区之外,人们并没有凉茶的概念,甚至在调查中频频出现"凉茶就是凉白开"、"我们不喝凉的茶水,只泡热茶"这些看法。而对于本文开篇时提到的"怕上火,喝王老吉"的广告语,内地消费者"怕上火"的需求已经被填补,他们大多是通过服用牛黄解毒片之类的药物来解决上火问题。

而在原有的对"王老吉"这一品牌有着较高认知度的两广及浙南地区,消费者普遍把凉茶当作去火功能比较显著的"药"服用,因此,无需也不会主动地经常饮用,在这些区域,"王老吉"反而受其名声所累,不能顺利地被消费者接受为一种可以经常饮用的饮料,销量也一直没有实质性的突破。

做凉茶困难重重,做饮料同样危机四伏。放眼当时的中国饮料行业,以可口可乐、百事可乐为代表的碳酸饮料以及以统一、康师傅为代表的茶饮料、果汁饮料基本处于难以撼动的市场领先地位。广药集团面对这一问题一筹莫展,所以将商标出租似乎已成为当时情况下的最佳选择。

2. 加多宝成功的品牌定位

品牌定位的制定,是在满足消费者需求的基础上,通过了解消费者的认知,提出与竞争者不同的主张。加多宝集团在对市场消费者进行了充分的调查之后,基本明确"王老吉"这一品牌的行业市场是饮料而非凉茶,更不是药水。但要想从可口可乐、百事可乐、统一、康师傅、哇哈哈等行业巨头嘴中抢食又谈何容易。

在"王老吉"之前,中国国内的饮料品牌在与国际品牌竞争的过程中,成功或者失败都不乏案例。"娃哈哈"品牌诞生于20世纪90年代,集团董事长宗庆后在当时的市场敏锐地发现了一个巨大的市场空白——儿童市场。得益于"喝了娃哈哈,吃饭就是香"的著名广告词与娃哈哈相对可爱、有着天然亲和力的品牌logo,娃哈哈在短短几年内迅速成长,并且在1995年推出了娃哈哈矿泉水,通过"爱你就等于爱自己"、"我的眼里只有你"等宣扬年轻、活力的广告词,获得了年轻人对这个品牌的巨大认同,同样取得了成功。

同样是娃哈哈集团,"非常可乐"这个品牌的定位就显得非常混乱和失败。所谓"中国人自己的可乐"并没有在配方和包装上有所突破,口味也与两大可乐相去甚多,最后只得以农村市场为主打,后来随着两大可乐对农村市场的重视,"非常可乐"的市场占有率逐年下降。

以上的竞争对手基本是在碳酸饮料、果汁饮料、茶饮料等方面不断挖掘卖点,而在这些方面,"王老吉"没有任何优势可言。如何成功定位这个品牌?经过市场研究人员的不断调查研究发现,广东当地的消费者饮用王老吉产品主要在烧烤、登山等场合,其原因只是"担心上火,先预防一下"、"可能会引起上火,但是没必要吃药"。在浙南地区的市场调研同样表明,消费者对王老吉的评价是"不会上火"、"健康,老人孩子都可以喝"。以上消费者的评价是不是科学、有依据其实并不重要,重要的是这是一个既定事实,是大多数消费者头脑中固有的观念。

消费者的认知和购买行为表明了一点,他们对于"王老吉"并没有治疗去火的要求,而是把它当作一款功能饮料,可以"预防上火",而"上火"是一个全国普遍性的中医概念,这也恰恰为"王老吉"走出两广、走向全国创造了一种可能性。毕竟当时市场上对于"预防上火的饮料"这一品牌的定位是一种空白,传统的菊花茶、清凉茶缺乏品牌推广,并未占据市场,而几大饮料巨头推出的可乐、茶饮料、果汁饮料等则并不具备"预防上火"的功能。加多宝集团正是抓住了这样一个机会,成功地喊出"怕上火,喝王老吉"的广告语。由此我们可以看出,开创新品类永远是品牌定位的首选,一个品牌若能将自己的定位区别于强势对手,只要广告传达出这种新意,往往可以达到最惊人的效果,"王老吉"也正是通过这样的途径,被打造成了享誉全国的知名品牌(如表1所示)。

表1　　　　　　　　　　　　　王老吉饮料历年销量　　　　　　　　　　单位：亿元人民币

年　份	销　量	年　份	销　量
2002	1.8	2003	6
2004	14.3	2005	25
2006	40	2007	90
2008	120	2009	150

（三）加多宝公司的战略失误

广州药业于2012年7月16日公告，控股股东广州医药集团收到北京市第一中级人民法院日期为2012年7月13日的民事裁定书。根据该裁定书，北京市第一中级人民法院就鸿道（集团）有限公司提出的撤销中国国际经济贸易仲裁委员会于2012年5月9日作出的仲裁裁决的申请作出裁定，驳回鸿道（集团）有限公司提出的撤销国际经济贸易仲裁委员会关于"王老吉"商标仲裁裁决的申请，该裁定为终审裁定，基本为广药集团和加多宝的"王老吉"商标争夺案画上了句号。

可以说，加多宝虽然在"王老吉"产品的品牌定位、品牌推广及产品销售上都表现得风头强劲，但是在品牌战略上还是犯了不少错误。

1. 在合作初期对于将来缺乏一个系统性的打算

和中国式所有蹩脚的合作一样，加多宝和广药的合作也是重复着"江湖式进入，法律式退出"的模式。

事实上，在合作初期，加多宝就应该明确合作思路，在合同中完善对"王老吉"商标的控制权。由于合同只规定了"王老吉"商标的租用年限，从这一点来看，加多宝从合作开始就注定了要给广药集团做"嫁衣"。

1997年2月13日，广州羊城药业股份有限公司王老吉食品饮料分公司与香港鸿道集团有限公司签订了商标许可使用合同。合同规定鸿道集团有限公司自1997年取得独家使用"王老吉"商标生产销售红色纸包装及红色铁罐装凉茶饮料的使用权，合同有效期至2011年12月31日止，有效期为15年。之后，双方于2001年续签合同，有效期共计20年。而这纸合同伴随着时任广药集团总经理李益民受贿案的东窗事发而变为废纸一张，可以说法庭的判决完全是有理有据的。

但是，如果当事人双方在签订协议时能够再多考虑一下，而不是简单的支付一笔商标租赁费了事，是否可以形成对双方都更加有利的"双赢"局面呢？

比如，可以执行时间阶梯品牌租赁条约，以5年为界限，每5年根据商品的销售量增加一次租赁费用；或者双方签订一份对赌协议，如果加多宝公司可以在几年内将"王老吉"的销售额做到一定的高度，则在品牌租赁权上，加多宝公司就有优先续约权。

可惜的是，在这次合作中，双方一开始就觉得15年挺长的，没有向更远的未来思考，以至于今天在法律上对簿公堂和在市场上大打出手成了必然。

2. 合作中期在销售量一再突破的情况下错过了修正合作内容的机会

2002年，"王老吉"的销量才1.8亿元左右，还没有爆发式增长。在这5年中，加多宝的主要精力都用在了组建生产、销售团队，拓展营销渠道以及品牌推广等事务上，而忽略了与广药集团进行谈判和修正合作条件的机会。

2002年以后,"王老吉"的销量开始呈爆发式增长。2003年,"王老吉"的销售额为6亿元;2004年为14亿元;2005年为25亿元;2006年则为40亿元。此时,加多宝集团应该意识到了品牌所有权对于延续品牌辉煌的重要性,在这个时候,让出部分股权来获得"王老吉"品牌的永久使用权是最好的时机,可惜的是,这时候的加多宝缺乏一个品牌的长远规划,只想利用行贿的办法多出500万。

而在后几年增长爆发期向"王老吉"扑面而来的同时,加多宝也错过了修正合作的时机。广药集团看见"王老吉"已经如此火爆,既眼红于加多宝集团在这个品牌上获取的丰硕利润,又乐于见到加多宝集团将"王老吉"的品牌做大做强。毕竟,伴随着"王老吉"品牌的不断升值,广药集团作为商标的拥有者也是获益丰厚。随着2007~2010年王老吉销售额的不断提高,广药集团也不忙于同加多宝集团谈判商标归属权的问题,而是忙着一边开启"'王老吉'商标评估",将其评估为中国第一饮料品牌,一边搭着红罐"王老吉"的便车,以近乎零成本的宣传费用推出了绿盒"王老吉",并一路取得了不错的销量。此时,关于商标归属权谈判的主动权已经不掌握在加多宝手中。于是,一方开始等待合作结束期限快速到来,一方则开始惧怕合作结束期限的到来。

3. 企业战略的缺失,"去'王老吉'化"的一再延迟

可以说,如果加多宝有系统的战略思维,那么就应该在销售达到25亿元时考虑到将来失去这个品牌的企业战略风险。如果说在2005年达到25亿元的时候还没有这种意识,那么在2007年达到90亿元的时候,是不是应该有这种战略意识呢?

遗憾的是,虽然加多宝团队中广告公司和策划公司表现很好,对"王老吉"的品牌打造、营销渠道都做得很好,但在战略上的缺失却导致了之前的一切努力都是在为广药集团做"嫁衣",尤其是在如今"王老吉"品牌被估值为1 080亿元人民币的时候。

其实仔细想来,5年前王老吉销售额为90亿元的时候,加多宝与广药在商标合作上的机会已经基本为零了,更何况在后几年,红罐"王老吉"的销售量一路突破了160亿元。如果在当时,加多宝能够启动第二品牌,用加多宝也好,用别的品牌也好,巨资打造与"王老吉"竞争的品牌,就绝不会有今天的被动局面。而当时的加多宝集团则因为先期对"王老吉"品牌的大量投入,不得不仰仗这个品牌获得高额利润,迟迟没有推出一个真正可以取代"王老吉"的产品,即便是加多宝集团同期推出的"昆仑山"矿泉水,也并非凉茶类产品,只是对其产品结构的一个补充。

一个销售额达200亿元左右的企业,在过去的5年中却在其战略上存在极大的风险,且受制于人。这不仅在国内罕见,在世界上也是罕见的。加多宝在战略上一直不独立,受制于人。对"王老吉"品牌的巨大投入如今被广药集团照单全收,这不能不说是一个巨大的悲剧。

4. 仓促应战广药集团

自2008年开始,加多宝就应该意识到和广药品牌租赁中可能存在的合作风险。后来虽然又违规签约了5年,但事实上意义也不是很大,在距离合作结束之前,加多宝至少有3~5年的时间准备应对和广药合作上的失败,这么长的时间应该足以让加多宝制定清晰的战略和得当的应对策略。可是,在市场上,我们看到却是无战略、不从容的加多宝,看到的是仓促更换品牌、仓促变革渠道物料、仓促提出法律应诉等,更遗憾的是,加多宝没有在知识产权上做其他辅助性的保护,而今天却还在和"王老吉"争谁到底"怕上火"。

更重要的是,2010年合同终止后,加多宝还在生产销售红罐"王老吉"。为此,广药集团将加多宝告上法庭,索赔75亿元。如果这个诉讼一旦被法庭采纳,那么,"王老吉"可能面临的高额赔偿将是对企业的重大打击。

5. 忽视了事件营销的重要性

应该说营销是加多宝的拿手好戏,多年来对于"王老吉"产品的成功营销已经证明了这一点,但是在这次法律仲裁和判决事件面前,加多宝忽略了事件营销的重要性。当所有的传统媒体、网络平台、搜索引擎都在铺天盖地地宣传这件事情的时候,绝大多数标题仍然以"王老吉"为关键词出现,例如,"广药集团收回'王老吉'商标"、"'王老吉'商标之争,到底谁胜谁负"之类的词句,极少含有"加多宝"这三个字。

其实,大部分消费者并非商界或经济界的专业人士,他们对于商标之争并没有多大兴趣,很多消费者对于"王老吉"和加多宝的关系都搞不清楚,媒体报道又一边倒地把"王老吉"作为关键词而忽略了"加多宝",面对以后市场上出现的两种品牌,消费者自然首选他们熟悉的"王老吉"了。

加多宝在裁决结果出来的第一时间就应该主动在大众化的媒体上宣传是加多宝失去了"王老吉"商标的使用权,并迅速将原来的"王老吉"凉茶进行改名。失去商标权并不是什么见不得人的事情,更不是大众深恶痛绝的食品安全质量问题,加多宝应给消费者树立"标没了,本还在"的理念,让消费者自己去讨论"王老吉"与加多宝的关系,从而树立"现在的加多宝就是以前的'王老吉'"的消费概念。

事件营销贵在时机的把握,加多宝由于准备不足,错过了"加多宝失去商标使用权"这一事件进行营销的最佳时机,可以说,错过了最后借用"王老吉"这一品牌的绝佳机会。

(四)无形资产的衡量与划分——商标价值增值部分应该归谁?

商标的价值体现在商业使用中,而使用的方式主要包括商标转让与商标使用。根据我国法律的相关规定,商标使用许可包括独占许可、排他许可与普通许可三种方式。而无论何种许可方式,商标许可使用协议均为商标所有人在一定的地域和时间范围内让渡商标使用权的民事行为,商标所有人在商标许可期限届满之时,有权利收回该许可,被许可人若超期限使用则构成商标侵权。

本案例的问题在于,"王老吉"从一个默默无闻的地方品牌,经过商标租赁人——加多宝数十年的精心培育、巨额宣传,成为享誉全国的驰名商标,身价也飙升至千亿元人民币。而在此期间,商标所有人——广药集团并没有任何投入和付出,他们的坐享其成是否合适呢?

一种观点认为,如果一个商标因为商标租赁方的使用和宣传而产生巨额增值,那么对于增值部分应该在商标所有人和商标租赁方之间进行合理的界定和分割。商标作为企业的无形资产,其价值可以通过评估进行量化和定位。评估应分为两个阶段,一是商标使用许可时的价值评估,二是商标许可期限届满时的评估,后者减去前者即为商标的价值增值部分。

对于商标评估的具体方法,可以采用目前比较流行的"割差法",即先以收益现值法评估企业的整体资产,再以重置成本法评估企业的有形资产,所得差值即为企业的无形资产价值,再减去企业其他无形资产,如商号、版权、专利、商业秘密等,剩下的就是企业商标价值。

商标的价值增值部分通过商标评估确定以后,就应当就商标的增值价值部分在商标所有人和被许可人之间进行合理分割。需要注意的是,造成某一商标或品牌的增值因素是复杂的,主要有使用者的宣传与推广、商品或服务的质量、销售的地域范围、销售额及企业的社会形象等,所以对于商标增值价值的界定应该个案分析。我国现有的法律规定并没有对于商标许可期间因被许可人的宣传推广所产生的商标增值价值的处理。在这种背景下,企业最好的办法是通过协议的方式对此类问题进行明确约定。

一种声音认为,虽然在这个案例中,商标许可的使用类型是普通许可,但在加多宝使用"王老吉"商标期间,生产经营"王老吉"凉茶的仅有广药集团和加多宝集团两家,并无其他主体,因此商标宣传推广的功劳也仅此两家。从事实上看,加多宝集团对"王老吉"商标的宣传投入了巨额的广告费用,从1997年至今,"王老吉"的商标知名度已与加多宝的兴衰紧密联系在一起,广药集团收回"王老吉"商标使用许可,可以根据上述办法进行商标评估,并通过折价补偿的方式回收商标。而另一种声音则认为,如果双方在之前的协议中并未就商标的增值问题达成一致,则广药集团可以无偿的收回商标使用权,毕竟加多宝已经在前10年的经营中通过"王老吉"这一品牌获得了巨大的利润。如果回收商标要补偿加多宝集团,是否之前加多宝获得的超额利润也应该额外的付给广药集团一部分?既然法律没有明确规定,广药集团的做法也就无可厚非了。

三、案例反思——对中国企业转型的启示

(一)多元化和专业化哪个更适合当今的中国企业

从国内外的各类企业发展轨迹可以看到,企业发展壮大的最终出路无外乎两种选择:一个是始终如一的专业化战略,另一个则是条件成熟后的多元化战略。无论走多元化(如宝洁公司)还是专业化路线(如可口可乐公司),这两种战略都有成功的经验,也都有失败的教训。但纵观中国企业的发展现状,几乎所有发展壮大后的优秀中国企业都或多或少地进行过品牌延伸的多元化努力,而它们曾面临的危机与衰亡也大多与品牌过度延伸的多元化扩张战略有关。例如,联想集团为了实现其成为国际一流企业的梦想,勾画了三年宏伟蓝图,实施了品牌延伸的多元化跃进之梦,使联想六大群组向不同竞争领域进发,不得已承受着来自每个领域强劲对手的压制,一次又一次落入战略跟随的陷阱,最终被迫接受品牌延伸失败的惨痛现实,重新回归专注化经营。反观"王老吉",加多宝始终专注于以凉茶为核心的红罐"王老吉"产品,凭借其专心致志和不懈努力,坚持进行消费者概念培育,通过对产品实行规模化生产、品质优化、渠道宽覆盖、广告密集化等策略,借助奥运营销以及品牌价值提升战略,最终使"王老吉"成为"中华饮料第一罐",并远销东南亚和欧美国家,完美诠释了专业化是形成品牌强势的关键要素。

诚然,多元化是很多企业在达到一定规模后努力想寻求自身突破的一个途径,但应当看到,成功实施品牌延伸的多元化战略需要具备相当充分而苛刻的条件:第一,实施多元化战略的企业必须拥有一个超越于具体业务的企业发展战略,从而使企业战略更加强调未来远景与总体控制,避免业务单元成为缺乏战略的利润中心。第二,实施多元化战略的企业必须在公司层面拥有一个强调组织学习能力与创造性的核心竞争力,以支撑多业务的扩张。第三,实施多元化战略的企业必须拥有一个竞争性的企业远景目标和具备筛选功能的业务模型,从而使企业业务"多而不乱,既具有大企业的强势,又具有小企业的敏捷"。第四,实施多元化战略的企业必须拥有强势凝聚力和控制力的企业文化,以使企业能够通过共同的理念减少管理成本。现阶段,我国有多少企业可以具备这些条件?阿里巴巴总裁马云先生曾说:"中国目前具备搞多元化实力的企业不超过5家。"虽然我们不能完全确认这个数目,但是他所反映出的"企业应谨防多元化陷阱"的观点足以引起我们的共鸣。

广药集团在收回"王老吉"品牌之后,似乎有将"王老吉"品牌延伸到其旗下的各个领域之嫌,开始使用加多宝红罐"王老吉"产品的图片、广告语、捐款活动乃至销售数据,并公开声称以"王老吉"品牌为核心平台,整合其他品牌进行招商工作,招商范围涉及饮料、食品、白酒、保健品甚至医疗器械。能否成功?看起来困难很大。

近年来,国际知名企业的专业化进程愈发明显,大型跨国企业开始愈发重视企业专业化,

甚至是产品的专业化进程。产品专业化是指企业集中生产一种产品,并向各类顾客销售这类产品。这一方式通常能使企业比较容易地在某一产品领域树立起很高的声誉,而且可以作为企业进一步发展的基础。以当今全球最炙手可热的苹果公司为例,史蒂夫·乔布斯(Steve Jobs)在接手苹果公司后的最大手笔就是砍掉了原苹果公司的多项产品部门,专心致力于手机和平板电脑这两项产品的研发和销售,保证了所有的技术部门、销售部门、服务部门可以集中精力开展Iphone、Ipad这两项产品的市场推广,在竞争激烈的电子产品行业,苹果迅速扭亏为盈,在2011年2月超越诺基亚成为全球第一大手机生产商。伴随着以上两项产品在全球的普及,苹果公司在2011年8月成为了全球市值规模最高的上市公司。这是迄今为止产品专业化最成功的案例。

企业实施品牌延伸的多元化战略,取决于企业内因和环境外因两个层面,受到核心品牌竞争力和"感知质量"、延伸品牌产品特性和市场特性等诸多要素的影响。只有正确地判断企业和市场,全面、冷静、客观地了解自己,企业才能制定恰当的目标,找到适合自身发展的道路,避免由于冲动而盲目踏入"多元化陷阱"。我国目前还处于市场经济尚不完善的阶段,企业的战略策划、经营管理、成本控制、团队文化的水平还有待于进一步提高,因此,目前的中国企业在尚不具备如此条件的情况下,似乎更应该选择专注于品牌核心价值的培育,专注于细分市场,做大、做精、做强。

企业的专业化到底是什么?说到底应该是企业的核心竞争力,核心竞争力是一个企业能够长期获得竞争优势的能力,是企业所特有的、能够经得起时间考验的、具有延展性,并且是竞争对手难以模仿的技术或能力。近年来,大多数中国上市公司的发展模式具有逐利性,哪里有短期的巨额利润,就盲目地进军相关产业。虽然在短期内,这种投机行为可能会给企业带来相对丰厚的利润,但这种营业模式上的趋同使得众多企业陷入了激烈的同业竞争。而伴随着近期房地产、金融投资行业的不景气,这些企业发现,由于投资转移所需要支付的成本太高,公司已经失去了原本拥有的在主营业务上的优势,原有的核心竞争力荡然无存。加多宝在整个发展过程中,最让人欣赏的一点就是心无旁骛地专心做好红罐"王老吉"产品。

(二)专业化企业的优势到底在哪里

相对于加多宝来说,广药集团的规模显然要大的很多。根据相关的资料介绍:广州医药集团有限公司是广州市政府授权经营管理国有资产的国有独资公司,主要从事中成药及植物药、化学原料药及制剂、生物医药制剂等领域的研究和开发(R&D)以及制造与经营业务(P&M),近年来在医药商贸物流、大健康产业等方面有了持续快速的发展,是广州市重点扶持发展的集科、工、贸于一体的大型企业集团。广药集团拥有"广州药业"(香港H股、上海A股上市)和"白云山"(深圳A股上市)两家上市公司及成员企业近30家。2012年,广药集团位居中国企业500强第277位,除现在基本已收回的"王老吉"品牌之外,还拥有"白云山"、"陈李济"、"中一"、"抗之霸"等5件中国驰名商标,此外还拥有十几件广东省驰名商标。

从广药集团的简介不难看出,相对于加多宝的"专而精",广药集团可谓是"大而全",作为一家专业的大型制药企业,广药集团在饮料销售方面基本没有经验和基础,而对"王老吉"的定位始终停留在这只是一种中药制剂的凉茶阶段,而且,坐拥多个知名品牌的广药集团也没有充分的精力来照顾这个看似和其他品牌并无多大区别的百年老牌子,将"王老吉"这个当时并不盈利的品牌租借给加多宝公司,每年可以入账利润几百万元,看似是一个不错的选择。

专业化企业是指在技术、产品、服务、市场等环节具有高度的独特性、差异性、市场认同性,从而具有市场独占性、反应快速、竞争优势明显、利润最大化的商业运作模式。作为一家专门从事饮料生产和销售的企业,当年的加多宝的规模相对广药集团要小很多,但正是"专而精"的特点成就了"王老吉",也成就了加多宝。对于加多宝来说,做好"王老吉"产品是他们唯一的方向和出路。

加多宝作为销售、服务为一体的专业化饮料企业,深知产品、服务的技术水平是企业专业化的一个非常重要的因素,是企业专业化的基础。企业所提供的产品和服务包含了多少高新技术、应用了多少先进的手段,这些将直接影响企业的专业化水平。技术越尖端、方式越先进,企业专业化水平的基础将越牢固。这也正是他们当年以高价从广药集团手中租下"王老吉"商标使用权的重要原因。首先,王老吉商标在两广和浙南地区有一定的影响力;其次,作为一款有一定药效的凉茶,其独家的配方也是整个产品中最核心的部分。

加多宝公司充分认识到了产品、服务的技术独特性对专业性企业的重要性。技术对企业专业化的贡献,不在于技术的科学价值。无论多么先进的技术,都必须通过特定的产品和服务造福于人类才能真正转化为生产力,通过对技术的应用和创新,形成自己独特的产品和服务,从而占据独特的细分市场,拉开与竞争对手的差距,避开激烈的市场竞争。在特定的技术基础上,差异化越明显,专业化越强。

广药集团在未出租商标的使用权之前,对王老吉产品的定义和认知还是停留在传统的凉茶阶段,消费者也更多的将其当作"药"进行服用,这种定位当然只能将其销售锁定在两广地区,因为两广地区以外的消费者根本对传统凉茶这一区域性的产品缺乏概念,更没有人会在健康的状况下去主动买药喝。

而加多宝接手后,迅速通过相关的咨询公司对"王老吉"进行了崭新的市场定位,将其定义为一款预防上火的功能性饮料,随后在原有配方的基础上进行改良,将其开发成为甜味且略带中药味的饮料,以适应广大消费者的口感需要,并利用市场上的真空地带——即几大饮料巨头缺乏相关的功能饮料产品,而市场上已有的相关饮料产品不成气候的有利条件,一举占领了市场。不生产碳酸饮料、果汁饮料、牛奶饮料,而是为传统的凉茶引入新的概念,通过营销手段让广大消费者乐于接受,这就是加多宝差异化的竞争手段,也是其最大的成功之道。

相对于广药集团,加多宝专业化的优势主要体现在以下几个方面:

1. 差异化

专业化能力可以加强企业的差异化,创造多个竞争优势。例如,差异化的公司能通过较高的产品定价和抢占新市场来增加收入;与外部专家合作能增加利润并允许公司退出无利可图的市场;内部管理更少的资产可帮助公司重新分配资源,以投资更具战略意义的业务。实现差异化需要企业强化关注力和专业知识,提高对核心业务的控制能力,这在某种程度上能产生强大的风险抑制力。加多宝在2003年业务进入井喷期后能迅速集中精力不断整合资源,进行战略投资,进一步扩大生产规模,从而成为整个市场的引领者,与此是密不可分的。在占据市场的前提下,"王老吉"罐装饮料的定价比起其他同体积罐装饮料的价格普遍要高近1元,这也是产品差异化给"王老吉"带来的额外利润(如表2所示)。

表2　　　　　　　　　　加多宝公司历年扩大投资记录

时间	事件	投资额(万美元)
1995年	加多宝公司成立,广东东莞建厂	2 000
1999年	东莞扩建二期	3 000

续表

时间	事件	投资额(万美元)
2003 年	北京经济技术开发区建厂	3 000
2004 年	绍兴袍江工业区建厂	2 500
2005 年	福建石狮市祥艺镇建厂	3 000
2006 年	广东南沙开发区建厂	10 000
2007 年	杭州下沙经济开发区建厂	2 500
2008 年	湖北武汉经济技术开发区建厂	9 980

2. 快速反应能力

快速反应是专业化企业的第二个优势。一直以来,企业都在精心设计的基于机会预测和威胁假设的业务模式中运行,迫使客户接受公司的价值主张。这些企业充满了固定流程,不仅延长了推出新业务所需的时间,还大大制约了有效协作的能力。相比之下,专业化企业通过业务模块化、消除非关键业务组件、利用现有外部专家等特点,快速感知并响应意外的市场环境及客户需求的变化。

广药集团作为大型国企,虽然经历了股份制改革,但自身机构的庞大和国企的背景还是束缚了其对于市场变化做出快速反应的能力。而且,国有企业更多的运营要求是稳健而非冒进,在机会和风险同时出现的情况下,很可能为了规避对等的风险而丧失相应的机会。

相对而言,加多宝就敢于在市场营销的过程中打破常规,不按常理出牌,在"王老吉"的销售渠道上,加多宝不仅通过传统的超市、便利店等销售渠道,更创造性地直接与酒楼、饭店签约,通过与酒楼饭店分成的形式提高自身产品的市场占有率,如此灵活有效的机制和快速反应的能力确实无法直接移植到广药集团身上。

3. 高效率

专业化企业的效率也远远高于采用传统业务模式的企业。传统企业致力于一体化整合,乐于投资固定资产,追求自主开发核心能力,并希望在所有业务领域创建规模优势。专业化企业则把主要资源聚焦在具有战略意义的业务模块。专业化企业不同于传统企业,他们能够灵活地适应成本结构和业务流程,在更高的生产力、成本控制、资本效率和财务可预测性水平上降低风险并开展业务。

以上所述在这两家企业中表现得尤为明显。加多宝高效率的决策能力在多次机会和危机面前都显得非常突出,尤其是在几次大的公共事件上,其及时而出彩的表现(面对地震、泥石流等全国人民关注的自然灾害时的善举)赢得了无数消费者的青睐,也为自己赢得了口碑。

(三)商标权租赁与现代企业的合作模式探讨

"王老吉"商标之争的背后,其实暴露了如今租赁品牌的尴尬境遇,也折射了商标被租后的多舛命运。其实,时下国内很多老字号品牌正面临着与当年"王老吉"一样的状况,在经营不善、生存困难的现实下,为了盘活这些具有历史文化价值的老字号,不少地区政府或者企业就采用向外商出租品牌的模式,期待借助外力使这些濒危的老字号重焕生机。

一方面,租赁者常常担忧遇到诸如加多宝这样的难题,由于商标所有权非其所有,未来商标的拥有者随时可能因为利益问题,突然收回品牌,因此租赁者一直不敢全力做大、做强,结果造成很多租赁品牌做得不温不火,甚至退回老路。另一方面,即使将老字号品牌发扬光大,一旦租约到期，所有权方和租赁方无法达成签约协议时，租赁方只好忍痛放弃前期的巨大投入另起炉灶，双方对品牌的争夺往往两败俱伤，对品牌造成巨大伤害；品牌易手后，原商标所有者能否延续原有的辉煌，也具有极大的不确定性。

以双方围绕着"王老吉"商标的实际争议来看，目前"王老吉"品牌实际存在两层权利：一为所有权，二为承租权。商标的所有权实际上完全掌握在广药"王老吉"手中，而加多宝得到的只是租借使用的权利，这种运作方式本身就存在着巨大的不确定性，一旦租约到期并且无法达成续签协议时，加多宝只能放弃其前面的巨大投入，如此的利益衡量之下，加多宝完全可能在租约到期前接着"王老吉"打响的名气力推其他品牌，而有意搁置或者减弱"王老吉"的品牌影响力。

事实上更为重要的是，一旦广药集团原负责人李益民与加多宝在1995年签署的租借合同，最终被认定为双方当事人恶意串通损害国家利益从而导致无效，那么广药集团就可以立即收回红罐"王老吉"的商标权。这就意味着，对加多宝而言，无论租约何时到期，只要采取租借这种形式，本身就隐含着其自身利益被损害的可能性，同时也可能进一步损害"王老吉"这个已经日臻成熟的品牌的形象和运作。而现实的情况却是，由于加多宝已经向红罐"王老吉"倾注了大量的心血，目前正是收获超额利润的时刻，如果商标使用权突然由于当初的一些瑕疵因素而被削减甚至取消，对加多宝而言无异于釜底抽薪。

从数据上来看，2003年红罐"王老吉"的销售额由2002年的1亿多元猛增至6亿元，并冲出广东；2004年，全年销量突破10亿元；2007年的销量则更是达到了顶峰的80亿元。与加多宝主导的红罐"王老吉"气势如虹形成鲜明对比的，是广州药业旗下的"潘高寿"凉茶，2007年时销售额只有5 000万元左右。

此时，由于"王老吉"这一品牌的迅速崛起，广药开始重新审视"王老吉"这个昔日不被重视、轻易便租借给港方的品牌。由于手中还握有盒装"王老吉"的商标权，广药集团开始对20世纪90年代中就已上市，但口味较偏苦、销量很低的绿色盒装的"王老吉"凉茶进行再度包装。

在盒装"王老吉"迅速按照罐装改良口感后，广药集团开始不惜血本广泛地进行广告宣传投入。于是人们发现，当"怕上火，喝王老吉"成为耳熟能详的广告后，"王老吉也有盒装"迅速蔓延开来，两者稍有区别的是，罐装"王老吉"的广告最后一个定格镜头，画面上是三个单词"JDB"，而盒装"王老吉"的广告则没有这个产品标识定格。借助于红罐拉动之下，2007年绿包"王老吉"销售额达到7.1亿元。

同时，由于绿色盒装"王老吉"价格更低、更有老式凉茶韵味的包装，其在迅速占领超市的货架、便利店后，开始进入红罐的传统领地——餐馆、酒店以及娱乐场所。此时，红绿"王老吉"的市场冲突已经不可避免，双方常常同时展开推销，大唱对台戏。

市场调查机构的数据统计，2009年纸盒装"王老吉"销售增长达到26%，而罐装"王老吉"则下跌了10%。虽然表面上两方对外都宣称红绿"王老吉"之间是和谐共生、共享市场收益的共赢局面，但随着绿色势力借势不断的崛起，红绿之间的市场争夺必然带来了消费者认知上的混乱。

商标其实是一个复合概念，一个完整的品牌商标实际上由多部分组成，一般来说有字体、文字、图形、外观设计等方面。不过，在"王老吉"红绿分割的商标划界中，双方只是约定了红罐"王老吉"的商标使用权归于加多宝使用，但却没有考虑到一个商标上可能涵盖多少可能使用的权利。正是因为没有规定哪些权利可以共享，哪些只能专属使用，才造成了如今广药王老吉在商标使用上可以非常轻易地"搭便车"。

面对国内一些老字号的这种结局，如何使得品牌拥有者与品牌租赁方或运营方达成真正的平衡、实现长久共赢,就成了当务之急。在当初双方合作时,投资方就应该未雨绸缪,预知并预判到将来可能出现的风险,并为此制定出严密完备的预防性条款。

其实总体看来,简单租赁品牌、支付品牌租借费的合作模式往往不稳定且不容易做大,现在越来越多的企业合作都没有采取这种合作模式。在品牌价值和市场大幅增值以后,双方若结成战略合作伙伴共同发展,以品牌入股,或采用收购、控股形式进行合作,应该是比较好的合作方式,这也是未来品牌合作的趋势。

而近来广药集团与香港银基集团针对旗下品牌"潘高寿"的合作则证明了以上观点,双方就"潘高寿"品牌的合作确定采取"授权＋股权"的经营模式,双方捆绑互惠,都将参与合资公司的业绩分成。广药集团作为"潘高寿"品牌的所有人,将"潘高寿"的品牌授权给合资公司广州潘高寿食品饮料有限公司使用,银基集团按协议规定支付品牌授权费用外,双方都将参与合资公司的业绩分成,对其盈亏负责,共担市场风险,共享市场收益,这一以双方捆绑和互惠的模式成为"潘高寿"拓展经销渠道的新探索。

(四)企业的商标意识与品牌战略

"王老吉"商标之争纷纷扰扰的背后,终究是商业利益的博弈,无论这场商标之战的最后结果如何,对于加多宝而言,都是一个刻骨铭心的教训。导致加多宝陷入被动局面的最大原因,就在于当初对"王老吉"商标战略的不当设计。加多宝当初在设计品牌战略时,以下几个问题都或多或少值得商榷:

1. 选择取得"王老吉"商标的所有权,而非使用权

从十多年来对于"王老吉"凉茶产品兢兢业业的打点和经营来看,加多宝对于做大、做强这个产品是抱有理想的,在租赁的初期即使没有这方面的考虑,那么在之后的经营不断扩大的情况下,为什么没有向这方面进行适当的努力?

2. 选择商标的独占许可,而非普通许可

独占许可与普通许可相比最重要的区别在于,商标使用人可以保障自己对商标的专属使用,排除商标所有人与第三方对商标的使用。采用独占许可的方式,可以独享使用人对于商标的宣传与推广所带来的市场声誉,同时可以避免其他使用者的同类或不同类产品对产品造成的混淆或冲击。否则,当使用者投入巨大的人力、物力、资金取得商标的市场声誉后,很难以普通许可人的身份拒绝"搭便车"的行为。如果加多宝选择了商标的独占许可,最起码可以避免后来在绿盒"王老吉"上所遭受的损失。

3. 约定的商标使用许可期限过短

即使加多宝在当初取得国字号背景企业的"王老吉"商标比较难,退一步讲还可以通过约定较长的商标使用期限来摊薄商标的宣传推广费用,充分利用商标增值的价值。同时,也可以给自己留下充分的时间去推出替代性的产品。现在看来,加多宝对于"王老吉"的打造变成了"一场辛苦为谁忙,为他人做嫁衣裳"。

4. 对商标的宣传推广没有进行明确的责任划分

一般来说,商标宣传推广的义务都是由商标所有人承担的,然后所有人再根据被许可人的销售额向其收取一定的宣传推广费用。而本案中加多宝作为被许可人,承担了绝大多数的宣传推广支出,这也为日后合作的破裂埋下了伏笔。

5. 对商标的增值价值利益的归属未作出明确规定

这条在之前已做详细论述,在此不再赘述。

可口可乐公司的总裁曾经说过这样一句话:"即使可口可乐的工厂一夜之间被大火毁掉,

但只要有可口可乐这个商标,我们马上可以东山再起。"对于这个价值 700 亿美元的"全球最具价值品牌"来说,这句话绝非空谈。在当今商标与品牌越来越成为企业最重要的无形资产的今天,商标与品牌对于企业的生死存亡有着至关重要、不可估量的意义。企业如何在现有的法律框架下,在激烈的市场竞争之中,在合理的游戏规则内,合理、有效地设计并运用实施自己的商标战略,是值得所有中国企业深思的问题。

四、后记

2012 年 5 月 9 日,广药集团正式收回红罐"王老吉"凉茶的生产经营权,但对于广药集团能否经营好"王老吉",市场上一直弥漫着一种不信任的气氛。在造成不信任的众多因素中,产能"瓶颈"和销售渠道成为了最突出的两大问题。

首当其冲的是产能问题,按照广药集团的规划,收回经营权后,要在 5 年内完成红罐"王老吉"300 亿元的销售额,2020 年达到 600 亿元的规模。与庞大销售规模的愿景相对应的,是广药集团目前生产能力尚小的生产线规模。根据一份来自中银国际的分析报告显示,2011 年,加多宝红罐"王老吉"销售总额为 160 亿元,而广药集团绿盒"王老吉"的销售总额为 19 亿元,约是前者的 1/8。

2012 年 6 月 15 日,就"王老吉"大健康公司与银鹭、统一、汇源已经敲定红罐"王老吉"代工协议的传闻,广药集团市场部人士向《南方日报》记者表示,近期将会召开新闻发布会进行统一回应。此前,王老吉大健康产业有限公司董事长吴长海曾表示,不排除授权更多企业代工的可能性,以加大进度来生产并满足市场的需求。据了解,除了找企业代工生产,广药还将兴建自己的生产线。

目前,新装红罐"王老吉"已经授权了实达轩(佛山)饮料有限公司、广西宏邦食品有限公司、珠海市西部天元食品公司、深圳市深晖企业有限公司 4 家企业代工生产"王老吉",如果银鹭、统一、汇源 3 家企业代工的消息属实,加入广药代工企业名单的企业数量将达 7 家。

问题在于广药集团在此之前没有大规模做饮料行业的经验,但是现在突然接下了这么大的盘子,于是在各地疯狂地招人,这些人没有经过专业的培训和磨合,直接派到各地去接管工厂。因此在质量管控、产品标准、流程化管理方面可能会出现各种各样的问题。

在销售渠道方面,广药集团一样遇到了麻烦。加多宝在销售渠道的拓展与维护上已经经营了多年,在地方上有丰富的人脉与市场资源,与广药集团比起来,优势非常明显,广药集团的渠道优势更多的还是集中在传统的药品销售上,而药品行业和"王老吉"的产品关联度实在太低。由于加多宝多年的努力,"王老吉"产品原有的销售渠道基本处于饱和状态,广药集团新渠道的开拓其实就是从加多宝的碗里分一杯羹,其难度可想而知。而加多宝方面虽然在前期犯了本文之前提到的几个明显错误,但亡羊补牢,为时未晚。在广药紧锣密鼓进行产能和渠道布局的同时,加多宝也没有闲着,在品牌营销上多面出击,在渠道上采取了防守之势。

针对加多宝和广药集团持续至今的"王老吉"商标诉讼战,明眼人很清楚。事实上,商标权的归属基本上已经尘埃落定,加多宝尽管提出了上诉,这只是缓兵之计,加多宝方面只是想通过争议,尽量地强化加多宝和"王老吉"之间的品牌关联度。尤其是通过电视、报纸、网络等媒体的多方位立体宣传,让广大的消费者和受众明确,现在的新凉茶"加多宝"才是以前的"正宗凉茶王老吉"。

事实上,正是在等待最终仲裁结果的时间里,以营销长袖善舞著称的加多宝,相继开展了一系列动作。自2011年起,加多宝公司出品的红罐已逐步改名,2011年至2012年5月的红罐产品印着"加多宝出品王老吉",2012年5月之后彻底改名为"加多宝",并在各种广告中宣传"全国销量领先的红罐凉茶已改名加多宝"、"不再使用过去17年沿用的商标"、"还是原来的配方,还是熟悉的味道"。

加多宝先后冠名安徽卫视"势不可挡"、浙江卫视"中国好声音"等娱乐节目,举行的"红动伦敦,畅饮加多宝"活动、助学捐款公益项目等也搞得风风火火。尤其是以6 000万元人民币冠名浙江卫视的"中国好声音"节目取得了巨大成功。"正宗好声音,正宗好凉茶"的广告语再次取得了空前的成功,伴随着"中国好声音"在短时间内红遍大江南北,红色罐装的"加多宝"凉茶成功地深入人心。据统计,2012年1~4月,加多宝一共向电视、报刊、户外等媒体投放了11.74亿元人民币的广告,同比增长了52.6%,而广药集团同期的广告投放仅为700万元。不得不说,加多宝作为专业化企业,其高效率和对市场的快速反应能力成为翻盘的关键。加多宝短时间内密集亮相,意图快速提高品牌知名度,重新创造之前"王老吉"的辉煌。食品饮料业内专家分析,从"怕上火,喝王老吉"到"真正凉茶加多宝",加多宝想给消费者造成一种印象:现在的"加多宝"就是以前的"王老吉",只不过是新瓶装旧酒。

在自己的优势之地——渠道方面,加多宝也做好了防御工作,以备广药集团入侵。加多宝深耕市场多年,建立起了庞大的全国销售体系,而这也被外界认为是其与广药集团竞争最强的杀手锏。据了解,加多宝已与众多核心经销商签署了排他性的合作协议,冀望以渠道优势封杀广药集团。

不过,广药集团内部人士此前曾向媒体透露,大健康的经销团队和销售团队基本上已经组建完成,有相当一部分是红罐"王老吉"的老经销商客户。目前,广药也正在整合"白云山"、"潘高寿"等旗下其他凉茶品牌的销售渠道,力争全面抗衡加多宝集团。

继商标之争、正宗凉茶之争后,一个共同的问题摆在广药和加多宝面前,那就是如何赢得消费者的认可,进而占据市场主流品牌之位。消费者是买"王老吉"还是买"加多宝",或者是其他品牌的凉茶,这一选择将直接决定谁才是这场旷日持久战的最后胜利者,也将决定在"王老吉"原有的200亿元市场中,谁能分到更大的"蛋糕"。

用几年时间创下惊人的销售业绩,最后因为内乱而遗憾收场,这样的发展史也曾体现在中国饮料业巨头"健力宝"身上。企业治理的权力之争、复杂的资本运作、地方政府和企业管理者之间的博弈、创始人和投资人以及经营者之间扯不清的利害关系,都有可能对一个民族品牌造成毁灭性的打击。希望加多宝和广药集团的竞争能形成良性循环,这样才是广大凉茶消费者的最大福音。

Disputes Between Guangzhou Pharmaceutical Holdings Limited & JDB Group Regarding The "Wang Lao Ji" Trademark

Liu Fengwei

(*Shanghai National Accounting Institute, Shanghai, 200000, China*)

Abstract: Strategic cooperation and synergistic effect are hot topics of enterprises strategic development in recent years. However, in practice, the enterprises need to have full expectation and preparation for the dispute of cooperation contract, the running-in during the cooperation, and the final economic results. This case analyzes the prolonged disputes between Guangzhou Pharmaceutical Holdings Limited and JDB Group regarding the "Wang Lao Ji" trademark. Based on the overall reviewing and summarizing of each party's success or failure in their cooperation, this case analyzes JDB's unique feature in brand positioning and the success experience in operating "Wang Lao Ji" brand, so to inspiring the reader's thoughts on Chinese enterprises development strategy positioning. Meanwhile, what aspects shall be considered during the cooperation in connection of trademark, is also a key point of this article. Other key points also include how to make a better strategy concerning trademark, what models shall be followed in the cooperation regarding trademark. This case study provides referential thoughts and conclusions for the strategic cooperation and coordination on trademarks and brands among Chinese enterprises.

Keywords: Trademark; Brand; Strategic Cooperation

案例使用说明

一、教学目的与用途

1. 本案例主要适用于"公司战略"、"品牌管理"等课程。

2. 本案例的教学目的：本案例拟对广药集团和加多宝的投资方香港鸿道集团围绕着"王老吉"这一品牌商标使用权长期以来的争议进行详细的描述。力争通过此案例，使参加"公司战略"课程的学员对企业间战略联合时如何采取合适的合作模式进行思考，使学员在课程结束后认识到企业在发展方向上应该走怎样的道路，如何选择专业化的方向，又该如何在与其他企业合作的过程中对未来的发展形势作出合理的预判，如何更好地明确相互之间的权利与义务，真正地做好优势互补，以避免较大的利益冲突，真正实现企业战略联合的双赢。

二、启发思考题

1. 结合加多宝成功的品牌定位策略，如何解决你所在公司的产品定位问题？怎样的差异性定位才能实现该产品在市场上的突破？

2. 结合所在企业的实际，你认为多元化方向还是专业化方向更适合当前企业的发展？试分析其利弊。

3. 你认为企业在实现品牌合作上还应该注意哪些问题？你如何看待商标增值后所有者与租赁方的权益分割？

三、分析思路

教师可以根据自己的教学目标（目的）来灵活使用本案例。这里提出本案例的分析思路，仅供参考：

1. 中国经济发展的大环境与企业专业化或多元化发展的选择。

2. 企业间战略合作的模式与风险控制。

3. 如何在企业专业化的大背景下更好地实现企业战略合作?
4. 企业对于品牌的塑造与定位,如何成功地将品牌与产品结合?

四、理论依据及分析

1. 品牌战略理论。
2. 公司专业化与多元化理论。
3. 商标权的租赁。
4. 无形资产溢价的分割。

五、背景信息

1. 广药集团和加多宝集团的发展历史及其与"王老吉"品牌的渊源。
2. 广药集团与加多宝集团商标争议的全过程。
3. 加多宝集团去"王老吉"化的过程。

六、关键要点

1. 目前的中国企业到底是适合专业化发展还是多元化发展?本案例的讨论列出了企业走专业化道路的诸多好处,但企业发展壮大具体走怎样的道路,还要结合企业的实际情况来决定。

2. 企业必须树立牢固的商标意识和品牌战略,在考虑到类似商标租赁的合作模式时,必须考虑到所有权与使用权的关系,商标品牌溢价时的权益分割等问题。

七、课堂计划建议

本案例可运用于专门的案例讨论课。以下是按照时间进度提供的课堂计划建议,仅供参考:

整个案例课的课堂时间控制在80~90分钟。

背景资料介绍,让学员明确此案例的争议全过程 (5~10分钟)

分组讨论,确定发言要求和发言主题 (30分钟)

小组发言 (每组5分钟,控制在30分钟以内)

归纳总结 (15~20分钟)

宝甲公司圈子创业过程

● **摘　要**：本案例描述了上海宝甲国际贸易有限公司（简称"宝甲公司"）如何利用周宁商帮独有的圈子资源、发现创业机会、积累行业经验并开发创业机会的完整创业过程。宝甲公司于2009年底起步运营，到2012年已发展成为一家集大宗商品贸易、实业投资、仓储物流于一体的企业。在宝甲公司的发展过程中，圈子资源起到了非常重要的作用。然而，圈子资源也在无形中给创业者、公司的发展带来了很多束缚。为了避开圈子创业带来的弊端，宝甲公司于2010年下半年开始从事化工贸易，试图通过新的业务来帮助公司转型，但是效益并不理想。当前，宝甲公司面临发展转型的困惑以及钢铁贸易行业（简称"钢贸行业"）平均利润的不断减少、行业同质化愈加严重的考验，可以说，宝甲公司的未来发展仍然具有很大的不确定性。

● **关键词**：宝甲公司；圈子创业；周宁商帮；发展转型；案例研究

引　言

没有充沛的启动资金、没有特别的技术，宝甲公司于2010年正式成立。

相比其他同行人，宝甲公司创始人王辉，依靠周宁商帮的圈子资源优势，在公司创立的过程中可谓是顺风顺水。在同乡同学的帮助下，王辉向银行借到了500万元启动资金；依靠周宁亲戚公司里获得的工作机会，王辉获得了行业经营的经验；在弟弟、妻子等亲戚的公司事务分担下，王辉很快就带领宝甲公司挣得了第一笔收入。

一、钢贸行业的周宁商帮

（一）世界钢材看中国，中国钢材看华东，华东钢材看周宁

自1992年以来，钢贸行业的发展历程大致可以分为四个阶段：资源钢铁时代、信息钢铁时代、金融钢铁时代和资本钢铁时代（见表1）。每个阶段的市场环境不同，行业运行模式也有着不同的特点。钢贸行业是一个资金密集度很高的行业，所需资金巨大（按目前行情，通常1吨钢材要4 000多元，但是不同时期钢材价格会有很大波动）。处于中间环节的钢贸商，除了正常

[①]　本案例由上海财经大学国际工商管理学院刘志阳、韩越、岑超撰写，作者拥有著作权中的署名权、修改权、改编权。未经允许，本案例的所有部分都不能以任何方式与手段擅自复制或传播。

版权所有人授权上海财经大学商学院案例中心使用。

由于企业保密的要求，在本案例中对有关名称、数据等做了必要的掩饰性处理。

本案例只供课堂讨论之用，并无意暗示或说明某种管理行为是否有效。

的交易佣金收入外,还可以利用钢材进出价格的高低赚取差价。

表1　　　　　　　　　　　　　　钢贸行业发展阶段

阶段	时间	市场环境特点	钢贸行业盈利情况	钢贸商行为表现
资源钢铁时代	2004年以前	钢铁产能稀缺,市场信息不对称	谁掌握资源,谁就掌握了财富,通过信息获取超额利润	低买高卖
信息钢铁时代	2004～2008年	钢铁产能从稀缺变为剩余,网络公共平台的建设逐步解决信息不对称的问题	失去超额利润空间,挣取平均利润	通过网络平台广告(如Mysteel网站)来宣传企业品牌,公司经营职业化特征逐渐形成,发展速度的差距开始显现
金融钢铁时代	2008～2010年	钢材期货于上交所上线,金融期货成为钢铁等大宗商品的避险和获利工具	由于期货起到了缓冲价格波动、指导远期价格的作用,进一步压缩了利润空间	部分钢贸商开始从事投机活动,这给其他钢贸商都带来了心理层面的很大影响
资本钢铁时代	2010年至今	政府释放4万亿元,银行放贷增加,资金充沛	利润空间很低,钢贸商很容易借到钱,但钢贸商经营同质化的弊端逐步显现	将资金投入房地产等其他行业,或开设钢材市场,或做担保公司,借此来赚钱

在全国的钢贸市场中,上海目前约有12 000多家钢材贸易企业,钢铁交易量约占全国的1/6,是全国乃至全球最大的钢贸企业聚集地之一。据上海市工商业联合会钢铁贸易商会(简称"商会")统计,周宁人在上海钢贸领域里占据的份额是上海钢材贸易零售领域的90%,现货领域的90%,批发领域的70%。据周宁人的测算,平均每10户人家中,一定有一家从事钢贸生意;在人口不足20万的小县城里,有逾6万人在上海及周边从事钢材贸易。从20年前因贫困而远近闻名到如今的车水马龙,周宁县的巨大发展,离不开周宁人的勤劳与智慧;而"周宁帮"——中国第一大商帮的建立,更离不开周宁人强大的抱团精神。而这种抱团精神,正是圈子创业的核心表现。

(二)周宁商帮发展史

对于创业者来说,创业初期所需的巨额资金是钢贸行业的最大进入壁垒。然而,周宁县——一个并不富裕的福建东北部的小县城,却走出了一个又一个成功的钢贸商,短短十多年就控制了上海建钢市场的半壁江山。

"肯吃苦、讲诚信、乡亲团结"是周宁人的信念。周宁商帮——这个颇具实力和凝聚力的商帮,是靠四代周宁人一步一个脚印,经过不懈努力组建起来的(见表2)。

表2　　　　　　　　　　　　　　周宁商帮四代总结

	代表人物	主要业绩	特　点
第一代("50后")	周华瑞	创立"前店后库"的经营模式;在上海逸仙路开设了全国第一家钢材现货交易市场	创业者白手起家,在经营模式上有很大的创新,为上海周宁商帮的形成与发展打下很好的基础
第二代("60后")	蔡书鹏	复制"前店后库"的经营模式,在江杨南路、铁冈、松江相继开设了钢材市场	创业者白手起家,或带着部分资金,转行到钢贸行业

续表

	代表人物	主要业绩	特 点
第三代("70后")	缪先瑞	成立集团公司,规范公司运作,打通钢贸领域的全部环节	全产业链,开始多元化发展之路
第四代("80后")	王辉	成立上海宝甲国际贸易有限公司等,展露出新的活力	市场环境的变化使钢贸行业风险加大,凭借"周宁商帮"所提供的资源发展

1. 第一代周宁钢贸商

第一代周宁钢贸商是指以周华瑞先生为代表的"50后"。

当时,随着浦东土地开发,上海经济迅速发展,建筑工程多,钢材需求量大,又逢计划经济体制向市场经济体制转变的特殊时期,钢材供应不再由国企垄断,越来越多的周宁人在亲戚朋友的带动下到上海淘金,钢材贸易成了大多数周宁人的选择,周华瑞也是其中一位淘金者。他于1993年白手起家,在上海逸仙路开设了全国第一家钢材现货交易市场。

刚到上海时,周华瑞先生在工地帮人家推小推车、运输石头,由于他工作认真、处事灵活,老板对他十分看中,给了他10万元,希望他能出去做一番事业。于是,周华瑞从物资经营部开始,倒卖钢材,慢慢做了起来。

在积累了一定资金以后,周华瑞租下了逸仙路的仓库,开始探索钢材贸易的经营模式。之前,逸仙路的钢贸店都由钢贸商各自经营,钢贸商一般都选择在店面中将每个钢材品种都放一点来进行销售,以供客户多样化选择,但是量都无法做大。经过一段时间的观察和思考,周华瑞想出了一种新的经营模式,在他的带领下,钢贸商们将钢材集中放进周华瑞的仓库,并交付一定的租金,然后,在仓库前面各自经营店面,共享客户资源,互相调货以弥补原材料的不足,形成了一种"前店后库"的经营模式。于是,最早的钢材交易市场就这样形成了。

这种"前店后库"的模式不但为顾客提供了更多的选择,更为交易提供了很大的便利,因此越来越具影响力,逸仙路的钢材生意也越来越红火。这种模式的转变为周宁人提供了一个做生意的新办法,相比于竞争,各钢贸商将店开在一起,更多的是互相提供帮助。在这种模式下,各钢贸商可以做不同品种,也可以互相调货。这种模式使得钢贸这个资金密集型产业在没有资金的情况下也可以得以运作。

2. 第二代周宁钢贸商

第二代周宁钢贸商是以蔡书鹏先生为代表的"60后"。他们于1997年、1998年进入钢贸行业,有的在亲戚朋友的帮助下白手起家,也有的因为对钢贸行业比较看好,带着一部分资金转行到这个行业。他们复制着先前第一代周宁人开创的"前店后库"的经营模式,在江杨南路、铁闵、松江相继开设了钢材市场,并取得了成功。自此,钢材市场开始逐步走向繁荣。

3. 第三代周宁钢贸商

第三代周宁钢贸商是以缪先瑞先生为代表的"70后"。目前,由缪先瑞先生建立的缪氏集团已经发展成为一家集钢铁贸易、物流仓储、金融服务、电子商务和投资于一体的多元化发展的企业集团,并于2011年被评为"上海钢贸50强",而缪先瑞先生本人也荣膺"十大风云人物",得到了郎咸平的充分肯定。

4. 第四代周宁钢贸商

第四代周宁钢贸商是"80后"的一代,他们追随前辈们的足迹来到上海,希望能在钢贸行业里有一番作为。然而,市场环境的变化让钢贸行业多了许多风险,钢贸行业也不再是一个令人向往的淘金库。尽管如此,这群年轻的"80后"却依然展露出了周宁人经商的天赋,凭借"周宁商帮"所提供的得天独厚的圈子资源,在上海钢贸行业展露出新的活力。宝甲公司的董事长王辉先生便是这第四代人中的一员。

二、宝甲公司概况

宝甲公司于2010年开始运营。目前,公司的主营业务分为两个板块:钢铁贸易和化工贸易(见表3)。

表3　　　　　　　　　　　上海宝甲国际贸易有限公司

上海宝甲国际贸易有限公司 地址:上海闸北区共和新路3737号共和国际B座303~308室			
主营业务	化工贸易		钢铁贸易
主营产品 (客户为导向, 需求量大)	·高密度PE ·低密度PE ·线性PE		·流通品——好卖 ·特殊钢材(为主)——流通小、利润高 特殊钢材主要有: a. 硅钢:做电机,变压器等小制品;与国家环境有关,行情变动厉害 b. 汽车钢:卡车;叉车;根据客户需求采购
业务开始时间	2010年下半年		2010年上半年
平均年销售额和盈利能力	1.5亿元,毛利润2%;净利润1%多		1亿元
部门人员	7人		5人
上下游	上游:国有企业 (中化国际、上海农资国际、浙江前程石化股份等) ↓ 上海宝甲国际贸易有限公司 ↓ 下游:相关国内制造企业 (常熟市中联光电新材料有限公司、浙江万马高分子材料有限公司、上海医药物资有限公司)		上游:国有企业 (宝钢、武钢、鞍钢等企业) ↓ 上海宝甲国际贸易有限公司 ↓ 下游:相关制造企业
风险来源	物流、付款		
企业荣誉	宁德市上海商会副会长单位 上海钢铁服务业协会理事单位 周宁县上海商会会员单位 诚信示范企业(上海钢铁服务业协会颁发) 争创百家质量信誉双保障优秀企业(上海市场调查中心颁发) 全国百强钢材营销企业(中国物资信息联盟现代物流报社颁发) 宝钢宁波钢铁有限公司代理经销商 日照钢铁控股集团有限公司一级代理商		

公司的钢铁贸易从2010年金融危机结束后起步,2011年的年销售额达2亿元。目前公司共有5位员工从事钢贸业务。钢贸业务主要包括两种:一种是流通品,包括螺纹钢、线材、热轧卷板等,此类货品流通量大,容易出售;另一种是特殊品种,此类品种流通量小,利润高。目

前,公司从事特殊品种的贸易较多,主要包括用来制作电机、变压器的硅钢,生产卡车、叉车的汽车钢等,公司坚持以客户为导向的贸易模式。公司的上游企业主要为大型国有企业,包括宝钢、武钢、鞍钢等,结算方式为钱到发货;下游企业为相关制造企业,公司财务一般要求全款到账后再送货,特殊情况可以特殊考虑。目前,公司已与中铁、西北电力等大型企业形成了长远而深厚的合作伙伴关系。

公司的化工贸易从2010年上半年开始起步,2011年的年销售额达1.5亿元,预计2012年可以达到4亿元,利润点(毛利润)为2‰,由于物流外包构成了一定的成本,净利润较薄,为1‰左右。目前,公司共有7位员工从事此项业务。公司经营的主要产品为塑料粒子,包括高密度PE、低密度PE和线性PE三大类,公司坚持以客户为导向,根据客户的不同需求提供相应的产品。公司的上游货源主要来自中化国际、上海农资国际、浙江前程石化股份等国有企业;下游企业主要是国内的生产厂家,包括常熟市中联光电新材料有限公司、浙江万马高分子材料有限公司、上海医药物资有限公司等,这些客户都是由专门的团队通过网络、电话、会议等获得的。

公司的化工贸易经营模式主要有两种:一种是"搬砖头"式的经营,即在业务员提供报价给塑料制品厂家并成功找到客户后,到市场上寻找价格最低的货源,送货给厂家,从中赚取差价;另一种是"低买高抛"式的经营,鉴于团队成员都有着丰富的经验,通过对行情走势的观察、评估、预测,选择合适的时机,调用部分资金、囤货,等行情合适时再抛出。前者的风险较小、客户稳定,但是利润较低;同时,在这种现货交易的模式下,回款和物流外包也存在着一定的风险。而后者虽然利润较大,但是相应地,风险也较大。

经过多年的稳健经营,宝甲公司现已发展成为一家集大宗商品贸易、实业投资、仓储物流于一体的大型企业。随着公司的发展与业务规模的扩大,公司于2011年从宝山钢材市场搬迁到共和国际商务广场,这将为公司日后的经营提供更多的便利。

三、王辉与他的圈子创业

(一)通过同学圈子第一次接触钢贸行业

王辉,1984年出生,周宁人,毕业于福建师范大学,曾在当地的一所中学担任教师。而与此同时,他的许多高中同学正打算,或已经在外地创业,不少已小有成就。虽然不敢贸然放弃教师这份稳定的工作,但在高中时最好的两个朋友肖灵、徐亮的怂恿下,趁着2004年暑假,王辉还是去了肖灵、徐亮二人设在苏州的钢材市场,第一次真正接触了今后将改变他一生的钢贸行业。

"我当时的想法就是去感受一下,也并没有决定到底是否要放弃原来的工作。我跑到苏州,在朋友的帮助下,学着跑客户、配货,才逐渐开始熟悉钢材贸易这一行业。"王辉回忆道。

当时,王辉的主要工作就是骑着自行车,一个工地一个工地的跑,把公司给出的钢材报价单给采购经理看,询问采购经理是否正好需要他们公司提供的钢材。这个看似简单的工作中却有很多技巧,初出茅庐的王辉,和同行比要显得稚嫩很多,但是王辉却善于总结与观察,学习了很多相关的技巧,为以后的事业积累了不少的经验:比如,花20元买一个安全帽伪装成工程师,并把自行车停在比较远的地方,从而可以顺利地进入工地不受阻挠;又或者为了拉到客户,报价时刻意报一个比较低的价格来吸引客户,却在报价单的最后写上"因价格变动比较大,以电话咨询为准",只要客户打电话来,就可以想办法留住了。虽然在整个暑假期间王辉并没有接到什么大的单子,但是在十几年后的今天,王辉仍然可以清晰回忆起卖出第一单时的激动——"中茵集团,临时需要角钢,价格不错,量也不大,当场成交,货到付款。我当时还并不知道中茵集团公司还是一家比较大的公司呢!"

短短两个月的暑假很快就过去了,回到福州的王辉对之前的经历进行了总结分析,最终还是觉得应该多给自己一个机会,去外面闯荡一番:"我当时做的单子不多,抱着玩的心态来跑客户,但是这段经历对我创业有很大的影响。我总结出了三点:一是几个朋友在一起可以做一些事情;二是做事情要自己跑,要勤劳,要去熟悉市场;三是要动脑筋,要跟别人做不一样的事情。"

尽管有校长的挽留和母亲的反对,去意已决的王辉在2004年9月从福州黎明学校辞职,来到苏州成为了肖灵、徐亮所成立的钢贸公司的一个员工。和几个好朋友一起的日子固然开心,但面对平淡的生意却是焦急万分。仅仅过了3个月,几个要好的伙伴在生意上分道扬镳,"分开的原因有很多,其中一点是这个公司不太好做,资金不多,大工程做不了,只能做小生意;还有就是许多人住在一起,租房子、用车、开销大,加上收益不高,生活很吃力。"王辉回忆道。

(二)通过亲戚圈子进入钢贸行业

公司解散后,徐亮跟着家人去了上海,肖灵留守苏州。正当王辉犹豫之时,王辉的表姐夫找到了他,希望王辉能和他去上海,在他的公司工作[王辉的表姐夫姓蔡,是上海博源物资有限公司(简称"博源物资")的创始人,从1997年开始就在上海做钢贸生意]。考虑到当时的窘境,王辉也就不再犹豫,加入了他表姐夫的公司。

2005年初,刚进入博源物资,王辉就被派到河北唐山做采购。由于没有经验,王辉在唐山跟着采购经验丰富的陈师傅一边学习一边工作。"第一年属于适应期,当时的我很单纯,身上有种学究的气质,文质彬彬。而做这一行,需要八面玲珑、机灵一点。我没有经验,做得不好,所以我要学。带我的陈师傅很有经验,在他的带领下,我认真地学习积累着采购钢材的各种技巧和经验。"王辉回忆道。

一年以后,陈师傅离开了公司,王辉开始接班独挑大梁。采购的主要工作是订货,在几百个钢铁厂家中(唐山是一个钢材生产集散基地)寻找好的货源,保证货源流畅。在这当中夹杂着如何砍价、如何配送物流、如何组合钢材等一系列的技巧。王辉因此积累了许多对于原材料价格方面的知识和经验。"一开始我很勉强,公司还给我派了一个助手,但是经过第二年的过渡以后,第三年开始就做得很好,我开始全面接管工作。"

2007年时,王辉在唐山已经待了3年,并且对于采购方面的工作已经相当娴熟和出色。出于对家庭和未来发展的考虑,王辉在2007年年底申请调回上海。回到上海以后,王辉不再负责采购,而是转而负责部门管理,这种工作性质上的突然转变让王辉一下子陷入了迷茫,工作上也突然丧失了士气。"我不知道做什么,很迷茫。"王辉这么形容当时的心境。但是也就是这样迷茫的经历,让王辉意识到了现在钢材企业普遍存在的致命缺陷,那就是缺少战略思维、缺少财务知识、缺少企业管理。在部门管理的岗位上工作一年以后,也就是2008年底,王辉决定去读MBA,以弥补自己在企业管理上所欠缺的知识。

王辉是一个很能适应环境的人,在经过了2008年一整年的迷茫之后,2009年王辉在同样的岗位上干得如鱼得水,领悟到了很多道理和技巧,业绩非常突出,还在2009年年底被评为全公司的最佳员工。

(三)宝甲公司成立

此时的王辉,已经在钢贸行业摸爬滚打了5年,在不同岗位上的工作经历让他对钢贸行业有了全方面的了解，他已不再是那个心怀壮志从学校辞职的少年了。也就在此时，5年前的场景又一次发生了，王辉的几个朋友想要合伙创业，想要王辉也一起加入他们。这次，在理性地分析了他们的思路和自己的情况以后，王辉还是婉言谢绝了。因为王辉觉得他们的创业思路还不是特别清晰，而自己在这个行业有渠道、有资源、有经验，想要自己创业，需要的仅仅是资金。而在政府4万亿元刺激下的资本钢铁时代，王辉觉得资金也并不是一个不可能自己解决的问题。

自从朋友给了王辉自己创业的想法以后，王辉就一直在寻找解决资金问题的方法。这一次又是王辉的高中同学帮了忙。这位同学有一家担保公司，在了解王辉的情况以后愿意贷给王辉500万元，利息一分二。王辉十分乐意地接受了。解决了资金问题，王辉的公司，也就是宝甲公司，在2010年正式开张了。

公司一开始只有四五个人，财务是王辉的小姨子，王辉的弟弟做经理，王辉则是董事长。王辉的老婆时常过来帮忙打理行政，王辉的弟媳在一家大公司担任财务经理，也经常向王辉提供财务方面的咨询帮助。"公司一开始开在宝山，虽然开始的形式依赖的主要是亲戚资源，但是我的起点设得很高，因此门店也租得很大，我不想再像很多老乡一样走'夫妻老婆店'的形式，我想走正规企业路线，里面的职能要划分清楚，这也许跟我在大公司里面做过有关吧，培养了职业素养及规范化管理模式意识，同时我也感受到了一个正规的大公司所拥有的良好企业文化，员工的敬业精神和投入度，我想让我的公司也发展成这样。"王辉介绍说。

利用原有的关系，宝甲公司很快就有了第一笔生意，而第一笔真正让王辉赚到钱的生意，靠的还是王辉在行业中积累多年的经验。"那个时候，我根据积累的经验，觉得钢材价格会涨，于是决定囤一批货。我以3 900元每吨的价格进了300吨很容易抛售的卷板钢。在之后的几个月里，每个月钢价都要上涨100~200元/吨，于是我就每次卖出一些，最后一共挣了40多万元。"王辉自豪地说。

王辉在钢贸行业积累的人脉为他带来了极多的便利和好处。他的朋友中有做钢厂代理的，可以直接询问原料的信息。每当钢厂的人过来出差时，王辉会叫上几个同做钢贸的朋友一起和钢厂的代表吃饭、交流，保障信息的畅通，当朋友们有相同的机会时也会叫上王辉。在他们去钢厂考察或者采购时，也是五六人一起去。

王辉的创业历程也不是一帆风顺的。2010年，王辉和一位徐姓朋友合作一个项目，客户是徐姓朋友提供的一个镇江客户（重工企业，是当地的龙头企业）。王辉与徐姓朋友每人投资50%，王辉负责操作采购、送货，项目总资金200多万元，合约上写明的是在货物交割后2个月内付清货款。然而对方企业却仗着自己规模大，合约期限到了并不打款。在去镇江催讨未果后，王辉最后决定在上海上诉，徐姓朋友提供法律顾问，并且熟悉当地法院工作人员，在上诉后一个星期就成功获得了冻结对方账号的授权，对方企业也不得不将货款付清。

与此同时，钢材市场的模式也在发生着变化。王辉意识到在上海做钢贸的企业太多，而且多数的老板都是来自周宁，企业的同质化现象严重。加上碰上新一轮的国家宏观调控，宝甲公司的日子不太好过。如何让宝甲公司区别于其他来自周宁的钢贸企业一直是萦绕王辉心头的一片阴霾，直到同为福建人的叶某的出现才开始出现一些放晴的迹象。与王辉创业有关的圈子见图1。

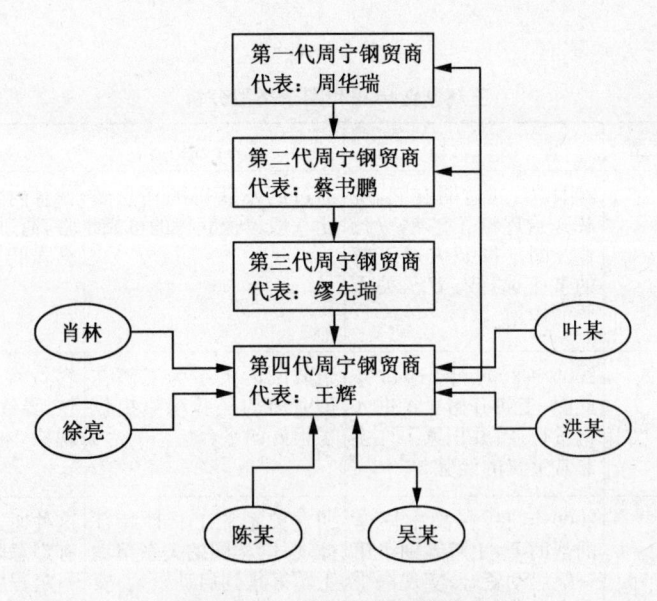

图 1 与王辉创业有关的圈子

四、未来转型与发展探索

圈子创业是一种十分具有中国特色的创业模式,但是企业的成功创立并不代表可以永远发达兴旺。如何避开圈子创业带给企业家思想行为上的禁锢与依赖,是所有中国企业家需要体会和思考的。

王辉的妻子在福建金融学院教书,而叶某恰好就是王辉妻子的学生。毕业后叶某在上海某家贸易公司做石化类产品的销售,也积累了一些渠道和资源。有一次在和王辉妻子交流的过程中,叶某无意透露了自己对现在公司的不满和自己希望单干的念头。迫切想要有所突破的王辉得知后立即与叶某接触,爽快地答应与对方进行利润分成,以扩大自己公司的营业范围,提高抗风险能力。叶某欣然接受,并带来了自己的朋友洪某,组成了一只较为成熟的石化贸易团队。

在 2011 年,钢材市场行情低迷时,石化贸易带给公司的利润比钢贸带来的更多。可以说,王辉这一步,是在没有其他成熟想法的情况下最好的选择。

王辉还参与了一个叫"周宁智囊团"的组织,成员全部都是周宁人,有从事钢贸的,也有会计、审计师以及律师等。他们平时主要通过 QQ 群交流一些想法和问题,互相提供帮助。对王辉来说,一方面是继续积累人脉,而更重要的则是希望能通过和这些"智囊"们交流,找到使企业成功转型的出路。

虽然石化的业务的确让王辉的公司有一些与众不同,但是王辉明白,石化业务并没有给宝甲公司带来本质上的变化。那些当初在创业过程中给王辉提供帮助的资源,在宝甲公司转型突破的过程中似乎反而成为了阻碍王辉前进的"绊脚石"。可以说,由于圈子资源的先天禀赋,王辉的创业过程显得比其他人顺利很多,公司的经营模式也主要以模仿为主。虽然王辉也在苦苦思索探寻"和他人不一样"的路,但是终究无法脱离周宁商帮在钢贸行业里的传统经营模式。

附录

表4　　王辉创业历程和圈子类型分析

阶段	圈子类型	内容概括	优势分析	缺陷分析
创业前期 2004~2009年（信息钢铁时代、金融钢铁时代）	周宁朋友圈	2004年，通过朋友圈，王辉开始逐渐了解钢贸行业。同龄同辈人对王辉的事业选择有着至关重要的作用	通过朋友获得的信息要比一般渠道获得的可靠	信息内容本身有局限性和风险，通过朋友获得信息可能会降低当事人的谨慎度
	周宁亲戚圈	2005~2009年，通过亲戚圈，王辉开始真正进入钢贸行业，并积累了许多非常宝贵的经验	亲戚圈的关系为王辉在创业前的经验积累提供了很好的平台	容易将王辉的创业思路框住，导致圈子创业的同质化现象
	周宁同学圈	2009年底，在高中同学的帮助下，王辉筹到了第一笔启动资金，实现白手起家	朋友关系的工具性特征体现；同学圈的关系帮助王辉筹集到启动资金；资金支持是圈子资源的显著优势之一	这种通过关系融资的方式若有刻意隐瞒的动机，就将在一定程度上增加金融系统的风险
企业初创 2010~2011年（资本钢铁时代）	周宁亲戚圈	在公司起步阶段，公司财务由王辉的小姨子负责，王辉的妻子帮忙打理行政，王辉的弟媳向王辉提供财务方面的咨询帮助，王辉的弟弟做经理，王辉则是董事长	通过亲戚圈的关系形成典型的家族经营模式，大大降低了经营成本	家族经营模式在企业发展到一定阶段以后将出现许多弊端，如家庭关系网络"悖论"的出现，将会大大降低企业经营效率
	周宁朋友圈、老乡圈	以企业联保的形式，王辉和其他公司(都是周宁人开的)在后期创业过程中顺利从银行贷款。保证了王辉企业能够正常顺利运行，这对于资本密集型的钢贸行业来说非常重要	通过朋友圈、老乡圈的联保，降低了企业融资的难度，为企业的运行提供保障	这种联保在一定程度上大大增加了金融风险，如果管理不妥，极易导致债权人收不回钱；同时参加联保的企业也会受到互相牵连，一家公司运营不善，就会影响到其他联保企业
	周宁朋友圈	通过在朋友圈里建立行业信息交流小组，保持朋友间对行业信息的交流顺畅；朋友之间一起评估项目，一定程度上减少了王辉在经营中可能遇到的风险	体现了朋友的"信息"功能。在一定程度上降低了市场信息不对称。并且通过朋友圈传递的信息，内容真实，信息量较大，提高企业的效率；同时也降低了企业的运行风险	这种信息交流值得鼓励和肯定，但是也更容易造成同行业同质化现象的进一步加重；会给企业家带来依赖感，影响企业家自身的决策
	周宁朋友圈	通过朋友圈，王辉与朋友共同负责一个大项目，从而减少了项目对资金的要求，也降低了每个人需要承担的风险；同时，在遇到风险时可以互相帮助	通过朋友圈，共担企业业务风险，整合合作企业的资源，提高工作效率与资源利用率	对企业间的合作关系要求很高，并且也要承担连带责任，即一方因某种原因而造成整个项目的损失，将由所有合作人共同承担

续表

阶段	圈子类型	内容概括	优势分析	缺陷分析
创业转型 2011~2012年（资本钢铁时代）	周宁亲戚圈、老乡圈	通过亲戚圈、老乡圈，王辉找到了公司转型时暂时可以过渡的业务经营，为公司带来了一定的额外利润	通过亲戚圈、老乡圈的关系，王辉获得了人力资源（拥有丰富销售经验与客户资源的小叶），为企业发展起到了促进作用	简单的资源利用，没有创新与核心技术，很难给企业带来长时间的高额利润
	周宁老乡圈	在整个钢材市场行情低迷的情况下，通过老乡圈建立的周宁智囊团是周林商帮的第四代人积极探索转型升级道路的形象体现	通过老乡圈的关系整合资源，共同面对困境，很大程度地提高了效率	在一定程度上影响了企业家的自我思考能力，不利于企业多元化发展，延续同质化的经营模式

注：该表是根据王辉创业过程，对他所遇到并利用的圈子资源进行分类，并加以简要分析制成。

Shanghai Baojia International Trading Co.,Ltd and Its Entrepreneur Network

Liu Zhiyang, Han Yue, Cen Chao

(*School of International Business Administration, Shanghai University of Finance and Economics, Shanghai*, 200433, *China*)

Abstract: This case describes the process of how Shanghai Baojia International Trading Co.,Ltd (Baojia) made good use of the Entrepreneur Network of Zhou Ning Commercial Group to gather related business experience, stated business and try to transform into a more profitable firm. Started at the end of 2009, Baojia Company has become a big enterprise with commodity trading, industrial investment, storage and logistics. During Baojia's development, entrepreneur network has made great contributions. However, entrepreneur network itself will also bring the company and its entrepreneur many constraints. In order to get rid of the disadvantages and make a better use of the entrepreneur network, Baojia Company decided to start a new business doing chemical trading yet it didn't work out so well. Now, Baojia is facing a dilemma of development and transformation as well as the decreasing average profit of the whole steel and iron trading industry and the severe condition of industry homogeneity. We can say that the future of Baojia Company is still under great uncertainty.

Keywords: Baojia Company; Entrepreneur Network; Zhou Ning Commercial Group; Development and Transformation; Case Study

案例使用说明

一、教学目的与用途

1.本案例主要适用于"创业管理"课程，也适用于"战略管理"课程。

2.本案例的教学目的:(1)通过向学生介绍圈子资源的利用与发展过程,分析说明圈子创业的优势与劣势;(2)启发学生思考在圈子创业过程中要如何扬长避短,避免"夫妻老婆店"、"行业同质化"等情况的出现;(3)探讨联保借款可能会导致的金融风险,并结合周宁商帮讨论为了保持圈子良好的信贷记录,应该如何处理可能会出现的相关金融问题。

二、启发思考题

1. 王辉是一个怎样的创业者?从案例中可以发现创业者具有哪些一般特征?
2. 试画一个简单的有关王辉创业的圈子关系图,并注明其中的强关系与弱关系。
3. 王辉的例子中体现出了圈子创业的哪些优点和缺点?你还能想出其他有关圈子资源给创业带来的弊端吗?
4. 如果你是王辉,你将如何制定后期的公司战略来走出现在的困境?

三、分析思路

教师可以根据自己的教学目标使用本案例,本案例给出的分析思路仅供参考。

思考题1:
(1)创业者在创业过程中的主体作用。
(2)创业者的类型。
(2)创业者的一般特质。

思考题2:
(1)圈子资源的类型。
(2)强关系与弱关系的概念和特征。
(3)圈子资源类型与强、弱关系的匹配。

思考题3:
(1)创业者在创业过程中出现的由圈子带来的优势和造成的阻碍。
(2)其他由圈子带来的创业过程中的弊端。

四、理论依据及分析

思考题1:
创业者是创业的主体要素,是创业概念的发起者、创业目标的制定者、创业过程的组织者和创业结果的承担者。创业者是推动创业的基本要素,创业者的个人素质决定着创业的成败,这其中包括创业者的性格、能力、知识结构以及他的精力和时间,即作为一个创业者,他必须具备一定的特征和素质。创业者可以分为以下几种类型:①酝酿者,指正式行动前的创始者,即考虑创建新企业的个体;②初学者,指没有创业经历的创业者,即成为一个企业的创始人、继承人或购买者之前没有拥有企业经历的个体;③熟练者,指习惯性创业者,即创业前有拥有企业经历的个体;④持续者,即连续创业的创业者,指在出售或关闭原有企业后,继承、建立或购买另一个企业的个体;⑤拓展者,即组合型创业者,指在保留原有企业的情况下,随后又继承、建立或购买另一个企业的个体。

早期的学者认为,创业者在某种程度上不同于一般人,从而着重研究了创业者的个性、背景、经验以及品质等,但研究结果并不支持这种观点。因此,研究的焦点逐渐转向创业者的行为以及他们的决策认知过程。如阿尔索斯(Alsos)与科维莱(Kolvereid)发现,与初学者或持续者相比,拓展者创业的可能性更高。近期也有不少学者关注酝酿者,他们发现酝酿者具有异质性,而这种异质性主要是以创业者的年龄和以前的就业状况为识别变量。由于实际创业比仅仅考虑创业需要做更多的事情,因此,需要进行纵向研究,以便更深入地了解他们要考虑到何种程度才会真正开始行动,以及这其中的过程,从而检验企业创建前的活动与企业成功率之间的关系,并验证成功创业的个体和放弃创业的个体之间的差异是否可归因于机会的性质、酝酿者的承诺和期望,以及外部环境资源的可获得性等要素。

同时,创业者的异质性还表现在:创业者可能不止涉及一个企业,但以往的研究一直忽略了这一点。如创业者的退出会引出这样一个问题:创业者是决定完全退出创业生涯,还是决定再拥有另外一个企业?其中的影响因素又是什么?普遍认为,创业者只在第一个企业失败时才会创建另一个企业,但从一个企业退出则取决于其自身绩效期望的阈值。

此外,对创业团队的研究也不可忽视。研究发现,50%的企业都是由创业团队创建的,由团队创建的企业通常拥有更多样化的技能和竞争力基础,形成更广阔的社会和企业网络,从而可获得更多的资源。团队还可以增加创业企业的合法性,尤其在融资的时候,但创业团队的动态性还亟待进一步探讨。

通过相关文献的收集及归纳,企业创业活动可以被描述如下:创业者从自身能力和关系网络出发,对市场情景产生特定的体验,是推动创业决策的动因(见图2)。

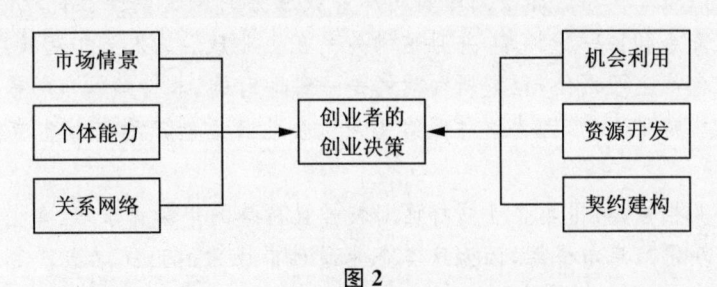

图2

思考题2:①

表5展示了新企业的建立是如何在网络和市场的互动关系中进行的。首先,网络视角有两个维度:一是企业植根于既有网络之中;二是企业在自身发展中仍需营造新网络。其次,市场视角也有两个维度:一是市场需求是持续性的;二是这种需求是即时性的。因而市场—网络互动交叉,就得到了4类理想型创业(见表5)。

---

① 更详细的内容可以参考边燕杰著:《网络脱生:创业过程的社会学分析》,China Academic Journal Electronic Publishing House。

表5　　　　　　　　　市场—网络互动关系及创业类型

人际网络	市场需求	
	持续的需求	即时的需求
网络嵌入	I 新企业嵌入在社会网络之中。在这一网络中,市场对特定产品或服务的需求较强且持续。因此,商机和企业会长久维持并不断成长 在企业初建时期,投资和订单均来自于网络关系,这种网络关系扮演着一种长期的角色,促进企业的成长	II 新企业嵌入在社会网络之中。在这一网络中,市场对特定产品或服务的需求是即时的、不持续的。因此,企业生存期较短或很快改变其产品或服务 在企业初建时期,投资和订单均来自于网络关系,这种网络还将在企业转产过程中继续起作用
网络营造	III 新企业因较强且持续的市场需求而产生。但是它的长期生存和成长则取决于营造网络关系,以获取新的商机和资源 在企业初建时期,投资和商业订单并不一定从社会网络中获得,但是企业未来的发展将主要取决于对网络关系和资源的营造	IV 新企业因即时的、非持续的市场需求而产生。因此,企业生存期一般较短或很快转产,提供其他产品或服务 在企业初建时期,投资和商业订单不一定从网络关系中获得,但需营造关系资源,使企业可以生存、转产和发展

第I类企业产生于网络。市场对于特定产品或服务的需求较强且持续,企业通过社会网络关系得到创业资金和第一份订单,并且这种关系在企业日后的发展中起长期作用。

第II类企业也产生于网络,但它所面对的是一种即时的、非持续的市场需求。维持现有的社会网络关系是非常重要的,因为这种网络关系对企业日后转产和持续生存提供了可利用的条件。

与第I类企业相似,第III类企业同样面对较强且持续的市场需求,但在企业初建时期并不基于社会网络来获得信息与资源,因为这类企业通过市场化的正式渠道就足以解决问题。然而,面对激烈的市场竞争,为了生存和发展,这类企业需营造自己的社会网络,以获得更多的社会资源。

第IV类企业与第II类相似,是因即时的、非持续的市场需求而出现的。因此,它们所提供的产品、服务,甚至它们自身,也注定是短命的,面对的是如何尽快转产。虽然在企业初建阶段,投资和订单不一定通过网络获得,但为了生存下去,这类企业需要不断营造社会网络,开发社会资源,因为社会网络在转产过程中将扮演重要的角色。

思考题3:

在中国,家庭既是社会结构的核心,又是社会关系产生和形成的源泉,这样,关系就被理解为家庭纽带和家庭义务延伸而成的网络。

梁漱溟的基本观点是:每个人在出生时便注定了他与父母及其他家庭成员之间存在着千丝万缕的复杂联系。他认为在中国,这些关系在性质上是伦理性的,将情与义结合在一起。在家庭成员之间的互动中,情与义互为补充并相互促进,形成了一种和谐的家庭环境——拒绝对立,鼓励合作。正是由于以个体利益为基础的群体生活从未成为中国社会组织的模式,这样情与义的伦理关系才得以从家庭延伸到社会,成为中国文化的一大特色。因此,梁漱溟将中国文化与社会定位为"伦理本位"的。而费孝通(1992)则强调家庭内情与义的伦理关系是以自我为中心的,因此,一个人离家庭中心圈越远,他的交友范围就越广,而对别人的情义相应就越少。费孝通称之为"差序格局"。金耀基指出,关系的存在超越了政治领域而不断塑造着中国人的社会生活。在梁和费的理论中,关系建立的基础是家庭、亲属和由家庭亲属延伸而来的社群。莫顿·弗里德(Morton H.Fried,1969)通过研究1949年之前安徽省的一个县镇,证实了家庭和亲属义务网的确延伸到了这一县镇的经济、政治领域和社会组织当中,并形成了"网络结构"。杨庆堃(C.K.Yang)(1965)对中国革命后广东家庭的研究表明,农业合作化并没有给这种结构带来大的变化,正是因为那些民间的、非正式的家庭亲属义务形成的关系网络提供的社会支持机制,才使农户得以在经济过渡与困难时期生存下来。由于家庭的情义伦理从家庭和亲属延伸到了社群,林南(1989,1998)将这样的社群称为"似家庭"。

按照林南的观点,"似家庭"关系是指亲密的朋友关系。然而,这些关系在传统社会和现代社会可能会以不同的方式产生和形成。在杨对村庄和弗里德对县镇的研究中可以发现,亲密的社会和经济关系是被严格地限定在家庭之中的,而所谓的"似家庭"关系只不过是扩大家庭边界的"社会传奇"而已。

在更广阔复杂的城市社会中,这类关系则是从各种各样的社会关系中发展而来的,如同学、舍友、战友、邻居、工友、商业伙伴、顾客店员关系等。尽管频繁的互动与相互的交换是形成亲密性社会关系的客观条件,但"似家庭"关系形成的关键却是亲密朋友对这种关系的主观认定。有一个非常普遍的现象就是,人们常常互称兄弟姐妹,孩子们常常称他们父母的朋友为叔叔或阿姨,如此一来,"似家庭"关系就把人们联系在了一起。

五、背景信息

所谓创业,就是创业者能够寻找潜在的、未能被满足的市场需求,并有效获取和利用资源。在中国,最典型的创业资源就是人脉资源。据统计,在中国,超过3/4的高净值人群(个人资产在600万元以上的人群)认为对自己最大的帮助是拓展人脉。由此可见,社会关系网络对于创业,尤其是中国式创业,有着非同小可的作用。

据统计,在我国所有私人创业的人群中,真正成功的创业者比例不足15%,60%处于不盈利也不亏本的状态,25%则以彻底失败告终。这些数据说明拥有资源并不能决定企业最后的成功,如何能更好利用资源,并在发展过程中摆脱资源对企业的不利限制,是目前需要探讨与分析的。

在熊彼特(Schumpeter)、蒂蒙斯(Timmons)等学者在对创业机会来源的归纳中,都提到了市场及个人能力对创业的影响,但均未提到社会网络(圈子)对创业的作用。因而可以说,涉及圈子创业的理论在西方创业学领域中研究甚少。

阿尔瓦雷斯(Alvarez)在2007年提出:企业创立的问题可以进一步刻画为创业者资源整合能力的拓展过程。如何有效管理、应用已有的资源优势,是现代创业者最需关注的问题之一。而所谓圈子,即指创业者自身拥有的知识圈、技术圈、人脉圈、经济圈等资源优势。其中知识圈、技术圈与经济圈等都是不能脱离人脉圈而存在的,因此可以说人脉圈是圈子创业机理的核心。

以上提到的圈子在中国的"五缘"文化中就有所体现,这种以亲缘、地缘、神缘、业缘和物缘为内涵的五种关系的文化研究体现了社会网络对华族经济运营和管理模式的科学化、民族化的深远影响。特别是对正在形成中的世界华商经贸网络有着极为重要的影响。正如法国著名的汉学家汪德迈(Vandermeersch)指出:"从更普遍的意义上讲,东亚国家的贸易关系是同欧美极为不同的,因为这类关系走向现代化赖以实现的历史基础截然不同。"他认为,正是"十分系统地建立于亲属、亲情等多种关系之上的关系,加强了华侨'商会'的凝聚力。"同样,在中国企业的创立过程中,"五缘"文化也起到了不可忽视的作用。

如何能在创业以及其后的发展过程中更有效地利用社会网络资源,对深受"五缘"文化影响的中国企业有重要意义。

据悉,目前,宝甲公司正在积极策划未来公司战略以及商业模式。

六、关键要点

思考题1:
(1)让学生从王辉不断自我反省、不断学习寻求突破的经历中感受创业者通过不断自我总结来实现自我突破的重要特质。
(2)让学生感受到机会利用和资源开发是圈子型创业的前提。

思考题2:
圈子关系图。

思考题3:
(1)圈子创业带来的优势。
(2)圈子创业带来的最主要的弊端是:行业同质化;创业者的思维被限制;金融风险。

七、课堂计划建议

本案例可运用于专门的案例讨论课。以下是按照时间进度提供的课堂计划建议,仅供参考:

整个案例课的课堂时间控制在80~90分钟。

课前计划:提出启发思考题,请学员在课前完成阅读和初步思考。

课堂计划:简要的课堂前言,明确主题 (2~5分钟)

　　　　　分组讨论,告知发言要求 (30分钟)

　　　　　小组发言 (每组5分钟,控制在30分钟以内)

　　　　　引导全班进一步讨论,并进行归纳总结 (15~20分钟)

课后计划:如有必要,请学员采用报告形式给出更加具体的解决方案,包括具体的职责分工,为后续章节的内容做好铺垫。

即略公司的创业过程[①]

● **摘　要**：本案例描述了即略网络信息科技有限公司（简称"即略"）如何发现、筛选和开发创业机会的完整创业过程。即略是一家专注于移动网络应用的公司，公司成立后，在2009年4月首推具有地理位置的微博产品——"即时客"。由于产品选择不当，在新浪微博等竞争压力面前，即略果断放弃了这一创业机会。2011年6月，即略转向研发一款向美国Bump公司致敬的产品"名片碰碰"。"名片碰碰"的机会开发过程经历了融资、产品升级和团队组建等系列问题，也遭遇到了腾讯通讯录等强有力的挑战。即略在竞争中将"名片碰碰"清晰定位在商务社交网络，有效地与生活社交网络定位的腾讯区别开来，为创业初期的发展谋取了一定的差异化发展空间。当前，即略在其创业过程中依然面临着用户基数较少、盈利模式不清晰和产品内容单一等问题，即略的未来发展仍然具有很大不确定性。

● **关键词**：即略公司；"名片碰碰"；创业机会；创业过程；案例研究

引　言

无需交换纸质名片，不用开启蓝牙，也不用输入对方手机号码，只要双方碰碰手机或摇摇手机，就能实现自动交换电子名片。交换来的名片可以选择存在通讯录里，也可以放在该程序自带的交换记录里。这项程序的名字就叫做"名片碰碰"。

2011年6月21日，即略推出了一款向美国Bump公司致敬的产品"名片碰碰"。上线首月内下载量就突破了十万。

紧接着，即略开出了史上最贵的一张名片报价——价值高达100万美元的首轮融资邀约。上线后百日内，即略完成了百万美元量级的首轮融资。

在"名片碰碰"上线6个月内，其下载量就突破了100万。至2012年5月，其下载量突破200万。

[①] 本案例由上海财经大学国际工商管理学院刘志阳撰写，作者拥有著作权中的署名权、修改权、改编权。未经允许，本案例的所有部分都不能以任何方式与手段擅自复制或传播。
版权所有人授权上海财经大学商学院案例中心使用。
由于企业保密的要求，在本案例中对有关名称、数据等做了必要的掩饰性处理。
本案例只供课堂使用，并无意暗示或说明某种管理行为是否有效。

一、王雨豪——创业连环客

作为即略的创始人，王雨豪每次提到自身的创业历程都略带自豪。1995年，王雨豪从南开大学电子科学系毕业之后，先后就职于飞利浦、诺基亚等全球500强企业。2003年，他辞去了拿高薪、居高位的中国区负责人职位，开始了个人的创业生涯。这个出生北国、来自苍茫林海、得过全国中学生物理竞赛一等奖的少年，如今已是上海滩上3家创新型公司（雷珂照明、雷珂生物、即略网络）的董事长兼总裁，3家公司累计年产值超过1亿元人民币。

2003年，结合自己在飞利浦公司的行业经历，王雨豪创立了第一家公司——雷珂照明公司，核心业务是高品质的建筑、园林景观亮化工程。雷珂照明的成功为他带来了人生的第一桶金。

在2004年4月的美国自驾旅行中，王雨豪从《福布斯》杂志上了解到生物灭蚊的市场潜力，于是他将第一次创业中积累的第一桶金全投入到小小的蚊子身上。2004年年底，雷珂生物正式成立。2006年，雷珂生物首轮就获得了800万元的天使融资。2008年，雷珂生物成为北京奥运村唯一指定的灭蚊厂商。如今，雷珂生物的成长完全步入了正轨，已经成为中国领先的生物灭蚊产品和服务供应商。

此时，爱折腾的王雨豪又开始把目光聚集在移动互联网这个高速发展的行业。根据艾瑞咨询的数据显示，2009年，移动互联网的用户数量达到2.43亿，而2011年，这一数字则高达4.13亿。移动互联网行业的市场规模更是由2009年的388亿元增加到2011年的851亿元，我国3G用户的保有量也已突破1.28亿，渗透率逐步增加到13%。用户扩散速度是桌面互联网的3倍，手机摩尔定律正在全面爆发。

电子科学科班出身的王雨豪敏锐地看到了这种趋势。2008年年底，他在上海成立了即略，取意"即时战略"的意思。然而在拓荒移动商务应用上，即略也走过弯路。最初，即略设想要做的产品就是带有地理信息的"即时客"。王雨豪是这样定位"即时客"的："当你坐在办公室对着电脑时，姚明正在能源中心与爵士打第二个加时赛，小沈阳正在沈阳刘老根大剧院唱《我和你》，刘谦正在天津电视台现场接受10秒的掌声。可惜，你只能在网上偷一棵对面同事的白菜……即时客要做的就是：发现你身边的新鲜事儿。"

提到"即时客"，不得不提到王雨豪对于信息的分类，他说："信息社会有不同的信息种类，它像自然界物种一样，有先成熟的，也有后成熟的。每一个物种的发展和壮大都会推动、促成一些世界级的大公司出现。在这些信息种类中，第一类信息是公开信息，即在网上发布的、想让所有人都看到，恨不得送到别人眼前的信息。这类信息是最快长大的，它成就了谷歌和百度。第二类信息是关系信息，即你的朋友、老师、同学等关系网络之间的信息。这种关系信息具有一定的封闭性，你不希望所有人都知道。这一类关系信息的运用和管理产生了脸谱这样的大公司。第三类信息就是即时信息，这类信息的传播速度特别快，传播人群非常广泛，但是随着时间的过去它就不值钱了。即时信息时代催生了推特和新浪微博这类企业。当时我在想，如果每一条信息都跟地理位置有关联，那么其价值就将无可估算。'即时客'，就是这类信息的应用。"

2009年4月30日，在王雨豪写下上述宣言后，"即时客"正式上线。当时，这家网站对于许多人来说还相当陌生，但它的参照模式正是欧美红得发紫的推特。然而，即时客并非推特的简单复制，而是创新地将每一条短信息都赋予了唯一的地理坐标。这一创新甚至早于推特4

个月。

"发现身边的新鲜事"和"即时获取精准定位的生活信息"是"即时客"的两大核心应用。中国古语"运筹帷幄(手机)之中,决胜千里之外(你的生活圈)"在"即时客"这里就有了新的诠释。

二、放弃"即时客"

2009年2月,"即时客"获得了200万元的天使投资。当时除了"即时客",市场上还有"嘀咕"、"饭否"等做微博业务的竞争对手。不久后,新浪、腾讯等巨头也加入了微博大战。

历经两年多的折腾,数十次的产品升级,数百万资金的消耗之后,"即时客"的用户数量一直徘徊在30万左右,始终无法得到增长。用王雨豪自己的话来说,即:"做'即时客'度过的这一年半,是我创业生涯中最灰暗、最难受的时候。因为之前做的一些产业,在一年的时间里都会立刻看到用户规模,逐步实现盈利。但是在这件事上,如同一滴水滴入沧海一样,所有的投入力量都被消弭地无影无踪。"

事实上,2009年新浪在物色微博业务核心负责人时,通过猎头找到了王雨豪。在与新浪微博掌门人彭少彬经过几次深谈后,王雨豪逐渐意识到,微博是一个平台级的产品,这种产品无论是在短信发送、技术架构、页面设计,还是吸引用户诸多方面都需要做得相当完美,这也意味着,企业的成长需要动用太多的资源,而这并不是一家小企业所能做的事情。王雨豪说:"我并非心甘情愿,但也无比坚定地得出了一个结论:微博这个东西,不是小公司能玩的。现在回想起来,同很多创业者一样,我们犯了类似的低级错误,即"小脚穿了大鞋"。后来在我的一些文章中,我用近乎玩笑的笔法回忆这个过程:你不能因为你正好单身,林志玲恰好未嫁,就一定认为你和林志玲老公这个角色有什么必然的联系。"

2010年开始,即略做出了放弃"即时客"的重大公司战略。在没有找到下一步业务重点时,即略仍然坚持在移动互联应用开发上进行探索。王雨豪坦言,新浪也曾邀请即略团队整体加入新浪,但他们最终没走这条路。这一时期,即略与新浪微博通过业务合作逐步建立了战略伙伴关系,共同推出生活服务类微博客等商务应用。即略还与包括大众点评网等众多生活服务平台建立内容合作,以最大化实现各个细分地域生活信息的丰富与有效。同时,即略网络也开始做一些手机应用的技术外包业务[这一阶段,即略推出了应用商店(App Store)上广受欢迎的"信用卡助手"和"装修助手"两个免费软件]。通过上述业务合作和承接IT业务外包,即略既和很多平台企业建立了业务合作关系,也逐步积累了移动互联网商务应用开发的经验。然而,内容合作和技术外包绝不是王雨豪想要的,他们一直在寻找自己能够开发、运营的移动商务应用。

三、"名片碰碰"机会的发现

2011年3月,王雨豪注意到美国有一家公司推出了一款叫Bump的移动应用程序,即两台手机相互碰碰就能交换电子名片。

自2009年成立以来,Bump公司两年内的用户数量就超过了2 000万。如今,Bump已经有了近8 000万的用户量;在苹果的App Store中,Bump在美国的下载量排名第七,在日本位居第三,并且45%的新用户是老用户口口相传发展来的。

受到Bump的启发,王雨豪发现:在中国,每年有上百亿的费用花在了印制名片上。中国有1亿多的商务人士,很多商务人士收到名片,还要将这些名片信息进行整理、录入自己的手机,这件事情让商务人士"深受其累"。如果也能推出一款名片产品,社会应该会有强烈的需求,这让王雨豪觉得这是一个机会。最让王雨豪感到惊喜的是,目前国内还没有同类产品的出现。

"我感觉这是上天给我们的一个机会",王雨豪说道。于是即略停下了当时正在做的其他项目,开始全力做中国的电子名片交互产品。虽然当时中国市场上没有同类的产品出现,然而,王雨豪却没有完全复制Bump直接推出名片交换的产品,而是先仔细分析了中国的用户需求和市场调节。王雨豪认为,"在中国创业社会里面,莫道君行早,更有早行人。无论有什么好的创意,一定要相信在中国的某个城市,某个角落有一个或者多个团队在一起做这件事,只是一周、两周的时间差而已。在这种情况下,速度并不是那么重要。重要的是自己对产品有没有一个定位和思想。"

了解到中国的主流商务人士并不能非常快地接受新产品,即略决定把产品推出分成两个阶段:"装傻"和"玩专业"。

所谓"装傻",用王雨豪的话说,就是有意将产品做得简单、易用,最好老人、小孩都会用,同样名字也非常的清楚,叫做"名片碰碰"。目的也很简单,就是实现快速的传播。

所谓"专业化",就是业务的聚焦。"如果说Bump在美国是横向发展,那么'名片碰碰'在中国则更偏向于垂直化。"王雨豪说,"Bump在美国实际上是顺着陌生人通过通讯录,彼此认识、分享信息文件、彼此建立社交关系,使得它在业务上可以横向扩张,有成为行业老大的可能;但在国内,互联网领域有几座大山,往好的创业方向下手时需避开巨头锋芒,做差异定位,只能专注垂直。以'名片碰碰'为例,我们只专注在商务社交领域。"

因此,与Bump庞大的野心不同,"名片碰碰"则是故意把产品做"小"。比如,在前期,"名片碰碰"只在电子名片交换这个功能上死磕,解决用户手机联系人信息分享的需求。"用户并不关心创业者的野心,而是关心你能帮他解决什么问题。"他说,现在不少创业者喜欢一上马就铺开摊子,小脚穿大鞋,而"名片碰碰"更愿意从小切入,做深做透。王雨豪认为,Bump在中国发展不力也印证了这一点。目前,Bump的中国用户量远比不上国外,王雨豪分析,其中一个重要的原因就是,Bump进入中国的时候,它已经"由轻变重",功能从交换电子名片拓展至分享照片、音乐等多种功能,这让刚入门的中国用户应接不暇。

2011年6月21日,经过研发,"名片碰碰"1.0终于在App Store正式上线。上线30天后,"名片碰碰"的下载量就超过了10万。3个月内,未做过任何主动性的推广,用户数已经达到30多万,活跃用户有10万左右,他们中,有人一天内的使用频率多达几十次。这对于一家创业企业来说简直是一个传奇。

四、"名片碰碰"机会的开发

(一)第一轮融资

在"名片碰碰"的疯狂成长过程中,王雨豪提及了两件趣事:

2011年7月,即略的客服人员接到一个特别的电话,对方自称是江苏宿迁市市委书记缪瑞林的秘书。电话缘由是:这位市委书记对"名片碰碰"很好奇,想知道其中的原理。

同样是在7月,在《计算机世界》和央视主办的2011移动互联网创业大赛上,"名片碰碰"以出色的产品描述和清晰的定位获得红杉、贝塔斯曼、鼎晖、IDG、网龙5家机构当场送上的约

500万美元的投资意向书,引起了轰动。随后,王雨豪在大赛上的演讲视频以央视《奋斗》节目片段的形式在机场、高铁等公开场合被广泛播放,"零代价"为"名片碰碰"获得了高知名度,同时也促进了用户的下载使用量。

这5家风险投资商的苛刻条件让王雨豪最终放弃了意向投资。此时,即略自身也面临了公司成立以来的第一次融资计划。很快,在2011年8月,即略以15%的股权获得了天使投资100多万美元的投资。

(二)产品创新和团队调整

"名片碰碰"1.0主要是即略聘请外部人员进行设计和研发的,但是这种外包型的产品无论从技术还是产品设计上来说都十分粗糙,很多用户反应除了单纯的摇一摇以外,"名片碰碰"本身没有其他的额外价值。业界一些专业人士甚至认为"名片碰碰"只是对Bump的简单抄袭,是山寨产品,根本走不了多长时间。

王雨豪认为,模仿是中国企业进入一个行业的捷径,"螳螂捕蝉、黄雀在后"。腾讯当年也是模仿OICQ起家,但是OICQ死了,腾讯还在。这说明,模仿者不能停留在简单的照抄阶段,不应该为所谓的先发优势沾沾自喜,不应该满足功能上简单的"微创新"。用王雨豪的话就是:"不能把一次的侥幸当作真正的成功,必须要让产品更加符合用户的需求。"简单地拷贝Bump,"名片碰碰"必死无疑。这就意味着"名片碰碰"必须放弃Bump原来的发展路线,做一个适合中国国情的产品。

相比产品完全外包,企业内部的自我研发可以更加全面地体现决策者的意志,也便于公司对产品创新的控制。基于此,即略开始从外面招聘专业人员组建公司的技术研发和产品设计团队,使得公司的研发力量在一段时期内迅速增强,自主产品研发设计有了初步坚实的团队基础。

公司的自主研发集中体现在"名片碰碰"4.0的产品设计上。这时候,让王雨豪感到幸运的是三星公司主动找到了即略,希望为其开发适用于安卓系统的手机通讯录。经过即略团队4个多月的努力,在2012年4月初,"名片碰碰"4.0在三星移动应用平台全球首发,并随即在安卓平台发布。王雨豪称之为一种"傍大款"的策略,在他看来,这好比是把自己的小排量车换成了大排量,为其加注了跑赢全程的筹码,也有效抵御了同类产品的攻势。

"名片碰碰"4.0是全国第一个全手势操作的移动应用,不仅有着非常炫的效果,还考虑到商务用户的习惯,通过滑动实现名片交互。然而,让王雨豪更自豪的是,在陌生人来电时,系统会通过事先在互联网上的信息抓取,让用户在来电界面动态获取来电者的个人数字ID,包括公司、职位、姓名等关键身份信息,而一些纸质名片则可以通过手机摄像头扫描直接将其转化为电子格式。这在他看来都是移动互联网的杀手级应用。这使得"名片碰碰"更具有商务特性,走出了一条与同类产品不一样的道路。

"名片碰碰"的快速发展也让即略不得不开始准备第二次融资。王雨豪称,大约在2012年5月份,即略网络即将进行第二次融资,目标金额在500万美元。"名片碰碰"的发展之快让人惊叹。

五、"名片碰碰"的未来

(一)"腾讯们"来了

在2010年,移动社交还是个新概念,但随着智能手机和移动互联网的飞速发展,如今这片

"蓝海"已经吸引了众多目光,正在向着"红海"的趋势快速挺进。从目前的格局来看,移动社交领域主要分为三大阵营。

一是运营商的移动即时通讯(IM)产品系列。自2011年8月以来,中国三大电信运营商开始竞相布局移动IM市场,主要有移动的飞聊、联通的沃友和电信的翼聊,其主要功能大同小异,都是基于真实手机通信录关系链的即时聊天工具,主要动机在于抵御短信业务收入的下滑。

二是腾讯移动社交产品系列,关系链由强到弱可分为QQ通讯录、手机QQ、微信、手机QQ空间、腾讯微博、QQ游四方等。腾讯总投资18亿元的动漫游戏及移动互联网基地刚刚完成奠基,移动社交产品的布局也是相当的全面,看来是要全面发力移动互联网了。

三是其他互联网服务商提供的移动社交产品,主要有微博手机客户端、米聊、人人网、开心网、名片碰碰、优士网、名片全能王等,总体特点是抓住移动社交中的一个点来发力,如微博、社区交友、移动IM、位置交友等。

从移动社交产品的热门程度来看,不论是微信、米聊、QQ通讯录、微博,还是中国移动的飞聊,争夺的核心还是在于手机通讯录,因为手机通讯录上的社会关系链是最强的,也是最有商业潜在开发价值的。

在"名片碰碰"2.0推出时,有着近1亿用户的腾讯微信也推出了名片交互和通讯录的功能。

在手机通讯录竞争中,QQ通讯录虽然不显山露水,但是战略地位却十分重要,因为手机QQ无法完全覆盖手机联系人这层更为现实的高价值社会关系链。在手机QQ、微信、微博之后,QQ通讯录携手机联系人的熟人关系链的加入,成为腾讯全面布局用户关系市场的一颗重要棋子。QQ通讯录具有桌显短信的功能,且Q信的多种沟通方式——免费发Q信、支持群聊、QQ表情符、手机拍照、图片、语音、涂鸦等多种沟通方式让QQ通讯录具有很大的吸引力,也是其成为第三方手机通讯录市场首位的重要原因。而QQ通讯录占据手机联系人,又联通QQ、微博的特点,也使之成为这三个关系链的连接桥梁,其战略作用不言而喻。

另一方面,手机自带通讯录无法实现手机联系人和短信的备份,以及对手机联系人和收件箱的锁定。而QQ通讯录则支持联系人、短信云端备份,以及隐私锁和防骚扰功能,能让手机通讯更安全、更安心。正如IE浏览器不能成为浏览器主流的原理一样,第三方通讯录取代手机自带通讯录成为主流的趋势同样明显。

(二)商务社交网络定位

有人认为,腾讯也在做通讯录,"名片碰碰"将来肯定没有发展机会。一个刚创业的公司如何去和市值数百亿美元的腾讯同场竞争?这给即略和王雨豪带来了巨大的压力。

行业的竞争,特别是与腾讯这类大公司的竞争,王雨豪有着自己的看法:"大公司的竞争是不可避免的。在美国,无论在互联网时代或是上一个经济时代,一样存在大公司的绞杀,这是企业成长要学会的课题,狭路相逢勇者胜,既要正确认识这种必然,同时在力量薄弱时又要学会躲避。"王雨豪认为,即略当前还是一家小企业,并不适合和腾讯直面竞争,但是如果"名片碰碰"拥有与腾讯通讯录差异化的定位,即略则不仅可以生存下来,而且完全可以成长为将来的又一个"腾讯"。

王雨豪认为,社交网络脸谱虽然有着8亿多的用户,但是同样是社交网络的领客音依然有着1亿多的用户。而且邻客音竟然在脸谱之前上市,有着80多亿美元的市值。邻客音的机会就在其与脸谱定位的不同,邻客音服务于商务社交,脸谱则服务于生活社交,这才使得邻客音最终获得成功发展的机会。

2011年11月,"名片碰碰"更新到3.0版本,3.0版本是一个类推性的产品,有着和Bump相似的内容。相对于腾讯而言,其名片交换则更加深入一些。但是和腾讯微信的用户群却很相近,这让王雨豪觉得这是一条不归路。同时也让王雨豪更加坚定,即略要做的不是和QQ同台竞技,"名片碰碰"必须更加专注服务于开拓商务社交网络,"名片碰碰"的产品使用对象需要更加清晰地定位在商务社交人士上。

(三) 未来盈利模式

和Bump一样,"名片碰碰"至今还没有明确的盈利模式。王雨豪甚至认为,现在的"名片碰碰"还处在"临产阶段",所以,做好产品才是最关键的,移动互联网一定会有更轻便、更简洁的解决方案。

对于"名片碰碰"的成长,王雨豪说:"电子名片会像当年电子邮件替代纸质信件那样,成为主流。电子名片是一个人最重要的数字ID。怎么样让这个数字ID跟随你或者是如影随形地在合适的地方与合适的方向出现呢?我觉得这个事不是说有多大的问题,而是一个刚刚开始的问题。我相信随着移动互联网的发展或者是我们对移动手持设备依赖性的提高,数字ID必将变得越来越重要,即使这需要一个过程。在中国文化中,名片交换需求量是巨大的,甚至远超西方社会,但只要聚焦于这个需求的满足,就足以聚集海量用户,并构建起用户数的门槛。"

"'名片碰碰'做的是商务社交,当达到一定量级别(王雨豪将用户数门槛设定为千万),在此平台上千万量级用户的社交关系是其最大的价值所在。将来,我们完全可以把用户和中小企业绑在一起,网站扮演着类似猎头的角色,为中小企业主服务,为他们寻找合适的人才,并且收费。甚至用户也能通过经营自己的人脉圈子,与'名片碰碰'实现分成。"

但是外界仍然有不少质疑的声音,一些专业人士认为,商务社交中交换纸质名片是一种礼仪,本身也是一种社交文化,如果以一款交换电子名片的程序来代替,缺少了实际名片交换时的体验,电子名片取代不了传统名片交换的文化。更有一些专业人士对"名片碰碰"的盈利前景表示担忧。他们认为,用户基数从200万到1 000万是不同的概念,以"名片碰碰"现有的产品内容、资金储备、团队构成和市场推广都很难在近期达到千万用户的基数。

王雨豪称,目前"名片碰碰"的用户规模在200万,在没有达到及格线时,谈任何的盈利尝试都是一种着急的表现。接下来,"名片碰碰"将着力进行产品的改进,丰富客户的体验,进一步提升客户的使用价值,并将采取一些市场推广措施,以吸引更多的用户。

附录

附录1:国内外部分相关同类产品介绍

表1　　　　　　　　　　　　国内外部分相关同类产品介绍

产品名称	产品功能	推出时间	用户数量	开发/运营公司简介
Bump	基于Android和iOS设备的应用,可以让用户通过"碰撞"设备来交换资料,分享照片和日程安排,可以连接到其他人的社交账户来传送信息	2009年3月	8 000万活跃用户	2009年11月,Bump公司从红杉资本获得350万美元的融资,2011年1月从Andreessen等融资1 650万美元

续表

产品名称	产品功能	推出时间	用户数量	开发/运营公司简介
LinkedIn	面向商业客户的社交网络(SNS)服务网站,目的是让注册用户维护他们在商业交往中认识并信任的联系人,提供有商务价值的社交服务。	2002年12月	全球1亿多用户,中国用户超过200万	LinkedIn由支付巨头Paypal等公司于2003年创立。LinkedIn在英国有400万注册用户,在全球有1亿多用户。财富100强中至少有一半公司用它来招募员工
名片全能王	智能手机的名片识别软件,拍摄名片图像,读取、判别联系信息并存入电话本	2006年	未知	合合信息科技成立于2006年,主要从事模式识别、图像处理、视频处理、人机交互以及移动应用等方面的研究开发工作
友联系	可通过扫描纸质名片,交换电子名片,创建或参加聚会讨论在线认识并维护联系人,拓展社交关系网络	2011年12月8日	未知	北京友录在线科技发展有限公司负责运营
天际网	中国最大的职业SNS网站,其主要用户群体为职业人士,帮助用户更有效地建立、管理、拓展人际关系网	2004年	近1 000万注册用户	在2009年与Viadeo合并。Viadeo集团是除LinkedIn以外,唯一一家全球性的职业SNS网站,拥有3 500万全球用户
优士网	职业社交网络,为中国创业精英、创业者和创业家提供智能、可信、高效的网络服务,维护和拓展职业人脉,利用人脉解决商务社交	2010年2月	30多万会员,其中包括15 000名CEO和7 000名CTO	实行邀请制的私密商务社交平台,由中国100位商业领袖共同创立,专注于将中国有影响力的职业人士、企业家和创业者联系起来,帮助他们找到客户、商业伙伴、行业专家和职业机会
微信	通过网络快速发送语音短信、视频、图片和文字,支持多人群聊的手机聊天软件。软件本身完全免费,使用任何功能均不收取费用	2011年1月	2012年3月29日,微信注册用户过1亿	腾讯公司成立于1998年11月,是目前中国最大的互联网综合服务提供商之一,也是中国服务用户最多的互联网企业之一。主要产品有IM软件、网络游戏、门户网站以及相关增值产品
米聊	小米科技出品的一款跨手机平台,跨移动、联通、电信运营商的手机端免费即时通讯工具,通过手机网络进行无限量的免费、实时的语音对讲,信息沟通和收发图片	2010年12月	1 300万活跃用户	小米科技于2010年4月正式成立,是一家专注于iPhone、Android等新一代智能手机软件开发与热点移动互联网业务运营的公司

附录2:即略公司资产负债表

表2　　　　　　　　　　　　　　　　　资产负债表

2012年6月30日　　　　　　　　　　　　　　　　　　　　　　　　　　　单位:元

资产	年初数	期末数	负债和所有者权益	年初数	期末数
流动资产:			流动负债:		
货币资金	75 585.68	2 617 176.84	短期借款		

续表

资产	年初数	期末数	负债和所有者权益	年初数	期末数
短期投资			应付票据		
应收票据			应付账款	53 600.00	16 500.00
应收股利			预收账款	66 920.00	85 293.13
应收利息			应付工资		
应收账款	26 600.00	2 642 400.00	应付福利费		
其他应收款	24 750.00	122 350.00	应付股利		
预付账款	83 832.00	283 832.00	应交税金	17 078.74	16 178.68
应收补贴款			其他应交款	944.63	894.16
存货			其他应付款	763 345.52	519 769.68
待摊费用	53 000.00	16 500.00	预提费用		
一年内到期的长期债权投资			预计负债		
其他流动资产			一年内到期的长期负债		
流动资产合计	263 767.68	5 682 258.84	其他流动负债		
长期投资:					
长期股权投资			流动负债合计	901 888.89	638 635.65
长期债权投资			长期负债:		
长期投资合计			长期借款		
固定资产:			应付债券		
固定资产原价	133 466.00	176 866.00	长期应付款		
减:累计折旧	9 047.87	27 138.26	专项应付款	790 000.00	801 000.00
固定资产净值	124 418.13	149 727.74	其他长期负债		
减:固定资产减值准备			长期负债合计	790 000.00	801 000.00
固定资产净额	124 418.13	149 727.74	递延税项:		
工程物资			递延税款贷项		
在建工程			负债合计	1 691 888.89	1 439 635.65
固定资产清理					
固定资产合计	124 418.13	149 727.74	所有者权益(或股东权益):		
无形资产及其他资产:			实收资本(或股本)	1 000 000.00	1 000 000.00
无形资产			减:已归还投资		
长期待摊费用			实收资本(或股本)净额	1 000 000.00	1 000 000.00
其他长期资产			资本公积	90 000.00	4 930 000.00
无形资产及其他资产合计			盈余公积		

续表

资产	年初数	期末数	负债和所有者权益	年初数	期末数
递延税项:			未分配利润	−2 393 703.08	−1 537 649.07
递延税款借项			所有者权益（或股东权益）合计	−1 303 703.08	4 392 350.93
资产总计	388 185.81	5 831 986.58	负债和所有者权益（或股东权益）总计	388 185.81	5 831 986.58

附录 3：即略公司利润表

表3   利润表

2012 年 6 月 30 日   单位：元

项目	本月数	本年累计数
一、主营业务收入	496 753.40	3 025 447.00
减：主营业务成本		63 600.00
主营业务税金及附加	1 937.34	11 799.25
二、主营业务利润（亏损以"−"号填列）	494 816.06	2 950 047.75
加：其他业务利润（亏损以"−"号填列）		
减：营业费用	46 469.89	417 836.46
管理费用	278 711.83	1 674 985.75
财务费用	562.73	1 512.26
三、营业利润（亏损以"−"号填列）	169 071.61	855 713.28
加：投资收益（损失以"−"号填列）		
补贴收入		
营业外收入		340.73
减：营业外支出		
四、利润总额（亏损总额以"−"号填列）	169 071.61	856 054.01
减：所得税		
五、净利润（净亏损以"−"号填列）	169 071.61	856 054.01

附录 4：即略公司现金流量表

表4   现金流量表

2012 年 6 月 30 日   单位：元

项目	本年累计数
一、经营活动产生的现金流量：	
销售商品、提供劳务收到的现金	636 146.95
收到的税费返还	340.73
收到的其他与经营活动有关的现金	1 579 680.41

续表

项 目	本年累计数
现金流入小计	2 216 168.09
购买商品、接受劳务支付的现金	263 600.00
支付给职工以及为职工支付的现金	1 282 490.45
支付的各项税费	25 665.68
支付的其他与经营活动有关的现金	2 899 420.80
现金流出小计	4 471 176.93
经营活动产生的现金流量净额	－2 255 008.84
二、投资活动产生的现金流量：	—
收回投资所收到的现金	—
取得投资收益所收到的现金	—
处置固定资产、无形资产和其他长期资产所收回的现金净额	—
收到的其他与投资活动有关的现金	—
现金流入小计	—
购建固定资产、无形资产和其他长期资产所支付的现金	43 400.00
投资所支付的现金	—
支付的其他与投资活动有关的现金	—
现金流出小计	43 400.00
投资活动产生的现金流量净额	－43 400.00
三、筹资活动产生的现金流量：	—
吸收投资所收到的现金	4 840 000.00
借款所收到的现金	—
收到的其他与筹资活动有关的现金	—
现金流入小计	4 840 000.00
偿还债务所支付的现金	—
分配股利、利润或偿付利息所支付的现金	—
支付的其他与筹资活动有关的现金	—
现金流出小计	—
筹资活动产生的现金流量净额	4 840 000.00
四、汇率变动对现金的影响额	—
五、现金及现金等价物净增加额	2 541 591.16

The Entrepreneurial Process of Jilve Network Information Technology Co. ,Ltd

Liu Zhiyang

(*School of International Business Administration, Shanghai University of Finance and Economics, Shanghai, 200433, China*)

Abstract: This case study describes the complete process of how to discovery and develop the entrepreneurial opportunity of Intime Blog and Card Bumper. "Jilve Network Information Technology Co. ,Ltd" (Jilve) is a company focusing on mobile network applications. After the foundation of the company, Jilve launched the microblog product with positioning function—Intime Blog in April 2009. Due to improper selection of products, it decisively abandoned the entrepreneurial opportunities under the pressure of competition with Sina and other business competitors. In June 2011, Jilve has developed a product as a tribute to the US Bump, which is called Card Bumper. The process of the opportunity development of the Card Bumper has been through a series of problems, like financing, product upgrade and team building. And it also encountered many strong competitors like the Tencent Contact. In the competition, Jilve eventually positioned the Card Bumper in the business social network area. It effectively distinguished itself from Tencent which positions its Contact in life social network area, providing some space for Jilve's culturally different development. At present, in the process of entrepreneur, it is still facing some problems like lack of customer, unclear profit model, few content of the address book and so on. The future of Jilve is still under great uncertainty.

Keywords: Jilve Company; Card Bumper; Entrepreneurial Opportunity; Entrepreneurial Process; Case Study

案例使用说明

一、教学目的与用途

1.本案例主要适用于"创业管理"课程，也适用于"战略管理"课程。

2.本案例的教学目的：(1)通过向学生介绍创业机会发现和放弃的过程，分析说明如何对创业机会进行识别和筛选；(2)启发学生思考创业机会开发过程中，如何做好产品的升级、团队组建和融资问题；(3)探讨创业企业在成长过程中如何应对大企业的竞争，如何逐步明细公司发展战略和商业模式。

二、启发思考题

1. 王雨豪是一个怎样的创业者？从案例中可以发现创业者具有哪些一般特征？

2. 王雨豪为什么放弃"即时客"的创业机会?又是如何发现"名片碰碰"这一创业机会的?如何理解创业机会的识别和评估?

3. "名片碰碰"机会开发是一个怎样的过程?

4. 如果你是王雨豪,你会如何应对腾讯等公司的挑战?

三、分析思路

教师可以根据自己的教学目标使用本案例,本案例给出的分析思路仅供参考。

思考题1:

(1)创业者在创业过程中的主体作用。

(2)创业者的类型。

(3)创业者的一般特质。

思考题2:

(1)思考创业机会的特征。

(2)理解创业机会的识别过程。

(3)理解机会识别和机会评价的关系。

思考题3:

(1)理解创业过程。

(2)引导学生认识创业过程的不确定性和复杂性。

(3)引导学生认识创业过程的动态性。

思考题4:

(1)产品战略的差异化定位。

(2)价值创造和产品创新。

(3)商业模式构建。

四、理论依据及分析

思考题1:

创业者是创业的主体要素,是创业概念的发起者,创业目标的制定者,创业过程的组织者和创业结果的承担者。创业者是推动创业的基本要素,创业者的个人素质决定着创业的成败,这其中包括创业者的性格、能力、知识结构以及他的精力和时间,即作为一个创业者,他必须具备一定的特征和素质。

创业者可以分成几种类型:①酝酿者,指正式行动前的创始者,即考虑创建新企业的个体;②初学者,指没有创业经历的创业者,即成为一个企业的创始人、继承人或购买者之前没有拥有企业经历的个体;③熟练者,指习惯性创业者,即创业前有拥有企业经历的个体;④持续者,即连续创业的创业者,指在出售或关闭原有企业后,继而继承、建立或购买另一个企业的个体;⑤拓展者,即组合型创业者,指在保留原有企业的情况下,随后又继承、建立或购买另一个企业的个体。本案例中的王雨豪是典型的持续创业者。

早期的学者认为,创业者在某种程度上不同于一般人,从而着重研究了创业者的个性、背景、经验以及品质等,但研究结果并不支持这种观点。因此,研究的焦点逐渐转向创业者的行为以及他们的决策认知过程。如阿尔索斯与科维莱发现,与初学者或持续者相比,拓展者创业的可能性更高。近期也有不少学者关注酝酿者,他们发现酝酿者具有异质性,而这种异质性主要是以创业者的年龄和以前的就业状况为识别变量。由于实际创业比仅仅考虑创业需要做更多的事情，因此，需要进行纵向研究，以便更深入地了解他们要考虑到何种程度才会真正开始行动，以及这其中的过程，从而了解企业创建前的活动与企业成功率之前的关系，并验证成功创业的个体和放弃创业的个体之间的差异是否可归因于机会的性质、酝酿者的承诺和期望，以及外部环境资源的可获得性等要素。

同时，创业者的异质性还表现在：创业者可能不止涉及一个企业，但以往的研究一直忽略了这一点。如创业者的退出会引出这样一个问题：创业者是决定完全退出创业生涯，还是决定再拥有另外一个企业，其中的影响因素又是什么。普遍认为，创业者只在第一个企业失败时才会创建另一个企业，但从一个企业退出则取决于其自身绩效期望的阈值。

此外，对创业团队的研究也不可忽视。研究发现，50%的企业都是由创业团队创建的，由团队创建的企业通常拥有更多样化的技能和竞争力基础，形成更广阔的社会和企业网络，从而可获得更多的资源。团队还可以增加创业企业的合法性，尤其在融资的时候，但创业团队的动态性还亟待进一步的探讨。

思考题2：

本质上看，成功创业者就是识别机会并将其转化为成功企业的人。创业者是特立独行的，他们能够作出与众不同的决策。即使存在创业机会，也只有那些能敏锐地识别和捕捉到它的人才能够掘得第一桶金，正是这种识别能力的差异才使得创业机会显现出来。在任何时候，只有少数人能发现创业机会。

创业者在识别创业机会的过程中，必须拒绝大多数机会而后抓住少数机会，拒绝或抓住机会的依据是机会识别的目标，即机会能够：(1)为顾客或最终用户创造或增加极大的价值；(2)能够解决一项重大问题，或者满足某项重大需求或愿望，因此某些人愿意多支付一些费用；(3)有需求旺盛的市场，利润很高；(4)与当时的创始人和管理团队配合得很好，也很适合市场状况，风险与回报平衡。

创业过程开始于创业者对创业机会的把握，创业者从成千上万繁杂的创意中选择了他心目中的创业机会，随之不断持续开发这一机会，使之成为真正的企业，直至最终收获成功。在这一过程中，机会的预期价值以及创业者的自身能力得到反复的权衡，创业者对创业机会的战略定位也越来越明确，这一过程称为机会识别过程。

有些学者认为，机会识别是个体的内在识别过程，强调企业家在机会识别过程中的能动性，企业家的警觉性越高，其识别与开发创业机会的成功率就越高，而企业家的高警觉性则与其个人特质如创造力和乐观等相关。成功的创业机会识别有赖于社会网络的运用，而企业家特别的爱好及其市场知识是成功识别创业机会的关键。

拉马斯·齐默尔(Thomas W. Zimmerer)和诺曼·斯卡伯勒(Norman M. Scarborough)把创业机会的识别分为五大步骤：第一步，判断新产品或服务将如何为购买者创造价值及使用新产品或服务的潜在障碍。根据对产品或服务使用的潜在障碍以及市场认可度的分析，得出新产品的潜在需求、早期使用者的行为特征以及产品达到创造收益的预期时间。第二步，分析产品在目标市场投放的技术风险、财务风险并进行"机会窗口"分析。第三步，在产品的制造过程中是否能保证足够的生产批量和可以接受的产品质量。第四步，估算新产品项目的初始投资额，使用何种融资渠道。第五步，在更大范围内考虑风险程度以及如何控制和管理那些风险因素。应当注意到，这一机会识别过程实际上应当是一种广义的识别过程，因为它事实上囊括了大部分研究中提到的机会发现、机会鉴别、机会评价等创业活动。

林赛(Lindsay,N.J.)和贾斯汀·克雷格(Justin Craig)(2002)将这一过程分成三个阶段:

阶段1:机会的搜寻(Opportunity Searching)。在这一阶段,创业者对整个经济系统中可能的创意展开搜索,如果创业者意识到某一创意可能是潜在的商业机会,具有潜在的发展价值,就将进入机会识别的下一阶段。

阶段2:机会的识别(Opportunity Recognition)。相对整体意义上的机会识别过程,这里的机会识别应当是狭义上的识别,即从创意中筛选合适的机会。这一过程包括两个步骤:首先,分析整体市场环境以及一般的行业情况,判断该机会是否在广泛意义上属于有利的商业机会,诺埃尔(Noel.J)和克雷格称之为机会的标准化识别阶段(Normative Opportunity Recognition Phase);其次,考察这一机会对于特定的创业者和投资者是否有价值,也就是个性化的机会识别阶段(Individualize Fit Opportunity Recognition Phase)。

阶段3:机会的评价(Opportunity Evaluation)。实际上,这里的机会评价已经带有部分"尽职调查"的含义,相对比较正式,考察的内容主要是各项财务指标、创业团队的构成等,通过对机会的评价,创业者决定是否正式组建企业、吸引投资。

事实上,在一些研究中,机会识别和机会评价是共同存在的,创业者在对创业机会识别时也有意无意地进行评价活动。创业者在机会开发中的每一步都需要进行评估,也就是说,机会评价伴随于整个机会识别的过程中。在机会识别的初始阶段,创业者可以非正式地调查市场的需求和所需的资源,直到断定这个机会值得考虑或是进一步深入开发,在机会开发的后期,这种评价变得较为规范,并且主要集中于考察这些资源的特定组合是否能够创造出足够的商业价值。

思考题3:

创业者识别了机会后,就要立即着手进行机会的开发。机会开发的过程就是一个整合资源进行价值创造的过程。资源基础理论是战略管理非常重要的理论,彭罗斯把企业看作是一系列不同用途的资源相联接的集合。企业创建过程其实就是企业家开发机会的过程,也是企业家动态平衡资源的过程。

创业过程可以分为三个阶段:第一阶段是识别与评估商业机会;第二阶段是开发机会并获取创业资源;第三阶段是管理新创企业(见表5)。

表5　　　　　　　　　　　　　　创业过程的三个阶段

第一阶段 识别与评估创业机会	第二阶段 开发机会并获取创业资源	第三阶段 管理新创企业
➤创新性与"机会之窗"的长度 ➤机会的估计价值与实际价值 ➤机会的风险与回报 ➤机会与个人技能与目标	➤创业者的现有资源缺口和目前可获得的资源供给 ➤创业融资 ➤创业团队组建 ➤产品研发 ➤市场推广	➤产品不断创新 ➤公司战略明晰 ➤商业模式完善 ➤创业企业不确定性管理 ➤创业领导力

创业过程充满动态性与复杂性特征。蒂蒙斯在《创业学》一书中提出了一个影响深远的创业过程理论模型[①]。蒂蒙斯认为,创业过程是创业机会、创业团队和资源之间适当配置的高度动态平衡过程,创业机会、资源与创业团队是创业过程的关键构成要素,其中,创业机会是创业

---

① 更详细的内容可以参考蒂蒙斯著:《创业学》(第6版),人民邮电出版社2005年版。

过程的核心要素,创业过程实质上是发现与开发创业机会的过程;资源是创业过程的必要支持,是开发机会谋求收益的基础;创业团队是在创业过程中发现和开发机会、整合资源的主体,是新创企业的关键构成要素。

蒂蒙斯模型运用创业机会、资源与创业团队三要素来概括创业过程的复杂性,采用三要素的动态平衡过程来总结创业过程的动态性,高度揭示了创业过程的动态性与复杂性特征。蒂蒙斯认为,随着时空变迁、机会模糊性、市场不确定性、资本市场风险及外在环境等因素对创业活动的冲击,创业过程充满风险与不确定性,创业机会、创业团队和资源三要素也会因相对地位的变化而产生失衡现象,此时,创业团队扮演着调整活动重心以获得创业机会与资源相对平衡的核心决策者角色。创业初期,机会挖掘与选择是关键,创业团队的决策重心在于迅速整合资源以抓住创业机会。随着新企业的创立与成长,资源日渐丰富,企业面临更为复杂的竞争环境与市场环境,创业团队的决策重心转向合理配置资源以提高资源使用效率,构建规范管理体系以抵抗外部竞争与不确定性等活动。

由于创业是一项高度综合且复杂的动态管理活动,因此创业不仅要受机会的制约,还要求创业者有完整、缜密的实施方法和讲求高度平衡技巧的领导艺术。创业不仅能为创业者,也能为所有的参与者和利益相关者创造、提高和实现价值,或使价值再生。商机的创造和识别是这个过程的核心,随后就是抓住商机的意愿与行动。这要求创业者有甘冒风险的精神(这里所指的"风险",既有个人风险,也有财务风险),但所有风险都必须是经过计算的,要不断平衡风险和潜在的回报,这样才能掌握更多的胜算。创业者要精心设计战略计划,合理安排有限资源。

思考题4:

创业企业与大企业竞争的关键在于差异化的市场定位。差异化战略是指企业通过提供独特技术、品牌形象、附加特征及特性服务等来强化产品特点,增加消费者价值,使消费者愿意支付较高的价格。不仅如此,差异化定位也使得创业企业与目前市场中的成熟企业区别开来,使得企业在"红海"竞争中能够找到适宜自己的"蓝海",为创业企业的生存赢得一定的发展空间。

创业的本质在于价值创造。任何产品的创新都要服从客户的需求,要能给顾客带来价值(即顾客感知利失与感知利得之间的差距)。只有实现顾客价值,才能给合作伙伴带来价值,给企业自身带来价值。因而,即略只有在明细的产品定位下不断提升客户使用体验,才能最终赢得顾客。

商业模式解决的是这些产品如何实现盈利的问题,说明了创业企业如何通过对价值发现、价值匹配、价值占有三个方面的因素进行设计,在创造顾客价值的基础上,为股东及伙伴等其他利益相关者创造价值。对于即略而言,在未来竞争中要不断思考企业价值创造的源泉,这是对机会识别的延伸。即略的价值命题是给商务人士处理社交事务带来便利性和网络互动性。这一价值命题的实现需要即略明确合作伙伴,实现价值创造。即略不可能拥有满足顾客需要的所有资源和能力,即便它愿意亲自去打造和构建需要的所有能力,也常常面临着很大的机会成本和风险。即略要制定竞争策略,占有创新价值,以最终实现盈利。

五、背景信息

最近社交网络领域可谓好戏连台,微博一直是热点,米聊与微信展开竞争,脸谱入华传言纷纷,腾讯入股开心网,俞永福单方面挑起"UQ大战",人人网收购 qingting.com……但是从2011第三季度财报来看,人人网由盈转亏,新浪微博始终未能找到良好的盈利模式,腾讯以"IMQQ+QQ空间+朋友网+腾讯微博+开心网"的社交组合在个人用户端已经难以撼动。

相比个人用户端社交网络的既定格局,移动社交的机遇却很明显。

首先,移动互联网飞速发展。根据艾瑞咨询的数据显示,移动互联网的市场规模达到851亿元,同比增长34.6%,环比增长18.9%。整个市场爆发之势初显。

其次,市场格局未定,尚未出现一家独大的局面。

在机遇面前,大家都不会手软,人人网与开心网都将未来发展的目光投向移动社交领域,腾讯自不必说,微信、QQ通讯录、手机QQ等全面发力。由于行业巨头的争相进入,未来移动社交领域的竞争将空前激烈。

目前,即略正在进行第二轮融资,和3家风险投资商进行了深入的洽谈,已经达成了初步意向协议。此外,即略已经和国内10所高校的商学院达成了战略协议,由即略为商学院MBA提供通讯录的制作和管理,首期市场推广活动取得了良好的宣传成效。

六、关键要点

思考题1:
(1)让学生从王雨豪不断创业的经历中去感受创业者成就自我、突破自我的重要特质。
(2)让学生感受到创业动机和高成就动机是机会型创业的前提。
(3)让学生体验到企业创建是创业家对社会的一种责任。

思考题2:
通过"即时客"的放弃,引导学生理解和掌握创业机会识别的框架(见图1)。

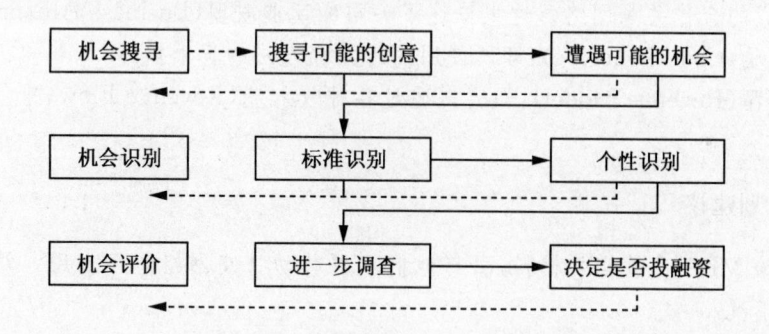

图1 机会识别过程的三阶段模型

思考题3:
即略的创业过程其实就是创业机会、创业资源和创业团队的动态平衡过程,要引导学生思考这三者的动态变化。这个变化过程也体现出即略机会开发过程(主要包括获得创业资金等重要资源、组建创业团队、不断寻找新的创业机会)的不确定性和复杂性(见图2)。

思考题4:
引导学生明白商业模式的9要素模型:
(1)价值主张(Value Proposition):即公司通过其产品和服务所能向消费者提供的价值。价值主张确认了公司对消费者的实用意义。
(2)消费者目标群体(Target Customer Segments):即公司所瞄准的消费者群体。这些群体具有某些共性,从而使公司能够(针对这些共性)创造价值。定义消费者群体的过程也被称为市场划分(Market Segmentation)。

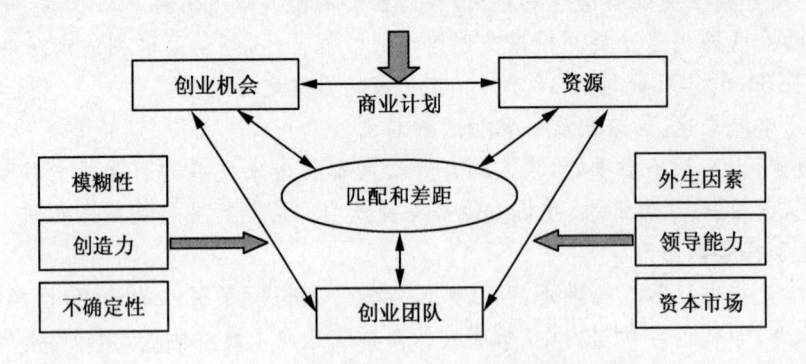

图 2　蒂蒙斯的创业过程理论模型

(3)分销渠道(Distribution Channels)：即公司用来接触消费者的各种途径。这里阐述了公司如何开拓市场。它涉及公司的市场和分销策略。

(4)客户关系(Customer Relationships)：即公司同其消费者群体之间所建立的联系。我们所说的客户关系管理(CRM)即与此相关。

(5)价值配置(Value Configurations)：即资源和活动的配置。

(6)核心能力(Core Capabilities)：即公司执行其商业模式所需的能力和资格。

(7)合作伙伴网络(Partner Network)：即公司同其他公司之间，为有效地提供价值并实现其商业化而形成的合作关系网络。这也描述了公司的商业联盟(Business Alliances)范围。

(8)成本结构(Cost Structure)：即所使用的工具和方法的货币描述。

(9)收入模型(Revenue Model)：即公司通过各种收入流(Revenue Flow)来创造财富的途径。

七、课堂计划建议

上课前先给MBA发放相关材料，引导他们理解移动社交网络与个人用户端社交网络行业的不同竞争情况。

上课过程要通过4个问题的引领，让学生全面理解创业机会识别、创业机会开发、创业机会的实现等完整的创业过程。

课堂上，建议案例采取分组形式来进行探讨。可以让各个小组的MBA学生代表上来模拟创业者对于机会的决策，尤其是在放弃"即时客"时可以引导学生以创业者的身份来做评估机会。

面对外在竞争，如何对公司发展战略重新定位，要引领学生大胆去假设。

可以通过"商业模式画布"的方法，要求学生在课堂中填写即略未来商业模式的九大内容。

奢侈品销售企业的社会责任
——来自秀秀公司的道德报告[①]

● **摘　要**：当奢侈被人们唾弃时，奢侈品的交易主体，无论是商家还是消费者，他们的道德动机、道德行为和道德价值始终在怀疑中被否定。秀秀公司是一家经营奢侈品的商业企业，因感恩于中国经济发展的巨大成就给企业带来的令人羡慕的业绩，决定将企业发展战略的重点从"经济人"角色向"道德人"角色转型。

为此，秀秀公司以企业的道德追求为主题，以自觉履行社会责任为平台，展现了奢侈品经营企业的管理者和员工的血管里流淌着道德的血液。

秀秀公司的道德行为如下：一是组织架构的变革，从"竹节型"组织变为"桔型"组织，大幅降低了采购成本，提升了竞争能力，通过骄人的业绩为履行社会责任准备了物质条件；二是提出了公司实现社会责任的12项指示；三是建立了公司面向社会的慈善基金。基金的定位十分明确，即建立临终关怀学校，对象为因患艾滋病而被遗弃的病孩；四是加强了公司的企业伦理建设，形成了以秀秀公司为核心，以良好的道德关系为纽带的"小宇宙"。这个伦理生态环境激励了从管理者到员工履行社会责任的积极性，并把积极性转变为可操作的制度。

● **关键词**：秀秀公司；"桔型"企业；社会责任；道德追求；临终关怀

引　言

秀秀贸易有限责任公司在董事长兼总经理尤先生的带领下，汇集了一群具有相同爱好和兴趣的专业精英。他们以"经营最优秀的奢侈品"为己任，勤奋创业，发展迅速。自2002年5月1日营业以来，秀秀公司现有的直营店和连锁店共计60家，其中直营店20家、连锁店40家，并于2012年开始架设了网络店，为高端消费者提供多元化的奢侈品服务。

在中国传统的消费观念中，奢侈是不道德的消费行为。因此，奢侈品也多多少少被烙上了不道德的印迹。但是，秀秀公司以企业的伦理自觉、忠实地履行企业的社会责任，以道德元素带动经营活动，成为私人企业中道德实践的模范者。

---

① 本案例由上海财经大学商学院骆祖望撰写，作者拥有著作权中的署名权、修改权、改编权。未经允许，本案例的所有部分都不能以任何方式与手段擅自复制或传播。
版权所有人授权上海财经大学商学院案例中心使用。
由于企业保密的要求，在本案例中对有关名称、数据等做了必要的掩饰性处理。
本案例只供课堂使用，并无意暗示或说明某种管理行为是否有效。

在财务方面,公司的注册资本从500万元人民币增资到现在的2 000万元人民币,年营业收入从最初的800万元人民币发展到现在的超亿元人民币。短短十年时间,公司的税后利润从几十万元人民币发展到几千万元人民币。

目前,秀秀公司有直接员工150名,联营员工350名,合计为社会提供就业岗位500名左右,每年员工的流动率稳定在10%～20%之间。公司在招聘员工的选拔中十分注重四个要素的衡量:一是文化水平要素,学历的条件是中等以上;二是经验要素,优先招聘有营销或服务实践的亲历者;三是形体要素,要求健康、端庄、大方;四是道德要素,要求有道德追求和自我道德约束的有志青年。秀秀公司每年都对新员工进行职前岗位培训,培训的主要内容有下列三项:奢侈品专业知识培训、岗位行为规范培训、职业道德观念和规范培训。

秀秀公司的经营理念:娴熟的品牌专业知识;最优秀的人性化服务;恪守企业的社会责任。凝练为:知识、服务、责任。而由经营理念发展出的经营方针则为:拓展品牌年价值,扩大经营优势;坚持服务真善美,提高经营业绩;自觉履行社会责任,实现经营目标。

一、奢侈品产业与市场概况

按照世界标准,迄今为止,中国没有真正意义上的奢侈品产业,但却有着广阔的奢侈品市场空间。要了解这一矛盾性,必须从奢侈品的认知着手。奢侈是一种奢华的生活方式,多数由产品和服务的品质与特色所决定。

奢侈品是与名牌产品概念相联系的。奢侈品具有卓越的品质,但与生活的必需性无关。现代的奢侈品都是用智慧和知识来制作的产品,不仅原料优良,而且用前瞻性的先进技术手段来解决制造问题。奢侈品的问世和发展为各国经济带来了积极作用。奢侈刺激革新,创造工作机会,塑造品位和风格。奢侈品是一个进化的过程,因为它要做到功能性和审美趣味的完美结合并非一朝一夕。中国的改革开放只经历了三十多年的时间,尚没有达到历久弥新的升华。一般而言,奢侈品之所以奢侈,是因为它必须始终保持高品质的可信度,必须有独立的身份。这一切都是通过价格、美感、功能与设计最大限度的和谐统一表现出来的,这是奢侈品的立足之本。例如,奢侈品服装必须具有四个要件:一是优质的面料;二是超凡的设计;三是精致的加工;四是高昂的价格。这四个要件构成奢侈品的文化内涵。

然而,奢侈品在世界多数国家,尤其是欠发达国家和发展中国家,仍然受到诸多社会阶层的唾弃。原因之一是人们基本上视奢侈品为多余之物,原因之二是人们认为用奢侈品的人都是搜刮社会财富的人。尽管这是一种偏见,但却根深蒂固,因此,经营奢侈品的公司和业主也统统被视作为富不仁者。要想改变这样一种社会观念,需要公司的业主们通过尽社会责任的行为来表达他们的善意,使其存在具有积极意义和合理性。

既然我国没有奢侈品产业,那么为什么有着奢侈品市场呢?这需要从两个方面来阐述:一是我国经济经过三十多年的发展,社会财富在不断增长,富裕起来的人们和他们的"富二代"需要通过奢侈品消费来炫耀自己的财产和财富背后的成功经验和能力。与此同时,我国的白领阶层和金领阶层所汇聚的中产阶级也需要通过奢侈品消费来展现自己的知识与技术。我国市场化的机制使中产阶级以上的社会群体有了消费奢侈品的价格支付能力。二是以法国和意大利为代表的奢侈品产业大国正在大量输出奢侈品,以实现由奢侈品垄断带来的超额利润。前者为奢侈品市场在我国发展的内因条件,后者为奢侈品市场在我国立足的外部条件。据不完全统计,我国已经成为全球奢侈品消费第一大国,每年的奢侈品消费金额达上千亿元人民币之巨。

二、秀秀公司的战略决策

秀秀公司在成立8周年之际,举行了一次发展战略的研讨会。之前,公司曾专门成立了一个研究小组,并且聘请了外部专家作为高级顾问进行了公司发展战略的专题研究。这次的研讨会不仅有公司领导层的全体董事和经营团队成员参加,而且扩大到各业务部门的负责人和各门店的店长。研讨会最后形成了两个纲要性文件:一是公司5年中长期发展战略的安排;二是公司履行社会责任的战略决策。第二个文件作为第一个文件的具体落实之一,充分反映了秀秀公司对尽社会责任的高度自觉。下面是公司履行社会责任的会议纪要。

秀秀公司履行社会责任的战略纪要

日期:2010年4月30日
出席人员:店长以上公司领导干部
讨论议题:公司的战略发展与社会责任
主要内容:

1. 公司在8年的奢侈品经营过程中,经过全体新老员工的共同努力,在经营业绩上取得了较大的经济效益,履行社会责任将作为公司发展战略的一部分给予积极关注和落实。

2. 公司的经济成就有赖于我国经济的持续发展,国家的富强和人民的富裕使公司获得了生存之源泉。"喝水不忘挖井人"是公司文化所在,因此,自觉履行社会责任不仅是公司的权力,更是我们的义务。

3. 扩大经营规模,实现规模效益,是落实社会责任的强大杠杆。为此,公司将通过内联外合的路径组建桔型公司,进行奢侈品原产地的统一采购,以便进一步降低奢侈品的物流成本,形成新的竞争力。

4. 从2011年起,公司将以年净利润总额的1%作为社会责任基金,在公司财务上作为单列形式安排专款专用。这是公司对社会责任自觉认识的自愿行为,而非被迫的作秀行为。

5. 公司的社会责任基金将作为慈善资金用于专项的慈善活动。此活动与广告隔离,以表明公司的感恩之情和感激之心。经慎重研究和全体与会者一致通过,公司慈善活动具有明确的指向性,即援助我国因母乳感染而不幸患上艾滋病的被遗弃孤儿。尽管他们幼小的生命将在短期内结束,但临终关怀是公司慈善的要旨。公司将投入这些资金,使他们在人生的最后一段道路上活得快乐,活得体面。公司开展这一指定性活动是为了表明,公司从先富裕起来的群体中获得的高额利润不是完全为了自我享受,其中之一是通过精明的交易活动让最需要得到援助的弱势人群获得道德关怀和帮助。

6. 履行社会责任的具体地址选择在我国云南边境某地。实际的计划如下:第一,在当地政府的支持下,建立一所可接受20~40名临终艾滋病病儿的临终关爱学校,现暂取名为"关爱学校"。第二,援助对象为被遗弃的艾滋病病儿和因家庭极度困难而无法给予最低治疗和生活费安排的极需救援的弱势家庭病儿。第三,在规模内按每名病儿1 000元人民币的标准做财务安排,资金从公司的专项慈善基金中支付。第四,积极争取政府、各社会组织和个人做增量性资金援助。所有这些资金一律不进入公司慈善基金中,而直接在第三方监督下进入"关爱学校"财务账目中。第五,每年进行一次审计,审计报告交当地政府和公司董事会。第六,招聘有爱心之人为学校教员,公司将保障他们的工资待遇,积极培训他们的专业知识和技能,公司从建校之日起,在公司内部每三月一轮换去云南"爱心学校"从事临终关怀的管理工作。

三、公司的企业伦理建设

要保证上述目标的实现,开展公司的伦理建设是必不可少的。因为公司的伦理状况将决定公司的社会声誉度、公司的成本与利润的最优化关系以及社会责任的可持续性。这不仅仅是在思想上的可持续性,也是在资金支付等财务上的可持续能力。总之,要对外部人员的特殊群体实施道德关怀,首先要对内部员工实施道德关怀,员工享受道德关怀是他们的权利,施以道德关怀是公司组织的义务。

伦理,即道德的又一种名称,源于希腊文,特指风俗、习惯。以后延伸发展为除法律以外的一种行为规范。

公司伦理属于企业伦理的范畴,对于它的定义是多元化的。秀秀公司认为,公司伦理是指规范企业间、企业内部各组织间、各组织内部人际关系的行为准则。具体来说,包括下列关系的善际与和谐:一是公司与环境的关系;二是公司与相关组织的关系;三是公司与员工之间的关系。秀秀公司认为,伦理不是追求"不违法",而是追求在法律顾及不到的空间中有所为和有所不为的行为境界。

通过多年的市场实践,秀秀公司已经认识到它作为一个具体的企业,创造利润是它的目标,但不是它的唯一目标。实践企业伦理是关系到公司能否顺利落实社会责任的大事,秀秀公司的企业伦理关系模式如图1所示。

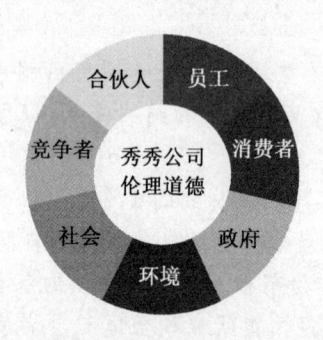

图1 秀秀公司的企业伦理关系模式

(一)公司与员工的劳资伦理

秀秀公司与员工之间的关系是企业伦理中最常见的道德关系。劳资双方如何相互信任、如何拥有和谐的工作关系,需要双方的努力。但是资方在劳资关系中处主导地位,具有更大的道德责任。

劳资伦理的道德准则是:(1)贯彻以人为本的道德伦理观;(2)关心员工的合理需要并尽力满足;(3)给予员工必要的教育培训与升职升薪机会;(4)完善职业岗位的道德规范,使之有操作的空间;(5)公司信息公开化,沟通信息常态化,让员工实现知情权和知晓权;(6)形成良好的管理者人格风范;(7)统一领导层到一线员工的制服,体现劳资平等的观念。

(二)公司与消费者的客户伦理

秀秀公司自身不生产奢侈品。公司是奢侈品流动中的一个中间交易环节,因此具有显著的服务特点。从公司服务范畴而言,作为奢侈品的商家具有无形性、异质性和易逝性的特点。公司在处理与消费者的伦理关系时,必须将服务的品质发挥到极致,以与奢侈品相吻合。

公司对消费者伦理的准则是:(1)高品质的奢侈品供给,杜绝一切假冒品流出;(2)周到、精细的售后服务,乐意承担分外的衍生服务;(3)设立健康、舒适的现场服务空间;(4)自觉视消费者为亲人。

(三)公司与合伙人的股东伦理

秀秀公司不隐瞒追求利润最大化的功利目标,因为公司不是慈善事业单位。秀秀公司作为私有企业,以利润为导向是它的权利。合伙人经济权益的实现是员工安心工作的条件。

公司对合伙人伦理的准则是:(1)稳定经营业绩,发展经营绩效;(2)努力实现合伙人权益的最大化;(3)克服和消除公司危机,保障合伙人的企业财产权;(4)对合伙人公开财务信息,实现利益分享。

(四)公司与同行的竞争伦理

自然界的物竞天择伦理完全适用于公司在与同业同行中的竞争关系。竞争对秀秀公司的价值所在是保护和发扬了公司的优良品质,同时克服和消除了公司的劣质障碍。

公司对同行竞争者的伦理准则是:(1)公司的信息管理做到公开透明;(2)反对恶意竞争,主张善意交流;(3)提倡和开展同业同行竞争者之间的相互学习;(4)竞争过程中使用合理、合法的工具和手段。

(五)公司的社会责任

公司的生存和发展有赖于社会的支持,因此,公司不以施惠者的姿态承担社会责任,而是以谢恩的心情与姿态履行社会责任。

公司对尽社会责任的伦理准则是:(1)主动救助和关心公司所在地区的建设;(2)参加可持续发展的社会活动;(3)量力而行地参加社会公益活动;(4)设立公司慈善基金,开展临终关怀为内容的慈善活动。

(六)公司与政府关系的政商伦理

秀秀公司作为一个经济组织,参与经济活动是它的天职,盈利是它的目标之一。企业需要政府的政策落实来维系公司的运作,政府需要企业界的配合与支持,政策才能有实效。

公司对政府的政商伦理准则是:(1)在突发事件中为政府承担部分责任;(2)公司准时准点依法纳税和缴费;(3)自觉执行政府的商业政策;(4)虚心接受政府的指导。

(七)公司与生态关系的环境伦理

随着发展的需要,公司布局从我国的一线城市转向了二线和三线城市。公司在未来的发展中面临着善待生态环境的道德挑战,作为奢侈品牌的经销商理应成为环境伦理规范的执行者。

公司对生态立场的环境伦理准则是:(1)努力宣传和销售更具环保内容的奢侈品;(2)拒售如野生鳄鱼皮具的奢侈品,坚守奢侈品原材料的绿色性;(3)各门店要成为所在街区的卫生模范;(4)各门店一律使用环保用具;(5)各门店有责任无偿地开展当地环境被污染事件的清除工作。

公司把企业内部的伦理建设与尽社会责任的自觉结合起来,制定了公司履行企业社会责任的要目。

其具体内容如下:(1)为公司的经济增长和效率提高承担微观责任;(2)为社会教育的大众化发展和员工培训承担公司应尽的责任;(3)为社会成员提供更多的就业岗位承担社会责任;

(4)为社会公民权利的实现和机会均等承担社会公平责任;(5)为城市化发展中的旧城改造和新园区发展承担相应的社会责任;(6)为防止环境污染和发展绿色经济承担社会责任;(7)为资源保护和资源再生利用,承担倡导与宣传责任;(8)为社会文化与艺术的普及和发展承担资金支持责任;(9)为医疗服务的公平消费,尤其是为本员工特殊医疗服务承担公司责任;(10)为政府公共政策的畅通实施承担社会责任;(11)为帮助低收入弱势群体的逐步解困承担纳税缴费的社会责任;(12)为社会慈善事业的健康发展承担有限资金救助的社会责任;(13)为应急性的突发自然灾害排忧解难承担社会责任。

四、道德投入的财务绩效

自2008年美国爆发金融危机以来,世界经济危机开始初现端倪,无论是国际市场还是中国市场,需求在萎缩,经济下行的趋势十分明显,企业的平均利润也是逐年下跌。然而,秀秀公司的统计数据却是相反的,具体如图2和图3所示。

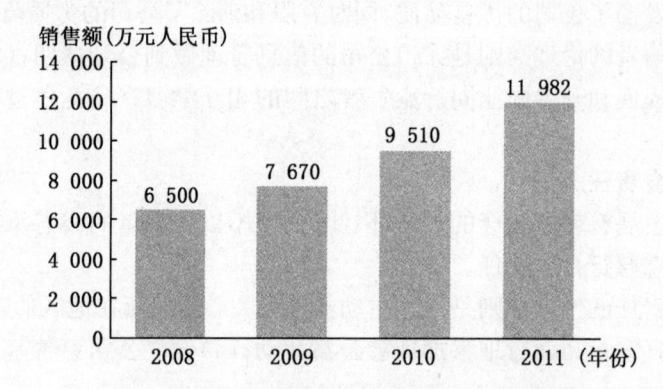

图2 2008～2011年秀秀公司销售额增长趋势

由图2可见,2009年与2008年相比,销售额增长18%;2010年与2009年相比,销售额增长24%;2011年与2010年相比,销售额增长26%。

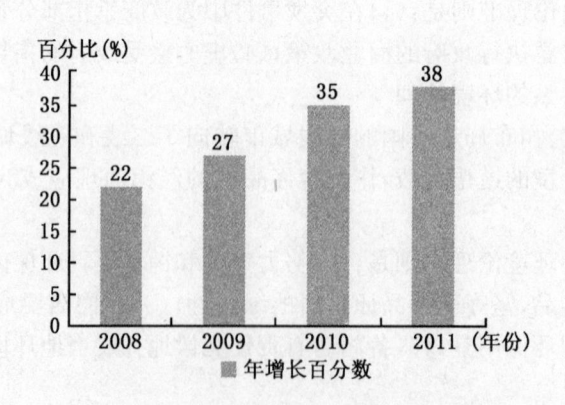

图3 2008～2011年秀秀公司利润率增长趋势

由图3可见,公司利润增长趋势强劲:2008年为22%,2009年为27%,2010年为35%,2011年为38%;环比增长数据为:2009年比2008年增加了5个百分点,2010年比2009年增加了8个百分点,2011年比2010年增加了3个百分点。

这两个财务数据所赖以发力的创收源在哪里?秀秀公司的商业盈利模式揭示了它的制胜点:一是组织架构的创新提高了竞争能力;二是售后服务创新。

关于组织架构的创新,主要表现在模型企业的成立。

原公司的组织架构如下:

秀秀公司作为一个单体企业,实行垂直式的"竹节型"的线型组织架构:

公司总店→中心点→门店

单体公司,由于它的市场拥有量有限,因此商品采购不能形成规模效应,使成本居高不下,竞争力下降,市场扩展缓慢。

创新后的公司组织架构如下:

秀秀公司作为企业联合体的牵头企业,形成"桔型"组织架构,对采购与销售实行联合与分离交叉的经营模式。

联合经营模式主要是指奢侈品的采购过程通过企业联合体的统一采购渠道进行操作,使采购量形成规模效应,大大降低了采购成本,提高了市场竞争力。

分离经营模式,主要是指奢侈品的销售渠道和市场分布以联合体内的成员企业各自为主,财务独立、人事独立、法律自负。

"竹节型"组织模式的结构如图4所示。

图4 "竹节型"组织模式的结构

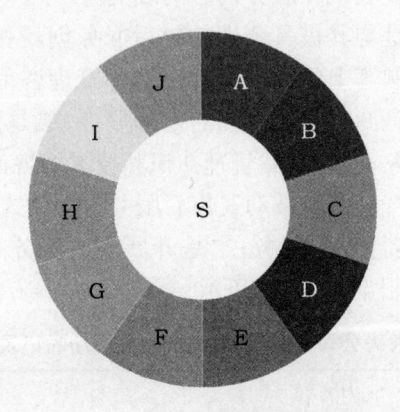

"桔型"组织模式的结构如图5所示。

图5 "桔型"组织模式的结构

其中,S为秀秀公司,A、B、C、D、E、F、G、H、I、J为全国各地经营奢侈品的同行企业。

"桔型"企业以S公司为核心即组织者,联合A、B、C、D……等同行企业组建一个新贸易公司,新贸易公司根据各独立公司的采购单到法国、意大利等奢侈品生产大国的供应商处团购大批量奢侈品,然后按照订单直送各独立经销公司。

目前,以秀秀公司为核心的"桔型"企业的成员公司分布如下:上海2家、九江1家、南昌1家、武汉3家、温州1家、青岛1家、晋江1家、洛阳1家、厦门1家。

在未来的战略安排中,5个一线城市中吸纳北京、天津、广州、深圳至少1家奢侈品企业加盟。省会城市至少吸收1家,实现全覆盖。东部城市选择三线城市共15家奢侈品企业加盟。

这样一种组织架构所反映的价格优势和市场竞争力是不言而喻的,从表1中可略见一二。

表1　　　　　　　　　　　　世界著名奢侈品牌女包

序号	品牌	国别	中国内地价格（元人民币）	中国香港价格较中国内地价格比(%)	原产国价格较中国内地价格比(%)	秀秀公司价格较中国内地价格比(%)
1	爱马仕(Hermès)	法国	40 000～80 000	－17～20	－30～40	－10～15
2	香奈儿(Chanel)	法国	20 000～40 000	－17～20	－30～40	－10～15
3	迪奥(Dior)	法国	20 000～40 000	－17～20	－30～40	－10～15
4	古驰(Gucci)	意大利	5 000～30 000	－17～20	－30～40	－10～15
5	D&G	意大利	5 000～30 000	－17～20	－30～40	－10～15
6	普拉达(Prada)	意大利	5 000～50 000	－17～20	－30～40	－10～15
7	缪缪(Miumiu)	意大利	5 000～30 000	－17～20	－30～40	－10～15
8	阿玛尼(Armani)	意大利	10 000～20 000	－17～20	－30～40	－10～15
9	罗意威(Loewe)	西班牙	10 000～20 000	－17～20	－30～40	－10～15
10	浪凡(Lanvin)	法国	10 000～20 000	－17～20	－30～40	－10～15
11	巴黎世家(Balenciaga)	法国	10 000～20 000	－17～20	－30～40	－10～15
12	麦斯马拉(Maxmara)	意大利	10 000～30 000	－17～20	－30～40	－10～15

关于售后服务的创新,主要表现在服务内容的改变。

秀秀公司的业绩提升,又是与其极具个性的售后服务创新相联系的。通常意义上的售后服务是被动性的服务,一般以顾客上门寻求修理咨询和管理咨询为主要内容。售后服务一般关注以下四个问题的解决:一是商品使用损坏的修理服务;二是商品原件发现缺损的调换、退货服务;三是商品配件供应服务;四是商品管理知识和技术的咨询服务。秀秀公司售后服务的创新主要在两个方面实现突破:一是变被动式售后服务为主动式售后服务,其做法是建立消费者档案,定期进行生活回访,实行上门服务;二是开展售后服务文化活动。经汇总,秀秀公司10年售后服务文化活动的记录档案如表2所示。

表2　　　　　　　　秀秀公司10年售后服务文化活动的记录

月份	内容	参加人数(人)
1	奢侈品市场在中国的发展前景	21
2	品牌、名牌、奢侈品界定分析	16
3	奢侈品行业特征介绍	31
4	奢侈品主要种类研究	17

续表

月　份	内　　容	参加人数（人）
5	咖啡派对和奢侈品保养经验	44
6	奢侈品品牌识别知识	30
7	奢侈品消费的经验座谈会	29
8	2011年女包奢侈品市场分析	18
9	奢侈品的文化价值分析	20
10	我为什么爱上奢侈品——顾客宣讲会	31
11	秀秀公司年终答谢会	62
12	秀秀公司慈善活动报告	27

五、总结与思考

为什么在经济大趋势十分低迷的背景下,秀秀公司在奢侈品市场中能取得如此骄人的业绩?为什么以上海为代表的高端客户群越来越向秀秀公司集聚?

秀秀公司的领导层总结了四条经验:

第一,公司注重社会责任的履行,树立了良好的商业形象。

第二,公司伦理建设的卓有成效凝聚了员工力量,使服务质量不断提升。

第三,公司与员工职业道德修养的提高,使越来越多的高端客户成为了公司和员工个人的朋友,可持续的市场在存量客户中发展,同时带动了增量客户的涌入。

第四,组织结构的调整,不仅继承了秀秀公司的优良传统,而且又在外延边际上获得了拓展,从而形成采购的规模效应,使以秀秀公司为符号的奢侈品一手市场的成本价下降,市场竞争能力提高。

Social Responsibility of Luxury Industry: A Moral Report from Xiuxiu Corporate

Luo Zuwang

(College of Business, Shanghai University of Finance and Economics, Shanghai, 200433, China)

Abstract: When luxury is spurned by people, moral motivation, moral behavior and moral value of dealing subjects, no matter merchants or consumers, have been devaluated. Thanks to China's economic development, Xiuxiu has made outstanding achievements in luxury industry, with a strategy transformation from an Economic Man to a Moral Man. In light of this, Xiuxiu takes moral pursuit as the main theme and voluntarily fulfills the social responsibility, presenting the moral consciousness of both administrators and staff in a luxury company.

The moral behaviors of Xiuxiu are as follows. Firstly, the transformation of organization structure has enhanced the competitiveness of the company and has provided material conditions for the fulfillment of social responsibility. Secondly, Twelve Key Instructions for social responsibility have been put forward successfully. Thirdly, the established charity fund has clear directions, that is, to provide end-of-life care for the children who are suffered from AIDS. Fourth, the construction of Enterprise Ethics has been enhanced with Xiuxiu at the core. This kind of ethics environment has motivated the enthusiasm of administrators and staff on the fulfillment of social responsibility, and has gradually changed it into an operational system.

Keywords: Xiuxiu Corporate; "Orange Type" Corporate; Social Responsibility; Moral Pursuit; Hospice Care

案例使用说明

一、教学目的与用途

本案例主要用于"企业社会责任与商业伦理"、"管理伦理"等课程的教学，目的在于让学生了解企业在商业活动中应当承担的社会责任，提高企业道德水平。

二、启发思考题

1. 在道德逻辑驱动下的经济扩张与在功利逻辑驱动下的经济扩张有什么区别？
2. 奢侈与奢侈品的价值评价是什么？如何在商业社会中识别道德关怀的真实性和虚伪性？它们的判断标准是什么？
3. 在我国发展奢侈品产业本身是否具有道德价值？
4. 为富人服务的奢侈品企业选择最弱势的病患群体履行社会责任的社会意义是什么？
5. 在我国国有和私有企业的平行发展中，各自企业道德建设的主攻方向应该是什么？
6. 以人为本的公司道德主张是否会影响公司管理效率？
7. 你从秀秀公司的道德追求中悟出了什么道德哲学？

三、分析思路

1. 秀秀公司商业成功的要素分析

第一，正确的经营理念。
第二，可操作的经营方针。
第三，高素质的员工选任。

2. 秀秀公司的伦理文化要素分析

第一，把履行社会责任与公司发展战略挂钩。
第二，把社会责任从公司意识转变为公司行为。
第三，把社会责任化解为有目的、有对象、有计划、有部署的事项管理。
第四，把对外的社会责任转化为内在的道德建设，形成秀秀伦理文化。
第五，秀秀公司的伦理文化突出在不同对象间的道德规范建设。

第六,形成秀秀公司的社会责任纲要文化。

3. 秀秀公司支撑履行社会责任的经济要素分析

第一,公司履行社会责任必须有一个良好的经济效益前提。

第二,秀秀公司的经济效益源于两个创新:一是组织体系创新,二是售后服务创新。

第三,两个创新使秀秀公司具有永续的市场空间,从而为公司的社会责任落实提供了财力保证。

四、理论依据及分析

1. 奢侈的概念

奢侈概念分为六个不同阶段的转换:(1)奢侈必须要有财实、财力可以随心所欲地支配;(2)奢侈得益于资本被社会肯定,产生增值;(3)奢侈在不同的社会价值体系中有不同内容;(4)奢侈成为上流社会形成后的一种生活方式;(5)奢侈随着各国经济发展逐渐成为一种社会趋势;(6)奢侈在发达的国家成为经济发展的正能量。

2. 奢侈的定义

第一,奢侈品源于英文"Luxury",意为"超乎寻常的创造力",一般指闪光的、明亮的、吸引人的、让人享受的物品。

第二,奢侈品、时尚品和中端品是有区别的(如图6所示)。

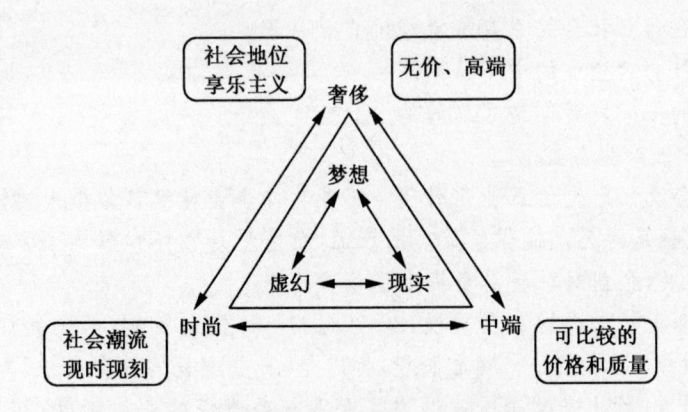

图 6 奢侈品、时尚品和中端品的区别

第三,不同学科的奢侈品定义不同。

经济学范畴的定义:奢侈品是价值与品质最高的产品,是无形价值与有形价值比值的最高产品。

商品学范畴的定义:奢侈品既是高价性和高成本的商品,也是有文化传承和完美体系支撑的商品。

美学范畴的定义:奢侈品是一种被艺术化的生活符号,是一种把生活追求变为美学的外在标志。

社会学范畴的定义:奢侈品是以非同寻常的物质符号来塑造自我主张的个性风格。

国际经典定义:奢侈品是一种超出人们生存与发展需要范围的,具有独特、稀缺、珍奇等特点的非生活必需品。

3. 奢侈品管理

第一，奢侈品牌愿景管理，即奢侈品生产企业的理念。

第二，奢侈品牌规划管理，即奢侈品风格规划、布局规划、招标规划。

第三，奢侈品牌传播管理，即奢侈品企业形象传播、广告传播、软文传播、事件传播、公关传播、终端传播、口碑传播。

第四，奢侈品牌综合传播，即奢侈品生产的调研管理、沟通管理、绩效管理、延伸服务管理。

4. 中国奢侈品市场

第一，奢侈品消费群不断扩大，潜在客户群大量形成。

第二，奢侈品消费增幅达到世界第一，销量占世界29%。

第三，上海、北京成为继纽约、巴黎、香港、伦敦、悉尼以后的第六、第七奢侈品朝圣地。

第四，全中国有13%左右的消费者有能力购买奢侈品。

第五，中国市场的主要奢侈品大类为7大件：高档轿车、手表、皮包、化妆品、洋酒和珠宝。

第六，奢侈品生产聚集区从中心大城市扩展到一线省会城市再扩展到二、三线城市。

第七，奢侈品从进商店，到进商城，再到形成专卖店。

五、背景信息

1. 履行社会责任对企业的价值

第一，反映了企业对社会关系高度重视的自觉认识。

第二，提升了社会对企业的道德认同度。

第三，为企业的未来发展创造了良好的公众空间。

2. 企业社会责任产生与发展

第一，企业社会责任产生于工业化时代。工业化使企业规模日益扩大，对社会产生了正能量与负能量。正能量是为公众提供了更多的产品，负能量是破坏和影响了公众的生态环境，社会支持了企业的发展，企业对社会尽责提上了议事日程。

第二，企业社会责任形成的发展阶段：20世纪初——提出阶段，标志是《企业家的社会责任》一书问鼎；20世纪60年代——确立阶段，标志是《日益增长的社会责任》专著出版；20世纪80年代——立法阶段，标志是欧美国家颁发了企业社会责任的法律制度；20世纪末——强化阶段，标志是对企业社会责任的社会准则实行认证制度。

3. 企业社会责任的维度

第一，企业在初期发展阶段的维度是实现效益，维持企业的生存，为社会提供就业岗位即尽责。

第二，企业在成长阶段的维度是照章纳税，为社会提供了财源即尽责。

第三，企业在发展阶段的维度是积极主动参与社会慈善事业即尽责。

4. 企业社会责任的主要内涵

第一，为社会教育的发展与员工培训尽责。

第二，为城市改建与开发尽责。

第三，为防治环境污染尽责。

第四，为生态资源的保护与再生尽责。

第五，为社会文化艺术的普及与发展尽责。

第六，为社会特殊医疗服务体系的形成尽责。

第七,为突发性社会灾难的救助尽责。

第八,为救助弱势群体的解困尽责。

第九,为社会慈善事业的发展壮大尽责。

第十,为协助政府实施惠民公共政策尽责。

六、关键要点

1. 从秀秀公司案例中看到创新的盈利模式为履行社会责任提供了可能的财力。

2. 企业要尽社会责任,必须从理念上的自觉转化为行动上的自愿,才有可持续的尽责表现。

3. 尽社会责任要根据企业的自身特点出发,不搞锦上添花的事项,坚持雪中送炭式的事项。

七、课堂计划建议

1. 本案例须在课前阅读,并写案例阅读笔记,字数不少于1 000字。

2. 分组讨论本案例,以8~10人为一组,交流阅读笔记,提出问题,讨论时间为两节课,约1小时30分钟。

3. 各小组对小组讨论进行归纳,并组织全班交流。

4. 每位学员对案例思考题进行"七选二"的文字写作,每题不少于1 000字,作为本案例教学活动的成绩记录在案,并作为该课程成绩的20%计算。

好美家的成长转型之路[①]

摘 要：自20世纪90年代家居建材行业诞生以来，该行业经历了爆炸式增长，形成了多种商业竞争模式、国内外商家博弈的市场格局。同时，电子商务也在逐渐渗透入这个行业，而2008年以来的金融危机则加速了电子商务的进入步伐。面对种种环境的变化，作为中国最大的商业集团——百联集团——旗下的一家重点企业，好美家装潢建材有限公司（简称"好美家"）为了应对挑战采取了一系列战略性措施。试水建材商城是好美家战略调整的第一步，其通过将部分面积较大的连锁门店转变为引进租赁商户的建材市场，以应对资金挑战，缓解销售压力。收购亦佳电商股权、探索家居建材的电子商务业务则极有可能成为好美家战略转型的最重要一步，这一关键步伐或将影响好美家的未来走势。

关键词：家居建材行业；商业模式；电子商务平台；好美家

引 言

20世纪90年代初，"上海装潢总汇，为您居室生辉"的广告语响彻上海滩。随着改革开放的深入和生活质量的提高，房地产的发展迎来了家居建材行业的腾飞，国内外大型装潢建材超市大卖场纷纷落户申城，为市民购物带来了极大的便利。好美家家居建材连锁超市是上海家居建材业首家引进国际建材超市新商业模式的成功典范，不仅改变了传统零售业门店式的经营模式，也为自己赢得了丰硕的果实。

然而，由于全球性金融危机的影响，房地产市场出现低迷状态，抑制了房地产下游建材零售行业的发展，于是好美家果断关闭了北京两家门店，主动放弃了无锡第二家门店、宁波第三家门店的开店计划。此前，"世界500强"翠丰集团旗下的百安居也调整了多家店面。人们不禁要问，家居建材行业到底是怎么了？难道建材超市遭遇了严冬？

[①] 本案例由上海财经大学商学院王少飞撰写，作者拥有著作权中的署名权、修改权、改编权。未经允许，本案例的所有部分都不能以任何方式与手段擅自复制或传播。
版权所有人授权上海财经大学商学院案例中心使用。
由于企业保密的要求，在本案例中对有关名称、数据等做了必要的掩饰性处理。
本案例只供课堂讨论之用，并无意暗示或说明某种管理行为是否有效。

一、好美家的成长背景

(一)建筑业催生的建材市场

众所周知,家居建材行业与建筑业是紧密相连的两个行业。自1988年中国政府正式颁布实施《关于在全国城镇分期分批推行住房制度改革的实施方案》,启动住房制度改革以来,中国的建筑业得到了前所未有的高速发展。来自国家统计局的统计显示,在1991~2007年的17年间,建筑业的生产总值已从原来的1 015.1亿元上升到了14 014.1亿元,增长了13倍,约占同年国内生产总值的6%(如表1所示),建筑业已经成为带动中国国民经济快速增长的重要动力。尽管2008年年底以来国家房产调控政策的陆续出台对房地产行业产生了不小的影响,但是据中金公司的研究报告预测分析,城市化进程中的中国房地产需求仍然会在高位徘徊。21世纪不动产上海区域中心的统计数据也显示,2011年上海全市全年新房成交套数、面积分别达到6.32万套和729.8万平方米(如图1、图2所示)。

表1　　　　　　　　1991~2007年国民生产总值与建筑业发展情况

年　份	国民生产总值 (亿元人民币)	建筑业 (亿元人民币)	人均国内生产总值 (元)
1991	21 826.2	1 015.1	1 893
2000	98 000.5	5 522.3	7 858
2001	108 068.2	5 931.7	8 622
2002	119 095.7	6 465.5	9 398
2003	135 174	7 490.8	10 542
2004	159 586.7	8 694.3	12 336
2005	184 088.6	10 133.8	14 053
2006	213 131.7	11 851.1	16 165
2007	251 483.2	14 014.1	18 934

资料来源:CRED,中金公司研究部。

中国居民住房需求的持续旺盛,也大大催生了寻常百姓的家庭装修消费需求,建材零售市场随之得到快速发展。在20世纪的90年代末期,欧美发达国家的建材超市模式[①]开始被逐渐引入中国。1996年12月6日,作为美国家得宝的中国翻版,中国第一家建材超市——家世界家居建材超市在天津市东丽经济开发区开业;1999年1月,宜家家居(瑞典)在北京开业;1999年6月,百安居(英国)在上海开业。而好美家作为中国本土建材超市的倡导者,也在1998年创立了中国首家家居建材连锁超市。

建材超市一出现,便以先进的经营和服务理念,包括"一站式购齐、天天平价、无理由退货"以及采用IT系统连锁管理等,向顾客提供了对商品和服务的质量保障,大大改善了消费者所担心的质量和售后服务保障、价格不透明等问题,此外,其整洁、规范、宽敞的店面展示也让消

---

① 以"DIY"作为商业文化的欧美仓储建材超市经营模式,其经营理念是"天天平价、统一经营、统一采购、一站式购齐",实行"自由退货、免费调漆、特殊订购、送货服务"等符合建材消费者需求的特色服务。美国的代表性企业有Home Depot(家得宝),Lowe's(劳氏)等,欧洲有B&Q(百安居),OBI(欧倍德),还有近年快速发展的Homebase。

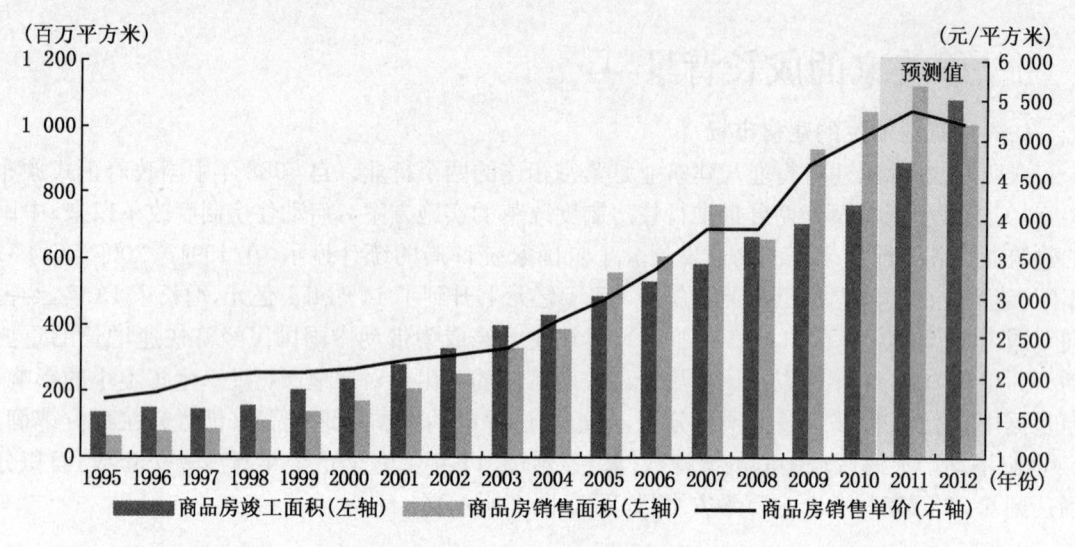

图 1 中国房地产市场的趋势预测

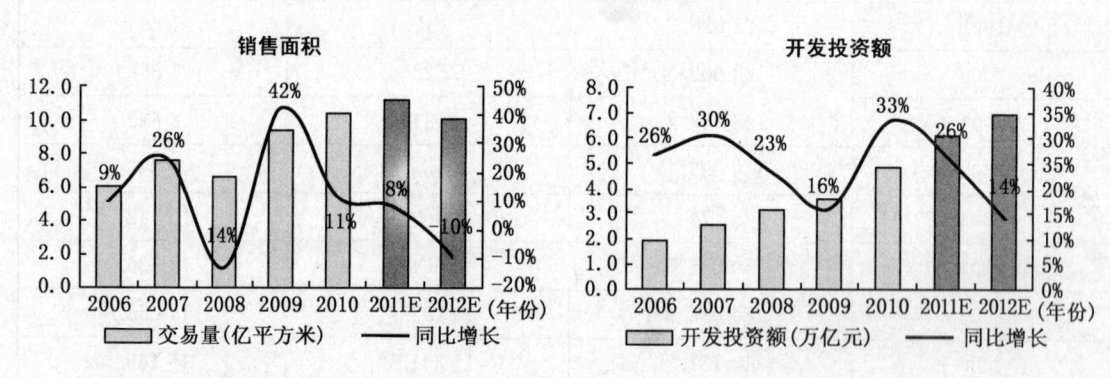

资料来源：国家统计局，中金公司研究部。

图 2 中国房地产行业数据走势

资料来源：国家统计局，中金公司研究部。

费者耳目一新，极大地迎合了消费者对建材商品质量和服务的需求，推动了整个建材零售行业的跨越性发展和进步，呈现强劲的市场增长潜力。尤其是在 1999～2005 年期间，中国的建材超市模式迎来了黄金发展时期，好美家、百安居、东方家园、天津家居等主要建材超市企业都在快速开店，销售业绩也连年增长，促成了建材连锁超市的爆发式发展（如表 2 所示）。而与好美家共同瓜分建材市场的这些大型建材连锁超市也大多获得了大企业集团的资本支持。[1] 如东方家园背后是东方集团股份有限公司；百安居背后是"世界 500 强"的翠丰集团；家世界背后是建材零售业销售排名全球第一的家得宝；乐华梅兰也是大的国际性建材零售外企。

---

[1] 资料来源：《现代商业》，2007 年第 7 期。

表 2　　　　　　　　2002～2007 年中国主要建材超市销售额和门店数量　　　　　　　单位:万元

建材超市	2002年 销售额	店数	2003年 销售额	店数	2004年 销售额	店数	2005年 销售额	店数	2006年 销售额	店数	2007年 销售额	店数
百安居		8			201 000	21	516 000*	48	620 000*	58*	700 000*	63
好美家	102 682	14	161 099	20			249 194	27	307 511	26	307 535	28
东方家园	85 948	10			523 309	22	602 473	27	500 000*	25*	626 958	25
天津家居								13				
欧倍德		4					2005 年上半年兼并入百安居					

资料来源:中国连锁经营协会编:《1999～2008 年中国连锁经营年鉴》,其中打"＊"号的为估计值,专家根据企业经营情况评估。

但是,这种快速的增长在近几年开始放缓。据中国连锁经营协会年度行业调查显示①,家居建材企业 2008 年的销售增幅和店铺增幅分别为 8.7％ 和 14.1％,销售增长明显低于店铺增长。而家居建材连锁中,只有宜家家居凭借外延扩张保持了较高增速,而百安居和东方家园均为零增长;好美家的销售额下跌了 17.9％。

2008 年和 2009 年,随着金融危机,建材超市企业进入了严峻的寒冬。百安居中国关闭约 20 家门店,东方家园的销售业绩和利润也出现了较大幅度的下滑。同时,2009 年 11 月 15 日,合肥市好美家建材超市突然宣告停止营业;7 月 6 日好美家南方店停业;10 月 30 日好美家南京店宣布关停……建材超市"噩耗"连续不断,而如此集中关店的"手笔"也实属罕见。

(二)建材市场的萌动电商

在建材超市进入国内家居建材行业并迅速发展的同时,中国的电子商务领域市场规模也在以几何级的速度实现快速的扩张(如图 3、图 4 所示)。据商务部信息化司司长李晋奇在"中国电子商务成长高峰论坛"上的报告称②,2010 年中国电子商务交易总额超过了 4 万亿元人民币,其中网络零售总额近 5 000 亿元,约占当年社会消费品零售总额的 3％。而根据艾瑞咨询统计的数据③,2009 年中国网络购物的规模仅为 2 630 亿元。与 2009 年相比,2010 年中国电子商务交易总额的增幅超过 140％。

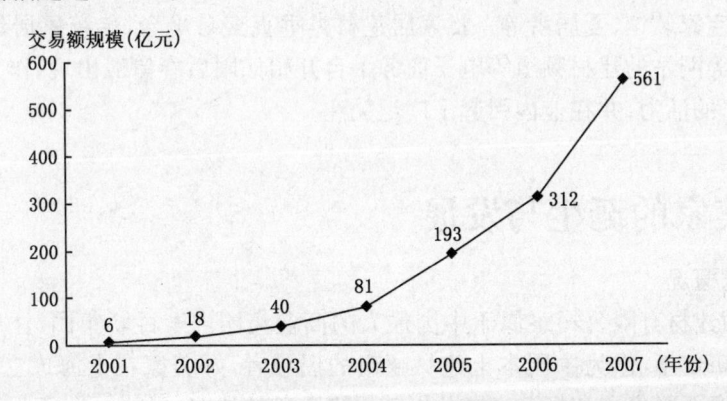

资料来源:iResearch 2006 年中国网络购物行业发展报告,iResearch 2007～2008 年中国网络购物行业发展报告。

图 3　中国网络购物的交易额规模

① 资料来源:林诠,《中国建材》,2009 年。
② 资料来源:中国新闻网,2011 年 05 月 07 日。
③ 资料来源:艾瑞网,2010 年 4 月 9 日;艾瑞咨询《2009～2010 年中国网络购物行业发展报告》。

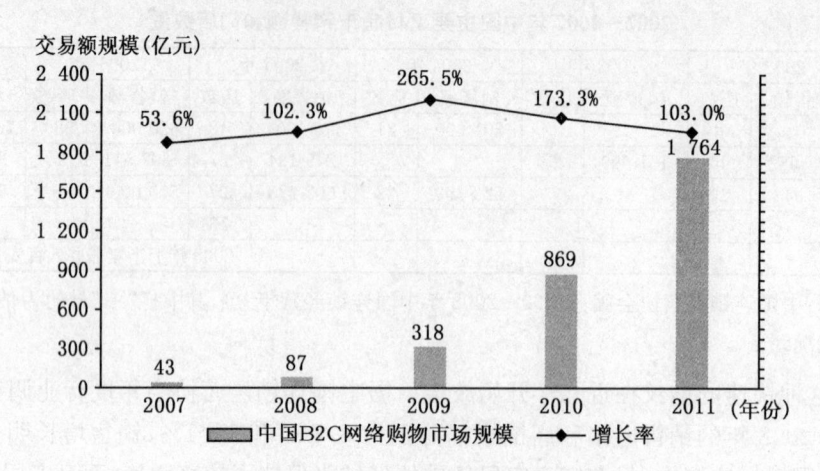

资料来源：iResearch 2007～2011年中国网络购物市场趋势预测报告。

图4　2007～2011年中国B2C网络购物市场交易规模

电子商务的快速发展同样对传统家居建材市场产生着剧烈的冲击与影响。与传统家居建材市场销售逐渐萎缩相反的是，建材市场的电子商务正悄然兴起，并且方兴未艾，呈现巨大的上升潜力。尤其是面对楼市调控、原材料涨价、通货膨胀、竞争升级等重重压力，传统家居企业纷纷开始积极思考怎样利用电子商务来趋利避害，抓住机遇，更进一步开拓市场。目前，中国家居类电子商务网站数量达上百家，曲美、圣象、大自然、酷漫居、瑞宝壁纸、华耐立家、喜梦宝、TATA木门等具有相当规模和品牌知名度的中国家居企业已经开始试水电子商务，新兴的网络销售向传统的家居行业开启了一个巨大的想象空间，据新浪家居的报道称[①]，目前在淘宝网上的家居店有14万家，包含家居产品3 700万种，每日的营业额能达到4 200万元人民币。2009年家居网销市场的交易规模是112亿元，占整体网购市场的4.7%。

与此同时，电子商务的巨大魅力也吸引着家居建材网络平台的大量涌入，齐家网、好饰家、新浪家居网、淘宝家装馆、爱居者等一批家居建材类垂直交易平台，传统家居建材品牌的网上商城、综合门户等网站的建材频道等电子商务平台开始如雨后春笋般出现，作为一种新渠道为建材市场注入新的活力，并在业内引起了广泛关注。

二、好美家的诞生与发展

（一）好美家概况

好美家装潢建材有限公司隶属于中国最大的商业集团——百联集团，注册资本达34 500万元人民币。1998年，作为中国本土建材超市的倡导者，好美家在上海成立了第一家门店。在开业初期，上海百联集团和好美家老总们就提出自己的战略：民族国有商业企业要与国际超市业的巨头较量，局限于一城、一地是不行的，好美家专业连锁超市必须在较短时间内从一家上海区域性公司改造为全国性的大企业。因此，从2001年下半年起，好美家就开始探索实施全国拓展战略的新路子，拉开了在中国打造全国性专业建材连锁超市的序幕。

好美家连锁超市率先向华中区域的中心城市——武汉——设点寻址，开展市场调研，寻求

---

① 资料来源：新浪家居，2010年11月18日。

合作伙伴,建立战略联盟,并于 2001 年 10 月在武汉开设好美家第一家市外家居建材连锁超市——武汉团结店。开业后不久,超市销售额最高达到 50 多万元,吸引着无数武汉当地居民购物。随后,好美家经过对全国各省市主要中心城市的排队、分析和筛选,相继组建了以北京、广州、武汉、南京和上海为中心城市的华北区域、华南区域、华中区域、华东区域和上海总部的全国拓展组织架构。2002 年,经国家工商行政管理总局批准后,上海好美家装潢建材有限公司正式更名为好美家装潢建材有限公司。到 2007 年,上海、北京、广州、南京、成都、武汉、宁波等 9 个主要城市共有 27 家好美家连锁建材超市。目前,好美家在上海、武汉等地尚有 14 家好美家建材大卖场。

好美家的商业模式以大型超市为依托,通过密集的门店布局和每年几十亿元的装修材料规模采购量,使其能够以最低的价格从供应商处采购到优质的产品,并以最低的价格提供给顾客。在好美家任何一家商场都有 50 000 余种装潢建材,每类商品都有精选的几种品牌可供选择,包括建筑装修的各个过程,所有商品完全由顾客自己在货架中自由选购。

此外,在以大型超市为依托的同时,好美家还设立了家装中心、家居体验平台和团购中心,以充分拓展门店的经营。其中,好美家装潢中心是好美家装潢建材有限公司的延伸业态,每家好美家装潢中心都为顾客提供咨询、设计、陪同选材、施工、售后服务等一条龙家庭装饰服务。而好美家家具广场、百福特欧美家具生活馆也与建材超市、装潢设计中心联手打造"一站式"家具装饰新理念,为顾客打造配合完美的整体居家风格,让顾客真正得到省时、省力、省钱的新家装潢、布置体验。

好美家团购中心则为所有团购会员提供专业的"居家建材配置"VIP 全程服务,长期致力于售后技术支持并保障客户利益得以实现。目前,好美家团购提供的服务项目有 11 类,包括免费上门办卡、全程导购、送货服务、专业知识讲座、工程估价和报价、传真订购及配送、建材家居配置、采购委托代理、营销咨询策划、网上商城和商品集采。①

多年来,好美家一直以多种业态为顾客奉行着全方位的周到服务:规范的经营、优质的服务质量、诚信的自律管理,而公司也因此获得了多项奖励和荣誉称号,如"上海市文明单位"、"上海市名牌"、"上海市五一劳动奖状"、"上海市工人先锋号"、"2009~2010 年全国室内装饰优秀企业"等。

(二)好美家的成长烦恼

作为中国第一家本土建材超市的倡导者,好美家在经历了数年的高速成长期后,一改过去突飞猛进的扩张之势,开始回归到相对规范、稳定的成熟发展期(如图 5、图 6 所示),门店数量保持在 13 家左右,公司的年收入也维持在一定的规模上。

近年来,从好美家年主营业务收入的地域构成来看,上海地区仍然占据主导地位,占公司总收入的近 90%。从好美家收入的项目构成来看,无论是公司总收入还是各地区分公司收入,好美家的卖场收入都远远超过其家装及其他业务收入,成为公司的主要收入来源。在公司总收入中,家装收入约为卖场收入的 1/7,而卖场收入的实现则更多的来源于公司新增工程批发业务,其中有一半以上都是通过这些业务完成的。

而从公司的毛利率来看,其呈现一定的下降趋势,这主要归因于公司人工和房租水电费用的刚性上升。人工与房租水电费用约占整个公司总费用的 60% 以上,成为公司的主要费用构成部分。

---

① 摘自好美家网站:http://homemart.blemall.com/aboutus1.php。

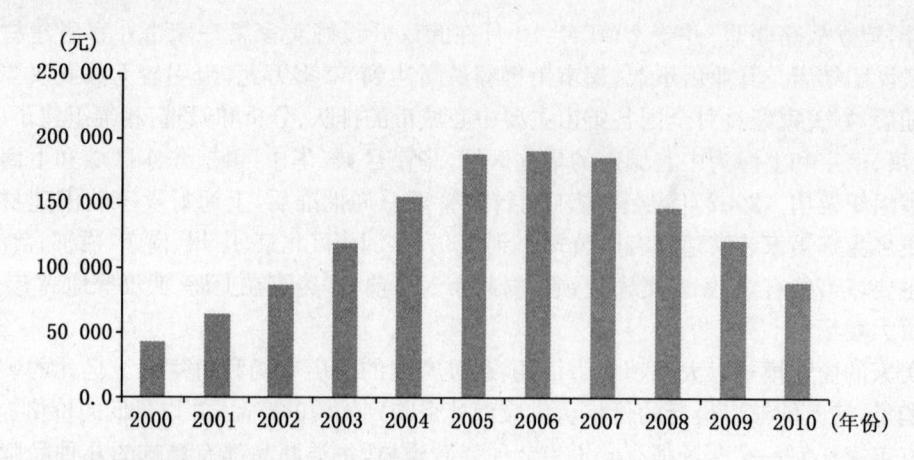

资料来源：好美家授权，数据做了掩饰性处理。

图 5　好美家 2000～2010 年主营业务收入情况

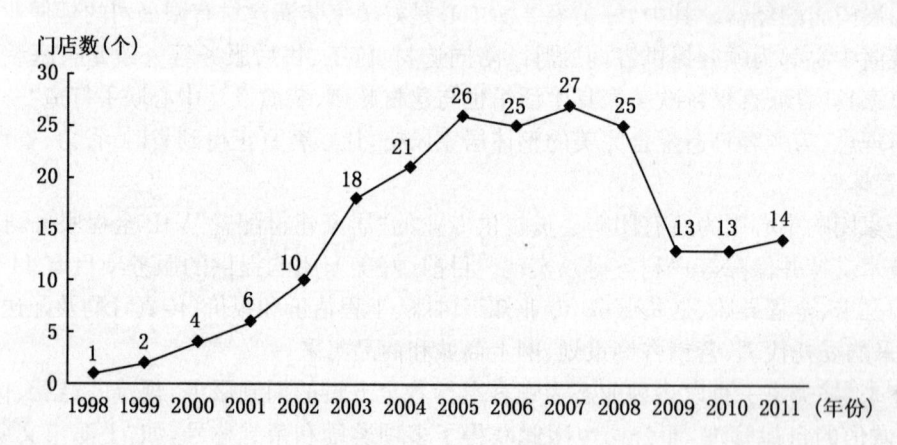

资料来源：好美家授权。

图 6　好美家 1998～2011 年门店开设情况

三、好美家的运营

（一）好美家的销售模式

与其他众多建材超市类似，好美家每年都会围绕"3.15"、"五一"、"十一"、"店庆"等主题，组织一系列的大型促销活动。此外，为了促进销售，好美家也会在不同城市或区域范围内组织各种小型的促销活动。这些促销几乎成为了销售的主要支撑，尤其是五月份的小黄金周和"十一"黄金周，更成为整个卖场销售的主要时间段，通常一个"十一"黄金周的销售额能占到整个十月份当月销售额的一半以上；而从季度销售额来看，第二季度的销售成为全年销售的重心，约占全年销售额的 1/3。

建材超市的卖场销售过度依赖促销销售也已成为现阶段中国建材超市企业经营过程中普遍存在的现象。促销的目的是提高零售商目标市场客户中产生的销售。如东方家园 2008 年促销期段内的销售额占全年销售额的68.37%,2009年则达85%。[①] 严重依赖促销已经使得建材超市在促销期的日销售额高达年均日销售额的几倍。

在中国的建材超市,似乎促销才能销售,在欧美建材超市所奉行的"天天平/低价"在中国最终演变成了"天天促销"。而销售的过于集中也使得建材超市门店在人力和设备等方面的配置都遇到了巨大的挑战,促销期不能满足运营需求,而非促销期人员和设备又被大量闲置。门店在促销期严重超负荷运营,不仅服务质量和风险控制难以保证,而且在促销期结束后,前、后台部门疲于应对和处理顾客的售后服务,投诉量急剧上升,使门店操作的规范性、对顾客的服务保证都大打折扣;并且,不同的促销方法和手段也使得运营处理的复杂性大大上升,如赠券、赠品的组合方式、打折的幅度和范围、与之配套的收银和优惠的计算方法都变得繁冗复杂,而促销期的变价操作也异常频繁。这些都使得企业引进的管理信息系统根本无法满足花样繁多的促销需求,因此必须进行许多手工操作,并且不同的促销通常还要求有大额的广告宣传投入,企业的运营成本因此受到了巨大的挑战。

(二)好美家的供应商问题

好美家经营中的另一个重要问题就是供应商代表问题。目前,供应商(或生产商)代表的模式,尤其对于国内大型零售商来说,十分普遍。供应商代表的进驻是以人力成本低廉为基础条件的,超市零售商看到在降低人力成本和员工的培训费用的同时,还能显著提高销售,于是在短短几年时间内,几乎所有部门的商品销售全部依赖供应商驻店代表。而公司员工的职责也由最初的承担一线直接对顾客的销售任务,转为做销售的支持和辅助工作,例如收银、补货、开叉车做商品陈列支持、价签调整和更新、订单申请、返厂退货、以及驻店人员的管理等。

然而,供应商驻店代表所带来的根本性问题在于其将供应商利益置于零售商之上。商场里的销售全部由驻店代表承担,即建材超市的销售实际上是由供应商控制的,供应商派驻代表的目的,就是帮助提高供应商产品的销售额,并按照供应商的销售计划来进行特定商品和价格的推销。因此在超市卖场内,各家驻店代表经常会出现因竞争而不配合超市的销售政策,甚至在同一超市卖场内出现互相打压的现象,所以每家供应商又都不得不增加派驻自己的销售代表,而供应商驻店代表费用必然要加价到商品价格中,因而失去了超市规模化经营应有的总体人力成本低的优势,也就失去了超市的商品价格优势。供应商派驻代表的另一个直接问题就是,各门店与供应商订货、沟通等方面缺乏完善的沟通和信息传递系统,门店进货的商品和数量以及超市的品类规划管理的准确性和质量的控制难度加大,从而引致了大量的人力、物力和财力。

四、好美家的转型策略

面对建材市场经营过程中出现的新变化,好美家的经理层也在积极地思索新的应对措施,并拟定了新一轮企业战略目标和经营规划,以进一步增强好美家的企业核心竞争力和市场影响力。

(一)兴建曹安店

好美家试水建材商城的第一步,是将部分面积较大的连锁门店转变为引进租赁商户的建材市场。2011年4月8日开张的好美家曹安建材家居中心即是此次转型的首家试点门店。

---

① 资料来源:《东方家园内部培训资料》。

该店成为好美家转型计划下首家以招商、招租为主的建材和家居购物中心。

该门店原来是好美家在上海最大的连锁超市,属于好美家自有物业,经营面积达30 000平方米。转型为租赁式的建材商城之后,好美家引入了180家商户,其中建材销售商面积占比为45%,而家居销售商的面积占比为55%。所有入驻好美家曹安建材家居中心的商户既有实体店,又有建材和家具的网上交易平台,为消费者提供全新的"家的服务与体验"。

好美家建材商场的特色是市场化运作模式与超市化管理方式相结合,具有品牌展示、家居体验、装修设计、网上商城四大功能。曹安店项目转型的一个亮点就是线上线下联动,实现实体门店和虚拟网上购物的有机、紧密结合。2012年,好美家曹安店开设了家具馆,并利用百联电商平台进行线上销售新模式的成功尝试。当然,这种线上线下联动的销售新模式,实际上也需要公司对拟在曹安购物中心上线的佳家建材网的实际经营管理人——亦佳电商——实施股权收购,以利于经营业务及核算考核的集约管控。

按好美家的计划,2011年除曹安店转型为建材商城,原共江店也将开始改造,2012年继续推出2家建材商城。未来3年,好美家计划通过将较大体态的老门店转型或选址新开两种方式,将租赁式建材商城的规模扩大到5家。

(二) 拓展电子商务

2007年,好美家与中国最大的商业集团——百联集团——共同投资建立了专业建材资讯平台"亦佳电子商务有限公司"。亦佳电商是以佳家建材网(http://jaja123.blemall.com/)为主的网上平台,经营的商品均为好美家的主营商品。

目前,好美家的实体连锁门店的经营业务因房产宏观调控等问题遇到了发展的"瓶颈"。按好美家发展模式转型的要求以及百联集团提出的拓展装潢建材电子商务的指示精神,好美家有意通过收购亦佳电商股权来探索装潢建材家居的电子商务业务,以促进发展模式转型战略的顺利展开。

而按照亦佳电子商务有限公司目前的股权结构来看,百联电商持有50%,好美家持有30%,佳投公司持有20%。好美家并不能充分利用亦佳这个电子商务平台实现企业线上和线下的有效联动。因此,好美家拟将百联电商25%的股权以及佳投公司20%的股权按适当评估价进行收购。2010年,好美家召开了以"探索网上销售业务、提升企业内涵式发展"为主题的网上销售业务研讨会,并将其列为公司2010年的实施项目之一。① 会上讨论了"拓展网上建材团购业务"的初步设想,并讨论了此项业务的运营模式、盈利模式以及相配套的服务体系,同时拟定了该项目的阶段性实施方案。从2012年1月起,好美家经与百联电商友好协商,亦佳电商业务也开始由好美家进行业务托管,好美家迎来了企业发展的新机遇。

五、好美家的未来

截至2012年,好美家在上海有10家连锁建材超市和新建的曹安建材家居中心,在武汉也保留了3家连锁建材超市。在关闭上海以外地区几乎所有建材超市的同时,好美家仍在巩固自己的区域优势市场。对于好美家而言,转型已经成为其高层十分关注的问题。收购亦佳电子商务有限公司是否是好美家的必由之路,收购方式及途径该如何选择,这些都亟待作出决

---

① 资料来源:上海百联集团网站(http://www.bailiangroup.cn/NewsText.php?dlsh=559847),《好美家召开网上销售业务研讨会》。

策。同时,好美家的其他转型道路也值得深入探讨。

附录

附录1:2011上海建材、装潢市场满意度调查报告

2011上海建材、装潢市场满意度调查报告
2011年6月16日

2011年第四届上海建材、装潢市场消费者满意度调查于6月初正式公布结果。三轮消费者问卷调研分别位于红星美凯龙、家饰佳等50家建材卖场门店,现场参与调查和投诉的消费者众多,共计收到有效问卷2686份。消费者对上海装饰材料市场总体认可度上升,总体满意度指数为73.21,其中产品质量满意度指数为73.45,售后服务满意度指数为70.16。投诉集中度最高的仍是家庭装修项目:整体投诉数量有所下降,投诉主题由往年的合同欺骗、偷工减料、装修污染等转向装修质量、服务承诺等方面。

近年来,家装、建材行业竞争日趋激烈,总体趋向规范、成熟,一批领先企业在不断完善服务,但仍有大量中小企业存在品质服务问题,亟待解决。除了来自于设计缺陷和使用材料的投诉外,大部分投诉还是集中在施工环节,尤其是隐蔽工程部分,以水电改造方面居多,是家装投诉中值得注意的问题。

一、建材总体质量上升;配送、服务存异议

(一)材料品质总体上升,投诉率下降

近年来,装饰材料企业在激烈竞争中大浪淘沙品质均有上升。卫浴、瓷砖产品满意度最高;龙头、涂料油漆、地板分列不满意品种前三。投诉新现象多为买赠配送及服务纠纷,如购油漆套装,赠品、"非卖品"与正品混淆,涉嫌多收费用。

(二)服务方面

三成消费者对售后服务表示不满意,服务人员专业素质亟待提高。分类产品售后服务满意的前三个品种是卫浴产品、瓷砖、地板;不满意的前三个品种则是地板、龙头和橱柜。

(三)消费者健康环保认知提升

对装修及装饰材料的主要健康隐患的前三项分别是:油漆释放有害气体造成空气中甲醛等;物质超标、家具、板材释放有害气体;管道不洁造成水污染。

二、装潢设计施工人员素质亟待提高

历年满意度调查中得分较高的"同济"装潢口碑有所下降,挂靠知名企业现象反映较多。部分商家顶着"加盟店"、"分部"名义,出现实际材质低下、价格混乱、以次充好、假冒伪劣、合同欺诈的情况,非正规装潢单位或个人施工,非正规途径聘用施工队伍的现象也比较严重。这样损害的不仅仅是公司的信誉,更是家装行业市场信誉的缺失,市场机遇的流失。业主对装修公司已有更高的要求,尤其对服务质量承诺的要求成为当下消费关系中新的矛盾点。此外,还有设计与施工之间的矛盾。目前,从业的装潢设计师大半是美院出身,他们在诸如电器开关的设计、电压、隐蔽工程、给排水、管道走向等部分的实际设计操作知识不完备,尽管设计的图纸美观、艺术,但施工往往行不通,加之与业主沟通有限,最终影响实际效果。

据了解,有很多装修公司挂靠的施工队根本不识图纸,导致不能领会设计方案,更有野蛮

施工、怠工，甚至偷拿、偷换业主材料牟利，施工人员总体素质亟待规范提高。目前，统帅等一批领先企业有一定的培训上岗体系和相对稳定的施工队伍。

附录 2：好美家上海地区布局图

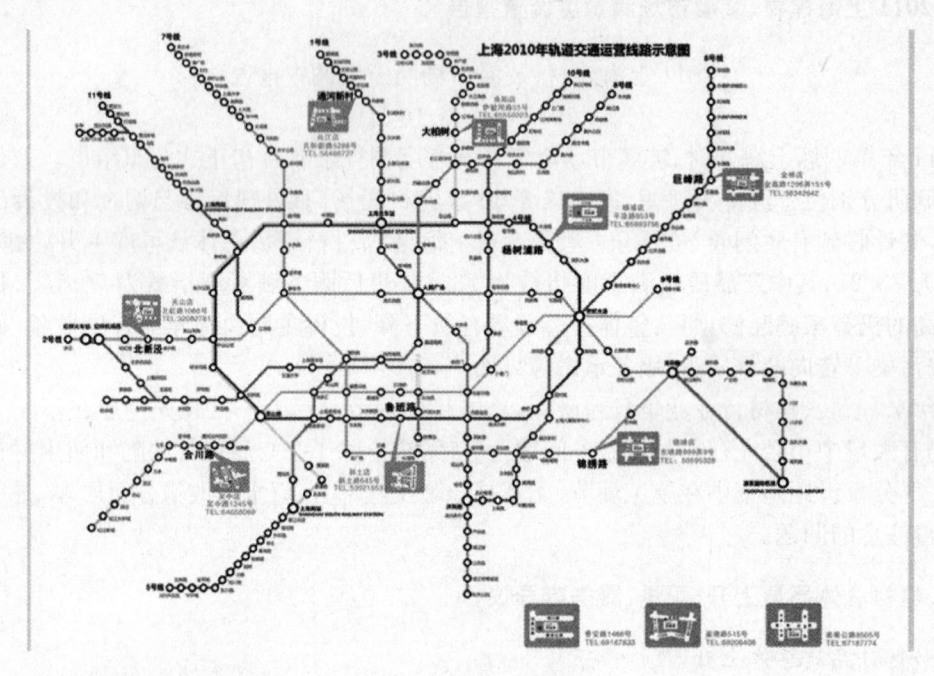

注：图片来源于好美家官网。

图 7　好美家上海地区布局

The Growth and Transformation of Home Mart

Wang Shaofei[1], Xia Hao[2], Jia Yan[3]

(1. Collge of Business, Shanghai University of Finance and Economics, Shanghai, 200043, China;
2. School of Accounting, Shanghai University of Finance and Economics, Shanghai, 200043, China;
3. Collge of Business, Shanghai University of Finance and Economics, Shanghai, 200043, China;)

Abstract: The construction material industry has experienced an explosive growth since its first appearance in the 1990s. Fierce competitions of this market not only come from various business models, but also from domestic and foreign enterprises. Meanwhile, E-commerce is also infiltrating into this industry; the fusion of E-commerce and the construction material industry is accelerated by the financial crisis in 2008. To face these challenges, Home Mart, as a main enterprise of the Bailian Group (the biggest business group in China), has taken a series of strategic measures. Entering into the construction material mall is Home Mart's first step of strategic adjustment. Home Mart changed some of its large chain stores into construction material malls and leased them to tenants. By this strategy, Home Mart is able to deal with financing shortage and alleviate sales pressures. The acquisition of Shanghai Nest Mall E-commerce Company—exploration of E-commerce business in the construction material industry—may become the most key step for Home Mart's strategic transformation, which would in turn influence the developing path of Home Mart.

Keywords: Construction Material Industry; Business Model; E-commerce Platform; Home Mart

案例使用说明

一、教学目的与用途

1. 本案例的研究对象是好美家,即中国最大的商业集团——百联集团——旗下的家居建材企业。案例以好美家的发展历程为故事背景,介绍了好美家当前遇到的转型难题。

2. 本案例主要对好美家的发展过程与转型策略进行案例研究,通过分析好美家快速发展的关键因素和转型过程中的"瓶颈",探索企业在发展过程中如何把握自身的优势和外部环境的变化,实现可持续发展。通过教学,要求学员能对企业外部环境进行准确判断,发现企业发展不同阶段的"瓶颈",对企业进行清晰定位;能对商业模式有较深刻的理解;能对并购及估价有一定的了解。

3. 本案例适用于"战略管理"、"企业管理"、"财务管理"等课程的培训。

二、启发思考题

1. 家居建材行业与电子商务的结合能否节约交易费用,减少运营成本?

2. 好美家建材超市并购电子商务平台是否会造成超市门店与电子平台之间的市场竞争?能否提升整体价值?

3. 建材电子商务平台面对的市场需求如何?是否具有并购的价值?

4. 如果不采取并购的方法,好美家有没有其他更好的选择?

5. 除了并购,好美家的曹安店项目对于好美家的转型又有什么意义?

三、分析思路

1. 要清晰把握建材超市的特征以及这种商业模式所依赖的条件,确保模式适应当时、当地的环境。通过对商业模式与环境的深刻把握,合理应用商业模式并进行必要的变革。

2. 要了解电子商务的特点。由于电子商务并不适合于任何一个行业,因此应该对家居建材行业产品的特征进行深入的分析,将这些特征与电子商务的优势进行匹配。

3. 对于转型方式与途径,应坚持两点原则:要坚持与价值链相匹配,充分考虑企业自身优势;要抓住关键挑战,避免转型带来新问题。

四、理论依据及分析

(一)交易费用理论

交易费用理论由罗纳德·科斯(Ronald Coase)于1937年提出。科斯认为:市场和企业是两种不同的组织劳动分工方式,企业产生的原因是企业组织劳动分工的交易费用低于市场组织劳动分工的交易费用。无论是企业内部交易还是市场交易,都存在着不同的交易费用;而企业替代市场,是因为通过企业交易而形成的交易费用比通过市场交易而形成的交易费用低。

(二)效率动因理论

该理论认为,企业的并购活动能够给社会增加收益,带来一个潜在的增量,而且对交易的参与者来说能够提高各自的效率。该理论包含两个要点:其一是企业并购活动的发生有利于改进管理层的经营业绩;其二是企业并购将导致某种形式的协同效应。企业并购后的协同效应可分为以下几个方面:一是经营协同效应;二是管理协同效应说;三是财务协同效应论。该理论可以解释部分并购活动的原因。

五、背景信息

好美家成立于1998年,是中国第一家引进欧式风格的本土品牌装潢建材连锁超市,在上海、武汉拥有14家好美家建材大卖场。

作为一个专业从事建材销售和家庭装潢的民族品牌企业,好美家正以日益稳健的步伐为中国老百姓提供50 000多种优质的建材商品,打造完美新家的设计方案。

好美家自开出第一家门店时就已确定了企业的经营理念——好美家,创造美好的家!好美家提供给顾客的不只是生硬的建材商品,而是让顾客在享受购物乐趣的同时,体验绿色居家、美好居家的生活方式。

在好美家的公司文化典籍中,"创造美好的家"首先被诠释为创造顾客美好的家。"为顾客服务是我们的宗旨,有困难来好美家,只要办得到,我们决不推辞。"这是好美家员工的心声。目前为止已有3 000万顾客选择了好美家。

好美家秉承"一站购齐"的承诺,提供退货保障、明星服务、定制加工、导购服务、家装讲座、团购服务、家具选购等多种优质服务,为顾客提供居室装潢设计、导购选料、施工监理和维护保养等一条龙家装工程服务。

好美家还为广大消费者推出了一系列超值装修套餐,100平米只需468元的套餐赢得了广大消费者的青睐。套餐使用的主材为:科勒卫浴、多乐士涂料、斯米克墙地砖、樱花燃气灶、樱花脱排油烟机、能率热水器、奥普浴霸、法拉第整体橱柜、卫水宝、宝洋水管、熊猫电线、欧迈套装门、共浩弱电、奇胜开关插座等品牌产品。

好美家的员工队伍中有全国劳模、全国"五一劳动奖章"的获得者、家电商品营业员乐振平,有上海市劳模、服务品牌、职业道德标兵、电器开关营业员王红兵,有武汉市劳模罗菊华,有集体服务品牌"光明热线小组"等一批服务标兵,他们以精湛的服务技艺,丰富的商品知识受到广大消费者的欢迎。

六、关键要点

(一)家居建材行业与电子商务的结合能节约交易费用,减少运营成本

电子商务与建材产品都具有自身的特点,这些特点列示如下:

电子商务的特点:(1)面对的市场更为广阔,更易于跨越区域市场;(2)减少仓储等中间环节,能显著降低运营成本;(3)全天24小时营业,大大增加交易机会,方便客户;(4)交易的谈判、达成更加灵活方便;(5)功能更齐全,服务更周到。这些特点使得电子商务能极大地节约交易费用。

建材产品的特点:(1)产品数量多、自重大、价格低,物流费用高;(2)产品标准性和技术性强,一般具有明确统一的规格;(3)部分产品已经形成自身品牌,具有一定的认知度。这些特点使建材产品,特别是装饰装修材料适合网上交易,为通过电子商务提升流通环节效率带来了较大的价值空间,从而使得网络营销显得尤其重要。

建立在以上特点的基础之上,电子商务与建材销售结合能形成以下优势:

(1)电子商务平台能与交易各方相连,形成交易中心和信息中心。通过充分发挥网络信息完整性和及时性的特点,能够使信息流有序、透明,大大降低收集和处理商品信息的时间和成本。

(2)有利于将原来多层、分散、杂乱的供应商进行科学整合,集成覆盖整个区域的配送网络,彻底改变原有物流系统混乱无序、效率低下的状况,从而形成一个设施完善、技术先进、层次简单、运作高效的物流系统,实现物流系统扁平化。

(3)既可以进行独立的分散采购,又可以进行集中的联合采购,兼顾个性化需求和降低成本的要求,且几乎可以进行实时采购,因而可以缩短采购和储存周期,减少库存,从而减少市场风险,增加经济效益。

(4)在应用软件的支持下,各种装饰材料可以通过网络虚拟出各种实体的使用效果,以更好地吸引消费者。

(5)经营规模完全不受场地限制,这对于粗、重、散的建材产品和成千上万种装饰材料产品尤其合适;顾客可选择一站式购齐,按施工先后顺序配送,方便可行;全天候的服务时间也符合快节奏多元化的现代生活作息需求。

通过以上分析,家居建材行业发展电子商务具有较大的价值空间。

(二)好美家建材超市并购电子商务平台能提升整体价值

通过分析好美家的供应链、销售市场,我们可以发现好美家建材超市并购电子商务平台,既能降低交易费用,充分发挥建材销售与电子商务结合的优势,又能形成诸多协同效应,提升整体价值。具体分析如下:

(1)面对的消费者及需求是有差异的,可以形成需求互补,增加交易机会,便捷交易程序。门店销售针对的消费者的特点:一是侧重整体装修,带有批发性特点,会一站式地购买各种建材,包括基础性的水泥等;二是有闲暇个人喜好,离建材市场较近,会进行小规模的采购。电子商务平台针对的消费者的特点:一是采购规模较小,购买几类家中需要的建材产品;二是追求方便快捷,更倾向于通过网络而非前往实体店。同时,通过电子商务平台销售的产品具有一定的特征:易安装、易使用,消费者可以网上购回后自行安装使用,或者由培训后的送货人员安装;功能简单,有品牌可供挑选,消费者可直接在网上进行选购。

(2)品牌效应结合,有利于认知度的提高。实体店品牌效应小,不仅成本高昂,而且面向的区域也是有限的。其途径主要有两种:一是广告。广告的制作以及播出频道、时段的选择都需要较高成本。二是实体店自身。实体店自身十分有限,更多时候只能吸引路人。电子商务平台制作广告的成本较低,同时可以通过链接各大知名网站,迅速扩大面向领域,吸引消费者。因此,两者结合有利于以较低的成本提高品牌知名度。

(3)共享供应链,节约运营成本。供应链要解决的主要是信息流、物流和资金流。在信息流方面,可以充分运用电子商务的信息平台作用,将电子商务平台与门店的信息流综合起来;在物流方面,电子商务平台可以充分运用门店的供应商、仓储、运输系统,因而不会带来新增物流构建成本。在销售量增加的情况下,会增强规模效应,并增强谈判能力。

(4)共享售后服务和消费者反馈。网络平台可以使消费者与商家的沟通便捷,有利于消费者将个人对产品和服务的反馈信息以较低的成本传递到商家,以便于商家进行改进和提高。门店可以与网络平台共享这些信息。

(三)建材电子商务平台面对的市场需求稳定,具有并购价值

通过对第二个问题的分析,我们可以发现电子商务平台面对的需求主要是小规模的更新、替换以及部分对认知度较高或简易的建材产品的单独采购。而已有住房的群体将是这一需求的主要消费者。我们将通过表3和图8对这一需求其进行说明。

表3　　　　　　　　　2001~2010年中国人口、城镇居民收入及住宅情况

年份	人口 (亿人)	新增城镇住宅 面积(亿平方米)	城镇人均住宅 面积(平方米)	城镇住宅总 面积(10亿平方米)	城镇年人均 工资(万元)
2001	12.76	5.75	20.80*	26.55	10.87
2002	12.85	5.98	24.50	31.47	12.37
2003	12.92	5.50	25.30	32.69	13.97
2004	13.00	5.69	26.40	34.32	15.92
2005	13.08	6.61	27.80	36.35	18.20
2006	13.14	6.30	28.50	37.46	20.86
2007	13.21	6.88	30.10	39.77	24.72
2008	13.28	7.60	30.60	40.64	28.90
2009	13.35	8.21	31.30	41.77	32.24
2010	13.41	8.69	31.60	42.37	36.54

注:数据来源于《2011年中国统计年鉴》,带"*"号数据来源于《2010年中国统计年鉴》。

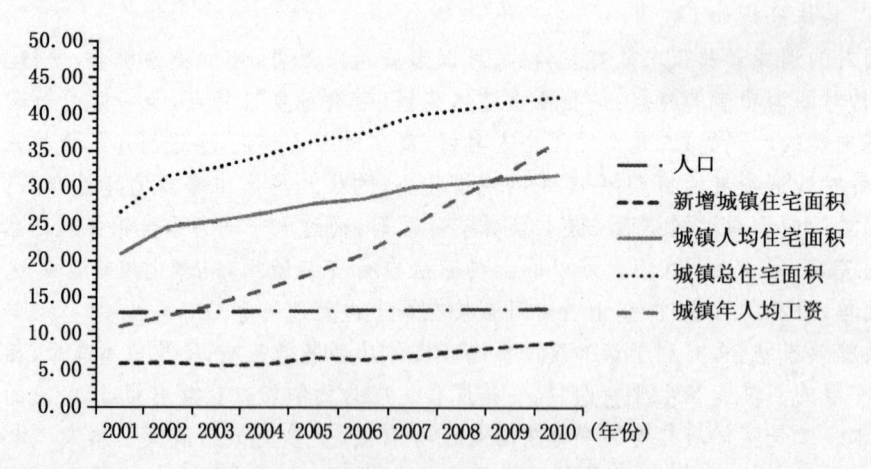

注:数据来源于《2011年中国统计年鉴》,带"*"号数据来源于《2010年中国统计年鉴》。

图8　中国人口、住宅面积、工资趋势

通过表3和图8我们可以发现,增长最快的是城镇年人均工资,这其实是人工成本上升的表现,而增长最慢的是人口总数。这一点可以说明,DIY将越来越受欢迎,人们将更倾向于通过便捷的渠道购买产品,同时能自己安装并使用该产品。同时,我们可以观察到,城镇总住宅面积增长很快,并且存量规模日益扩大。如果假定,2010年平均每套房按100平方米的面积

计算,则可粗略估计全国城镇有4.2亿套住宅,这是一个非常大的市场。

在家用建材产品中,厨房水龙头是更换相对频繁、安装也比较简单的产品。厨房用水龙头的价格一般在200元左右。在合理使用的情况下,"龙头阀芯保用5年,其他配件保用1年"(普通商家的质量承诺)。假定可以使用6年,每套住宅使用1个,则根据以上住宅数据,可估计出仅此项产品每年须更换约7 000万个,销售额可达140亿元,这是一个极为可观的市场规模。

(四)好美家进入电子商务领域的路径分析

好美家发展到现在,已经拥有成熟的管理和业务团队,在行业中也已经树立了一定的口碑,企业自身具有了一定人才、技术与资金的储备,营销体系健全、销售网络布局广泛。但就目前而言,好美家进入电商领域已经是大势所趋,进入方式具体有以下三种:

1. 新建

新建是一种渐进发展的方式,因此采用这种方式进入电商领域能够较好地适应不断变化的外部环境。但是这种方式的缺点也很明显:一是发展相对缓慢;二是占用资金较多;三是突然进入某一市场可能面临极为激烈的竞争,在初期竞争优势没有确立时容易给自身带来困难。

2. 并购

并购的实质是在企业控制权运动过程中,各权利主体依据企业产权作出的制度安排而进行的一种权利让渡行为。并购活动是在一定的财产权利制度和企业制度条件下进行的。在并购过程中,某一或某一部分权利主体通过出让所拥有的对企业的控制权而获得相应的收益,另一个部分权利主体则通过付出一定代价而获取这部分控制权。企业并购的过程实质上是企业权利主体不断变换的过程。

并购模式主要优点:一是它可以利用相对新建较少的资金达到迅速扩张、拓展业务、扩大规模的目的;二是在兼并原企业的同时,也减少了潜在的竞争对手,与原先的竞争对手由竞争关系转变为合作关系,从而更有利于其在所在地区的发展;三是可以通过整合,产生协同效应,提高效率和效益。这种方式也存在一些缺点。因为并购通常是一种代价较高的进入方式,并购活动的完成就意味着吸纳了对方的所有资产,其中除了所期望的优质资产以外,可能还有相当部分的不良资产,如原企业积压难以消化的库存、原企业销售商品的售后责任。因此,一般在兼并活动完成后都需要进行一定的整合,而整合则具有相当大的风险。

3. 参股

与前两种方式不同的是,参股是一种较为松散的结合模式,总部并不拥有被投资企业的多数股权。因此在管理过程中就需要投入较多的精力去对参股企业进行协调和控制,这就使得其实际运作过程中的成本可能较高。另一方面,被投资企业进行经营决策和财务决策是独立的,这就面临着被投资企业完全违背本企业目的的风险。

以上三种进入电子商务领域方式的优缺点比较如表4所示。

表4　　　　　　　　　　　　进入电子商务领域方式的比较

方　式	主要优点	主要缺点
新建	拥有完全的所有权和控制权,企业凝聚力强、协调性好、执行力强	投入资金大,发展较缓慢,在竞争优势确立前效益差,需要总部有足够的人力资源供应
并购	扩张迅速,可以直接获得成熟经营平台和员工,资源共享,协同效应好	整合存在一定的不确定性,目标企业确定比较困难

续表

方　式	主要优点	主要缺点
参股	资金占用少,无需整合	合作相对松散,合作方随时可能改变政策,对加盟的电商控制力差,协同效应不明显,管理难度大,相对其他方式效益差

对于好美家来说,通过并购亦佳进入电子商务领域是最佳选择。具体来说,有以下原因:第一,好美家拥有成熟的管理和业务团队,在行业中也已经树立了一定的口碑,企业自身具有了一定人才、技术与资金的储备;第二,在当前各大建材超市门店销售进入"瓶颈"的阶段,建材电子商务领域的竞争日益激烈,占领先机显得尤为重要;第三,好美家与亦佳电商具有密切的关系,同时早有合作,因而两者的整合具有先天优势。

(五)好美家的曹安店项目对于好美家的转型具有重要意义

好美家转型的另一个尝试就是试水建材商城,主要是将部分面积较大的连锁门店转变为引进租赁商户的建材市场,这一转型尝试已经在曹安店实施,并且运行良好。

曹安店项目有利于好美家应对自身的两大挑战:

第一,是好美家面对的销售代表管理问题。驻店销售代表作为厂商派驻人员,代表厂商的利益,要贯彻厂商的营销策略、价格策略。每一厂商具有不同的要求,从而导致好美家难以贯彻自己的方针,也严重扰乱了好美家的供应仓储体系以及门店现场的布置与管理,造成了严重的管理问题。曹安店项目通过招租方式引入商家,改变自身管理方向和内容,使商家获得独立地位,消除了销售代表问题。

第二,是资金压力以及利润下降问题。好美家的门店大多是自有产权,通过招租的方式,好美家可以获得租金,无需承担销售建材的风险。在当前门店销售规模下降、营业毛利下降的环境下,招租式的建材商城有利于缓解好美家的资金压力,改善盈利状况。

七、课堂计划建议

课堂教学可以分为三个部分,即案例背景介绍,学员小组划分,通过思考题引导学生进行头脑风暴、对转型方式选择进行讨论。

整个案例课的课堂时间控制在80~90分钟。

<u>背景介绍</u> (15分钟)

背景介绍主要包括两个部分:一个是行业介绍,另一个是好美家介绍。可以通过以下两个问题引入介绍:

第一个问题:有没有人装修过自己的房子?(通过此问题引入家居建材行业)

第二个问题:有没有人听说过好美家?(通过此问题引入好美家)

<u>小组划分</u> (5分钟)

每个小组的人数大约为4~8人,确保每个人加入到小组中。

<u>启发思考题及其讲解内容</u> (60分钟,每道思考题可讲解10分钟左右)

<u>总结</u> (10分钟)

引导全班进一步讨论,并进行归纳总结。

西马克的全球化绿色供应链管理

●摘 要：本文介绍了西马克供应链的全球化发展、管理特征以及在环保压力下实施的绿色化。基于产品特征和服务特征，西马克供应链表现出独特的物流特性和技术流特性。同时，西马克在满足客户需求中实现了"双赢"、在全球化过程中完善了供应链。在全球环保背景下，通过绿色供应链管理提升了其全球竞争力。

●关键词：西马克；全球化；供应链管理；绿色供应链管理

引 言

1871年，卡尔·埃伯哈德·维斯(Carl Eberhard Weiss)在西根建立了锻造厂。1901年，爱德华·施勒曼(Eduard Schloemann)在杜塞尔多夫建立了经营配件和其他技术类产品的贸易公司。两家企业发展得很快，并在工程领域赢得了好名声。1973年施勒曼股份公司和西根的西马克机器制造厂合并成施勒曼—西马克股份公司，并在1980年简称为西马克。1999年7月，西马克兼并了DEMAG AG的冶金设备制造部分，并组建了西马克Demag公司。[②]

西马克集团(简称"西马克")是在西马克责任有限公司的控股下，由多家为钢铁和有色金属工业从事机械设计和设备制造业务的跨国公司组成的集团公司，西马克的成员公司在冶炼、轧制等多个领域处于世界领先地位，为用户提供高性能、高技术含量的设备和全面、优质的服务，在业内享有良好的声誉。如今，西马克已经发展成为世界最大的冶炼、轧制技术研发和设备制造商，从事钢铁及有色金属设备的设计、开发和生产，在全球拥有超过100个子公司和合资企业，共有雇员约9 000人。

在200多年的发展中，西马克的设计方案和设备制造令客户印象深刻，表现出其领先的工艺技术、卓越的经济效益、优异的产品质量和出色的操作性能。西马克集团内的两大核心企业西马克股份公司和梅尔责任有限公司根据用户的需求，为其提供量身定制的工艺和设备解决方案，从而使其用户在激烈的市场竞争中能够保持领先的地位。西马克近年的销售业绩如

---

① 本案例由上海财经大学国际工商管理学院许淑君撰写，作者拥有著作权中的署名权、修改权、改编权。未经允许，本案例的所有部分都不能以任何方式与手段擅自复制或传播。
版权所有人授权上海财经大学商学院案例中心使用。
由于企业保密的要求，在本案例中对有关名称、数据等做了必要的掩饰性处理。
本案例只供课堂使用，并无意暗示或说明某种管理行为是否有效。
② 张静，杨小明：西马克集团介绍(SMS Group)，《大型铸锻件》，2006年第4期。

表1所示。

表1　　　　　　　　　　　西马克近年的销售业绩　　　　　　　　　　单位：百万欧元

年份	2005	2006	2007	2008	2009	2010
订单额	1 779	1 972	3 725	3 870	1 479	1 892

西马克的主要业务表现为钢铁、铝业和有色金属类生产设备的提供和服务。西马克股份公司设有以下几个业务分部：一体化工厂/交钥匙服务部；炼钢/连铸部；板带材热轧/冷轧机部；带材处理线部；电气自动化系统部；技术服务部和摩根油膜轴承部。西马克梅尔责任有限公司拥有三个分部：钢管、长材和铜材工厂部；压力机及锻压技术部和感应技术部。

真正让这个200多年历史的老企业在全球化市场经济大潮中站稳脚跟、不断发展的是其卓越的全球化供应链管理能力。

一、西马克的全球化发展

2010年，西马克的销售额约为30亿欧元（2009年为39亿欧元），税前利润为2.62亿欧元（2009年为2.23亿欧元）。

此外，公司2010年的新增订单额达近30亿欧元，手持订单额达45亿欧元，这使得公司直到2011年初都将处于满负荷生产状态。

西马克的业绩来自于其成功的全球化发展。西马克的全球化发展得益于其全球化布局。

最近，西马克公司除了计划收归旗下的特种机械设备生产商Elexis公司外，还在就另外几桩收购进行谈判。为全球布局，西马克将收购目标主要集中在亚洲和美洲。而德国周边地区则较少涉及。

西马克的全球化布局如图1、图2所示。

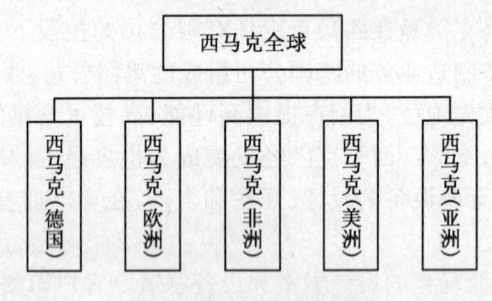

图1　西马克的全球布局

（一）西马克的制造能力

西马克集团的制造能力主要集中在西马克德马克股份公司（SMS Demag，位于德国黑辛巴赫）、西马克迈耶有限公司（SMS Meer GmbH，位于德国明兴哥拉特巴赫）和奥姆科（SMS Eumuco GmbH，位于德国力沃库森）。除了铸件和锻件毛坯外购外，它们有很强的设计、工艺、焊接、加工和装配能力。

（二）西马克的先进技术

先进技术是西马克进行供应链管理以及在全球复制的基础。其主要技术包括：

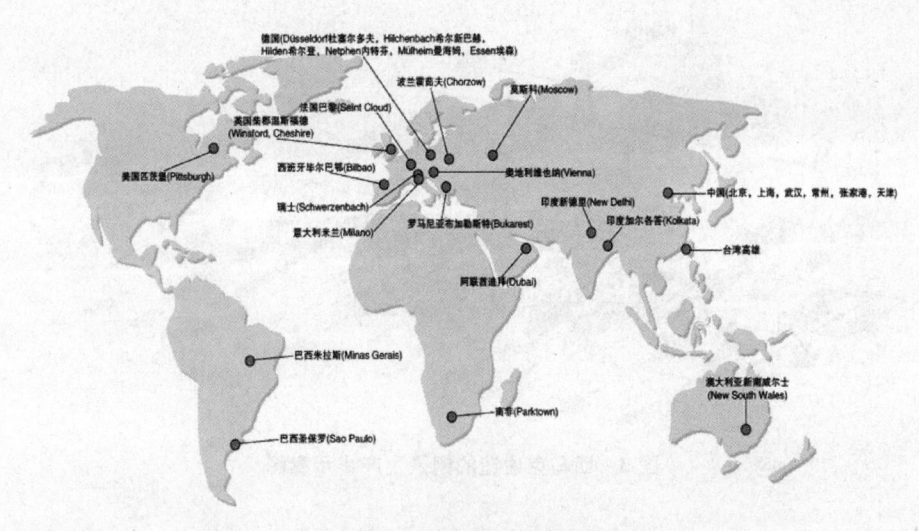

图 2　西马克的全球版图

(1)炼铁(烧结)技术:大型化、精料、整粒①、综合采用最新技术②、新设备(如外燃式热风炉,炉喉导料板,无料钟炉顶等)。

(2)转炉炼钢:大型化、精料、扩大品种,提高质量、采用计算机实施动态控制、实行顶底复合吹炼。

(3)连铸技术:把液态钢用连铸机浇注、冷凝、切割而直接得到铸坯的技术,是连接炼钢和轧钢的中间环节,是炼钢生产的重要组成部分。

除此之外,西马克还拥有先进的连续式热轧板机技术、冷连轧机技术和环境保护技术。

(三)西马克的主要行业性

西马克提供的设备主要涵盖钢铁、铝业和有色金属三个行业。

1. 钢铁生产线建造及服务

在钢铁冶炼方面,西马克拥有还原技术、炼钢、二次炼钢、CSP 技术、热轧、冷轧、带处理、炉技术、电子与自动化技术等。在此基础上,还提供"交钥匙"工程和综合工厂、服务、绿色技术以及生态工厂等。其钢铁生产线如图 3 所示。

2. 铝业生产线建造及服务

在铝业设备制造方面,西马克提供热轧带钢、冷轧带钢、涂装生产线、切变线、筛选和环境保护工厂、电子与自动化等技术,也提供相对应的服务、生态工厂和环保技术服务等。其铝业生产线如图 4 所示。

3. 有色金属冶炼生产线建造及服务

在有色金属行业,西马克为客户提供热轧、冷轧技术、筛选和环境保护工厂的建设,以及服务与环保技术。其有色金属冶炼生产线如图 5 所示。

---

① 整粒是指将焦炭、烧结矿与块矿进行破碎、筛分至合格粒度(烧结矿为 6～50 毫米,矿为 8～20.30 毫米,焦炭为 20～70 毫米)。

② 高压炉顶达 2.5 巴,高风温达 1 300℃,富氧喷油(石油涨价后普遍不用),采用电子计算机控制上料、热平衡计算,热风炉的控制,高炉操作的数据处理。

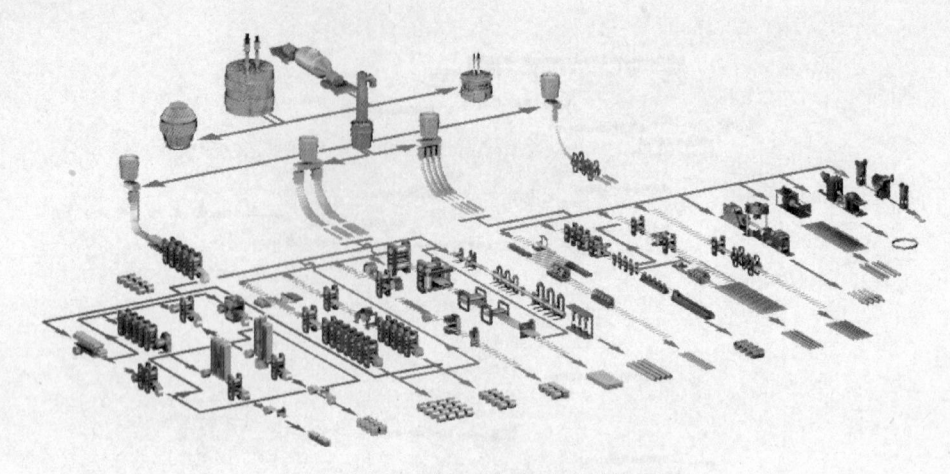

图 3 西马克建造的钢铁生产线示意图

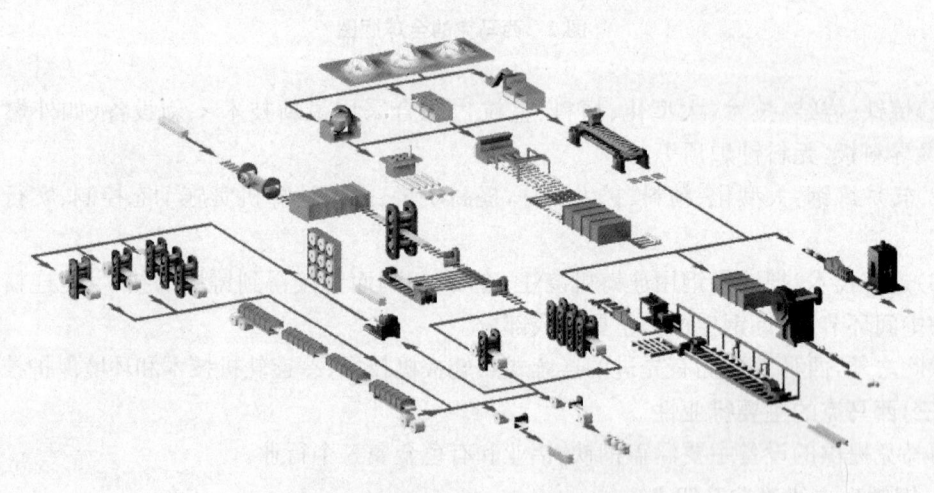

图 4 西马克的铝业生产线示意图

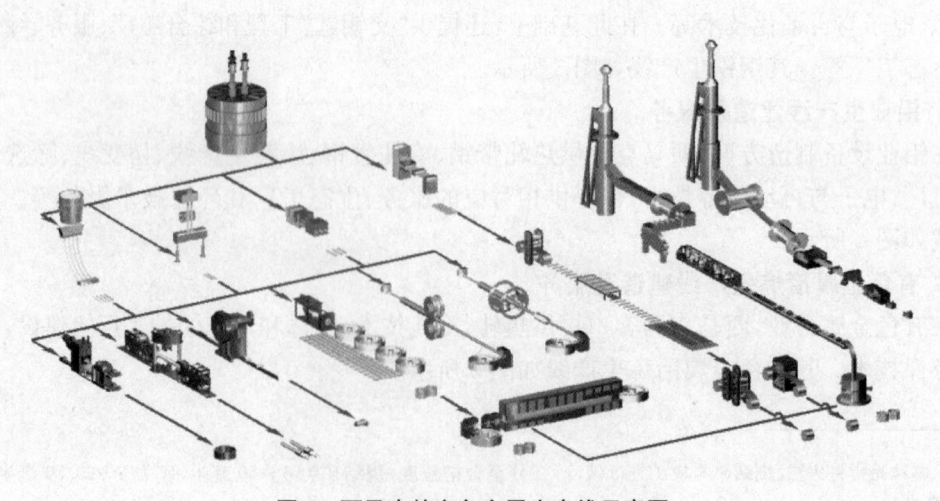

图 5 西马克的有色金属生产线示意图

二、西马克的供应链分析

西马克今天的全球化发展基于其良好的供应链管理。而其供应链的结构根植于其产品特性和市场需求特性。

(一)西马克的产品特性分析

西马克主要为客户生产和制造管轧机、型材轧机以及锻压设备。这类产品具有如下特性:

1. 体积大且个性化强

西马克提供的产品体积庞大,且因客户需求的独特性而表现为个性化强。由此决定了西马克必须将制造能力向客户靠近,一方面减少物流成本,另一方面提高和客户的沟通交流效率,保证及时提供产品与相关服务。因此,其形成了贴近客户的全球供应链网络。西马克在全球的轧制能力布局、主要产品以及塑料产品的分布如表2、表3和表4所示。

表2　西马克轧制设备全球主要企业及产品

企业	所在地	产品
西马克德马克股份公司	德国	冶炼设备与连铸设备,热冷轧设备和带钢处理线
西马克麦瓦克有限公司	德国	二次冶炼设备
福因有限公司	德国	带钢镀锌处理线
西马克德马克处理技术有限公司	奥地利	带钢酸洗处理线
西马克德马克英塞	意大利	冶炼设备与连铸设备,热冷轧设备(无型材轧机)
钢设备	西班牙	冶炼设备与连铸设备,热冷轧设备
康卡斯特股份公司	瑞士	冶炼设备与连铸设备
西马克德马克	美国	冶炼设备与连铸设备,热冷轧设备
西马克德马克有限公司	加拿大	带钢处理线
西马克德马克巴西有限公司	巴西	冶炼设备与连铸设备,热冷轧设备和带钢处理线
西马克米卡伏特	美国	冶炼设备与连铸设备,热冷轧设备
HyComp Inc	美国	轧机中用的自润滑材料,轴承和滑板
西马克德马克印度有限公司	印度	冶炼设备与连铸设备,热冷轧设备和带钢处理线
西马克德马克中国有限公司	中国北京	冶炼设备与连铸设备,热冷轧设备和带钢处理线
西马克德马克冶金设备有限公司	中国上海	冶炼设备与连铸设备,热冷轧设备和带钢处理线
西马克德马克南非有限公司	南非	冶炼设备与连铸设备,热冷轧设备和带钢处理线

表3　西马克管轧机、型材轧机及锻压设备的全球分布

企业	所在地	产品
西马克迈耶有限公司(SMS Meer GmbH)	德国	管轧机和型材轧机及铜材加工设备
西马克迈耶(SMS Meer S. p. A)	意大利	线材和建材用的轧机,精整线和矫直机
赫卫区工程有限公司(Hertwich Engineering GmbH)	奥地利	铝业用的设备
奥姆科(SMS Eumuco GmbH)	德国	中大型挤管机,挤压机用的出口导向装置,模锻压力机,机械手和操作机,控制系统

续表

企　业	所在地	产　品
西马克奥姆科(SMS Eumuco Inc)	美国	挤压机和矫直机
西马克 Elotherm(SMS Elotherm GmbH)	德国	感应—硬化—调质和加热设备

表4　　　　　　　　　　西马克塑料加工设备制造厂家

厂　家	所在地
Cincinnati 挤压有限公司	奥地利
Cincinnati 挤压有限公司	中国大连
Cincinnati 挤压有限公司	日本
Cincinnati 挤压有限公司	美国
Battenfeld 挤压有限公司	德国
Battenfeld Kempen 挤压有限公司	德国
Battenfeld 塑料有限公司	奥地利
Battenfeld 塑料有限公司	德国

注：Cincinnati 挤压：管材，型材，板材和 WPC 产品用的单双螺旋输送挤压机及模具。

2. 使用价值优于交换价值

西马克提供的钢铁设备和设施的价值需要在运行中体现，而不是体现为购买活动的交换价值。因此，西马克需要基于客户需求，提供个性化的定制产品。

以客户需求为中心是西马克供应链的核心。这不仅体现在提供的产品方面，而且体现在一系列服务方面，如安装调试服务、绿色环保服务和培训服务。

(二)西马克的服务特性分析

X-Cellize® 技术服务是西马克的传统。西马克的服务都在 X-Cellize® 品牌下，它汇聚了西马克在冶金和轧机技术方面的全球服务专家，是服务质量良好和可靠的代名词。西马克制定了各种服务流程，确保客户设备的高可用性及低维护成本，为客户提供增值服务。

X-Cellize® 包括量身定制的服务模块以确保任何服务都无障碍。西马克的服务范围包括：

1. 安装调试服务

西马克认为责任越重大，要求的经验就应该越丰富。

其一，冶金厂和轧钢厂的安装和调试是非常复杂的任务。西马克不仅是该市场的世界领导者，而且还拥有 140 年以上的经验。西马克运用所有符合客户利益的知识。

其二，良好的运营需要高度重视最初的规划设计。西马克的先进管理理念帮客户找到最好的位置。在安装阶段，西马克将监督和控制每个阶段。西马克的专家一直都在现场以确保调试顺利。

2. 备品备件服务

备品备件：随时待命的安全服务。客户告知图号后，西马克就能提供几乎任何备件，从热金属生产到精炼。此外，西马克的智能备件管理系统为整个工艺链提供预先配置和对替换件及零部件的测试，以确保按期交货。为维护和更换易损件，西马克可以提供技术咨询服务。西马克的解决方案是将新技术融入现有工厂中。客户与西马克研发部门之间的交流是不同工厂的完善和现代化的基础。

3. 运营维护服务

第一，西马克建立相应的综合维护管理服务系统。任何对工厂生产可用性数量和质量方面的低估都将导致不可避免的损失、高维护成本以及质量问题。为此，西马克开发了综合维护管理系统（Instant Messaging Management System，IMMS），以便提高整体设备效率（Overall Equipment Effectiveness，OEE）。西马克的高级专业人才将做好记录和分析，与客户合作，以便持续改进过程（Continuous Improvement Process，CIP）。IMMS 是一系列预防性和计划中的维护策略，主要包括四个方面，如图 6 所示。

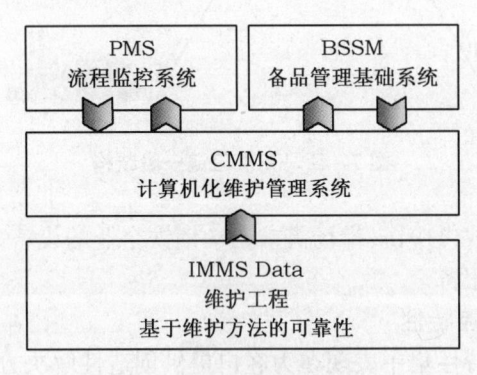

图 6 IMMS 的四个方面

第二，西马克提供的检测和维修服务延伸到客户的工艺链里，而不仅仅是其提供的设备。该服务基于工厂的那些至关重要的组成部分，如心轴、卷取机和剪切机的生产线中最关键的部分。这些部分发生故障将导致工厂停产，因此其预防性维护非常重要。这些检测和维修服务是基于客户定制的，保证客户的工厂技术条件是可预见的、可控的和实用的。

第三，工厂和机器的维护需要大量的资金和人力。西马克提供一些具有吸引力的选择，如外包维护工作。如此一来，客户可以专注于核心部件，同时具有一个良好的供应保障。

如果客户选择通过西马克外包维护服务，大量经验丰富的国际性专家将全部或部分地接管其维护工作。始终着眼于有效的成本控制，并提供新技术，保证客户工厂的生产效率。

第四，冶金和轧钢都需要高度的自动化和控制系统，并需要确保其最佳性能。为确保客户的最佳性能能够连续发挥，西马克提供远程/热线服务：24/7 热线电话和远程服务、量身定制的远程服务和现场支持、直接访问服务专家、广泛的报告和自动化控制系统。

4. 培训服务的要求

西马克提供的培训主要基于信息、资格审查和鉴定三个方面。西马克拥有全球各个领域的专家，提供一系列的培训计划。该计划结合了客户目前的工作需要与理论背景知识，主要培训涉及技术、作业、电气及自动化、设备和部件、液压和媒体以及保养几个方面。

同时，西马克注重对下游客户的知识转让。西马克的生态专家随时准备提供帮助，甚至提供一对一的咨询服务。他们为客户提供符合实际需要的选择和节能潜力现代化技术。在此过程中，客户能够学到现代化进程和最新的发展技术。

（三）西马克的供应链特性

西马克根据其自身的主要业务进行供应链组织。其一般性供应链结构如图 7 所示。

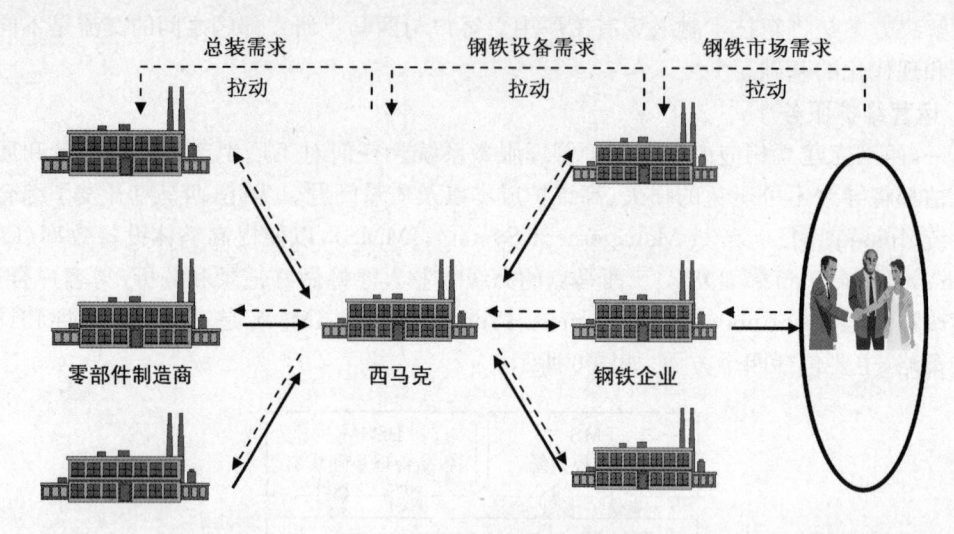

图 7　西马克供应链一般结构

这本质上是一条拉动式供应链：市场需求拉动钢铁企业的设备需求，西马克基于钢铁企业的需求进行定制化制造和服务。

1. 西马克供应链的物流特性

西马克供应链的物流特性集中表现在为客户提供创造性解决方案。该方案体现在三个方面：贴近客户的设施选址、个性化的产品提供和拉动式满足需求。贴近客户的设施选址可减少物流成本；个性化的产品提供保证了客户的价值最大化；拉动式供应链特性反映了物流的驱动力来自最终市场需求。

一方面，西马克认为从工厂的建设最初就要考虑良好的效率。炼钢需要将效率和高效利用能源及原材料两者高度结合起来。同样重要的是流程速度和加热质量。所有这些决定了客户的盈利能力和竞争力。西马克意识到这些，并且致力于通过开发和建设"交钥匙"工程，帮助客户达到目的。

另一方面，西马克通过流程管理彻底实现客户的需求。西马克根据客户的计划生产能力、材料负荷，如生铁、废料以及客户的最终产品来设计解决方案。西马克提供的解决方案注重高度的操作安全性、广泛的自动化、使用寿命长、维护简单，以便客户目前以及未来实现长期目标。

2. 西马克供应链的技术流特性

西马克在技术服务方面秉承"借鉴过去、展望未来"的理念，提供包括技术支持、综合服务管理系统、培训、检测和维修服务、外包/维护、安装/调试、热线/远程服务。

在技术支持方面，西马克是效率专家，尽一切努力帮助客户确保整个工厂在整个寿命周期内的良好业绩。为此，西马克提供优化工作序列、引入智能组织或维护过程、检查各项组件、改进和更换现有的流程。具体来说，包括：过程和产品处理、流程优化、停工检查、液压服务、存货管理、风险分析/咨询服务和维护优化。

西马克因其先进的技术及丰富的经验成为其供应链的链主。西马克对供应链上下游的影响在于其技术：为下游客户提供定制化的设计、建造服务，并要求上游企业基于设计提供零部件。

西马克对下游客户的技术流还表现在对下游输出技术以及提供技术培训等服务，以此培养客户的一般性维修能力。这样，一方面能够减少客户的维修保养成本，增加其利润；另一方面，则因技术阻隔加深了对客户的影响。

三、西马克供应链管理的特征

西马克供应链管理的主要特征表现为:在满足客户需求中实现"双赢"、在为客户提供价值中获取竞争力、满足客户的全方位需求、为客户提供"交钥匙"工程与注重建立长期合作关系。

(一)在满足客户需求中实现"双赢"

1. 基于需要变化实施供应链管理

西马克时刻关注全球市场需求的变化,并因此实施供应链管理。西马克的下游企业之一——太原钢铁公司(简称"太钢")——在中国铁路用钢市场上占有率位居第一。随着中国高速铁路的大力兴建,对钢铁产品的质量要求大大提高,需求规模也迅速增加。为此,太钢不仅需要扩大生产规模,而且需要在后部工序型材、棒材、线材、管材等产品结构方面进行调整,需要开发出欧标出口车轴钢连铸生产工艺路线的装备和技术条件。

为此,西马克基于客户需求,围绕着国家重点工程、新兴行业发展和高端客户需求,积极寻求与下游企业太钢的合作。双方就高速铁路用钢技术改造进行合作,提供世界上最大容量的退火和对热轧带的钢酸洗线,帮助太钢形成了以不锈钢为核心,包括冷轧硅钢、高强韧系列钢材在内的高效节能型产品族的生产能力。该生产线将能每年加工100万吨奥氏体和铁素体不锈钢。

2. 从为客户提供价值中获取竞争力

西马克焦距于客户最为关注的价值实现,并视为其供应链最重要的管理目标。

西马克是世界上唯一一家具有100多年生产经验的专业企业。与竞争对手相比,西马克拥有最为丰富的经验、最先进的专业技术和最广泛的数据库。

西马克通过为客户提供流程设计以及产品研发,以使客户获得最优异的成本效益,如埋弧炉在世界上500多个工厂的顺利安装证明了西马克这项技术的巨大能力(如图8所示)。这一特点在铁合金、有色金属、生铁方面都有反映。西马克提供50多种产品的解决方案。

图8 埋弧炉的研发旨在对客户提供独特价值

3. 满足客户的全方位需要

(1)产品质量要求。质量取决于初始材料。西马克不仅关注当前的产品质量,还充分考虑了客户未来使用中的运营成本,其提供的工艺装置能耗低、性能高。

(2)操作便利要求。考虑到客户的炉渣清洗问题,西马克在设计中充分予以重视,增加炉渣自动清洗功能,提高炉渣清洗效率。

在满足客户全方位需求的同时,西马克也提高了自身的技术水平和服务能力,实现了与客户的利益共享。

4. 为客户提供"交钥匙"工程

西马克先进的技术以及定制化的产品提供，往往需要在设备安装调试等方面提供管理服务。因此，西马克为减轻客户的压力、缩短交货期，为客户提供"交钥匙"工程。

为客户提供"交钥匙"工程需要全方位的专业知识。首先，要加强沟通和交流。为任何新工厂选择理想的位置，需要考虑三个因素：原材料就近储存、能源的安全供应以及与基础设施的良好衔接。"交钥匙"工程具有高度复杂的要求和特性，西马克为此建立了专门的中心部门，确保为客户提供从规划、融资到一切资源的整合过程。其次，全包服务。西马克运用项目管理技术，开展跨学科的广泛合作和协调，可以提供从工厂设计、建筑到供电系统等的完全匹配。机械、电气和自动化等都服从一元化管理，从源头上确保客户最短的建设周期、最可靠的运营和最高效的生产。

5. 注重与客户建立长期合作关系

西马克在供应链管理中，注重两个方面：建立与客户的长期信任关系、提供全球先进的高性能解决方案。客户可以从西马克广泛、可靠和定制的设备中受益。这不仅表现在市场需求旺盛时期，更表现在市场需求低迷时期，如金融危机时期。2008年，以美国次贷危机为导火索的全球金融危机，从金融市场开始蔓延到实体经济，在全球范围内愈演愈烈，中国也不能幸免。自2010年以来，在中国市场上，作为金融危机影响的滞后效应，当房地产和汽车这两大经济引擎难以支撑之后，其产业链上游的钢铁行业形势严峻。钢铁企业纷纷对投资项目以及更新设备持高度谨慎的态度，同时，对西马克这样的设备制造商的选择也提出了更高的要求。

作为钢铁公司供应商的西马克，面临着订单量不断下滑的局面。为此，西马克基于经济周期的分析，认为金融危机的影响是存在的，且随着欧美经济复苏延缓，中国经济的调整在所难免。但同时也意识到，金融危机之时，往往也是下游厂商固定资产的更新契机。因此，西马克制定了相应的供应链管理措施。该措施主要体现在战略层面合作关系的巩固和信任关系的加强。该举措表现在如下几个方面：(1)加强对于金融危机影响和未来产品发展趋势方面的信息沟通；(2)环顾过往合作历史，巩固合作关系；(3)了解下游厂商目前的困境，以便对各下游企业的经营状况进行动态评估；(4)详细介绍西马克的新技术和新项目情况；(5)表达未来合作的诚意。

作为结果，西马克与下游企业的合作业务虽然下降，但双方的合作关系并未因金融危机的影响而下降，反倒是更为加强了。西马克让下游企业更加确信未来双方合作的前景以及共赢的未来。

(二)在全球化中完善供应链

1. 增加产业链增值环节

德国施罗曼西马克公司(SMS)与曼内斯曼德马克公司(Demag)的冶金部门合并成立的新公司已签署最终协议，于1999年开始运作，名称为SMS Demag AG，成为钢铁、铝材、铜业界在整套设备、工程方面又一个世界性的领先者。

新公司可提供一系列的工艺装备，从生产生铁、钢的整套钢铁厂，连铸、轧钢机、制管技术等，直到冷、热轧带钢的精整线，从而增加了西马克在产业链中的增值环节。

2. 整合供应链下游资源

为完善供应链的需要，西马克会实时地、灵活地整合供应链下游资源。

2010年7月，世界著名冶金设备供货商——德国西马克集团与天津阿瑞斯工业炉有限公司完成所有合资手续，正式入股国内工业炉公司。此举标志着西马克集团在中国的本土化进程进一步加快。

天津阿瑞斯工业炉有限公司成立于 2008 年,拥有一支完整且经验丰富的企业管理、市场销售、设计开发、工程管理团队。阿瑞斯公司的特色产品为:合金钢管/棒/板/线材热处理辊底炉、连续/间歇式淬火机;不锈钢管/棒材固溶处理辊底炉、连续/间歇式淬火机;高压锅炉管保护气氛辊底炉;各种高端环形加热/热处理炉;高精度台车式加热/热处理炉;硅钢带连续热处理生产线等。阿瑞斯公司成立两年来业绩显著,发展迅速,逆金融危机影响而上,已获得国内外多家知名企业的合同,成为业界的一匹"黑马"。

西马克全资子公司——比利时 DRVER International 是国际著名的带钢立式连续退火线、立式连续镀锌线、酸洗退火线供货商,拓展中国业务多年,在各大冶金企业有着良好的声誉和业绩。

通过控股 DREVER 公司、入股阿瑞斯工业炉公司,西马克工业炉业务逐渐涵盖了带钢、中厚板、钢管、棒线材、锻造、硅钢、铜铝材热处理、工业炉自动化控制、工业炉燃烧技术、工业炉数学模型等多个领域。在中国钢铁工业从产能向质量、品种转型,全球节能减排日益紧迫的大趋势下,在技术和资源上具有优势的西马克工业炉技术值得期待。

3. 注重新兴市场供应链复制

西马克看重中国等新兴市场,它于 100 年前就进入了中国市场,1904 年将第一个辊轧机发运给中国武汉的汉阳工厂,随后成功给中国客户提供了约 200 套先进的冶金机器设备。

西马克公司于 20 世纪 60 年代和 70 年代分别参与了太原钢铁厂和武汉钢铁厂的建设工程。20 世纪 80 年代初,西马克公司又作为宝山钢铁总厂热轧和冷轧设备的供应商积极投身于宝钢的建设当中。西马克分别于 1983 年和 1984 年在北京和上海设立了代表处。随着中国冶金工业的高速发展,西马克公司的业务遍及中国的大中型国有企业和为数众多的民营企业。西马克在中国的业务介绍如表 5 所示。

表 5　　　　　　　　　　西马克(中国)业务介绍

	Steelmaking Plants/Continuous Casting Technology 炼钢/连铸 Flat Products 板材
	Hot Rolling Mills/Cold Rolling Mills 热轧/冷轧
	Strip Processing Lines 处理线
	Electrics and Automation 电气自动化
	Service 服务

作为全球钢铁有色领域内主要的机械设计和设备制造商,德国西马克集团日前表示,中国已经成为该集团的战略市场,随着中国钢铁有色行业向更环保、更加讲求效率和成本控制的方向发展,西马克这样的行业领先公司将和中国伙伴共同成长。

自1982年以来,马钢与西马克(包括子公司)的第11个项目签约。其中,动车组车轮用钢RH精炼炉项目的成功引进对马钢意义重大,将为马钢生产一流动车组车轮用钢提供技术保障。

为进一步确立其在中国市场的地位,西马克下属西马克公司日前在中国张家港宣布其在德国本土以外的最大综合生产基地开业。西马克公司董事会主席布克哈德(Burkhard)强调,"西马克将继续扩大在中国的业务,作为中国钢铁业和铝加工业的系统供应商和技术合作伙伴,几十年来,中国一直是西马克最为重要的市场。"

据悉,西马克公司最新启用的生产基地投资约2 000多万欧元,将有约350名员工在此从事装配、服务、修理和功能测试等工作。连同两年前开业的西马克梅尔公司在上海的生产车间和中国其他的工程设计和服务部门,目前近1/10的西马克员工在中国。

目前,中国有大量的钢铁设备面临更新换代和维修,这为西马克带来了巨大市场。最新数据显示,自2000年至今,西马克在中国总计完成新建订单量292个。在每年30多亿欧元的总销售额中,有超过6亿欧元来自中国。西马克的投资主要集中在信息技术和加工设备的改造上。此外,2006年,西马克在中国上海成立了服务维修厂,通过研究和发展,可以不断满足冶金业生产工艺的高水平要求。

西马克股份公司目前在中国设有以下事业部:炼钢与连铸部、热/冷/铝轧机部、带钢处理线部、工业炉技术部、服务部、电子自动化部、信息技术部、工厂运营部、物流系统部、人事行政部、财务控制部、销售部、供应链管理部和税务部。西马克(中国)的组织结构如图9所示。

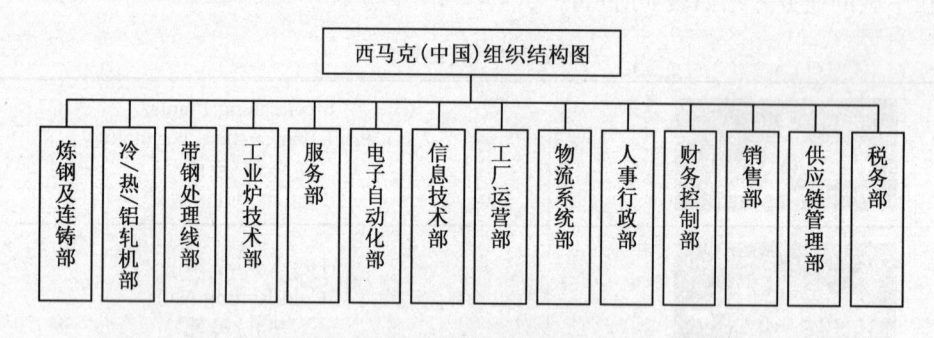

图9 西马克(中国)的组织结构

西马克中国公司的业务涵盖了以下领域:炼钢设备;连铸技术;板带材热轧、冷轧机;带钢处理线;工业炉技术;电气自动化;备品备件;技术服务;物流系统;设备和部件采购;进出口贸易;等等。

4. 基于客户能力短板实施供应链管理

包头钢铁集团(简称"包钢")在发展过程中表现出铁、钢、钢材不平衡的问题。市场需求波动频繁,产品批量小、规格多,生产组织矛盾加剧。修改钢种、规格、不锈钢制品价、产量计划的情况时常发生,这使得铁钢平衡、冶炼与轧钢衔接波动幅度较大。生产处逐炉逐批地进行动态平衡协调,使有限的铁水产生最大的经济效益。特别是在电炉冶炼特殊钢种的过程中,为满足其生产工艺技术条件和有效控制生产成本,时常打破常规,临时插点分流。

西马克基于客户能力分析其短板,然后与包钢签署了长期合作合同,助其实现了铁、钢、钢材的平衡,为进一步进行板材生产创造了条件。在包钢实现了国内外先进水平的宽厚板生产线后,这一合作将有效提高和改善包钢板材级别、品种和质量,实现了"双赢",扩大彼此的市场份额,提升供应链的竞争力。

5. 在供应链中融合制造与服务

在世界范围内,随着各项产能的不断扩大、原材料价格的不断上涨以及消费升级等的多重影响,制造产品的利润薄而转换成本高,且客户需求的个性化不仅需要产品制造的个性化,更需要提供良好的服务加以弥补。

为此,西马克在金融危机形势下,更注重在供应链上实施制造与服务的融合。一方面,西马克以服务帮助下游企业延缓设备更新的压力并保持良好的制造能力;另一方面,西马克凭借其先进的技术以及产品市场地位,提供有偿服务以形成重要的利润源泉。

因此,2012年西马克就在江苏省张家港市建设了其海外最大的制造基地,为中国的钢厂、铝厂和铜厂等下游企业提供转配、服务、修理和功能检测等服务。

四、西马克的绿色供应链管理

(一)西马克的绿色供应链管理理念

1. 与客户共同承担社会责任

西马克首先关注责任。当西马克为客户建立工厂时,就开始与客户一起承担环境安全与保护的责任。目前,炼钢采用的都是碱性氧气炼钢技术,炼钢过程中将产生非常高的粉尘排放量。这意味着,西马克提供的工厂建设方案中包括除尘设备、空气净化及废气回收。

2. 与客户共同获利

与此同时,西马克还关注客户的盈利。为处理排出的大量废气,西马克在设计中融入了最新的膜过滤器或静电除尘器,以过滤和回收。由此,客户可以很快从清洁生产中得到良好的回报。基于客户面临日益强烈的环保压力,西马克一方面考虑客户再生原料(如再生铅)的使用要求,另一方面可以从电炉粉尘和炉渣等其他废弃物中回收相关的材料,如铅、锌,并加以利用。

西马克在绿色供应链中注重兼顾回收和投资回报率。在埋弧炉有色金属热轧、冷轧过程中注定产生有害物质,如灰尘、气体和在轧制乳化液等。西马克不仅帮助客户过滤掉有害物质,而且还能确保有效地回收以节省大量的初始能源和润滑油,从而帮助客户实现良好的投资回报。

西马克主张绿色"双赢",代号 X-E2:由西马克将工厂建设和流程技术结合起来,以提高环保程度。E2 代表"生态+经济"。这意味着客户选择最有利于自然的技术的同时,还能从中获得最大的投资收益。原因在于绿色"双赢"将消耗更少的能源和原材料,并实现优良的产品质量,从而节省资金。

3. 绿色竞争力

西马克将绿色供应链管理视作供应链竞争力中心。西马克满足客户一系列有关能源、回收、绿色系统的需求。尤其是西马克在许可证申请和环境审计方面对客户的支持,有专门的部门负责处理所有客户在工厂规划和建筑过程中关于环境保护方面的问题,为客户提供更多的法律保障和快速跟进服务。

4. 中央生态监测

西马克致力于扩大其在能源和环境工程方面的服务。目前,西马克正在开发一个针对炼钢设备的全面的生态监测系统。这是一个汇聚了有关能源和环境数据的全面数据的控制站，提供对客户当前状况的联机检测，以便使客户能够监控和连续调整其生产过程。

节省原材料，保护环境。西马克有一个优良传统：在提供产品和服务的过程中，致力于建设绿色生态工厂。绿色工程专业部门（Environmental Engineering Specialist Department，EESD）关注与生态相关的一切。该部门与其他相关部门合作，推动新技术的研发，为客户提供创新节能战略，并为世界各地的工厂提供建设中有关环保的法规信息。

为客户提供清洁生产解决方案，通过过滤和处理清洁空气。西马克提供广泛的定制化解决方案，为客户的工厂配置和材料处理提供环境保护和过滤设备，为客户员工提供健康防护，并遵守严格的环保法律。为此，西马克开发并实施了工厂除尘、气体净化和埋弧炉回收；Airwash® 工厂提供轧制过程的排气净化和处理；Oildist 系统提供为冷轧过程压力油过滤器进行清洗；真空带通滤波器；水平压力板过滤器；压力过滤器；乳液分裂；挡板式分离器；在热轧中的垫圈乳液处理。

（二）西马克的绿色供应链技术

1. 节能战略（如图 10 所示）

（1）利用电炉热废气。西马克的新电弧炉能量回收系统就是一个将能源和绿色工厂结合起来的好例子。这里，1 250℃的废气推动蒸汽锅炉，将热能转化为蒸汽。蒸汽可以有很多用途，如用于蒸汽网络中、驱动涡轮机、为气刀系统供电等。蒸汽也是污水处理或海水淡化的能量来源，可用于客户真空脱气工程的驱动蒸汽喷射真空泵。这减少了对蒸汽机的需要。

（2）将废气转化为能源。这就是从转炉炼钢厂中回收煤气，包括从钢铁生产再将它们冷却到大约1 800℃的过程中获取富含能量的一氧化碳气体。接下来，X-Melt® 过滤系统将清洁这些一氧化碳气体。最后，这些气体被储存在 X-Melt® 煤气罐中，用于炼铁厂发电等。其产生的电量相当于一个小镇一年的消耗量。这可以为钢厂节省相当多的成本。

（3）CSP®（薄板坯连铸连轧生产）将节省超过 40%。早在 1989 年，西马克就向市场推出了将钢液直接连续生产成钢带的新技术。这就节省了重新加热钢坯的能源。这部分能源占传统生产的 40%。

图 10　西马克始终坚持节能战略

2. 水处理（如图 11 所示）

（1）对水的高需求。根据规模和类型的不同，钢厂每天用于各冷却过程的水高达数百万立方米。

(2)对水的消耗最小化。现在西马克可以为客户在现代化工程中提供几乎不损耗的、封闭的水循环。为此,西马克为客户的水供应系统提供一整套定制化的水冷却和过滤系统。这样,客户所用的水几乎全部反馈回生产过程中。

(3)显而易见的好处。西马克的水处理技术包括在海水淡化厂、回收渗透厂以及高效水处理系统中。客户所得到的是基于客户生产规模和适应更复杂环保法规的定制化解决方案。

图 11　西马克水处理成效斐然

3. 空气净化(如图 12 所示)

(1)对冶炼中废气的清洁。钢铁生产过程中产生大量的有毒气体和粉尘。西马克在此有所作为。西马克帮助建立现代化的高效工厂,最重要的是柔性和模块化设计。例如萃取设备,客户可以选择单个的,也可以选择组合式的。这些都带有西马克的纯净空气燃烧器和废气处理装置等。西马克还为客户提供定制化的废气过滤技术,如为转炉炼钢提供干燥电动过滤器、为改版炼钢厂提供潮湿电动过滤器等。

(2)清洁轧制过程中的空气。冷轧铝和不锈钢带的生产因轧制过程中需要滚动而不可避免地产生油性废物。西马克采用抽烟机和清洗工厂等方法解决这些问题,即西马克的 Airwash®。Airwash® 系统从铝冷轧中过滤滚动用油。一般规模的炼钢厂,大约每小时从废气中分离出 100 升滚动用油。再经过滤,滚动用油混合物被蒸馏出来。这样,既清洁了空气,为下一道轧制过程回收了滚动用油,又再生了洗涤用油。

图 12　西马克致力于将废气排放对空气的影响降至最低

4. 废液回收(如图 13 所示)

西马克注重对废液的回收,以求实现良性循环。

(1)酸的再生。西马克的再生工厂采用流化床和喷雾烘焙技术回收酸洗工艺中 99.8％的

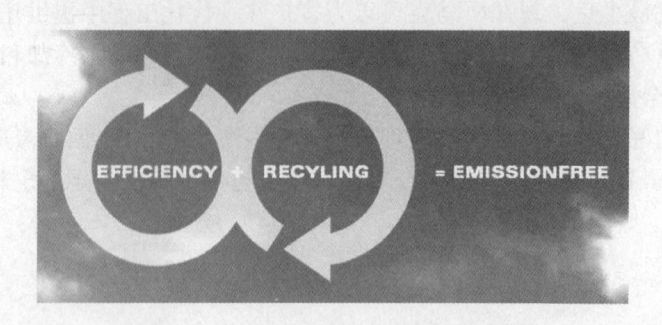

图13 西马克将废液回收纳入效能管理

酸。一般性规模的工厂每小时产生10~20立方米,约20~40吨的废酸。这个数量的处理相当于1~2个油罐的量。西马克最近开发出来新的节能标准,使得热液酸的化学再生温度发生在170℃,而传统方法处理的温度在700~900℃,如此节省了大量的能源。

(2)泡沫渣煤砖。这是新近开发的市场,用于更高效的不锈钢生产。西马克将其命名为泡沫渣煤砖。这将融化过程加速了10%,提高了金属的产量,延长了电弧炉耐火材料的使用寿命。虽然产生了大量的残留物质,如电炉粉尘、滚动范围和研磨粉的煤球,但减少了处理成本。最起码,煤球生产的泡沫渣类似于在将煤和氧气融合生产碳素钢的过程中实现去渣。

(3)多盘过滤。西马克多盘过滤包括清洗所有种类滚动用冷却润滑油整个机器这个范围。客户可以由此获利,因为这是高效的,且满足所有的预算要求。这些多盘过滤已经真正的实施成功,成为了铝热轧和冷轧的标准。它们每分钟从冷轧中过滤30 000升轧制用油。而且因其模块设计,西马克可以为客户提供最低成本的定制。一旦被清洁,这些液体还可以再次用于轧制过程。

5. 生态工厂(如图14所示)

协调生态和经济是21世纪面临的最大挑战之一。西马克的业务领域为客户提供的解决方案,同样需要这种协调。西马克为不同规模的企业提供可持续发展的解决方案,采用从屋顶的太阳能电池到现代化工厂解决方案,降低客户的生产成本高达26欧元/吨。

图14 西马克通过生态工厂将环保和利益协同起来

西马克还有一个为客户提供优秀经济和生态效益的产品创新新名词:生态工厂。西马克的生态工厂概念聚焦于客户利益,表示既考虑生态,又注重利益,从经济性与生态性的平衡中实现客户利益。它的具体标准为:

(1)生态工厂的概念。生态工厂是西马克可持续解决方案的新发展。必须承认,可持续发展因其生态性和经济性,已经成为客户的关键增长因素。生态工厂既重视生态性,又重视经济性(如图15所示)。

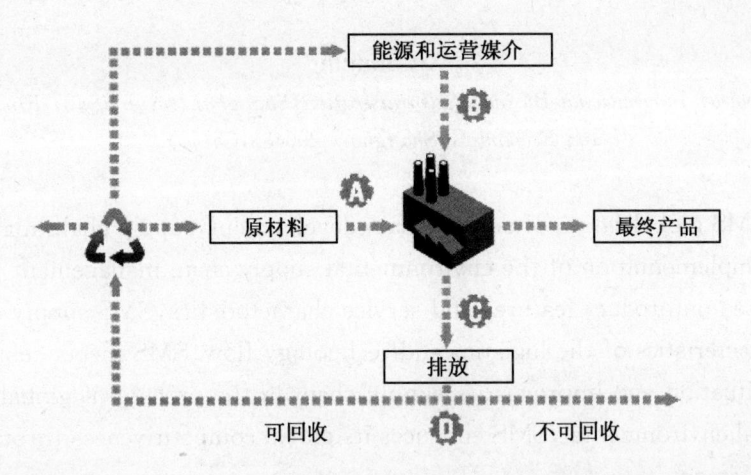

注:A:原材料的大幅节省;B:能源和运营媒介的大幅减少;C:排放物的大幅减少;D:回收比例的显著提高。

图15　西马克的生态工厂概念

(2)生态工厂的标准。生态工厂标签是指生态性可以计算出实质的经济利益(如图16所示)。

图16　西马克公司的生态工厂标签

五、结语

西马克作为一家拥有200多年历史的老制造企业,在全球化大潮中,因其优秀的全球化供应链管理和绿色供应链管理,不仅没有被淘汰,而且表现出强劲的竞争力,即使在全球性的金融危机中,也经受住了严峻的考验。

西马克的供应链管理经验值得中国企业认真学习和借鉴。

SMS Globalization Green Supply Chain Management

Xu Shujun

(School of International Business Administration, Shanghai University of Finance and Economics, Shanghai, 200433, China)

Abstract: SMS globalization of supply chain development, supply chain management features, and the implementation of the environmental supply chain management are introduced in this case. Based on product features and service characteristics, SMS supply chain emerges the unique characteristics of the logistics and technology flow. SMS meets customer demand on a win-win situation and improves its supply chain in the process of globalization. In the context of global environmental, SMS enhances its global competitiveness through green supply chain management.

Keywords: SMS; Globalization; Supply Chain Management; Environmental Supply Chain Management

案例使用说明

一、教学目的和用途

本案例适用于"供应链管理"这一 MBA 课程，主要的教学对象是具有一定工作经验的 MBA 学员。

本案例的教学目标在于通过对案例企业产品特性和服务特性的分析，让学员学会分析供应链特点，了解对供应链管理提出的要求。通过对案例企业实施全球化供应链和绿色供应链的实例，掌握全球化供应链管理的发展必要性、全球化布局的因由、不同产品和生产特性的企业绿色供应链管理的要求等方面的理论，最终让学员学会分析供应链管理的问题，掌握解决供应链管理问题的实际能力。

二、启发思考题

1. 产品特性对供应链组织的要求是什么？
2. 全球化供应链所面临的问题有哪些？
3. 西马克实施全球化供应链管理的重点在哪里？
4. 西马克是如何通过实施全球化供应链从而提升其全球化竞争力的？
5. 为什么西马克必须实施绿色供应链管理？它又是如何成功实施的？
6. 西马克的绿色供应链管理对中国企业有哪些启示？

三、分析思路

1. 西马克的产品具有体积大、价值大、个性化强的特点，为此，其必须将制造能力靠近客户。西马克需要根据全球经济发展的不平衡性而进行全球化布局。

2. 西马克产品的价值主要表现为客户使用过程中的使用价值。西马克需要基于客户需求进行定制,并提供相关服务,以求最大化客户使用价值和缩短交付时间。

3. 在实施供应链全球化管理的过程中,西马克需要根据市场需求的不断变化以及不同企业的需求情况,提供相应的产品和服务。

4. 西马克在提供产品和服务的过程中需要加强与客户的合作,并通过"双赢"提升其自身的国际竞争力。

5. 西马克的产品在使用过程中,将产生大量的废气、废物以及对空气和水的污染。要想能够顺利进行全球化发展,必须通过绿色供应链管理来迎合客户的需要、分担客户的压力。

6. 绿色供应链管理需要有良好的理念和先进的绿色技术。为此,西马克作出了很多努力。

四、理论依据及分析

1. 供应链的组织是依据产品特性进行的,先进的产品设计还需要良好的供应链组织来实现。

2. 客户购买行为的决定因素在于其企业顾客剩余。而供应链竞争力来自于供应链价值,它包括顾客剩余和企业利润。只有具备了供应链价值,才能实现供应链上下游的"双赢"。供应链价值如图17所示。

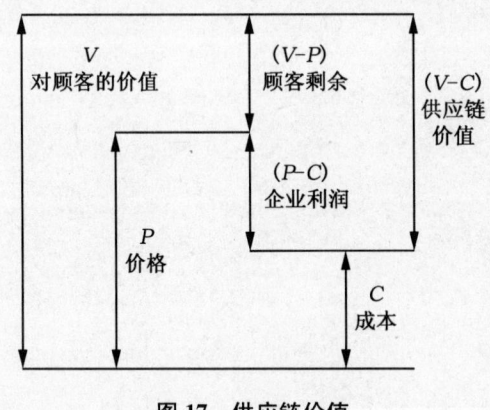

图17 供应链价值

3. 实现供应链管理就是实现"双赢"。这需要上下游企业间的长期合作。

4. 绿色供应链管理不仅需要先进的供应链管理思想,还需要有先进的绿色技术。

五、背景信息

1. 中国经济发展过程中对钢铁的需求旺盛,特别是外向型经济的发展。这一需求必然产生对钢铁冶炼设备的需求。

2. 世界上经济欠发达地区在发展经济的过程中面临着巨大的环境压力。

3. 金融危机对全球经济的影响深远。全球供应链管理必须能够有效地从危机中求发展。

六、关键要点

1. 功能型产品对供应链成本和效率的要求高。

2. 产品特性不同,其供应链管理要求及组织不同。
3. 供应链的基本理念是以客户为中心。
4. 合作、"双赢"是供应链管理的基础。
5. 服务与制造的融合是新趋势。

七、课堂计划建议

本案例的教学时间安排为 45 分钟。

要求学员在学习完供应链的运作模型、基本理念以及全球供应链的发展趋势、绿色供应链发展的必要性以后进行阅读和分析。

ZPMC 的供应链管理与创新

● **摘　要**：本文以上海振华重工（集团）股份有限公司（ZPMC）为例，以金融危机为背景，描述了中国知名的重型装备企业如何实施供应链管理以应对金融危机的过程。ZPMC 从单一的港机产品制造企业转变为以港机和海工产品为主，并且实施供应链管理，深化服务创新的企业，实现了从传统制造业向制造与服务融合模式的转变。

● **关键词**：ZPMC；金融危机；供应链管理；服务创新；服务生态网络

引　言

2012 年的某天，ZPMC 的领导收到来自中东阿曼用户 Salalah 的来函：

"Salalah 港自 1996 年成立以来，一直把 ZPMC 作为它的主要供货商。ZPMC 为 Salalah 供应和安装了从岸桥到轮胎吊等一系列设施、设备。双方的长期合作充分验证了 ZPMC 一流的售后服务水平与领先的科技创新能力。

我们从贵公司购买的第一批岸桥中有许多台发动机无法使用。贵公司得知后，第一时间送来了备件，避免了对我港口的运转可能产生重大影响。

最近，我们请贵公司修理、调试了 6 台使用很久的岸桥跨运车轨道与驾驶舱。尽管这些岸桥并非贵公司制造，但是贵公司专业的服务让我们深信：ZPMC 不仅是制造商，更有能力与实力成为一家专业的服务商，这也为我们今后长久的合作铺平了道路。

……"

如今，ZPMC 在中东市场已经声名远播，成为高质量与高信誉的代表。更值得赞许的是，ZPMC 的服务也得到了国内外客户的肯定，服务深化发展进程顺利。

---

① 本案例由上海财经大学国际工商管理学院的许淑君撰写（顾聆译同学有贡献），作者拥有著作权中的署名权、修改权、改编权。未经允许，本案例的所有部分都不能以任何方式与手段擅自复制或传播。
版权所有人授权上海财经大学商学院案例中心使用。
由于企业保密的要求，在本案例中对有关名称、数据等做了必要的掩饰性处理。
本案例只供课堂使用，并无意暗示或说明某种管理行为是否有效。

一、ZPMC 公司介绍

ZPMC 成立于 1992 年,是重型装备制造行业的知名企业,为国有控股的 A、B 股上市公司。控股方为世界 500 强之一的中国交通建设股份有限公司。ZPMC 是我国知名的重型装备制造企业之一。

公司总部设在上海,于上海本地及南通、江阴等地设有 8 个生产基地,总占地面积 1 万亩,总岸线 10 千米,邻水外场面积达 2 千亩,拥有钢结构车间 84 万平方米,具备年产 100 万吨钢结构的制造能力。特别是长江口的长兴基地,其地理优势得天独厚,有深水岸线 5 千米,承重码头 3.7 千米,是全国也是世界上最大的重型装备制造企业。公司拥有 26 艘 6~10 万吨级整机运输船,可将大型产品跨海越洋运往全世界。

ZPMC 主要生产大型集装箱机械,也生产散货装卸机械和其他产品,如大型钢桥等。由于集装箱运输是国际物流不可缺少的途径,加之目前航运业供大于求的局面,船东纷纷加大船舶装载量以降低单位运输成本。于是,出现了所谓"超巴拿马热",即船愈造愈大,码头设备也随之更新换代。在世界机械制造业普遍不景气的背景下,这个市场却表现得异常红火,世界 20 多家著名机械制造商逐鹿其中,竞争尤为激烈。由于"天时"、"地利",再加上"人和",ZPMC 在这场竞争中异军突起,后来居上,凭借自身实力在市场竞争中力挫群雄,发展成为该行业的领先者。

ZPMC 的生产能力强大,生产研制的大型重工产品等耐用可靠,加上其独具的整机海上跨洋运输能力,产品远销国内外。如今,ZPMC 的产品不仅覆盖了国内主要集装箱港口,而且占据了国外各著名大港,如加拿大的温哥华,美国的迈阿密、长滩、奥克兰、塔克玛、西雅图、惠灵顿、威基尼亚、纽约等,南美的巴西、委内瑞拉、哥伦比亚等的各大港口,亚洲的新加坡、泰国、马来西亚、印尼、缅甸的主要港口,中东的苏丹、阿曼、阿联酋国和我国的香港、台湾地区的各大知名港口,产品已遍布全世界 76 个国家,并占世界市场 75% 以上的份额。

(一)ZPMC 发展及供应链管理阶段性

ZPMC 最初以生产港口机械为主业。自 1998 年来,ZPMC 始终占据全球港口机械市场最大份额,直至目前的 75% 以上。1992 年底,ZPMC 获得来自加拿大温哥华港的订单,这是 ZPMC 第一份海外订单,也是其走向世界的起点。1994 年,美国迈阿密港一次性从 ZPMC 采购 4 台岸桥,这是中国大型集装箱机械首次进入美国市场。1995 年,美国塔科玛港和奥克兰港分别采购了 ZPMC 的港口机械产品,从此中国企业 ZPMC 的起重机在美国市场上便没有了资格限制。1997 年,ZPMC 港口机械产品"席卷"全美,先后拿下了美国市场全年 6 个集装箱岸桥采购项目中的 5 个订单。1999 年,ZPMC 制造的中国港口机械进入欧洲市场,成为迄今为止唯一将集装箱起重机销往欧洲市场的亚洲公司。2002 年,ZPMC 的港机产品已进入全球 77 个国家和地区,其港口机械品牌"ZPMC"已成为世界知名品牌。

在 ZPMC 20 多年的发展历程中,概括起来,其供应链管理分为三个阶段:

(1)1992~2000 年——起步并稳步发展阶段。供应链管理重在下游客户的扩大,实现了从国内市场快步迈向国际市场,迅速扩大下游客户。

(2)2001~2009 年——快速扩张阶段。其供应链管理的驱动力从劳动力成本驱动向技术优势驱动转移,实现了从低成本产品生产到创新设计、定制化制造的转变。

(3)2010 年至今——自我调整的二次创业阶段。其供应链管理从单纯地制造产品向制造

(二)ZPMC 基于产品的供应链管理特征

供应链的组织起点在于产品设计。围绕着产品设计进行上下游企业的选择,从而实施供应链管理。ZPMC 作为港口起重机行业的龙头企业,自其成立之日起,即以科技创新为根本,重视基于产品设计进行供应链管理。

首先,要有符合产品创新要求的人才。ZPMC 拥有强大的科研人才力量。目前拥有一支强大的近2 400名研发设计工程技术人员队伍、1个国家级企业技术中心、1个博士后工作站、1个海洋工程设计研究院和8个内部专业研究所,迄今共荣获国家科技进步一等奖1项、二等奖1项,上海科技进步奖一等奖4项、二等奖3项、三等奖5项。

其次,在人才基础上,形成核心技术。ZPMC 迄今已拥有20多项世界领先的重大核心技术;28项国家重点新产品,16项上海市重点新产品;申请国内专利223项,其中发明专利103项、实用新型专利113项、外观设计专利7项;有效国际专利申请24项,国际授权有效专利10项。

最后,在结果表现上,最终形成具有竞争力的产品。多年来,ZPMC 对科研进行了大量的投入,攻克技术难关,拥有了一批具有自主知识产权的技术,为其产品创新设计提供了有力支撑。20年来,ZPMC 创造了诸多世界"第一":(1)首创一次吊运2个40英尺集装箱起重机;(2)首创自动化码头用双小车岸边集装箱起重机;(3)首创使用 DGPS 技术的轮胎式龙门集装箱起重机;(4)首创集装箱码头全自动化装卸系统技术;(5)自主设计研发了双钩能力世界第一的7 500吨全回转自航浮吊;(6)成功制造了世界最大8 000吨固定双臂架式浮吊;(7)首创整机运输、绑扎、上下船成套工艺等。

二、ZPMC 产品介绍

(一)产品特征分析

ZPMC 的产品主要分两大类:

一类是传统港口机械产品,包括集装箱起重机、散货机械、船厂龙门吊等。ZPMC 研制的大型港口集装箱机械和矿石、煤炭等散货装卸机械产品,技术一流、耐用可靠,如今已遍布全世界76个国家,并占世界市场75%以上的份额。传统的港机产品如岸桥等设备为公司的主要盈利产品。场桥等设备由于价格竞争激烈,盈利比岸桥要少。

另一类是海工钢结构产品,包括海上浮吊、工程船、海上石油平台、大型钢结构、环保设备等。ZPMC 具有年产100万吨钢构的能力,特别是可以制作单件重达2 000吨或者更大的重型钢桥钢梁以及风电基础结构件、厂房模块钢构、电厂钢构、码头钢构等其他类型。目前正在建造的、被世界桥梁界视为难度最高的美国旧金山新海湾大桥已接近完工。在此基础上,ZPMC 逐渐形成了强大的海工设备研发制造能力,可提供各种海上工程船舶如大型起重船、铺管船、挖泥船、大型船厂龙门吊及钻井平台等。2010年刚刚交付世界最大的韩国三星8 000吨起重船和首艘海外铺管船。

另外,ZPMC 也已进军各类节能环保设备领域,包括风电、海水淡化、污水处理、再制造等设备的研发制造,其中特别是在风机钢结构、风电设备安装船等平台颇有建树。

上述产品不仅单位价值高、技术含量高,而且产品的制造提前期长、使用寿命也长。这意味着,ZMPC 要能够形成强大的供应链竞争力,不仅需要争取上游供应商在时间、交货期、质量等方面的密切配合,而且需要与下游客户建立良好的合作关系,并帮助客户最大化使用产品以创造价值。

(二)产品市场分析

ZPMC市场范围包括全世界的港口、海洋工程、风电配套、大型钢构、环保设备等市场。在传统港口机械市场,ZPMC占据世界市场的75%左右,是行业的领导者;在海工钢结构市场,ZPMC是后起参与者,但有着自身的竞争优势和巨大的发展潜力,目前已占ZPMC整个销售额的40%。

ZMPC凭借其劳动力成本优势、技术创新优势等,其市场份额由1998年即公司成立6年后的全球市场份额23%,居世界第一,经连续10年的、每年50%的增长,到最终跃居全球市场份额80%的高位。

由此,ZMPC不仅是其供应链的链主,而且还形成了对全球港口机械市场、钢结构市场的其他供应链的强大竞争压力。

(三)市场发展分析

从1993年开始,ZPMC第一次进入岸桥市场,即国外市场——加拿大温哥华港。到2010年底为止,ZPMC的岸桥市场分布在全世界76个国家和地区,具体如表1所示。

表1　　　　　　　　　　ZPMC产品市场分布国家和地区

五大洲	国家或地区
非洲(15个)	利比亚、塞内加尔、科特迪瓦、加纳、埃及、约旦、苏丹、吉布提、坦桑尼亚、南非、马达加斯加、毛里求斯、尼日利亚、摩洛哥、肯尼亚
美洲(18个)	加拿大、美国;墨西哥、哥斯达黎加、巴拿马、巴哈马、波多黎各、洪都拉斯、牙买加、多米尼加、哥伦比亚、委内瑞拉、秘鲁、厄瓜多尔、智利、乌拉圭、阿根廷、巴西
欧洲(20个)	瑞典、丹麦、英国、爱尔兰、波兰、德国、荷兰、比利时、乌克兰、俄罗斯、法国、克罗地亚;西班牙、葡萄牙、意大利、罗马尼亚、希腊、土耳其、马耳他、黎巴嫩
亚洲(21个)	日本、韩国、泰国、越南、印尼、马来西亚、菲律宾、新加坡;伊拉克、伊朗、沙特、巴基斯坦、印度、巴林、阿联酋、阿曼、孟加拉、斯里兰卡、缅甸;中国香港、中国台湾
澳洲(3个)	澳大利亚、新西兰、巴布亚新几内亚

ZPMC所有产品的分布及数量如表2所示。

表2　　　　　　　　　　ZPMC所有产品的分布及数量　　　　　　　　　　单位:个

地区		产品分类								主要国家
			桥吊	场桥	散货	浮吊	其他	门机	钢构	海工	
欧洲	北欧	230	174	6				1	8	德国、荷兰、法国和俄罗斯等
	南欧	66	79		1		1			西班牙、意大利等
美洲	加拿大	22	33	2				1	1	温哥华、鲁伯特王子港和哈里法克斯三地
	美国	170	84	5	1	1	3	1	1	长滩、洛杉矶、奥克兰、诺福克等
	南美	150	194	11		9	1			巴西、智利等
非洲		75	176	1	1	2	10			埃及、苏丹等

续表

地区		产品分类								主要国家
		桥吊	场桥	散货	浮吊	其他	门机	钢构	海工	
大洋洲		25		3			3	2		澳大利亚、新西兰和巴布亚新几内亚
亚洲部分	东南亚	210	388	6	1	2				马来、新加坡和韩国等
	西亚	189	476	31	3	16		1		印度、巴基斯坦和阿联酋等
中国内地		677	1 446	223			130	4	22	沿海城市
中国香港		33	160							
中国台湾		49	80							
其他区域						5				船
合　计		1 896	3 290	288	6	9	173	11	33	

振华的桥吊和场桥产品占据绝对优势,对市场的影响举足轻重。以桥吊市场为例,所占比例在70%以上(如表3所示)。

表3　　　　　　　　　2000～2010年全球及 ZPMC 岸桥市场份额　　　　　　　单位:个

年度	2000	2001	2002	2003	2004	2005	2006	2007	2008	2009	2010
全球	186	199	164	206	249	334	323	389	313	149	222
振华	32	62	62	81	151	192	264	239	241	112	154

从市场占有率来看,ZPMC 自2005年以来几乎一直保持着75%左右的占有率,在2009年的金融危机时期甚至因需求总量的下降而占比有所增加,继续保持着行业领头羊的地位(如图1所示)。

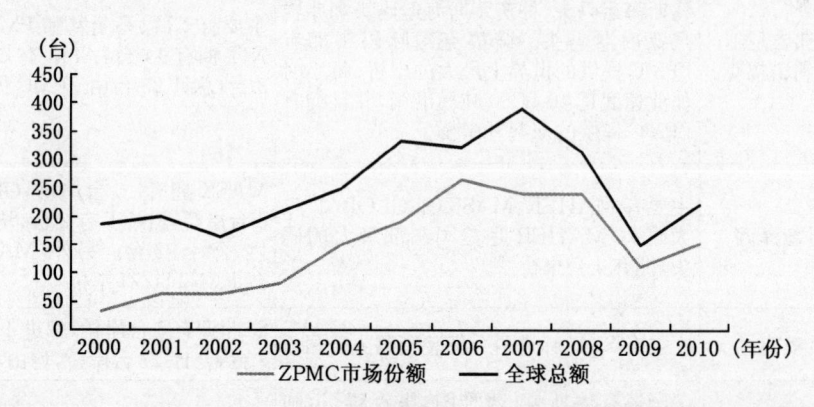

图1　2000～2010年全球及 ZPMC 岸桥市场份额

但是,其连续多年、每年30%的增长发展速度已经不再,整体效益大幅滑坡,加上国内生产资料价格的大幅上升、劳动力成本的大幅提高,人民币对美元、欧元等主要结算货币汇率持续升值,削弱了公司的利润上升空间。作为一个出口外向型企业,汇率甚至成了利润下滑的主要原因。

(四)ZPMC 的主要客户及港口

ZPMC 的客户以港口、码头拥有者和经营者以及船东等为主。

1. 主要国际港口

国际上的主要港口分别由 MAERSK(马士基)、DPWORLD、长荣、韩进、SPA、和黄、SSA 等公司经营或参与经营。这些港口目前使用的桥吊绝大多数是 ZPMC 提供的。而其他公司的产品基本处于停机状态,因此,下面提及的桥吊数量既是港口的全部,也代表 ZPMC 产品数量。主要国际港口及状况如表 4 所示。

表 4　　　　　　　　　　主要国际港口及使用 ZPMC 生产的设备情况

序号	港　口		状　况	岸桥设备
1	新加坡		亚太地区最大的转口港,也是世界最大的集装箱港口之一	总共拥有 ZPMC 岸桥 75 台
2	中国香港		中国内地是中国香港最大的贸易伙伴。90%的转口货物来自内地或以内地为目的地。在香港主要有 HIT、MTL、DP-WORLD 和马士基经营的集装箱码头	中国香港 HIT 拥有 ZPMC 岸桥 17 台,其他码头 20 台,合计 37 台
3	釜山		韩国最大的集装箱港口,设施先进,效率高,集装箱吞吐量占韩国港口的 3/4	釜山港拥有 ZPMC 岸桥共 59 台
4	主要美国港口	洛杉矶和长滩港	分列美国第一和第二大港口,两个港口仅一桥之隔,一起承担全美 40%的世界船运业务,是亚洲贸易的门户,也是数个船运公司的母港	长滩:SSA 拥有 20 台岸桥,LBCT 有 2 台 洛杉矶:马士基拥有 4 台岸桥(另外有诺尔的 4 台岸桥),中海和长荣共 6 台岸桥,韩进 14 台。 以上共 46 台 ZPMC 提供的岸桥
		弗吉尼亚和诺福克	拥有四个码头:诺福克国际码头、纽波特纽斯海运码头、朴茨茅斯海运码头和弗吉尼亚内港码头。诺福克国际码头拥有 ZPMC 提供的世界上最大的岸桥,每小时作业速度是 40 只 50 吨标准箱,并且拥有 ZPMC 提供的双起升岸桥	主要有 NIT、马士基和 PMT 三家公司。NIT 拥有 14 台,APM 有 6 台,AMP 有 3 台,总计 23 台由 ZPMC 提供的岸桥
		新泽西	主要有 MAHER、MASK 和 GLOBAL 三大码头,MAHER 是美国东部最大的码头,拥有 4 台岸桥	MASK 拥有 10 台岸桥,GLOBAL 拥有 6 台岸桥,PNCT 有 2 台,均由 ZPMC 提供,合计 22 台。另外,MAHER 拥有 4 台 FANTUZZI 岸桥
		奥克兰	主要有 SSA、韩进两个集装箱码头公司	SSA 拥有 6 台岸桥,韩进 4 台,其他公司 7 台,合计 17 台岸桥,均由 ZPMC 提供
		其他	美国还有休斯顿、西雅图、塔克玛、迈阿密、南卡、威灵顿和阿拉巴马等港口	合计 41 台 ZPMC 提供的岸桥
5	加拿大		加拿大的港口主要有温哥华、哈里法克斯和鲁伯特王子港三个地方	温哥华拥有 18 台岸桥,哈里法克斯 3 台,王子港 3 台,合计 24 台
6	阿联酋迪拜		又名拉希德港(MINA RASHID),与米纳杰贝勒阿里港(MINA JEBEL ALI)同属迪拜港务局管辖,是阿联酋最大的港口,也是集装箱大港之一。迪拜港的集装箱吞吐量一直高于平均增长率	53 台(60 吨的 14 台,80 吨的 39 台) ZPMC 的岸桥

续表

序号	港口	状况	岸桥设备
7	巴西	桑托斯(LIBRA)是最早使用 ZPMC 岸桥的公司。1999 年,ZPMC 岸桥首次进入巴西,为 LIBRA 公司提供了 3 台岸桥,以后陆续提供了 3 台	目前在巴西合计有 13 台 ZPMC 的岸桥,后续项目仍在进行中
8	南美其他国家	阿根廷、萨尔瓦多、多米尼加、厄瓜多尔、墨西哥、牙买加和智利等国的港口	总计有 30 台 ZPMC 提供的岸桥
9	德国汉堡、不莱梅港	汉堡和不莱梅是德国最大的港口,集装箱吞吐量占德国的 90%以上。德国是集装箱起重机的故乡,1965 年,德国诺尔公司生产出了第一台岸桥。1999 年,ZPMC 打破神话,成功获得欧洲的第一个订单,为不莱梅港提供 4 台岸桥	汉堡 HHLA 和 EUROGATE 两个公司的岸桥设备全部由 ZPMC 提供,分别为 24 台和 13 台。不莱梅港上 NTB、CTB 和 MSC 三家公司分别拥有 ZPMC 的 18 台、13 台和 10 台,总共 41 台岸桥
10	荷兰鹿特丹和阿姆斯特丹	荷兰鹿特丹港口是欧洲第一大港口,位于莱茵河与马斯河河口,西依北海,东溯莱茵河、多瑙河,可通至里海,有"欧洲门户"之称。有三家集装箱公司:APM、ECT 和 EUROMAX	码头上所有的岸桥和轨道吊均由 ZPMC 提供。这三家公司拥有 33 台 ZPMC 的岸桥。另外,ZPMC 于 2001 年提供给阿姆斯丹港 9 台岸桥

2. 主要国内港口

近年来,集装箱吞吐量持续增长,国内港口出现了一个建设高潮,为岸桥市场提供了机会。国内前 10 大主要港口情况如表 5 所示。

表 5   主要国内港口及使用 ZPMC 生产设备情况

序号	港口	状况	岸桥设备
1	上海港	我国最大的港口股份制企业,目前货物吞吐量、集装箱吞吐量均居世界首位的综合性港口。集装箱码头主要分布于洋山、外高桥、吴淞三大港区,共 46 个集装箱泊位	共有岸桥 155 台,其中 134 台为 ZPMC 提供
2	广州港	由内港、黄埔、新沙和南沙 4 大港区和珠江口锚地组成,拥有一批设施先进的大型集装箱深水码头	南沙、新沙和惠州三个集装箱码头分别有 ZPMC 的 38 台岸桥
3	深圳港	1980 年建特区后,港口迅速崛起,建成蛇口、赤湾、妈湾、东角头、盐田、黄田机场、沙鱼涌、内河 8 个港区	共有 134 台岸桥,由 ZPMC 提供
4	宁波—舟山港	位于中国东南沿海、大陆海岸线的中部,中国东部沿海与长江"黄金水道"的交汇处	共有 98 台岸桥,由 ZPMC 提供
5	青岛港	由青岛老港区、黄岛油港区、前湾新港区和董家口港区等四大港区组成	共有 73 台岸桥,由 ZPMC 提供
6	天津港	我国沿海功能最齐全的港口之一,拥有集装箱码头、铁矿石码头、煤炭码头、石油化工品码头、杂货码头、滚装码头、散粮码头、散化肥码头、国际客运码头等各类专业化码头	共有 102 台岸桥,分别由 ZPMC 和大连重工提供

续表

序号	港口	状况	岸桥设备
7	厦门港	条件优越的海峡性天然良港和历史上的重要口岸。厦门主要有国贸、嵩屿、海沧、海天、惠建和东渡等几个集装箱码头	共有26台岸桥,基本由ZPMC提供
8	大连港	中国东北最重要的集装箱枢纽港,拥有国际国内集装箱航线74条,东北三省90%以上的外贸集装箱均在此转运。大连港有三家从事集装箱业务的公司:外贸集装箱码头公司(DCT)、大连港湾集装箱码头有限公司(DPCM)和大连大港中海集装箱码头有限公司(DDCT.CS)	共有34台岸桥,分别由ZPMC和大连重工提供
9	营口港	在国内排名较前,2010年集装箱吞吐量排在大连之后,为333万标准箱	共有岸桥20台,由ZPMC提供

3. 集装箱吞吐量

(1) 2010年集装箱吞吐量世界前10的港口

根据韩国贸易协会最新公布的"2010年世界十大集装箱码头吞吐量"数据显示,中国上海港国际标准集装箱吞吐量达2 907万TEU(国际标准箱单位),超过2009年第一的新加坡港,成为世界第一。集装箱吞吐量世界前10的港口如表6所示。

表6　　　　　　　　　　2010年集装箱吞吐量世界前10的港口　　　　　　　　单位:万标准箱

港口	中国上海	新加坡	中国香港	中国深圳	韩国釜山	中国宁波	中国广州	中国青岛	阿联酋迪拜	荷兰鹿特丹
吞吐量	2 907	2 843	2 363	2 251	1 428	1 314	1 212	1 201	1 150	1 110

资料来源:韩国贸易协会(2010年世界十大集装箱港口吞吐量)。

(2) 中国2010年集装箱吞吐量前10的港口

中国集装箱行业蓬勃发展,带动了当地的经济发展,集装箱行业几乎成了经济发展的风向标。国内占据集装箱吞吐量前10位的港口在历年的排名上变化较小,有时只是顺序交替变化。但在国际排名上都是越来越靠前,显示了中国船运的快速发展。2010年中国集装箱吞吐量排名前10的港口如图2所示。

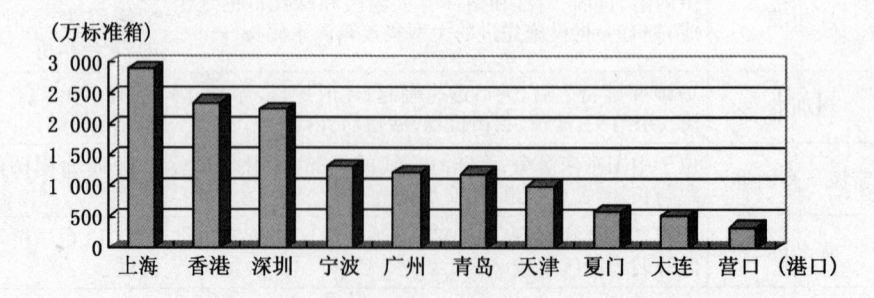

资料来源:交通部统计公告(http://www.moc.gov.cn/zhuzhan/tongjixinxi/fenxigongbao/)。

图2　2010年中国集装箱吞吐量排名前10的港口

(3) 中国近年集装箱吞吐量情况

同国际集装箱航运一样,中国集装箱行业获得了长足发展,集装箱吞吐量的步伐紧随经济的增长，从2001年的2 748万标准箱，增加到2010年的14 500万标准箱。具体如图3所示。

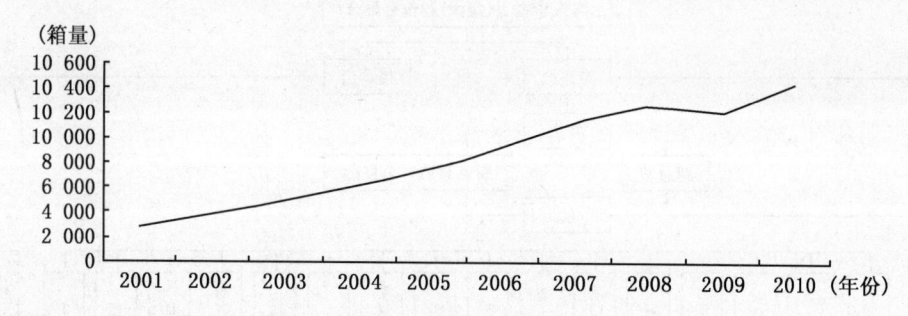

资料来源：交通部统计公告（http://www.moc.gov.cn/zhuzhan/tongjixinxi/fenxigongbao/）。

图3　2001～2010年中国集装箱吞吐量

集装箱吞吐量的分布及变化可反映ZPMC面临的市场需求以及客户变化。基于产品耐用特性和维护与客户的长期合作关系，ZPMC作为一家业务分布于全球的起重机和重工产品的专业公司，为适应市场需求，在美国、欧洲、阿联酋迪拜、韩国、新加坡、伊斯坦布尔等地设置了备件中心，以便在最短时间内向客户提供高质量、高可靠性的各种配套件和产品，如大型锚绞机、动力定位装置、铺管张紧器、高性能保20年的防腐碳漆等。

三、ZPMC组织结构及运营

良好的供应链管理必须有企业的组织结构为之服务。ZPMC主要采取职能式结构模式，各部门间分工明确，有效合作，实现资源的优化配置。具体的组织结构如图4所示。

随着市场状况的变化，ZPMC的业务模式也在转变。过去以招投标为主要手段，单纯的产品买卖为目的。现在则在不断丰富和优化营销模式，如在主要市场设立办事处，加强和母公司及兄弟公司的协调配合等；进一步开拓市场服务、改造市场，进行融资租赁等。这些都在公司组织结构图中有所体现。

供应链的组织与管理皆基于产品设计。产品创新是供应链发展的动力之源。ZPMC在公司发展中始终坚持科技创新，研发自主创新产品，并已初步形成科技创新的"三个运行"体系，即"两院、六部、一站、八基地"的科技研发体系；以项目为依托，以技术工艺人员为主体的持续改进体系；以"产学研用"联合模式为主体的合作创新体系。

科技创新在组织构架上也得到体现，为了满足近年来对海工市场的研发需求，ZPMC成立了海上重工设计研究院。陆上重工设计研究院和海上重工设计研究院两个技术部门（如图5所示）为港口机械产品和海工产品的自主创新研发作出了重大的贡献。

ZPMC的产品研发根据市场需求进行，即市场需要什么，ZPMC就做什么，双四十尺就是根据市场追求高效的需求下研发出来的，自动化码头是根据人工成本日益增加而设计的。

ZPMC在产品研发中寻求和供应商的合作，如在产品开发初期，邀请或联合相关供应商共同参与、共同开发，也和高校保持密切合作，在"产、学、研"一线贯通的友好合作中共谋发展。

ZPMC采取按需生产（Make-to-Order，MTO）方式。由于产品的型号、大小等要根据客户服务地点的具体情况（如气候）来决定，且产品价值大，订单数量一定，具有显著的特殊性，ZPMC必须根据客户的需求进行投标，然后根据订单合同设计订单，采购原材料，进行产品的

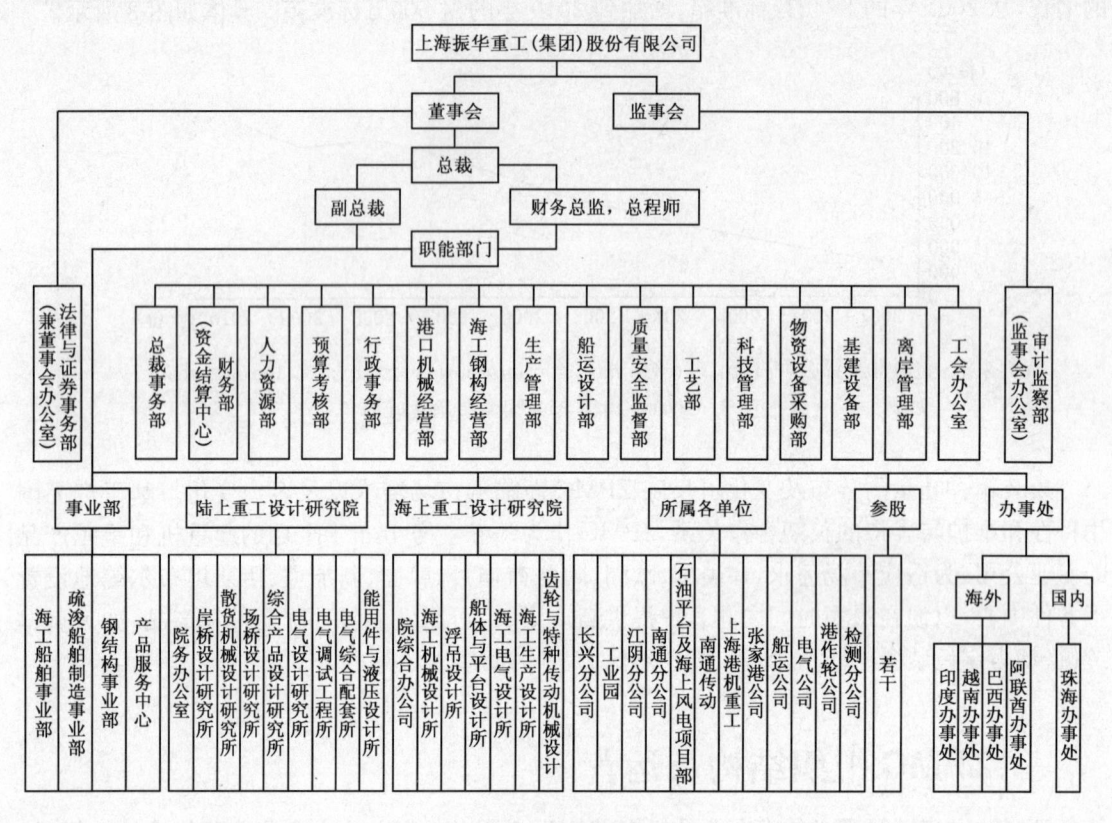

图 4 ZPMC 的组织结构

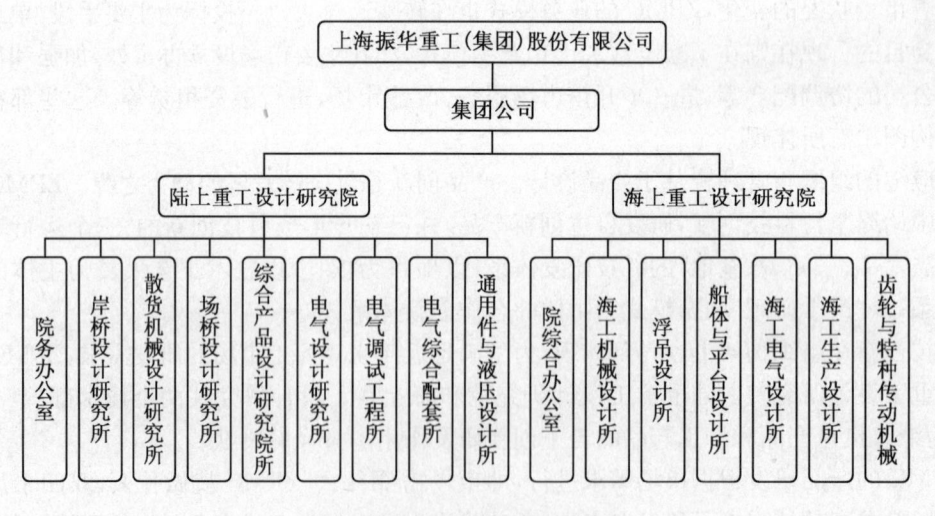

图 5 ZPMC 设计部的组织结构

生产。因此,对生产及服务系统的柔性要求很高。但产品生产出来即交付,因此成品库存压力小。

每个产品的差异性以及 MTO 生产方式决定了一份订单就是一个项目,需要根据订单交货时间进行订单流程的规划。为此,ZPMC 必须充分调动各部门参与订单流程。首先,经营部进行项目投标,由设计部提供设计方案等;接着,在中标后,设计部要根据订单合同内容,把产品生产所需零部件的规格报给采购部,由采购部负责联系供应商采购原材料;最后交给工厂进行产品制造并最终交付。部门之间必须有良好的沟通和交流,以保证订单按时、按质的完成。

ZPMC 有 1 000 多家国内外供应商,有着严格的供应商准入制度,对新供应商有着一系列的考察审批制度,且每年对供应商进行打分评审(设 A、B、C、D 四级)。ZPMC 和主要供应商保持密切的战略合作关系,并通过参股、联合品牌等具体方式加强双方的合作关系。

四、ZPMC 所处的行业发展分析

(一)港口机械的生命周期性影响

伴随着全球贸易的迅速发展,国际航运量快速增长,集装箱吞吐量上升,这为集装箱起重机市场迅速扩大提供了必要条件。自 20 世纪 80 年代起,集装箱起重机市场由小变大,直至 2007 年达到最高峰(如图 6 所示)。

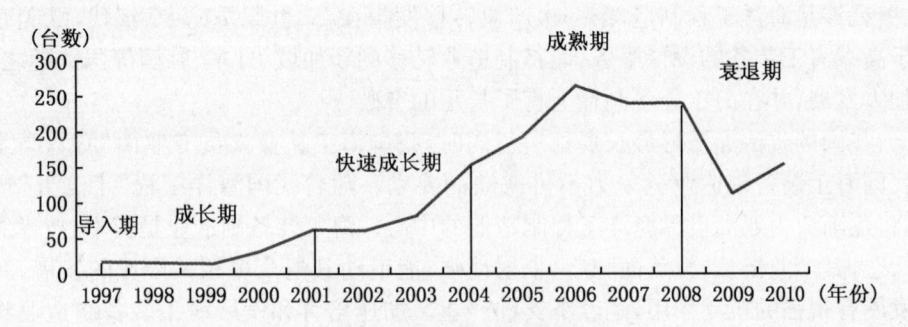

图 6 振华产品生命曲线

与此同时,起重机制造商的竞争也愈加激烈。经过近 20 年的发展,ZPMC 成为世界上著名的集装箱机械制造企业,其传统港机产品在全球市场处于主导地位,占全球市场的 75% 左右,是名符其实的行业巨人。

然而,随着经济的发展,全球港口布局的完成和投资的基本稳定,港口机械产品市场处于高速增长后的回落期,甚至衰退期;2008 年金融危机以后,起重机市场迅速萎缩,传统港口机械市场的需求萎缩导致合同量大减,很难在短期内再有明显增幅。ZPMC 面临着重大考验和重要抉择,如何面对目前疲软岸桥市场,实现新的突破是当务之急。

(二)海上重工的发展前景

能源是人类经济永恒的主题。美国能源署的报告预测:在 2035 年之前,油气能源消耗将会较当前水平增长 30%,平均以每年 1% 的速度复合增长。旺盛的油气资源需求必将刺激海工装备业的快速发展。资料显示,当前全球超过 2/3 的新发现油田来自海上,更多的油气资源来自海洋,这也预示着海工装备市场将迎来空前的发展机遇。未来海工装备制造行业前景乐观。

与此同时,美国次贷危机引发的金融危机逐步影响实体经济,航运业深受影响,大量资本纷纷涌入海工装备市场。据道格拉斯预测,全球海洋工程方面支出将从 2007 年的 2 540 亿美元增加到 2012 年的 3 610 亿美元。未来 5 年,整个世界海工装备市场的年均容量在 700 亿美元以上。虽然受到欧债危机及一些地缘政治动荡的影响,但从总的趋势来看,海洋工程装备制造业还是有着乐观的前景。

我国海洋油气开发潜力巨大。我国的海洋油气资源十分丰富，主要集中在渤海、黄海、东海及南海。南海素有"第二个波斯湾"之称，其75%的面积处于深水，油气资源多分布在深水区域。其中，深海石油资源占50%，深海天然气资源超过40%，南海开发对深海装备有着迫切的需求。顺应资源需求的迅猛增长，我国对近海、深海的勘探开发力度势必越来越大，海工装备制造业需加大发展，以满足国家海洋资源开发的战略重要。

同时，海洋经济拥有的巨大潜能和广阔的市场前景。就目前所知的能源资源，主要包括海上风能、潮汐能、波浪能、海流能、温差能以及各类海底矿砂资源等。新能源节能环保的概念将催生新一轮产业革命。许多新能源的开采势必衍生出巨大的装备市场。例如，海上风电作为清洁可再生能源，已受到世界各国的重视，在一些国家得到大力发展。应运而生的风电安装船、铺缆船等海工装备的需求则日趋增加。

目前，世界海工船舶制造业中心不断东移。欧美设计、亚洲制造是当前国际海工装备市场的基本格局。产业区域梯度转移亦在海工装备制造业显现，重心正不断向东方偏移。早在19世纪，欧美就涉足海洋工程制造，第一次产业转移发生在20世纪70~80年代，欧美企业将战略定位于高端海工装备的设计服务，而将制造业转移到新加坡、日本、韩国等国。随之，我国船舶工业加大发展，并在海工装备制造上有了长足的突破。

今天，我国的政治经济形势长期稳定。同时，我国海工从业人员专业而勤勉，高素质的劳动力是我国海工装备制造业竞争力不可或缺的要素。随着我国海洋工程"十二五"规划的推进，我国将逐渐成为亚洲世界海洋工程制造业的中心。海工装备制造业是资本、技术和劳动力密集的行业，其产业链长、覆盖面积广、辐射性强，能带动其他众多相关产业的发展，对整体国民经济发展有很强的拉动作用，是经济支柱产业。加速培育和发展海工装备制造业将有利于极大地提升我国整个海工、船舶产业的层次，推动传统产业升级、完善现代化的制造业体系。

ZPMC早在五六年前就看到海工的发展前景，并开始涉足海工产品和技术的研发。与主要竞争对手相比，作为竞争激烈的海工产品市场的新进入者，ZPMC存在着缺少相关新行业经验、没有供货业绩、新产品设计制造链不顺畅和不成熟等各种困难。目前，海工产品的开发和建造还处于初始阶段，市场份额及占有率没有最终形成。ZPMC在海工领域已经开始实施产品自主创新开发，立足于高端产品市场不断发展。目前，海工产品的销售占ZPMC总值的40%。

（三）主要竞争对手

集装箱港口的发展促使世界上主要的港口机械制造商纷纷积极应对全球市场，力争在市场上获得更多的订单。一些主要的制造商，如卡尔玛(Kalmar)、诺尔[Noell(Fantuzzi)]、科尼(Konecrane)等，甚至在中国建厂，以获得劳动力优势，并全方位接近中国市场。它们通过20年的努力，已经在市场上获得了相当的知名度和部分忠诚的客户，其中Kalmar更是凭借其招商局背景的代理商海通公司，将在中国的市场份额扩展到36%。利勃海尔(Liebherr)也异军突起，在近5年来尤为突出。

1. 利勃海尔

利勃海尔家族企业由利勃海尔在1949年建立。该公司的第一台移动式、易于装配、价格适中的塔式起重机获得了巨大成功，成为其蓬勃发展的基础。现在，利勃海尔不仅是世界建筑机械和工程机械的领先制造商之一，还是其他许多领域客户认可的技术创新用户导向产品与服务的供应商。多年以来，该家族企业已经发展成为集团公司，拥有约26 000名员工，在各大洲建立起100余家公司。

利勃海尔在多功能固定和移动式、船用、特殊集装箱起重机市场上占据着绝对优势,近年来又开始进军传统式岸桥市场,并初有成效,如2008年获得斯洛文尼亚KOPER港的2台桥吊订单,2台为DPWORLD提供的、在南安普敦的桥吊等订单,同时高调进入南非和俄罗斯市场。2009年和2010年均位居岸桥市场占用率第二,获得13台和29台岸桥订单。

2. 科尼

科尼国际集团是世界上制造起重机的领先厂商之一,是为260 000多台起重机提供维修服务的、世界上最大的起重机维修服务公司之一。该集团发展迅速,现共拥有遍及43个国家的8 400名员工,年销售额超过17.5亿欧元。科尼在场地起重机市场上优势明显,是除诺尔和卡尔玛以外的另一个最大集装箱跨运车制造商之一,同时也具有较强的岸边起重机的制造能力。

尽管现在科尼公司在岸桥市场上订单不多,但该公司具备了极强的技术能力,已经在场地起重机市场上夺得大批订单。另外,它还是一家世界级岸桥维护修理公司,在全世界范围内设立了大量的分支机构,从事岸桥的后期服务,具有绝对优势。

3. 诺尔

德国诺尔起重机集团是国际领先的港口设备和集装箱搬运设备制造商之一,也是著名的美国特雷克斯公司的重要成员。1965年诺尔(当时的名称是Perner)生产出第一台岸桥,1968年生产出了第一台跨运车。诺尔生产了世界上第一个集装箱起重机。其产品主要包括各种规格的岸边集装箱起重机(STS)、轮胎式集装箱龙门起重机(RTG)、轨道式集装箱龙门起重机(RMG)、正面吊(RS)和空箱堆高机(ECHL)等。

1995年,中国招商局集团与诺尔起重机集团合资建立了诺尔起重机设备(中国)有限公司,这一直是ZPMC在全球最大的竞争对手。

4. 卡尔玛

卡尔玛和科尼在场地起重机市场上优势明显,是两个最大的集装箱跨运车制造商。它们都具有岸边起重机的制造能力,目前只生产极少量的岸桥,但一直在积聚力量,与ZPMC争夺市场。

卡尔玛是Cargotec旗下的三个品牌之一。Cargotec在全球有11 000名员工,遍及160个国家。公司的组装工厂分布在芬兰、瑞典、挪威、爱沙尼亚、荷兰、爱尔兰、波兰、西班牙、美国、中国、韩国、马来西亚、印度、新加坡和印度尼西亚。2007年,该集团销售额已达到30亿欧元,并在纳斯达克OMX集团赫尔辛基交易所B股上市,交易总量达到7 900万股。

卡尔玛是全球集装箱、起重设备和自动控制系统及其相关服务的领先供应商,为全球港口、堆场、集装箱中转站和工业提供设备和物流解决方案。其用户遍及世界上120个国家,声誉卓著。在全球堆场中,每4个集装箱或牵引车中,就有1个卡尔玛的产品在运作。

卡尔玛为进军中国市场,与ZPMC贴身竞争,于2005年1月7日在中国上海南汇临港工业园区组建了独资公司——卡哥特科工业(中国)有限公司,是其在中国的装配中心。其产品有正面吊(RS)、空箱堆高机(EC)、货场牵引车(TT)和轮胎式龙门吊(RTG)。

5. 其他企业

除了上述四个主要集装箱起重机生产企业,还有Kocks、Doosan HI、Morris、Reggiane、Sumitimo HI、Mitsui、Paceco、Mitsubishi、Impsa、Hyundai、Samsung。其中一些公司由于竞争原因逐渐退出或暂时退出了市场。这些国外制造商一般都具备较强的和成熟的技术力量,并在各自的领域独领风骚。例如,韩国Doosan HI在沉寂多年后与ZPMC争夺新加坡SPA市场,先后获得 6 台桥吊的订单与 79 台 RTG(轮胎吊)的订单。

虽然通过与上海港口机械厂(SPMP)的合并,ZPMC 在国内的竞争力有大幅提升,但仍然存在一些或老或新的、具有相当竞争实力的国内公司分享着市场。大连重工起重机集团(DHI-DCW)、龙源集团(爱德华重工)、渭南港机、三一重工、江苏工贸等公司就是其中实力较强的一些公司。另外,具有相当实力的还有惠生(南通)重工业公司(Wison HIC)。

综上可以看到,在传统的港口机械市场上,ZPMC 仍然面临着激烈的竞争局面。在岸桥市场上,利勃海尔已经成为 ZPMC 最强的竞争对手;在场桥市场上,卡尔玛和诺尔是其主要的竞争对手。

五、ZPMC 在金融危机中的极度困境及其反思

在金融危机前两三年,ZPMC 已经开始涉足海工产品,并取得了阶段性成绩。2006 年,IPMC 完成了亚洲第一的 4 000 吨"华天龙"号全旋转起重船,2007 年开工建造了全球单机起重量最大的 7 500 吨"蓝鲸"号自航全旋转起重船。但是,ZPMC 仍然以较单一的传统港口集装箱起重机产品为主。

全球金融危机的爆发及其"滞后传导"效应使 ZPMC 陷入严重的困境。自 2008 年金融危机爆发以来,全球经济面临激烈的市场冲击,增速严重放缓,世界贸易量急剧下挫,航运市场应声低迷,港口货物吞吐量快速下滑。航运市场的低迷导致了传统港口机械产品的需求急剧下降。

(一)ZPMC 在金融危机中面临的困境

在此背景下,ZPMC 接收到的订单数也大幅下滑,产能大量过剩。结果,作为原有的高额市场占有率基础的大量固定资产折旧造成产品成本提高,企业竞争力下降。此时,低成本竞争、在单一市场竞争已完全不可能成为 ZPMC 持续发展的驱动力。

此外,在人民币对主要外币持续升值以及国内外竞争对手灵活改变其生产和经营策略的环境下,ZPMC 在港口机械设备制造领域的持续增长空间已经极其有限。全球经济复苏的放缓,加上公司内部危机前的高价钢材库存等的成本因素叠加作用,使 ZPMC 的经营进入严重低谷期。2009 年,ZPMC 公司业绩出现下滑,新增订单由 2007 年、2008 年等每年 50 亿美元降到 17 亿美元左右,平均单价下降 15%,最终导致其 2010 年营业收入和净利润大幅下降,出现严重亏损。具体来看,2010 年 ZPMC 的营业收入为 171.16 亿元,同比下降 37.90%;归属于上市公司股东的净利润为 6.94 亿元,同比下降 182.73%;基本每股收益为 0.16 元,净利率为 4.06%。

直至 2012 年,全球的经济形势并不乐观,低迷状态仍然持续。迄今为止,美国次贷危机掀起的金融海啸席卷全球,欧债危机也在短期内难以平息。我国最大的两个贸易伙伴——美国和欧盟——均危机重重、难以自保。金融危机的洗礼暴露了 ZPMC 在管理方面的诸多缺陷,如长期单纯追求规模发展,"重生产,轻管理","大企业病";管理粗放,成本概念淡薄;劳动分包队伍缺少优胜劣汰的竞争机制,整体素质不高;等等。

危机是挑战,也是机遇。正如韩国海工制造业一样,正是在亚洲金融危机时期通过一系列基于全球供应链的并购重组,才形成了今天的三星、现代、大宇、STX 等海工巨头,并在金融危机的洗礼中得以更加成熟。

为此,ZPMC 必须从供应链的角度加以省视,采取各种措施进行调整,以应对金融危机的

危害。

(二)原有供应链的缺陷分析

1. 对于为客户提供价值的认识不够

ZPMC 在原有供应链管理中,只将自身定位为产品的提供者,仅仅提供了产品的售后服务。这种做法反映了 ZPMC 对自身价值的认识仅停留在为客户制造产品上。

供应链管理思想将价值定位于制造商与客户共同创造,而这个共同创造价值的过程在于对客户提供的服务。这也符合"微笑曲线"中服务属于高利区域这一观点。

这种共同创造价值的观点,不仅能够为 ZPMC 提供新产品开发的方向、原有产品设计的缺陷反馈,更重要的意义在于能够为 ZPMC 带来新的利润增长点,因为售卖相关的产品要若干年一次且微利,而提供服务却可以不断获利。

2. 对于为客户提供服务的网络不健全

ZPMC 虽然已经在全球有很多备件中心,但这些备件中心的定位仍然是从属于产品销售的。而为客户提供服务并共同创造价值,要求 ZPMC 不仅在全球配置备品备件,而且要建立服务生态网络。

该服务生态网络的组成有:(1)ZPMC 备件供应点;(2)以 ZPMC 为主、第三方为辅的维修服务网络;(3)以多种形式并存的服务能力。

该服务生态网络的目标在于为遍布全球的客户(包括港口机械客户和海工产品客户)提供全方位、及时、创造性的服务。而该服务生态网络的实现,需要 ZPMC 整合各方资源,包括前端的供应商、自身的网络以及第三方,甚至客户的维修能力。因此,该服务生态网络需要 ZPMC 不断提升其供应链管理能力。

3. 对于供应链风险的估计不足

因港口机械的耐用性及经济发展的周期性,ZPMC 在过去极高的市场占有率必然带来其制造订单下滑。金融危机仅仅加剧了这种下滑并延缓了其复苏罢了。

ZPMC 原有的供应链产品虽然品种较多(满足客户的个性化需要),但是其市场是单一而狭小的。全球的港口数量极其有限,港口机械的需求必定是有限的。这种业务上的单一性,需要 ZPMC 早布局、多途径地制定预案。但显然,ZPMC 没有足够重视这种供应链风险。

4. 对于危机的认识不够深入

克里斯多夫(Christopher)说:"未来企业与企业间的竞争让位于供应链与供应链之间的竞争。"从服务主导型经济的角度,对于战略的分析,不是从企业、产业的角度,而应该从服务生态系统的角度进行。

尽管在金融危机到来前三年,ZPMC 就已经在进行海工产品的设计、生产,但是,在 ZPMC 看来,这仅仅是增加了一个新产品。而对于这一新产品的供应链管理,还是延续过往的做法,即需求市场下订单,然后提供定制化产品,而没有从服务主导型逻辑出发,寻求供应链价值网络的构建。因此,当危机到来就措手不及。

六、ZPMC 供应链管理的提升思路与举措

面对新形势,ZPMC 开始融合需求制造与服务,实施"二次创业",努力改变原有的以规模和速度为竞争点提供产品的做法,变危机为契机,夯实供应链基础,调整供应链结构,充分利用其"行业巨人"的领先位置所有的资源,从以下几个方面进行调整:

（一）充分利用自身能力寻求多供应链节点优势地位

从单一的传统港机产品向多元化的产品结构转型，重点培育以海洋工程、大型钢结构工程为代表的全新市场。

ZPMC开始调整供应链结构，并实现由单一的港机设备向多元化产品转型，重点培育以海洋工程、大型钢结构工程为代表的全新市场。通过寻求多供应链有利节点地位，利用ZPMC这个品牌目前在国内外市场的影响力，探讨多元化子品牌建设，向多个非ZPMC传统领域发展，根据外部机会、威胁和内部优势，积极开展多元发展的企业战略。

供应链结构的建立都是基于产品的。在海洋工程领域，ZPMC通过资本运作，短时间内拥有了一流研发能力，借此迅速提高其在海工产品领域的设计能力和供应链组织能力。

ZPMC的大股东中交股份成功收购了世界著名海上钻井平台设计公司"F&G"，为ZPMC做海工市场筑基铺路。美国F&G公司在半潜式钻井平台的设计领域占据世界第一的市场份额，利用其设计能力及技术资源，ZPMC可以在海工领域大力开拓，形成拥有自主知识产权的全产业链模式。

早在五六年前，ZPMC已打算产品转型，向海工市场进军，并从低端海工产品切入，向尖端延伸。在正式进入海工制造领域之前，已经做了多年的技术储备和转型准备。公司成立的海上重工设计研究院，以高质量钢结构制造为基础，以世界先进的起重技术为依托，迅速发展基础技术研发，在大型起重船和铺管船上找到突破口，产品获得了俄罗斯、新加坡等专业海洋工程公司用户的认可。随着和美国F&G公司的合作推进，公司对钻井平台业务进行了全面开拓，标志着ZPMC真正迈入高端海工制造领域。2006年，ZPMC完成了亚洲第一的4 000吨"华天龙"号全旋转起重船；2007年，ZPMC开工建造了全球单机起重量最大的7 500吨"蓝鲸"号自航全旋转起重船；2010年，ZPMC交付了世界上唯一且最大的固定双臂架起重船。

通过不断地科技创新和技术攻关，提升其产品研发能力，ZPMC开始稳步迈入了海洋工程领域。目前，ZPMC的海工产品销售占据总产值的40%。

大型钢结构市场也是ZPMC正在寻求的突破点。同样，ZPMC以产品设计构建供应链，以科研和技术创新提升产品设计能力，以ZPMC的品牌影响力整合上下游资源。2011年，ZPMC负责制造的美国旧金山海湾大桥钢箱梁结构首航启运。这是中国制造业首次进军世界大型钢结构市场。此外，ZPMC还获得"港珠澳大桥"主体工程6万吨钢结构建造及专用特殊船舶的建造订单。

（二）提升管理优势以实现企业内部整合

危机当头，控制成本是当务之急。而ZPMC的成本控制，主要从采购成本控制和职能集成两个角度进行。

1. 以集中采购控制采购成本和库存成本

从2010年开始，ZPMC以大宗物资设备的集中采购为突破口，积极加强成本控制，以建立《合格物资设备供应商名录》并加强考核；强化成本预算考核，逐步推行项目化管理；规范招投标管理，重视资金和信贷管理；通过集中采购，使物资购置费比2009年节省了5.4亿元。

2. 以内部职能整合控制管理成本，提高效率

ZPMC制定了300多条规章制度，在管理上提出10大效益指标，通过适当整合企业内部职能，使劳务费用减少支出3.12亿元；还减少了非生产性开支约9 000万元等，有效遏制了原本预期更大的亏损势头。

此外，逐步完善人事和薪酬管理体制，以职能管理部门的直线管理模式替代以往各"办公室"包办全部管理模式;按照基本工资和绩效奖励相结合的方式制定薪酬管理办法,调动员工的工作积极性;改变以往"领导干部是待遇而不是责任"的干部管理模式。

(三)从制造业升级为智造业提升其供应链战略地位

1. 以科技人才实现从制造到智造的转变

ZPMC 有着完善的创新机制和雄厚的人才储备,打造高素质的科研队伍,有 2 400 多名科技人员,进行科技创新和技术攻关,围绕机电液一体化,以强大的创新能力来实现供应链战略地位的提升。为此,ZPMC 确保每年科研资金投入不低于营业收入的 4%,努力践行"每年至少创造两个世界第一"的承诺。公司供应链的核心竞争力得到不断提升。

2. 以智造其提升供应链战略地位

继续发挥科技创新的支撑能力。ZPMC 在发展中始终把创新作为企业的核心理念,着力提高自主创新能力,以产品设计为中心组织供应链,以服务网络为中心管理供应链,在港口机械和海工产品两条供应链中提升其供应链战略地位,力图实现从功能型产品向创新型产品的转变。

3. 以组织创新支持供应链战略实施

ZPMC 需要从企业组织方面进行创新,以增强企业组织的柔性和集成度。

(四)不断向产业链的更多增值环节扩展

在国际金融危机的影响下,竞争日趋激烈,给 ZPMC 传统的港口机械业务带来"滞后传导",订单出现下滑趋势,仅靠低成本竞争或单方面优势竞争已逐步失去企业发展的持续驱动力。在港口机械和海工产品所属的产业链中,制造仅仅是一个小利、甚至微利的增值环节,而设施设备的工程化、供应链金融、海洋事业的发展等都是产业链上重要的增值环节,这些都是ZPMC 过去未曾涉猎过的。

1. 增值环节向下游的工程化延伸

ZPMC 尝试创新商业模式从工程总承包开始,太仓武港码头和曹妃甸矿石二期码头散货装卸系统都是典型及成功的案例。太仓武港码头装卸工艺设备系统总承包工程于 2007 年 11 月 15 日签订合同,2008 年 12 月 30 日投入试运行,是迄今为止世界上建设周期最短、最快投入使用的码头系统,该系统总承包是 ZPMC 在山货机械领域的历史性突破,不仅拓宽了其业务范围,使设计和制造能力上了一个新台阶,而且巩固了其龙头地位。在曹妃甸矿石二期码头装卸工艺系统设备总承包项目中,ZPMC 进行了自主研发制造,如 3 800 吨/时环保型链斗式连续卸船机,填补了国内该领域自主设计、制造的空白,引起了全球同行业的高度关注。ZPMC 于 2011 年 6 月中标天津南疆专业化矿石码头装卸工艺系统总承包工程,并争取将该市场拓展到国外。

2. 以资本和技术为纽带向前端整合

ZPMC 与国电龙源电力集团股份有限公司合资成立江苏龙源振华海洋工程有限公司,以股权投资拉动 ZPMC 的主业向供应链的前端整合,以获取下游开发海洋工程的巨大潜在利益。

ZPMC 在海工产业链下游已颇具规模,拥有 22 条远洋运输船,在国内外市场上是唯一能与大件远洋运输巨头 Dock Wise 竞争的企业。在半潜驳船下水技术上,ZPMC 也有很大优势,曾承接过中集来福士的海工平台半潜下水等。

3. 通过租赁为上游企业提供供应链金融

海洋工程产业是资本密集性行业,这一属性决定了海工业与金融业之间有着天然密切的关系。金融体系的支持对于海工产业的发展有着至关重要的作用。一个系统、全面且运行良好的融资体系可以更好地促进海洋重工装备产业的发展。

在我国，租赁市场正逐步形成海工企业中的销售渠道，金融租赁也获得了快速的发展，成为"朝阳产业"。期租、光租、先租后售、售后回租等多元化的新型商业模式在海工市场低迷时，可以有效支撑订单，平滑行业周期性波动，促进海工行业平稳发展。

金融危机时刻正是众多下游企业固定资产需要更新的时刻。但由于经济形势下滑和资金限制，这些企业无力实现需求。为此，ZPMC借助自身对政府和银行的影响力，获取贷款，生产客户所需产品，以租赁等形式实现供应链金融。这样，既扩大了现实的需求，也形成了新的利润增长点。2012年，ZPMC实现3号铺管船成功租赁，开启了公司产品租售并进之旅，逐步转向更为多元化的商业模式。

在销售自建3、4号海洋石油铺管船的过程中，ZPMC创新采用光船租赁或者先租后售的变通模式，推进铺管船的销售工作。ZPMC已与一家马来西亚公司签署铺管船的光租合同，租期为3年，这是它首次通过租赁方式盘活存量产品。新经营模式为ZPMC开拓海工市场提供了新思路。此外，ZPMC还在平台、挖泥船和起重船等项目上大胆尝试光租或先租后售的商业模式，取得了一定进展。

目前，在海工产品销售时，经常用到以下几种新型商业模式，如表7所示。

表7　　　　　　　　　　　　　　新型的商业模式

模式名称	含义	实用性	收益性	ZPMC的运用情况
光租（光船租赁，船壳租船）	设备所有人将设备的占有权和使用权转移给承租人，设备所有人仍然保留设备的所有权。船舶所有人在租期内除收取租金外不再承担任何责任和费用	对一些不愿经营海工装备作业业务，或者缺乏专业管理经营的船东来说，相对简单	利润不高，但可以获得固定的租金收入，在短期内无法实现产品销售的情况下，可以用这种方式来盘活存量产品	正在尝试
先租后售	实质就是光租加租后买断	承租人在签订合同时需承诺在租赁期满之后，必须采购该设备，并且需提供给卖方一定额度的银行担保，甚至预付款。在此前提下，卖方可以考虑适当降低租赁期内的租金	卖方前期资金压力较大，需要垫付大量的建造资金，但可以充分计算设备建造和租赁期间的资金占用成本，考虑汇率变动和货币贬值的风险，按照一定比例的资金收益率计算利息，并将这部分成本体现在租金和售价之中	正在尝试
期租	出租人除了提供船舶之外，还要配备船长、船员并负责其工资、食宿等费用，以及修理费、折旧费、保险费等，除此之外的一切运营费用均由承担人自行承担	在从事期租业务之前，出租方需要加强对专业随船作业人员的培养	对于出租人来说更为复杂，该模式租金价格更高，利润空间更大，对于承租人来说更为方便	ZPMC未来可以尝试的模式

续表

模式名称	含　义	实用性	收益性	ZPMC 的运用情况
售后回租	将自制的产品出售,然后向买方租回使用	设备制造企业或资产所有人（承租人）在保留资产使用权的前提下获得所需资金,同时又为出租人提供有利可图的投资机会	售后回租是在企业缺乏资金时,为改善其财务状况而采用的一种筹资方式,是国际上通用的租赁方式	

4. 以总包形势向产业链上游拓展

除了租赁模式的创新,ZPMC 还延伸海工产业链,向产业上游拓展,探索总包工程的模式。在海工产品配套件上,ZPMC 拥有一套完整的工业品配件体系,尤其是南通传动的重型减速箱、振华油漆、制动器、联轴器等都是业内领军。ZPMC 自主研发的自升式平台升降系统、动力定位和大型锚绞机也取得一定优势,加上知名海工设计公司 F&G 和公司强强联合,ZPMC 的海工产业链已初具雏形。

七、将制造与服务融合构建服务生态网络

(一)ZPMC 的服务现状分析

自成立开始,ZPMC 就采用了嵌入式服务方式,在提供岸桥产品的同时,也提供服务。一般提供 3 个月现场服务和 2 年保修期服务。这与以往的其他竞争对手有所不同。

ZPMC 的售后服务队伍技术过硬、反应迅速,始终秉承"质量是公司生命"的信条。ZPMC 承建的总承包项目只要在设备保修期内,出现任何质量问题而造成的设备损坏或不能正常使用时,ZPMC 将无偿修理或更换。在项目投产期初,ZPMC 会派专员到现场进行 24 小时监护性服务,帮助用户掌握装、卸船机,堆取料机等设备的安全操作和排除故障技术,并定期派人走访用户,检查设备的运行情况并消除隐患。ZPMC 一直履行"接到报修便在 24 小时内派人到现场服务"的承诺,为用户码头的正常运营提供强服务保障。

但是,ZPMC 过去的发展战略是通过技术研发创新,快速地进行市场扩展,忽视了服务要完善的重要性,还没有根据用户的全球分布建立相关的服务网络。ZPMC 的产品遍布全球各大重要港口,如新加坡、中国香港、美国、加拿大、阿联酋迪拜、巴西等,以及国内的包括上海、广州、厦门、青岛、天津、大连等港口。用户的地理位置很分散,从上海总部派专员到各港口进行服务会受到很多因素的影响,如签证时间长、备件库存地点结构和品种结构问题等。

ZPMC 服务网络的缺失导致 ZPMC 在竞争中存在劣势,造成了如下后果:

(1)影响客户回款。良好的现场服务能够为公司带来较高的荣誉,也弥补了产品可能存在的不足,提高客户的使用价值。ZPMC 产品多为高价值,付款条件为多阶段付款,包括服务期担保金等。当 ZPMC 不能为客户提供及时、满意的服务时,直接影响客户的回款。同时,随着竞争的加剧,用户对服务的要求也越来越高,仅仅提供通常的售后服务,难以满足客户需求,同时也将服务停留在一个成本项,不能为 ZPMC 提供新的利润。

(2)缺乏服务网络,客户的紧急服务需要完全由上海总部调派人力、设备进行,不仅影响服务的响应性,而且影响服务的质量和成本。

(3)缺乏合适的服务网络,导致全球备件库存失控。一方面,在全球各备件中心存放有大

量的备件库存,导致库存积压;另一方面,因产品的个性化,不同产品需要的服务备件不一致,导致备件缺货,影响服务质量。因此,同时存在着缺货和过多库存的问题。ZPMC 在现场维持着大量的调试和服务人员,产品数量以每年 30% 的速度增长(2008 年之前)。

(二)对服务重要性的重新认识

服务产品本身是企业营销战略的核心。如果产品设计或制造有缺陷,后期的服务不能够及时补救,就会对产品造成致命的打击。因此,服务的好坏,在一定程度上对一家公司或一个产品有相当大的影响。

以产品推销服务,用服务回馈产品。特殊的现场服务方式是 ZPMC 独特的特征。这是全球任何一家其他公司都无法做到的。例如,岸桥设备不同于其他普通机械。一台岸桥由许多零部件组成,机、电、液机构样样俱全,有时即使一个很小的零件失效也会造成停机。而停机的代价无法用一个零件的代价来评定。岸桥在使用初期发生这种问题的几率很高。

产品销售服务是 ZPMC 克敌制胜的法宝。振华的成长过程无时无刻不伴随着售后服务。振华优质、快捷的现场服务,不仅弥补了其产品质量上的不足,而且还为其赢得了市场,巩固了市场。这在公司建立初期尤为重要。

由于行业的特殊性,产品数量如港口机械产品达到一定程度时就逐渐饱和,这时候服务就显得尤为重要,是公司为以后创造价值的重要渠道。从这一方面来说,也需要公司建立全球服务网络。

(三)竞争对手的服务水平分析

ZPMC 的竞争对手包括卡尔玛、诺尔、科尼等品牌商。尽管 ZPMC 在港口机械市场上占有绝对的主导地位,但是这些竞争对手也不甘示弱,纷纷积极应对全球市场,力争在市场上获得更多的订单。而在服务领域,特别是有偿服务方面,科尼和卡尔玛是 ZPMC 最强的对手。其中科尼是世界上最大的有偿服务商,遍布全球 43 个国家,其市场主要在欧洲、西亚、非洲。卡尔玛在服务市场上给 ZPMC 施加了很大压力,如以前与 ZPMC 合作最多的 ECC 公司就在 2008 年加入了卡尔玛,成为美国东部最强的港口机械服务商。

因此,改变竞争劣势的途径之一,就是必须进行服务创新,要贴近客户现场,建立全球化的服务网络,在提供迅捷服务的同时,降低成本,及时弥补产品的不足,同时提供便捷的有偿服务。

(四)服务与制造融合的组织创新

为了改变 ZPMC 的竞争劣势,在金融危机的大环境下实现公司制造与服务融合,ZPMC 实施了组织创新,把离岸管理部、客户服务部等三个部门合并,成立产品服务中心,发展和完善 ZPMC 的全球服务网络,从组织上保证服务创新。产品服务中心的组织结构大致如图 7 所示。

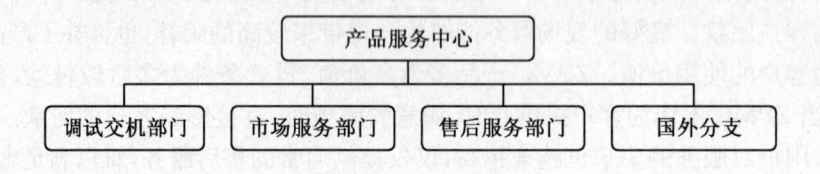

```
                    产品服务中心
                         |
    ┌────────────┬────────────┬────────────┐
  调试交机部门  市场服务部门  售后服务部门   国外分支
```

图 7 产品服务中心的组织结构

在当地设立售后服务点,采用雇佣当地的技术团队为班底,引入各地优秀分包商为支持,由 ZPMC 的人员进行经营管理的形式,提供面向各码头的售后服务和技术支持。其主要功能如下：

(1)可以规避因签证和进港限制而产生的服务不及时、不到位的问题，并因此降低因问题得不到及时处理而产生的额外赔偿。由当地人员组成的售后服务团队，可以更好地和ZPMC的客户沟通，避免远程支持可能存在的沟通不畅和文化歧义，为用户提供真正及时有效的服务。

(2)规避总成本过大的压力。一般来说，当地人力成本相对较低。在大多数情况下，要低于我方派遣一名工程师或者技术工人的人力成本和差旅成本等总成本。从长期来看，组织售后服务点，从现在开始储备技术力量，培养合格团队，总体上可以在未来几年里降低我方本身的成本投入。

(3)提供有偿服务，形成新的利润增长点。自2007年以来，ZPMC的产品市场转向了发展中国家和不发达国家，特别是南美、亚洲（西亚）和非洲市场。这些潜在的有偿服务市场广阔（如备件销售、设备改造），可以为公司带来不容忽视的效益。利用稳定的售后服务点和响亮的ZPMC品牌，为将来有偿服务业务的开展积蓄力量和拓展业务。

(五)服务网络的发展规划

能否迅速建立起完善的、独具特点的服务网络体系，是降低交机成本，开拓服务市场的关键。依次遵循下列的网络规划步骤，从全面认识服务营销到建立全球完善的服务网络，从而确立服务的地位。

1. 以服务营销组合理念为定位

在传统的营销组合"4P"理论提出以后，1981年，布姆斯(Booms)和比特纳(Biter)提出了新的"7P"服务营销组合理论，在原来的基础上增加了新的要素。

(1)产品(Product)。继续开发新产品以迎合用户期望，根据竞争对手的状况提供服务产品。开始逐步提供售后服务期满后的有偿服务，满足用户各层次的需要。

(2)价格(Price)。振华的发展在一定程度上证明了公司的经营理念，是一种适合当前市场的成功理念。价格应与主产品保持一致性，以高性价比产品继续占领市场。

(3)渠道(Place)。选择合适的分包商是其中最重要的环节。ZPMC从2010年开始建立自己的国外办事处、分公司或合作公司，结合当地的项目代理，使得服务销售渠道更畅通。这方面有许多工作需要做。

(4)促销(Promotion)。由于产品的性质原因，ZPMC很少利用媒体广告，大部分是通过加强公共关系直接销售。目前，ZPMC的服务销售理念正在逐步转变，广开销售渠道，各二级法人逐渐步入直销轨道，从而形成多渠道销售目的。

(5)人员(People)。服务人员的重要性在港口机械行业尤为突出。在过去的10多年里，ZPMC的服务队伍不仅在数量上有大幅度增加，人员素质也极大提高。人员由原来初建时的几人到现在的300人，其中50%以上有工科院校学历，成为目前的中坚力量，另外的50%中，有20%以上是技术工人。过去的工作是比较成功的，但满足市场的要求是无止境的，销售人员的素质仍然需要更进一步的提高，以增加整体竞争能力。

(6)有形展示性(Physical Evidence)。在服务中体现有形服务，加强与用户之间的关系。特别是现场服务人员，需要充分体现公司的风范，以维护公司荣誉为准则，让用户对现场服务满意。

(7)过程(Process)。服务的过程十分复杂，包括多种，如索赔处理程序、排除故障程序等。这涉及整个服务体系的运作政策和程序采用，也体现了一个公司的企业文化。应该说，ZPMC

在多年的实际工作中,已经形成了一套完整的工作程序和工艺程序。

2. 以点及面发展服务网络

自 2010 年以来,ZPMC 利用各方面关系和资源,开始陆续建立了一些办事处和分公司,主要如下:

(1)美洲的巴西里约热内卢办事处。2011 年由经营部建立。

(2)欧洲的德国汉堡分公司,原由经营部成立,已运行近 10 年。原来的主要工作是退税。目前,离岸管理部正在筹划借助这个平台启动有偿服务,包括备件销售。ZPMC 已独立注册,现正通过银行设立各个现场服务点的独立账户。优选仓库资源并了解相应地区的扶持政策。这个分公司经过重新规划之后,将可以节省目前德国汉堡、不莱梅、威廉港现场服务码头的开支,优选当地各分包商,建立关系;逐步在德国地区建立客户关系,推广销售备件;组建备件仓库及物流系统,逐步开始提供有偿备件;组建有偿服务技术团队,提供有偿服务。

(3)亚洲的越南办事处,由经营部于 2010 年底主导成立。

(4)亚洲的迪拜办事处,由经营部主导,于 2012 年 3 月份建立。

(5)亚洲的印度办事处,由经营部主导,正在筹建中。

从 2012 年开始,ZPMC 将在美国、巴西、欧洲(荷兰、土耳其等国家)、非洲和印度等地成立 5 大主要分公司或机构,如成立印度分公司。这会成为离岸管理部在海外的主要机构,成为 ZPMC 覆盖海外市场的重要服务力量。无论是在调试交机,还是开辟有偿服务市场上,这些服务力量都将发挥重要作用。

此外,ZPMC 还将完善目前的两大备件仓库:新加坡备件仓库和美国长滩备件仓库。随着业务的发展,将有可能建立更多的备件仓库,提高客户的满意度。

3. 以产品售后服务带动有偿服务

产品销售服务是 ZPMC 克敌制胜的法宝。ZPMC 的成长过程无时无刻不伴随着售后服务。与此同时,上述 5 大分公司(办事处)会直接与 ZPMC 的对手 Cargotec(Kalmar)和科尼对阵,最具竞争挑战性。

对方的优势是多年形成的稳定、成熟的市场和经营水平。ZPMC 则可利用已经占有的产品市场,发挥技术人力资源优势,形成基于产品的服务壁垒,抢占服务市场。ZPMC 从以下几点进行转变:

(1)提高现场服务水平。提高售后服务人员的素质,不仅具备现场管理能力和语言沟通能力,还能够制定技术工艺和自己动手,成为综合能力较强的服务工程技术管理人员。

(2)加强现场管理人员与客户的沟通,建立良好的工作关系,甚至个人关系。

(3)以正常服务带动有偿服务,推动公司全方位服务。

4. 以多方合作模式增加服务网络密度

2012 年,公司将继续增加或完善德国、荷兰、印度、巴西、阿联酋和土耳其 6 个服务网点,并争取在未来三年增加到 14 个。合作模式主要有如下几种:

(1)寻找当地有实力的公司,双方开展合作。在当地建立合资子公司并开展业务。

(2)雇佣当地有一定背景人员为公司职员在当地建立全资子公司开展业务。

业务以及盈利模式:主要雇佣当地劳动力资源,进行维修、保养、交机、服务、设备改造等具体工作的开展。总公司对于各项业务的开展进行技术支持和指导。在子公司成立初步,主要目标为改善与用户之间的关系,快速响应用户要求,减少总公司售后服务费用的支出。随着现场设备逐步结束保修期,可开始扩大有偿服务业务份额,并赚取合理的利润。

5. 以合理的布局完善服务网络

依目前已有的和未来潜在客户群所在位置，到 2015 年，ZPMC 将分别在德国、荷兰、土耳其、美国、巴西、巴拿马、南非、澳洲、印度、马来西亚、阿联酋、韩国和英国建立共 14 个驻外分支机构（办事处、子公司或合资公司），如图 8 所示。

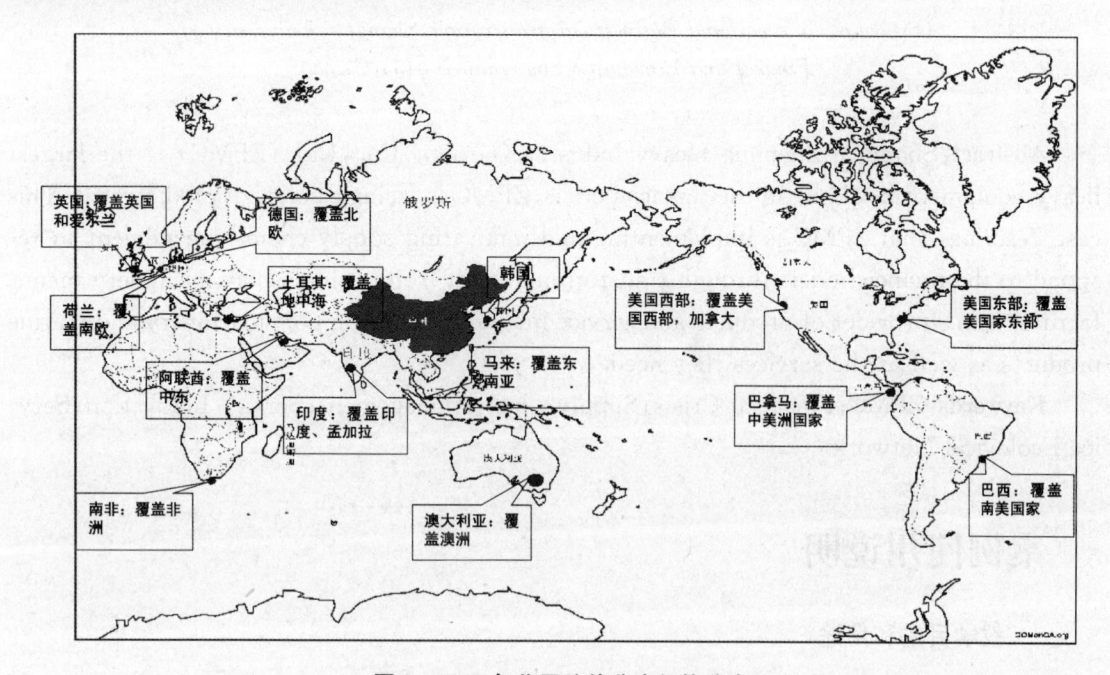

图 8　2015 年公司驻外分支机构分布

6. 以稳步发展寻求服务利润的实现

(1) 分支机构的发展目标：到 2015 年，驻外分支机构应实现从维持到经营的转变，由亏损到盈利。分支机构的发展将从小到大，先从支持交机和售后工作开始，逐步向备件、有偿服务市场方面开拓。

(2) 分支机构的主要任务：在市场销售方面，主要进行当地设备维修、改造、备件销售、咨询、培训等有偿服务市场的开拓；在调试和保用服务方面，对于总公司到岸的设备提供卸船、调整、整改、交机和售后服务工作的支持。执行有偿服务合同；在仓库和物质方面，对于交机、售后、有偿服务等各项工作的开展提供仓储和物质支持；在维保服务方面，积极开拓对于码头设备的维修保养业务，与码头保持长期的合作关系。

(3) 服务网络的总体实现目标：港口机械和海工市场的开拓，在当地确立领导者地位；各码头港口机械设备的维修保养服务确立领导地位；港口机械设备服务领域取得显著的市场份额；成为公司与当地合作业务的纽带。

八、结语

尽管已经得到了中东客户的肯定，但是面对着持续低迷的全球市场，ZPMC 该如何更好地进行风险控制，把工作重心从制造领域向服务领域深化发展，实现战略调整，仍然是一个任重而道远的事情。

Supply Chain Management and Innovation at ZPMC

Xu Shujun

(School of International Business Administration, Shanghai University of
Finance and Economics, Shanghai, 200433, China)

Abstract: Shanghai Zhenhua Heavy Industry (Group) Co., Ltd. (ZPMC) is the largest heavy equipment in China. In the financial crisis, ZPMC is facing a series of predicament. This case describes that ZPMC is implementing and innovating supply chain management to respond to the financial crisis through transforming itself from a single port machinery manufacturer into a provider of products and service including the main port machinery and marine products as well as the services they need.

Keywords: ZPMC; Financial Crisis; Supply Chain Management; Service Innovation; Service Ecological Network

案例使用说明

一、教学目的和用途

本案例适用于"供应链管理"与"服务管理"等课程,适用对象为 MBA、EMBA 以及博士生。

本案例的教学目标在于启发学生思考制造型企业,培养学生基于企业的产品特性分析其供应链特点,进而分析其供应链管理的问题,再基于供应链管理的理论,结合案例企业的实践,分析案例企业在发展中可能产生的问题,并给出恰当的对策建议。

二、启发思考题

1. ZPMC 的产品特点对于其供应链管理提出了哪些要求?
2. 客户可能对 ZPMC 提出哪些服务要求?
3. 基于 ZPMC 的客户地域特性和需求特性,分析 ZPMC 供应链管理的缺陷或不足。
4. 为什么 ZPMC 必须实现制造与服务的融合?
5. 对于困境中的 ZPMC 而言,如何实现其服务创新,以提高对于客户的响应以及增加自身的利润?

三、分析思路

本案例的分析思路如图 9 所示,从案例企业的产品特性和客户特性,分析其供应链管理的要求。基于供应链管理思想,分析其供应链管理的发展需要以及未来的建设要求。

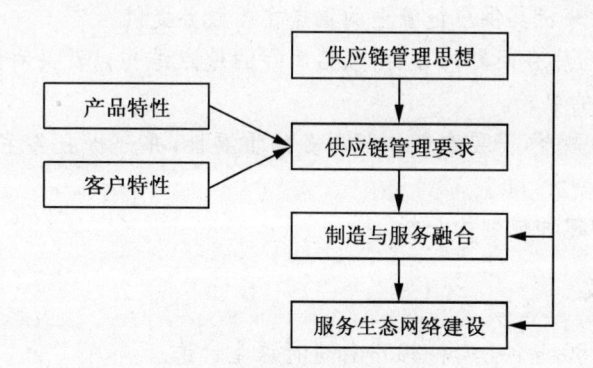

图 9　本案例的分析思路

四、理论依据

1. 供应链的构建要基于产品设计进行。

ZPMC的产品属于个性化产品,ZPMC为满足客户要求,需要实施MTO生产模式。这样的生产模式,需要供应商的良好配合,更需要能够通过服务以提升客户的使用价值。

2. 产品的生命周期越长,企业与下游客户的关系越重要,基于客户需求的服务越重要,以提升客户的使用价值。

ZPMC提供的产品属于耐用品,使用年限较长。那么,在产品的提供多年一次且竞争激烈的环境下,其利润是非常有限的。在长产品生命周期中,仅提供产品或者围绕着产品提供售后服务,是难以维持其发展的。因此,不仅需要良好地服务网络,而且需要从资源整合的角度提供有偿服务。

3. 服务网络越广,在成本与利润的权衡下,服务能力和配件库存的要求更高。

ZPMC的客户包括全球的主要港口和码头,这就对其服务网络提出了更高的要求:既要求有一定的网络广度,又要求有良好的网络密度,即建设良好的服务生态网络。同时,在服务能力的培养、服务配件的库存管理方面需要随之进行规划。

4. 服务网络越广,越需要注意对社会资源的整合以及对服务流程的整合,以实现供应链管理目标。

在建立服务生态网络的过程中,要秉持供应链管理的理念,对全球资源和服务流程进行整合。

五、背景信息

1. 金融危机对实体经济的冲击以及滞后效应最终反映到ZPMC的业务发展中。

2. 在客户需求驱动下,制造与服务呈现日益融合趋势。ZPMC的利润下滑以及服务需求日益重要。

3. 基于敏捷制造思想的资源整合趋势。在全球化进程中,全球化服务网络的构建有必要、也完全可能整合全球资源。

六、关键要点

1. 需要能够基于产品特性分析供应链特性。

2. 基于客户特性分析其供应链管理的重点在于服务提供。

3. 在服务网络中,库存问题的分析,包括库存的地点结构以及品种结构,以及MTO产品的配件特性对于库存的要求。

4. 制造与服务的融合,需要重新认识服务的重要性,并分析服务主导型逻辑对于ZPMC的重要性。

5. 服务网络的构建和规划的分析。

七、课堂计划建议

分析本案例需要50分钟,其中30分钟进行课堂讨论。

首先,将学生分为4～6人一组,讨论ZPMC供应链特性和供应链管理要求。

然后,要求学生补充有关服务主导型经济的有关知识:http://www.cnki.com.cn/Article/CJFDTotal-GGYY201009007.htm。

最后,要求学生基于供应链管理思想,提出相应的战略与战术。

"车前车后"网站诞生记
——平台型互联网公司的商业模式选择[①]

● **摘　要**：本案例描述了有着超过10年汽车后市场咨询经验的陈玲在中国连续3年居世界汽车产销量首位的创业经历。汽车后市场随着整车市场的发展而显现出巨大的潜力。陈玲认为，在汽车行业从重视前市场（即整车销售）向重视后市场的转型过程中，存在着太多的商业机会。她发现，中国整个汽车后服务产业处于4S店主导的时代，但是4S店的售后维修保养技术和服务水平与先进市场有巨大的区别；而且，在未来，"四位一体"的整车厂授权店（即4S店）和连锁经营的品牌快修店将平分天下，这样一来，在汽车维修保养服务供给与车主需求之间就会存在着台平型网站的商业机会。陈玲争取到了有车主研究经验的赵慰以及有4S管理经验的金杨加盟，开始了一项有关汽车售后服务预约业务的创业历程。

● **关键词**：商业模式；创业营销；平台型电子商务；汽车后市场

引　言

2010年12月底，圣诞节刚过，元旦将至，到处张灯结彩。吃过午餐，陈玲坐在自己刚买了4个月的两厢POLO车驾驶位上，系安全带、踩刹车、点火、放手刹、换档、松刹车、起步转向，缓缓驶出车位。她要去浦西拜访一家上海大众的4S店[②]，之后就要专心做公司的网站设计了，她准备和赵慰、金杨一起赶紧把商业计划书确定下来，这样网站设计才有谱。她突然感觉，刚才那一系列发车的动作，就好像这一年来公司的启程，虽然平常但却因井然有序而让人心安。

[①] 本案例由上海财经大学国际工商管理学院的叶巍岭撰写，作者拥有著作权中的署名权、修改权、改编权。未经允许，本案例的所有部分都不能以任何方式与手段擅自复制或传播。
版权所有人授权上海财经大学商学院案例中心使用。
由于企业保密的要求，在本案例中对有关名称、数据等做了必要的掩饰性处理。
案例只供课堂使用，并无意暗示或说明某种管理行为是否有效。

[②] 汽车4S店是集整车销售（Sale）、维修服务（Service）、配件供应（Spare Part）、信息反馈（Survey）四项功能于一体的品牌汽车专卖店，这里特指排他性的单个品牌4S店。

一、整车市场和汽车后市场

(一)入行十年,喜逢整车市场扶摇直上

1996年陈玲大学本科毕业,在一家咨询公司做研究助理,客户是一家乘用车[①]制造商,她当时的工作是安排一些生产管理培训的实施。一般来说,从事汽车相关行业的女性比较少,但因为陈玲的弟弟陈斌从事车辆制造ERP系统的设计,所以姐弟俩很有共同语言,陈玲得到陈斌的帮助,对轿车的制造技术、轿车市场的发展有着与一般女性不同的深刻见解。

陈玲先后为三家不同的汽车行业相关咨询公司服务过,价值链上涉及零部件、整车制造和整车分销,在车辆类型上不仅涉及乘用车,而且涉及商用车[②]。时光荏苒,十年时间过去了,中国整车市场发展到了一个前所未有的时代。

2006年,中国乘用车年出厂量是711.5万辆,2007年上升到880万辆,年增长率为23.67%;虽然2008年受经济危机的影响,增速仅为6.75%左右,但是到了2009年却又是井喷增速的45.7%[③]。2010年,中国成为世界新车销量第一大国。从国家统计局的数据来看,2006年年末全国民用轿车保有量1 545万辆,增长27.2%,其中私人轿车1 149万辆,增长33.5%。2007年年末全国民用轿车保有量1 958万辆,增长26.7%,其中私人轿车1 522万辆,增长32.5%。2008年年末全国民用轿车保有量2 438万辆,增长24.5%,其中私人轿车1 947万辆,增长28.0%。2009年年末全国民用轿车保有量3 136万辆,增长28.6%,其中私人轿车36.5万辆,增长33.8%。2010年年末全国民用轿车保有量4 029万辆,增长28.4%,其中私人轿车3 443万辆,增长32.2%。

2010年,全国民用轿车的保有量已经是2006年的2.6倍。陈玲从2008年起已经担任一家咨询公司的副总经理,主要负责汽车制造中配件的物流系统设计与相关技术数据的整理项目。可是,2010年,陈玲毅然结束了打工的日子,正式加入创业大军。

(二)汽车后市场之维修保养市场

熟悉汽车产业价值链的人都知道,汽车后市场是汽车产业链中最主要、最稳定的利润来源,可占据总利润的60%~70%左右。美国的汽车售后服务业被喻为"黄金产业",在欧洲,汽车售后服务业被称为利润丰厚的"大蛋糕",更是获利的主要来源。目前,相对于整车销售的利润缩水,国内的汽车售后服务市场利润稳定,而且发展潜力更是惊人。一般情况下,车辆使用4~9年之间,售后服务市场规模最大。与整车销售的发展速度相对应,中国的汽车后市场在整车市场快速增长期后也会扩容到极大的规模。

中国的汽车市场与欧美国家有很大的不同,整车和后续服务以4S店为主。开车的人都知道,汽车购买之后,换新车之前,车主还会与4S店进行大量的互动,其中主要的一项就是维修。但即使你行车过程中没有任何碰擦,你的车也无任何机械故障,你还是会和4S店定期见面,因

[①] 乘用车(Passenger Vehicle)是在其设计和技术特性上主要用于载运乘客及其随身行李和/或临时物品的汽车,包括驾驶员座位在内最多不超过9个座位。它也可以牵引一辆挂车。乘用车涵盖了轿车、微型客车以及不超过9座的轻型客车。乘用车下细分为基本型乘用车(轿车)、多用途车(MPV)、运动型多用途车(SUV)、专用乘用车和交叉型乘用车。

[②] 商用车包含所有的载货汽车和9座以上的客车,分为客车、货车、半挂牵引车、客车非完整车辆和货车非完整车辆,共5类。在整个行业中,商用车的概念主要是从其自身用途不同来定义的。习惯把商用车划分为客车和货车两大类。

[③] 数据来源:中国汽车要闻(CBU,China Business Update),总部设在北京,为第三方调研机构,主要从事中国汽车行业出版、信息、咨询和相关国际业务,是汽车制造行业内公认的权威数据机构,公司网址:http://www.cbuauto.com.cn。

为除了维修,还有一项常规进站项目,就是保养①。汽车保养是指根据车辆各部位不同材料所需的保养条件,采用不同性质的专用护理材料和产品,对汽车进行全新的保养护理。现代的汽车保养主要包含了对发动机系统(引擎)、变速箱系统、空调系统、冷却系统、燃油系统、动力转向系统等的保养范围。定期保养主要以检查和调整为主,对刹车、转向、传动、悬挂等系统的定期检查是每一类型的保养都会提供的,这样可以拥有安全的驾驶环境。通过定期的检查和保养,还可以及时发现和解决存在的隐患及故障,避免更大故障的发生。保养有俗称的"大保养"和"小保养"。

  小保养,一般是指汽车行驶一定距离后,为保障车辆性能而在厂商规定的时间或里程做的常规保养项目,主要包括更换机油和机油滤芯。小保养的时间取决于所用机油和机油滤芯的有效时间或里程。不同品牌级别的矿物质机油、半合成机油、全合成机油有效期也不尽相同。国外的机油基本都到10 000千米才进行更换,国内厂家以国内路况不良普遍将更换周期提前到7 500千米,现在又有部分厂家提前到了5 000千米。

  大保养,是指在厂商规定的时间或里程内进行更换机油和机油滤芯、空气滤芯、汽油滤芯的常规保养。大保养基于小保养的存在之上,一般这两种保养交替进行,间隔因汽车品牌差异各有不同。除了更换机油和机油滤清器之外,汽车大保养中还有更换空气滤清器和汽油滤清器两项。通常,在进行汽车保养时,作业人员会根据车子的具体情况做其他检查,还会增加其他保养项目,如发动机相关系统的检查、清洗养护、轮胎的定位检查、各紧固部件的检查等。

  国内的乘用车首次保养(有的是要求5 000千米,有的是要求7 500千米,主要是看服务手册的规定)一般都是免费的,但后续的保养就基本都要自己承担了。一般在2年或60 000千米内,车的保养费用相对低一些。之后,由于需要更换的部件数量增多,例如电瓶,一般是3年或者30 000千米,不常驾驶的人,间隔更短,保养的费用相应就会上升,具体费用的高低因车型而异。

  目前,商务部公布的汽车授权销售商已经突破6万家,其中有1.5万家4S店。有媒体报道,从2010年开始,大约每年新增1 200家汽车4S店,同时还有大量兼并重组和退出市场的②。汽车后市场还很难完全脱离"4S"掌控的汽车后市场服务而成为独立的市场。这种主导在专业技术或服务上会使车主得到保障,但是价格不透明是最大的隐患。除4S店之外,还存在着许多大小不一的汽车服务店,如国际知名品牌AC德科、博世、澳德巴克斯、黄帽子、杰菲(壳牌)、3M、霍尼维尔、尼尔森等;国内品牌元征、蓝星、车路饰、快手手、新焦点、月福等。另外,中石油和中石化也正酝酿在各自遍布全国的加油站内建立自己的汽车服务店面。与4S店相比,这些大小不一的汽车服务店在专业性和技术水平上都要逊色于4S店,同时又面临着与同一档次竞争对手的挑战,进一步造成他们进行恶性的价格竞争,甚至以次充好,导致市场混乱,对行业的发展和车主的安全造成极大影响③。

  虽然,中国现在的汽车后服务产业还处于"4S"主导的时代,但是汽车销售的火爆,并不意味汽车后市场得到理想的发展。因为在相当长的一段历史时间内,整车销售的利润可观,所以整车销售在4S店管理层那里得到的资源就要充足一些。相对而言,售后部门在事实上往往处于补充的、次要的地位。随着整车销售利润空间的下降,以及国内整车制造商对售后服务的日

---

① 以下关于保养的内容来自百度百科。
② 苏晖:"2012年汽车后市场展望及发展思路分析",《汽车维修与保养》2012年第1期,第24～30页。
③ 张英祥:"中国汽车后市场服务的发展趋势",《交通世界》2012年第14期,第76～79页。

益重视,4S店的售后维修保养技术与服务水平才得到管理层的日益重视。另一方面,在4S店,销售和售后分属不同的部门。这种组织架构上的分离,导致客户承诺与兑现的分离,如果管理水平不能跟上,就会产生很多售后的纠纷、不满。

专业人士认为,4S店以及连锁经营的品牌快修店模式将成为未来中国汽车后市场服务发展模式的主流。4S店具有信息的专业性、连续性和规范性,能够适应汽车后市场的发展;连锁经营整合了各个品牌汽车、配件、材料商的资源,打破纵向垄断,因价格、服务的高透明性,可以满足汽车后市场的客户需求。

二、偶遇旧友,议市场辨机遇

作为行业咨询公司的员工,陈玲把这几年汽车后市场的巨大潜力都看在眼里,并且她认为,在行业从重视前市场(即整车销售)向重视后市场的转型过程中,会存在各种商业机会。在深入了解了车主需求后,一个新业务的想法在她脑中形成,她是个急性子,想好一个主意喜欢马上行动。2009年10月,她向公司提出辞职,根据合同的约定,有6个月的时间需要交接工作。陈玲在交接工作的过程中,开始着手为注册自己的公司做准备,除了工商注册、公司场地等事务外,最重要的是要找到合作伙伴。弟弟陈斌让她加入自己的公司,作为一个新业务来开辟,但是陈玲不太想这样做。

(一)缘起亲历车主售后体验

陈玲职业生涯前10年的工作,说是与汽车后市场有关,其实确切地说,是与汽车制造商相关后市场工作(如配件库存系统、4S店技术培训等)有关,平时工作中,与汽车制造商的配件部及4S店的相应部门沟通较多,但是对车主需求其实了解很少。但是,在过去10年频繁的4S店访谈及车辆使用习惯技术研究中,陈玲慢慢感觉到汽车后市场还有大量商机存在于车主需求中。

陈玲对车主需求的洞察和关心,真正起源是在2008年5月。那一年,陈玲就职的公司进行管理改革,取消了为高层管理人员配的司机,公司包括总经理在内的4位高层管理人员都自己开公司的车上班,公司为此在原来的基础上添置了两辆新轿车。车的维修保养工作也都需要个人自己解决,公司只负责支付费用。陈玲2005年学会开车,但是家里一直是她先生做车夫,她一头忙工作、一头忙孩子读书,对购车后的服务体验得不多。2008年初做了公司副总后因为公司有司机,所以也几乎不开车。从2008年5月开始,陈玲需要自己开车上下班,也真正作为一个消费者体验了4S店的销售与售后服务。在作为一个车主与4S店深入接触后,陈玲开始关心车主需求研究的相关内容,这使她渐渐明白,长期在技术层面参与整车制造商咨询服务项目并不能代表自己真正了解汽车市场。

陈玲开的是公司新买的车。2008年11月,她到4S店做首次保养(通常,轿车的首次保养都由整车厂商免费提供,车主一般都会选择去当时购车的4S店完成首次保养工作),她按销售的叮嘱进行了电话预约。她以为预约后到站就能直接做,不必等待。但是,事实上,4S店的现场管理水平远远低于她的想象。她准时到达4S店,接车的人员倒是很热情,可是没有现象表明接车的人事先知道她已经预约。只是在陈玲说已经预约后,才在电脑系统中找到了预约信息。出于职业习惯,陈玲很想看一眼这家店的 DMS 系统①。她突然发现,自己以前的工作和弟弟陈斌公司的业务虽然与 DMS 系统高度相关,但是关心的问题都是 DMS 系统如何使经销商合理管理库存、压缩运营成本、减少资源浪费,从来没有在车主需要层面研究过 DMS 系统的改进。识别车主并提供定制的接待语言和行为,从 DMS 的编程技术角度来讲是件非常容易的事,可是显然目前的系统没有能够帮助到接车员,或者是接车员没有被要求这样做。更糟糕的是,接车员告诉她,现在没有工位为她服务。陈玲很意外:"我预约了,为什么不能马上做?"接车员很习以为常:"陈小姐,我们也不知道您是不是真的会来,您要知道,有很多车主,说好来却爽约的,连一个电话也没有。我们如果预留工位,非常不经济。我们站一共有 6 个工位可以做保养,要是有 6 个车主打电话预约却爽约,那我们要干等 1~2 小时,损失太大了呀!所以,我们现在只能保证预约后接车,然后尽量给您安排工位,实在没有,您只能等了。"其实,首次保养的时间非常短,通常都可以在 30 分钟内完成,如果没有故障,车主从进站开单到结账出站大概 40 分钟时间。但是,那次首次保养,陈玲等了 1 个小时才等到工位,前后一共用了将近 2 个小时才完事。

第二次进 4S 店是在首次保养后不久,车子前挡刮擦需要整形和喷漆,出于谨慎,陈玲还是打了预约电话,对方让她下午 3 点前往。因为堵车,陈玲 4 点钟才到 4S 店,她体会到接车员所说的预留工位可能存在的成本。接车员仍然很热情地接待了她,说车大概需要两天时间才能修好,到时候会电话通知她。陈玲看人不多,和接车员聊了起来。得知下午的时候,4S 店一般都要比上午的时候空,尤其在 3 点钟,大概只有一半的工位在开工,基本都是大修、疑难杂症或是紧急维修。接车员还告诉她,像她这样愿意预约的车不多,即便是保养,预约率也只有 25%左右,虽然这个比率在上升,但是人们好像还是不太喜欢打这个电话。"当然,我们的电话常常打不进来,因为我们 4S 店不太可能为预约专门留一个岗位,这样成本太高了,一般都是我们的同事兼任的,或者是接车员、客户经理任意一个人听到了就接,接听后在 DMS 系统里做个记录。当然,有些有实力的 4S 店是专门会有人负责接预约电话的。"陈玲又问:"你们不在 DMS 系统上记录预约吗?"接车员很意外地说:"哟,陈小姐,你不是一般车主呀,还知道 DMS 系统!不过,看你的样子也不像神秘人②呀!"说完,两个人都笑了。

陈玲回去后,仔细学习了关于 DMS 的各部分构成(主要的构成介绍见附录 1),发现在DMS 系统里完全可以实现预约、预留工位、接待提醒等功能,甚至,从技术角度要留端口从第三方预约平台接入数据也是可行的。这是她最初关于"车主预约平台"想法的起源。

(二)遇旧友,叙旧识知音

陈玲不得不承认,自己在这个行业已经 10 年,但对于车主在售后服务中的遭遇真是知之甚少。2009 年 11 月下旬,就在陈玲提出辞职后 1 个月,她在一次汽车行业研讨会上遇到了老友赵慰,加速了这场创业的进程。

说到赵慰,要追溯到 2002 年,陈玲当时服务的公司要给国内某个知名轿车制造商安排其

---

① 汽车经销商管理系统(Dealer Management System,DMS),主要用于对于汽车公司庞大的销售网络进行管理。DMS 系统不仅涵盖了针对 4S 店的整车销售、零配件仓库、售后维修服务(含车间管理)、客户服务等,并且在主机厂(就是整车制造商)和经销商之间能成功搭建一个互动交流的信息桥梁,全面满足经销商对"汽车销售、维修服务、配件供应、信息反馈、客户关系"等业务的信息化管理。附件 2 提供了一般 DMS 系统的构成模块。

② 接车员说的"神秘人"是售后服务质量(或销售服务质量)调研人员,一般由整车厂委托第三方调研机构派出,他们会扮演普通车主去 4S 接受服务,记录服务全程,对 4S 店的服务质量进行考评,这些考评将会与 4S 店的年终绩效考评、当年的奖励与下一年的利益挂钩。

全国 4S 店的服务营销管理培训,她认识了赵慰。赵慰是一位毕业于 2000 年的管理学硕士,主修营销管理方向,原本服务于一家知名管理咨询公司,因为想出国进修,在 2002 年离职。可是,阴差阳错,没有走成,只能重新找工作。因为赵慰毕业于名校,有良好的营销学基础,所以朋友将她推荐给了陈玲的公司。试讲后,老板对赵慰非常满意,邀她加盟,就这样,2002 年 9 月,赵慰成了陈玲的同事,与她一起负责培训项目并兼其中一门课程的讲师。共事 2 年时间后,2004 年赵慰如愿出国学习,在英国再修经济学硕士,2006 年年底回上海工作,供职于一家咨询公司。

碰巧的是,赵慰回国后的工作还是与汽车市场有缘,她供职于一家著名咨询公司,负责市场研究工作,服务于国内几家整车制造商,主要工作是做与车主满意度相关的调查。2009 年 11 月,陈玲和赵慰二人在研讨会上故友重逢,大家又对同一话题感兴趣,于是在会后就十分热络。

2009 年元旦前夕,赵慰提前休假过新年,陈玲和她约在冬日的暖阳里,在 7 年前她们一起工作过的公司所在商务楼下的咖啡厅。这间咖啡厅是新开的,原来这里是家快餐店,是那两年里陈玲和赵慰的午餐地点之一。那时候,她们俩一位不到 30 岁,一位刚过 30 岁,她们两个事业型女性在这里讨论过很多人生梦想。

陈玲试探着问:"小赵,我想辞职了,自己开公司,你怎么看?"她知道,赵慰以前是个心直口快、单刀直入的人。可是因为多年没见,陈玲不太确认赵慰是会直言相谏,还是已经变成一个绕着说话的"资深顾问"了。

"什么怎么看?我一点也不奇怪,7 年前认识你,我就觉得公司里的同事,就你最把公司当成是自己的,什么都要管,什么都想知道,想学习,你说你学了 7 年,你不创业谁创业?不过,你老板可要伤心了。对了,你不会是想干同样的事吧?这个不太好吧?"果然是本性难移!陈玲听完这段话,心里很高兴,因为她知道,对面这女子还是那个把她当好友的小赵。

"呵呵,你太小看我了吧,怎么可能呢!基本的职业道德我还是有的。这个行业做这些年,终于迎来了汽车后市场的大爆发,机会这么多,再不抓住尝试一下独立的事业,我们就都老了。我之所以叫你来商量这事,原因就是我创业有三个原则:第一不带走现在这家公司的商业模式;二是不带走现在这家公司的任何一个同事;第三是不带走现在这家公司的客户。所以有三个新问题:市场机会是什么?客户是谁?和谁一起干?"

赵慰一听就来劲儿了,她心里暗喜,因为这位姐姐的想法竟然和她一样!"陈姐,说得好!但是你只需要知道第三个问题的答案!"

"你什么意思?"

"因为可以和我一起干呀!"

"太好了!我找你来就是想听这个!咱接着说。"陈玲觉得这场交谈的开场白顺利得完全超出她的想象,心里说不出的兴奋。"那回到第一个问题吧:市场机会是什么?我的确已经有一些想法,但是,在告诉你之前,我想先听听你这些年做车主研究,最深刻的体会是什么?"

(三)逢知己,所知和盘出

赵慰将自己这两年做车主满意度调查的心得与陈玲分享。"每家车企都会做售后服务满意度调查,但是传统的管理经验是关心满意度调查的结果,也就是车主在调查中回答的满意程度,以及车主最后回答的关于下一次再有维修或保养服务需求时,选择上一次去过的 4S 店的意向。"说到这里,赵慰打开电话,在网上搜了国际权威机构 J.D.Power(JDP)公司的车主研究计划,给陈玲讲解了细节。陈玲当然知道 JDP 在行业中的地位,这家机构的满意度排名早就已经是国内多家知名车企高层KPI①,但是却从来没有像这天这样有个专业人士用40分钟时间给她作讲解。

赵慰接着说:"你看到了,这个满意度的测量法叫消费者自我报告,严格地说,在我们没有办法观察到真实的行为数据时,最好的办法只有这样测量意向,来代表行为发生的可能性,这是通行的研究方法。但是,如果我们可以观察到实际行为,将实际行为与满意度感知结合起来分析,无疑更有价值。告诉你,我曾经负责做过一个深度研究,将私家车车主对售后服务系统的满意度调查数据与该车主在接受调查后24个月内每次来4S店进行维修和保养的数据(这些数据在4S店的数据库里都有详细记录)作了匹配,得到许多有价值的结论。"出于职业道德,陈玲没有问这个研究的详细结论,也没有问是哪家轿车厂委托做的,但是她向赵慰确认了三件事:

"第一,售后服务的满意度与车主给4S店的经济贡献到底有没有显著的关系?"赵慰的回答是肯定的。

"第二,售后服务满意度调查有这么多细目,哪些细目与最后的再进站可能性最有关系?"赵慰认为,这个问题的答案与车主驾龄、车型车系(因为这反映了车主的收入水平和生活形态)、还与整个汽车行业所处的生命周期等一系列变量有关,无法一概而论。但是,总体上,目前的私家车车主对4S店的忠诚行为敏感的服务要素已经渐渐集中在那些"与人相关的条目",如接车人员的专业性感知、修前讲解、修后讲解等。

"第三,最有可能打动车主的4S系统改进行为将是什么?"赵慰认为,第三个问题和第二个问题本质上是同一个问题。"陈姐,我明白你问这些问题的用意。你今天找我问这些,其实有两个目的:一是想为你弟弟陈斌的公司发展提供一些帮助,陈斌在行业里有点名气,但是公司主要从事汽车制造的运营管理软件和零配件数据开发,如果他在服务设计中加入一些对车主需求的理解,他的软件产品一定会更好;二是你自己其实不明白车主需求的商机到底在哪里,想让我帮你整理一下。我说得对吗?"

陈玲顿时无言以对,她没有想到,几年不见,赵慰对行业的了解与对人的洞察已经到了这样的程度。赵慰看出了她的尴尬,转而说:"陈姐,你别介意,我是咋想咋说,因为我其实也不想在公司干了,我想趁汽车市场上升期做点事,成也好,败也罢,不枉我读了这么多年书,40岁时对自己有个交代;到底是创业适合我,还是打工适合我,我也好选条路走到老。我是真心有意与你合作,才想让你把话摊开了说。"

陈玲这才明白,原来赵慰也想找人合作找汽车市场的商机来创业。她微笑示意赵慰接着往下说。

"好,我接着说。从车主研究中,我看到不少机会。例如,4S系统的售前售后数据合并及行为分析,现在有些公司号称数据是合并,但其实并没有做到;还有制造、销售、售后的零配件技术参数统一与合并,我知道你弟弟陈斌就是做的这个事;还有4S店的售后服务部门现场管理效率提升,这个和运营管理咨询有关,我也知道有公司在做。"

陈玲接话说:"是的,但是我发现了一个没有做的,就是不知道有没有意义。"赵慰听了两眼放光,说:"我再给你买杯咖啡,姐姐你慢慢说。"陈玲捧着热摩卡,开始提问:

"你注意过维修站的工作时间吗?"

"当然,一般上午8点开门,下午5点关门,有些站下午4点就只接车不修车了。夜间服务

---

① KPI:Key Performance Index 的缩写,绩效考核的主要构成指标。

的很少,不过,夜间补胎店、快修店很红火,玉田路上就有好几家,我常介绍人去。"

"如果维修站晚上开,你觉得是个好主意吗?"

"对车主是的,最好24小时,4S店就是车的医院嘛,24小时待命多好呀。可是对维修站就不好了,因为现在这样站里工人只排一班,如果24小时,就要排三班,就算开到10点,也要排两班,成本不一样,来的车子不多的话,他们划不来。"

陈玲竖起拇指,因为赵慰的这段话,不仅体现了她对车主的了解,更体现了她对4S店目前管理状况的熟悉程度。

"你觉得4S店现在有业务压力吗?"

"有的。一是整车销售利润大幅下降,卖车需要大量资金,算上资金成本,赚不了什么钱;二是售后保养和维修需求外流,就是都跑到快修店(路边摊/街边店)去了嘛,众所周知的就是上海大众的桑塔纳,这个车型推出20年了,路边师傅几乎都是从学习修普桑入门的,再加上零配件有外流现象;三是市场透明度提高、整车厂管制程度提高,他们在零配件上搞不了浆糊,只能赚应得的那份,但是零配件大量国产后,利润也低了;三是4S店之间、4S店与快修店之间的竞争,导致人工费[①]促销频繁,我知道,有些店的人工都打5折、6折了。嗨,说得我累死,其实你比我懂。总而言之,就是有压力了。"

陈玲忍不住笑了,赵慰7年前在培训时,就有客户反映她上课效果不错,废话一句没有,但就是讲话太快,实在太快了,一般人跟不上。这不,讲到兴奋处,她还是想一口气讲完所有细节,刚才这段话包含的专业信息量实在是很大。

陈玲接着问:"那你听过4S店抱怨,累的时候累死,闲的时候闲死吗?"

"陈姐,你这问题又是另一个专业问题。在服务营销里面叫服务供应管理问题。服务产品就是这样,因为无法储存,所以供应调节能力很差。7年前我们去讲课时,那位祝老师不就是讲这个嘛。你到底想说啥呀?"

"你不要急,再回答我,这个供应调节怎么解决比较好?"

赵慰一下子答不上来,这两年,她的主要业务是车主研究,对服务管理问题的敏感度下降了许多。她沉默了一会儿,突然,手机闹铃响了,她得去学校接儿子放学。

三、一个主意,三人组创业

赵慰之所以可以很快在她服务的公司里做到业务骨干,一是因为她的专业水平,二是因为她的认真。她是一个很较真的人,遇到问题解决不了,就会一直想,到处问,直到找到方案;还很好为人师,会想尽一切办法把她了解到的讲解给客户听。陈玲的问题,一直困扰着她。

春节过后,企业迎来了离职高峰。2月底,公司正式宣布批准陈玲离职,她第一时间把这消息告诉了赵慰。2010年5月1日开始,她把公司补贴买的车还给公司,自己买了辆POLO,开始了创业生涯。

---

① 车辆到4S店进行保养和维修服务时,通常的收费由两部分构成:配件价格和工时费。配件的采购和零售价格一般由整车制造公司规定,4S店调价空间很小,配件的采购价格和零售价格差就是4S店的毛利,通常在采购到一定的数量(金额)后,整车制造商会给4S店采购总额某个百分比(如2%)的奖励(俗称"返利")。工时费的收取基础也是由整车制造商规定的,在工时手册上每一种配件会对应规定的工时,如P配件对应5个工时,每工时12元,这个就是收费基础。对于工时费,一般整车厂都给予4S店自由浮动的空间,因为这部分收费不用交给整车厂,扣除运营成本后就是4S店的利润。

(一)找标杆,预约平台初成型

"陈姐,我会回答你的问题了,就是预约平台!"赵慰有时可爱得像个孩子,接着电话却答非所问,"而且,我告诉你呀,我明白你为什么要提预约了,我有主意了,咱们见面聊吧!"

还是那家咖啡店,姐妹两个聊梦想。"陈姐,你听我说呀,预约,预约!"赵慰兴奋得像个孩子。陈玲越来越想和这个妹妹合作创业,这样的灵犀相通,真是意料之外。

陈玲按住赵慰挥舞的手,"你别这样,都做妈妈了,淡定点好不好。这回我先说吧。我想办个平台型的网站,一头是车主,一头是4S店,车主在平台上预约,4S店接单安排,主线就是这样。我们应该想的是一样的,但是,然后呢,我们怎么盈利?"

"姐姐,我没法不激动,咱俩想的真的一样。但是,我要告诉你,我比你想得全。"赵慰打开电脑,登录一个网站,问陈玲:"你上格瓦拉买过电影票吗?"陈玲一头雾水:"什么拉?怎么扯到电影票了?我今天没有空和你看电影。""哎呀,你真是奥特曼,格瓦拉也不知道呀?!"赵慰详细演示了格瓦拉的订票过程(http://www.gewara.com/)。陈玲庆幸自己真是找对了人,也深感自己这几年真是渐渐落伍,想办互联网公司却对互联网世界知之甚少。自己想了半天的盈利模式,这订票网站上不全都教了吗?

陈玲盯着电脑琢磨格瓦拉,赵慰在一边用ipad做数独玩。半个小时后,赵慰笑嘻嘻地凑上来说,"陈姐,还有更有用的发现,你要不要听?"陈玲反问:"你怎么突然不急了?要以前你肯定马上一口气讲完。"赵慰收起ipad,得意地说:"因为我现在不需要急了,我再也不是一个顾问了,不用第一时间出现在老板面前,不用第一时间出现在客户面前,不用对客户有问必答喽……"陈玲没理解,"你什么意思!?"

赵慰告诉陈玲,上次咖啡店聊机遇后,她想了一个晚上,权衡了理想与现实,经过与家人2个多月的讨论,最终她赢得了全家人的支持。其实,在陈玲之前,她已经向公司提出辞职。只是公司老板一直想办法挽留,才又拖了几周。陈玲听了既高兴又担忧,高兴的是自己赢得了一个好伙伴一起创业,忧的是如果创业不成,就是她这个姐姐蛊惑的,赵慰心高气傲,失败可能会给她很大打击。陈玲想开口,但一想离职已成事实,劝也没有用,不如在一起创业的路上让赵慰多历练,自己多鼓励,就算公司失败,但对人生也许是一段好的过程。

所以,陈玲示意赵慰把话说下去,说那个"更好的发现"。赵慰在电脑上输入了http://www.carservice.com.au,出来一个全英文的网站。陈玲的英文虽然不是太好,但长年在汽车行业工作,对与行业相关的英文还是非常敏感的。她一眼就发现,这个澳大利亚的网站竟然就是她想要的基本框架。咨询公司顾问的经历使赵慰有超强的信息搜索和挖掘能力,这样的合作伙伴真是太合适了!

(二)寻合作,三个皮匠赛诸葛

"陈姐,这个网站你回去慢慢看。我还有一个想法要跟你商量,你觉得,这个公司,我们两个够了吗?"对于这个问题,陈玲早就有所考虑,她做副总经理2年,加上之前多年的项目经理角色,对公司运营的理解要比赵慰深刻得多。

"你问得好,我们两个不够。如果可以有一位富有4S店售后服务部门管理经验的人加入,这个团队就完美了。你有人选吗?"赵慰也觉得自己这个问题问陈玲有点班门弄斧了,笑着说:"哎呀,我忘了你是陈总了,呵呵。我有人选,但是你也应该有,事实上,过去这些年,你接触的4S店人员要比我多得多了。"陈玲接话说:"人选我的确比你多,但多不等于合适,而且我们两个都觉得合适才是真正合适。你看这样行吗?我们两个正式离职后,列个4S店拜访计划,把我们两个这些年认识的4S店的管理者列一下,整理一个拜访日程,我们一起去,看看有没有合作者出现。你觉得好吗?"

整理名单后,陈玲和赵慰惊喜地发现,有三位受访者是她们共同认识的。2010年的整个夏天,她们都在拜访4S店、整理商业模式和注册公司的一堆杂事中渡过,在夏天结束的时候,两人在创业盟友上取得了共识。九月刚来,暑气还没有退,她们兴致勃勃地去拜访这位可能的盟友。

金杨,45岁,20世纪80年代末理工科大学毕业生。先后在几家汽车相关的零配件生产公司的技术岗位工作,2004年赶时髦读了MBA学位,升任零配件生产和贸易公司管理者,从技术管理换到人力资源管理,跳来跳去,寻找着自己喜欢做的事情。由于涉及汽车行业早,又有技术背景、管理学位,收入丰厚,日子过得很悠闲。2010年11月,陈玲和赵慰二人去找他时,他是某家知名轿车制造商授权4S店的执行总经理。

金杨多年在汽车经销商恶战中独当一面,对创办公司这种事比陈玲和赵慰姐妹两个要少一些理想主义,更没有一丁点浪漫主意。他最关心的问题就是:"商业模式具体是什么?怎么盈利?"赵慰和金杨比较熟悉一些,半讽刺半认真地回答他:"平台型电子商务怎么盈利,金总不知道啊?您老不是MBA嘛。"金杨也反击她:"哎,我还真不知道,赵慰给我们讲讲?"赵慰知道自己哪里是金杨这种商场老兵的对手,就打住了。三人达成一致,要赶快起草商业模式设计书,对创业作个1~3年的规划。这个任务,自然就落到了赵慰身上。

赵慰先统一了大家对平台型电子商务的看法,因为她认为,这是计划书的前提。他们在邮件中统一了如下内容:

平台型电子商务,即由专业的电子商务平台开发商或运营商建设电子商务平台,多个买方和多个卖方通过这个集认证、付费、安全、客服和渠道于一体的统一平台为其提供相关服务完成交易的商业模式。平台型电子商务中的平台本身一般不从事买卖交易业务,不从交易中获利,只是吸引有关个人或企业参与,为他们的网上交易提供各种增值服务。增值服务费用是电子商务平台现在除会员费之外最主要的营业性收入。平台型电子商务运营模式有以下几个特点及优势[①]:

第一,独立、公平是平台型电子商务最突出的特点。电子商务平台只有保持中立立场,对于个人到企业都做到公正、公平、客观,才能得到参与者的信任。

第二,大量卖方通过电子商务平台发布信息,可以吸引更多的买方访问平台,从而增加卖方的商业机会。

第三,电子商务平台可以使买方搜寻需要的产品和服务,买方不限于和特定的卖方交易,这使卖方不只在价格上,还要在质量、交货时间、定制化等方面竞争。

第四,将参与者聚集到一个大平台,参与者数量上的优势可能为这样一个电子商务集群中的成员带来新的采购、计划和决策优势。

电子商务平台通过为用户提供基本的信息服务来提高知名度,增加用户对网站的认知度和体验,吸收其成为平台的会员。平台会员通常情况下以免费为主。免费的会员制度虽不能直接为平台带来营业收入,但注册的免费会员是信息提供者,广大免费会员的积极参与可以形成"网络效应"。平台对其会员的价值随着会员数的增加而呈指数型增加,反过来会员数量越大又越能吸引更多的潜在会员。这种"网络效应"带来的结果,不仅能不断增加其会员的数量,

---

[①] 胡岗岚:"平台型电子商务生态系统及其自组织机理研究",复旦大学博士毕业论文,2010年。

提高平台的市场占有率,同时也使平台的产品或服务更容易被习惯化,锁定其会员[1]。

四、创业大计从长议

再见面的时候,三位好友一致认为,从赵慰整理的平台型电子商务特点出发,网站的基本性质应该已经很清楚了。可是,在市场供方主力的问题上,三个人形成了两个观点:

陈玲和赵慰二人认为,供方的主力应该是4S店。包括进口车在内,全国大概有2.11万家授权经销商[2](这当中有一小部分是城市展厅,也就是说,仅销售整车不具备修车服务职能)。受经济发展差异化等因素影响,东部地区渠道数量远高于其他地区,占大概一半的数量。西部与中部规模相当,平分秋色;东北地区受城市数量影响,渠道最少,仅1 500家左右。仅国产的主流车型制造商范围,2009年年底,上海大众、上海通用、一汽大众、一汽丰田和广州本田等汽车公司分别在全国拥有610、500、405、370和450多家汽车经销商(包含城市展厅和4S店)。这些4S店有一定的管理水平,但是没有实力自建预约平台,到目前为止也没有任何一家主机厂建立起在线预约平台。

金杨却不这样想,他在4S店领域工作得久了,觉得让4S店成为主力有几大阻力:第一,按照国外市场的规律,4S店的利润来源中,整车销售、配件、维修的比例结构为2∶1∶4。维修服务获利是获利的主要部分。但中国的4S店多年以整车销售为利润来源,售后部分的利润来源也主要是零配件,提升售后服务的顾客体验和供给管理目前还排不上议事日程;第二,4S店的零配件售价受到主机厂的管制,可以让利的只有工时费,无法让出太大的利润空间,所以在价格上,预约对车主会没有吸引力;第三,按照澳大利亚标杆网站的做法,4S店需要提供保养的基本费用预估,这个预估包含的只是基本保养项目,车到了现场检查后,往往还会发生其他费用,可能会造成车主误解,4S店怕麻烦,一般都不愿意估价;第四,有一些4S店在城市中心,售后服务的生意好得不得了,提升的意愿不强烈,更不用说推出晚间服务项目了。"我们的想法还涉及晚间安排班次,对维修部门来说是一个非常大的运营管理改革,工位上的工人不说,至少需要1名财务,1名接车服务,这些不仅是费用问题,可能还涉及现有人员不够用。这么麻烦的事,如果不是业务压力,谁愿意做呀!"

赵慰认为,金杨这样的想法完全是局限在过去的经验中,不能代表未来的趋势。针对金杨的第一条,赵慰找到了J. D. Power公开的调查结果示,出现经营亏损的经销商的比重呈上升趋势,从2010年的9%增加到2011年的20%。与此同时,中国汽车经销商单台新车销售的毛利润近年来一路下降,从2009年的3 000元下降到2011年的2 000元。

金杨接过赵慰的话:"赵老师你别急嘛!"金杨这样称呼赵慰,是因为2002年赵慰给4S店做培训课程老师的时候,金杨就是一位坐在下面的部门经理。"赵老师,你慢慢听我讲完,4S店从审批、建店到最后的开业要花费数千万元的资金,同时,后续的运营成本也成为经销商很大的负担;另一方面,4S店模式与经济发展和土地利用产生了矛盾。所以,我认为,在这种背景下,占地少、品牌形象好的2S店将成为未来经销商发展的重要业务方向。"

金杨所说的2S店,陈玲和赵慰二位是听说过的,所谓的2S店是只提供整车销售(Sale)和售后服务(Service)的标准店,与传统4S店相比,少了零配件(Spare Part)和信息反馈(Survey)

---

[1] 祝秀梅:"电子商务与传统商务的经济环境差异分析",《南平师专学报》,2005年第1期,第104～106页。
[2] 这里使用了2012年的总体经销商数量,数据由业内咨询公司提供。

的功能。厂家和经销商为了将自己的品牌尽量覆盖到多个区域,设立较小规模的展厅,再配备可以为客户提供保养以及快修等简单服务功能的二级网点店,整个2S店模式投资在200万元左右,租赁场地在100万左右。从2009年开始,各主机厂在拓展中国二、三线城市市场时,采取以4S店为主,2S店(又称卫星店)为辅的多层次网络建设,这些2S店以传统的4S店为依托,建立在4S店周边100千米的范围内。以东风日产为例,2011年初已经有420家4S店和200家卫星店[①]。

陈玲听了,接话说:"我觉得你俩不冲突呀,4S和2S我们都要呗,据我了解,在技术培训上,许多2S店和上一级城市的4S店有对应的关系,我们切入4S系统,它们有权威性,可信度高,2S店就会跟进了。从未来看,2S的数量将会超过4S店。"

赵慰不太服气,仍然觉得自己以4S为切入是对的。"陈姐说半天,不太是以4S店为切入口的意思嘛。至于金总说的后面两点,都站不住脚,事在人为嘛,我们的平台真的有利于他们的业务拓展,只要我们讲得明白,他们干嘛不做呀!阻力是有,问题是,同志们,我们能整理一下这个平台给供需双方带来的利益吗?"

金杨心里其实很看好这个商机,只是他觉得三个人中只有自己长年在4S店工作,有必要把困难都跟这两位女士说清楚。他回答赵慰说:"我同意你,事在人为。也同意你整理平台给供需双方利益的提议,因为这个利益清楚了,以哪类店为切入也就清楚了。关于利益这个问题,我们各自心里都有些谱。陈玲,最初是你想的这个主意,你是不是可以回去形成文字,发给赵慰,由赵慰整合到商业模式设计书里,然后我们一起讨论?因为,今天时间有限,我们还需要明确另一个问题,否则赵老师无法写计划书。"

赵慰调侃说:"好吧,我知道又是我写,我是咨询公司的顾问,生就一副写报告的命!金总,如果我没有猜错,您这个生意经就是要讨论钱从哪里来?没错吧?"金杨笑了,这个小老师,从2002年站在讲台上开始,就没有让他金杨小看过。"赵老师英明,那请赵老师先说吧?"陈玲总是在三个人中起着调和的作用,"行了,别总欺负小赵。金总,我们这里就你是正的总,而且'肿'了好多年了,这个收入流的问题还是你起头,我们补充吧。"

关于收入流,金杨共提供了三条主要来源:"第一条是广告收入,广告主可以是汽车相关产品甚至是自驾洲产品,这个就不展开了,大家都明白,而且是后话,网站不活跃起来,没有人来上广告。第二条是汽车用品信息发布与交易,这个平台我们可以向供方收费。目前的整车发展局面喜人,全国沉浸在一片欢乐中,但是有一部分业内人士并不看好这个增长。你们要知道,目前的统计数据中的汽车销量,实际上就是出厂量,有多少整车库存压在经销商手中,这个我说不好,也不能乱讲。但是我可以很肯定地说我站在不看好的队伍里,环保、城市建设等各方面因素考虑进去,整车市场不可能再有这样高的增长率了[②]。增速会不会慢下来我们大家谁都不知道,但是这么高的保有量是事实,其中,中端车型仍是市场主力,城市化消费继续引领整个汽车用品行业,就是俗称的'附件',包括汽车电子、汽车美容美护、汽车太阳膜、汽车外饰防爆膜、汽车改装产品、汽车内饰产品这些东西。你们知道这个市场有多大吗?国家发改委中国设备管理协会有一个叫'汽车服务器与改装技术中心',每年会发布一些数据。今年的情况是汽车用品行业以上6类产品销量为4 300亿元,明年估计增长29%,约为5 500亿元,单就汽车美容美护市场规模就是1 300亿元,太阳膜大概550亿元。改装类产品由于其消费过程中专

---

① 贾鸣镝等:"汽车经销商能力评价模型及其实证",《汽车工程》,2012年第1期,第85页。
② 事实正如金杨所说,2011年,受宏观政策等多方面因素影响,我国全年整车销量增幅回落。

业性的需求较高,主要集中在一线城市。赵老师你们原来做车主市场研究,知不知道大概50%以上的车主会对车的外观进行或多或少的改动,一般会涉及包围、氙灯以及车贴拉花等。有24%的车主会对汽车音响进行改装。"

"汽车用品市场规模的增长因素除受益于新车数量持续增加外,主要得益于车主对汽车用品更高的追求。一线城市的用品消费比较理性,讲究实用。价格、品牌、品质都是车主消费时关注的重点,体现个人品味及个性的商品也将异军突起。二、三线及以下的城市新车销量持续上扬促使汽车用品市场消费重心整体下移,消费者对用品的品牌不敏感,新车必备用品将热销。同时,外资品牌在中国汽车用品领域大规模扩张,你们都认识这些品牌,有些估计还曾经是你们的客户,如博世、黄帖子、AC 德科、3M、伍尔特等。所以,本土用品产业格局调整加速,拼规模、拼渠道、拼品质将是国内厂商不可回避的门槛[①]。我再告诉你们,按照发达国家的规律,汽车用品规模化、品牌化经营是趋势,但这在中国将要有一段时间,在这段时间内,大量用品厂商需要交易平台。将来集中了,也就是 5 种形式:单项专业服务模式(就像博世的专门店、米其林授权店那样)、大卖场、加盟连锁(就像连锁的快修店)、零散的批发零售终端以及网络店铺。"

"根据同样的原理,巨大的汽车保有量是基础,那么第三条收入流就是二手车交易平台,这个平台也是可以收费的,是网站的附加服务。二手车的量最大的时候不是现在,现在车都新着呢,黄金时期是后 5 年,据估计,到 2015 年二手车交易量预计超过 1 000 万辆,比现在要翻一番,年均增长 15%左右[②]。这个业务和上面的汽车用品加在一起,将代替过去 10 年的整车销售业务,真正遍地黄金呢!"

一口气讲完这些,金杨很得意,赵慰禁不住鼓掌,"金总,您能记住这么多数据,真牛!"金杨回答她:"赵老师,您不认为学生可以记住这么多信息是因为我真的感兴趣吗?"

赵慰频频点头,陈玲心里已经明白金杨应该已经下决定加盟。果然,金杨告诉她们,像所有男人一样,自己也有甩不开的创业梦想。2 个月前,遇到两位女子对梦想的慷慨陈辞,目睹两位好友整个夏天的不懈奔波后,激起了自己实现梦想的热情。在得到家人的支持后,他放弃高薪现职,踏上了创业的艰辛之路。

五、结语

又是一年冬天,12 月的上海因为湿度高而显得特别冷,但是,这个国际化城市总是很早就一派圣诞气氛,满城喜气。三位好友在这个意义非凡的咖啡厅围坐。咖啡厅对面的大楼,也就是 2002 年赵慰和陈洁相遇成为同事的大楼里,正在装修一间办公室,下周,他们三个将正式在里面办公。桌子上的电脑,显示一张图片,这是陈玲的好友——一位广告公司的客户总监,为他们的网站友情赞助的名称的设计稿。这个网站名为:车前车后。三位创业伙伴希望春节后,网站可以上线测试。今天,他们要讨论赵慰写的商业模式设计。

各位读者,如果你是赵慰,了解了这些背景后,你会写一份怎样的商业模式设计呢?基于这份设计,你又会设计一个怎样的网站呢?

[①] 马骏:"前市场刹车,后市场提速",《中国汽车》,2012 年第 3 期,第 28~32 页。
[②] 苏晖:"目前国内汽车市场总体形势及基本情况分析",《中国汽车》,2012 年第 4 期,第 46~49 页。

附录

附录1：DMS系统的主要构成

DMS系统是4S店完整管理系统，通常包含如下模块：

1. 客户管理系统：

（1）客户开发管理：包括客户开发计划、执行与督导，如新产品发布、促销活动、店面销售、客户访问、追踪等，并提供相关分析，如客户开发的总量、成效比、成功率、潜在购买需求等。

（2）客户维系管理：包括客户维系计划、执行与督导，如主动关怀客户、开展客户回访、联谊活动、会员管理、提供技术支持、维修保养知识等，并提供相关分析，如二次购买率、潜在购买需求、客户流失率等。

（3）客户信息管理：包括客户建档、分类管理、客户价值分析挖掘、产品需求分析，以及客户交互历史查询，如接触历史、跟踪历史、购买历史、维修历史等。

2. 配件销售系统：对汽车零部件采购、销售、仓储业务的管理，并能和修理业务实现很好的衔接。功能涵盖：计划、订单、销售、配件收发、配件组装与拆分、应收应付、综合查询和报表、经营分析和预测等。

3. 维修保养系统：对汽车维修、售后服务以及车辆二级维护等业务的管理。功能涵盖：汽车入厂登记、估价、维修、派工、材料领用、修理结算及服务站质量保修、免费保养等业务，可实现各类维修保养业务数据的汇总及明细报表生成、维修质量、材料消耗、维修工时的统计和实时监控。

4. 整车销售系统：对商品车采购、销售、仓储及改装业务的管理，适用于各类汽车经销企业的主营业务的管理。功能涵盖：计划、订单、采购、销售、仓库、汽车改装、应收应付等功能，以及综合查询和报表、经营分析和预测等。

5. 汽车信贷系统：对汽车消费信贷申请、核准、还款等业务进行管理和贷后的风险管控。功能涵盖：信贷档案、意向客户、合同变更、完结合同、还贷处理、特殊还贷、催收管理、贷款试算、客户管理、系统设置。

附录2：确定新产品创意的市场需求（分析框架示例）[①]

表1　　　　　　　　　确定新产品创意的市场需求（分析框架示例）

分析因素类别	分析因素项目	新产品的能力	竞品的能力
需求的类型	连续型需求		
	下降型需求		
	新兴的需求		
	未来的需求		
需求的时机	需求的持续时间		
	需求的频率		
	需求的周期		
	处于产品生命周期中的位置		

---

① 罗伯特·赫里斯(Robert D. Hisrich)等著：《创业学》，王玉等译，清华大学出版社2004年版，第168～169页。

续表

分析因素类别	分析因素项目	新产品的能力	竞品的能力
满足需求的竞争性方式	不用现有方式		
	用现有方式		
	对现有方式进行修正		
顾客对收益和风险的认知	对顾客的效用		
	有吸引力的特点		
	顾客的品味和偏好		
	购买行为		
	消费习惯		
性价比	价格—质量关系		
	需求弹性		
	价格的稳定性		
	市场的稳定性		
市场规模和潜力	市场增长		
	市场趋势		
	市场开发的要求		
	市场里存在的威胁		
顾客资金的充足性	总体经济现状		
	经济能力趋势		
	顾客收入		
	融资机会		

The Birth of an On-line Company "CHEQIANCHEHOU": Business Model Design for Electronic Commerce Platform

Ye Weiling

(*School of International Business Administration, Shanghai University of Finance and Economics, Shanghai*, 200433, *China*)

Abstract: Chen Lin, a lady with above 10 years' experience in the consulting business for automotive aftermarket, decided to start her own business on the era when China has been the biggest auto market for 3 years. Automotive aftermarket is of high potential because of the high speed of automotive sales volume growth. And Chen Lin believed that there must be many business opportunities when Chinese auto manufacturers transfer their sources from auto sales to auto aftermarket. In Chen's opinion, "4S" stations that franchised by the auto manufacturers and chained car service shops will be of equal importance in the automotive aftermarket as suppliers, and there must be opportunity for E-business as a platform to connect the so many suppliers and millions of car drivers. With the help of her two friends, one specialized in auto market consumer research and the other is experienced in managing 4S station, Chen Lin started the E-business providing the service of booking car maintenance and repair.

Keywords: Business Model; Entrepreneurship Marketing; E-commerce Platform; Automotive Aftermarket

案例使用说明

一、教学目的与用途

1. 本案例主要适用于"创业学"、"创业营销",也适用于"营销管理——设计"课程中的市场机会识别部分。
2. 本案例适用的对象:MBA、高级管理课程班。
3. 本案例的教学目的:训练学员分析市场机会,设计商业模式。

二、启发思考题

1. 案例中,陈玲和赵慰第一次见面谈话时最后涉及的"服务供给与需求矛盾"问题,一般是怎么解决的?
2. 登录案例中提到"格瓦拉"网站,你认为这个网站是怎样盈利的?这个网站的收入流来自哪里?
3. 你认为陈玲的预约网站是一种平台型电子商务吗?请具体描述一下。
4. 你认为车前车后网站对服务的供方(4S店、2S店或快修店)及服务的需方(车主)的吸引力分别在哪里(哪些方面)?
5. 附录2提供了一个新产品价值的分析框架,请用这个框架分析一下车前车后网站。

三、分析思路

教师可以根据自己的教学目标(目的)来灵活使用本案例。这里提出本案例的分析思路,仅供参考。

1. 从服务供给管理入手开始谈。
2. 从平台型电子商务的特点来思考这个创业项目的性质,总结网站的核心业务是不是预约?是预约全部服务,还是仅保养服务?
3. 可以请同学按照新产品创意的市场需求分析基本框架(附录2提供了一个模板,教师可自行选择模板)来分析核心业务(预约保养)。
4. 结合2和3,进一步分析创业项目的收入流来源,以及各收入来源与网站核心业务之间的联系。

四、理论依据及分析

1. 服务供给管理。
2. 新产品创意的市场需求分析。
3. 顾客终身价值分析(Customer Lifetime Value,CLV)。
4. 创业新产品价值预估。

五、背景信息

1. 陈玲的弟弟陈斌的业务和资源与"车前车后"高度相关。陈斌拥有大量零配件技术参数数据库(当然,这部分数据未经客户允许是不能公开的),但陈斌的团队在汽车零配件方面的知识、构建数据库能力及人际资源毫无疑问是陈玲可以利用的资源。

2. 案例中介绍,汽车售后服务市场主要由4S店和快修店两大类组成。快修店包括各种授权连锁店(如米其林授权的轮胎销售与服务店、美孚授权的润滑油销售与服务店)和无授权连锁店(各种修车、换胎店,早年这些店被统称为"路边摊/街边店",贬其技术水平低。事实上,在整车市场发展的十年中,这些店的设备和技术水平都在提升。有很多授权店的前身就是这样的小修厂)。这些店与4S店经营上最大的区别在于这些非4S系统的店无法获得纯正的原厂配件,其业务收入主要来源于轮胎和附件(如车膜、脚垫、座套等),也有一些非4S系统的快修店能够进到配件厂外流的零配件(按配件厂与主机厂的约定,这种配件外流是违反合同的行为),但其品质与货品来源就良莠难分了。

3. 案例中有"赵慰提到过关于车主满意度调查"的相关情节,这部分内容并不是十分有用,仅作为背景让学员了解。当然,我们希望学员能够洞察到"预约工作目前并不是整车厂和4S店考虑的主要问题,更不会是他们投资的主要方向,这从一个侧面论证了此项服务由第三方平台来提供的必要性和可能性"这样的结论。但是,请注意,如果要深究满意度研究的内容,本案例的信息是有限的、不适合的。

六、关键要点

1. 请注意,本案例提供的两个标杆网站包含大量案例中没有陈述的细节,是非常重要的资料。

2. 预约是进行服务供给管理的重要解决方案,本案例中的网站最适合的核心业务应该是"保养预约",因为维修是不可预测的业务。

3. 售后服务预约和价格查询功能是"车前车后"的特别功能,但仅有预约功能,不足以支撑盈利模式。

4. 格瓦拉网站和澳大利亚的售后服务网站是非常好的参照标杆,学员们必须对这两个网站有深入的研究,最好有格瓦拉的使用经验及4S店的售后服务体验。

七、课堂计划建议

本案例可以作为专门的案例讨论课来进行。以下是按照时间进度提供的课堂计划建议,仅供参考:

整个案例课的课堂时间分两节进行,每节控制在60分钟以内。

课前计划:提出启发思考题,请学员在课前完成阅读、上网搜索(请注意,本案例提供的两个标杆网站包含大量案例中没有陈述的细节,是非常重要的资料)和初步思考。

课后计划:小组需要组织至少两次讨论,建议每次讨论不少于40分钟,第一次可以讨论明确启发思考题的1～3题,学员形成共识再查资料和个人思考后,第二次可以讨论第4和第5题。

第一次课堂计划:简要的课堂前言,明确主题 (2分钟)

    小组发言 (每组5～8分钟,控制在40分钟以内)

　　　　　　　引导全班进一步讨论,并进行归纳总结　(18分钟)
　　第一次讨论课后,要求学员采用小组报告形式给出商业模式设计,教师批改,选择典型的作业作为第二次讨论基础。
　　第二次课堂计划:简要的课堂前言,明确主题　(5分钟)
　　　　　　　选中的典型作业的小组发言　(控制在15分钟以内)
　　　　　　　引导全班进一步讨论,并进行归纳总结　(30分钟)
　　教师可以根据情况仅安排一次讨论,或者缩短第二次讨论,但是安排两次讨论的效果会优于一次。

授权的迷思
——某通信公司中层管理者的授权困局[①]

● **摘　要**：本案例描述的是某通信公司中层管理者在对下属员工进行授权的过程中，所面临的各种问题与挑战。具体来说，这些挑战包括管理者的个人特质、团队氛围、员工个人价值观、团队实际运作中产生的各类冲突以及是否采取了相应的监督与管控措施。通过这个案例可以发现，只有事先掌握并建立起一个完善的框架体系，管理者才能在实际工作中有效地实施与推进对员工的授权。

● **关键词**：授权型领导；团队氛围；个人价值观

引　言

　　自20世纪80年代以来，面对商业运营与竞争环境日新月异的变革，许多著名管理学家（如彼得·德鲁克[②]）在他们的著述中不断提到了一种新的员工管理方法，即向员工授权。这些管理学家将团队领导的授权行为定义为：团队主管通过分享职权和资源，提高团队自主和效力的一系列领导行为。一位向下属授权的领导，常常会鼓励下属在工作中多依靠自我引导与自我监督、邀请他们参与决策并授权给团队成员，让他们直接为自己的工作业绩负责，同时积极肯定团队成员的各种成绩与贡献。反之，一位较少向团队成员进行授权的领导，倾向于将职权和资源集中在自己手中，在工作中反对下属寻求自主权，并且贬低或否定团队成员的工作业绩。

　　因此，主管的授权型领导风格常被认为能够激励下属的工作业绩[③]，并已成为评价一位团队主管积极领导风格的重要指标。为了吸引、稳定人才队伍，进而提升团队工作业绩，通常认

[①] 本案例由上海财经大学国际工商管理学院的陈志俊撰写，作者拥有著作权中的署名权、修改权、改编权。未经允许，本案例的所有部分都不能以任何方式与手段擅自复制或传播。
版权所有人授权上海财经大学商学院案例中心使用。
由于企业保密的要求，在本案例中对有关名称、数据等做了必要的掩饰性处理。
案例只供课堂使用，并无意暗示或说明某种管理行为是否有效。
[②] http://baike.baidu.com/view/980789.htm。
[③] Chen,G.,Sharma,P.N.,Edinger,S.K.,Shapiro,D.L.,& Farh,J.L. Motivating and de-motivating forces in teams: Cross-level influences of empowering leadership and relationship conflict. *Journal of Applied Psychology*,2011(96):541—557.

为团队领导需要展现出更多的授权型领导行为。授权作为一种管理与领导方式,在全球范围内得到不断应用。例如,1999年一项针对英国制造业564家公司的调查显示,72%的被调查公司报告说他们已经在相当程度上在工作中采用授权的方式,其中23%的公司报告说他们已经广泛使用了这一管理方法。[①] 4年后,针对这些公司的一项后续调查显示,已经广泛使用授权这一方法的公司数量已经翻番。[②] 截至2005年,调查显示超过50%的组织已经采用了某种类型的授权方法。[③]

对于积极寻求变革与创新的某通信公司来说,通过管理机制上的突破,如大力推进向员工的授权,无疑应该是帮助公司成为行业领军企业的行之有效的手段。为此,公司总经理郑总常在各种场合鼓励公司的各级领导在工作中多向下属进行授权。有一次,郑总在读完一本有关管理授权的畅销书后,还亲自撰写了8 000多字的读书笔记,与自己的工作思路相结合,详细阐述了在工作中推行授权的必要性和重要性。他将这篇读书笔记放到公司的内部论坛上,供员工交流讨论。但是,最近郑总却一再听到公司基层员工对于主管领导推行授权的质疑和抱怨。他心中不禁为之一动:到底问题出在什么地方? 在类似像通信行业这样的国有大型企业中,是否真正适合推行授权型领导? 出路在哪里?

一、背景资料

(一)行业背景

按照邓小平"要先把交通、通信搞起来,这是经济发展的起点"[④]的指示精神,我国电信行业的改革与发展已经取得阶段性成果。进入21世纪以来,伴随着电子通信技术的进步和国家政策的大力扶持,整个电子通信行业获得了超常规的发展。一方面,光纤通信技术的应用得到大范围的普及,与此同时,国家花大力气建立健全了农村通信网络;另一方面,中国通信公司实现了走出去的目标,逐步参与到国际市场的竞争当中,并日趋脱颖而出,不断获得大额国际订单。此外,移动通信不断普及(如图1所示)。多个因素叠加,使得整个行业的利润总额不断攀升。

随着高额利润的产生,通信行业面临着激烈的竞争。在基础电信领域,已形成了中国电信、中国网通、中国移动与中国联通等多家骨干企业。在无线寻呼和增值电信领域,经过多年的发展与壮大,"已有4 000多家中小企业,初步形成了不同规模、不同业务、不同所有制企业相互竞争、优势互补、共同发展的市场格局"。[⑤] 激烈的竞争氛围要求各个公司通过管理模式和方法的创新,努力占领战略制高点与市场主动权。其中,向基层员工授权成为了一条重要途径。

(二)某通信公司简介

某电信公司前身为创立于1950年代的某省邮电工程局。该局是新中国成立较早的电信

[①] Waterson, P. E., Clegg, C. W., Bolden, R., Pepper, K., Warr, P. B., & Wall, T. D. The use and effectiveness of modern manufacturing practices: A survey of UK industry. *International Journal of Production Research*, 1999(37): 2271—2292.

[②] Wall, T. D., Wood, S. J. & Leach, D. Empowerment and Performance. In I. Robertson and C. Cooper (Eds.), *International and Organizational Psychology*: 2004. p1—46. London: Wiley.

[③] Spreitzer, G. M. & Doneson, D., Musings on the past and future of employee empowerment. In the *Handbook of Organizational Development*, 2005.

[④] 1984年2月24日邓小平讲话。

[⑤] 《中国电信行业研究报告》,2003年中国股份制商业银行行长联席会议材料。

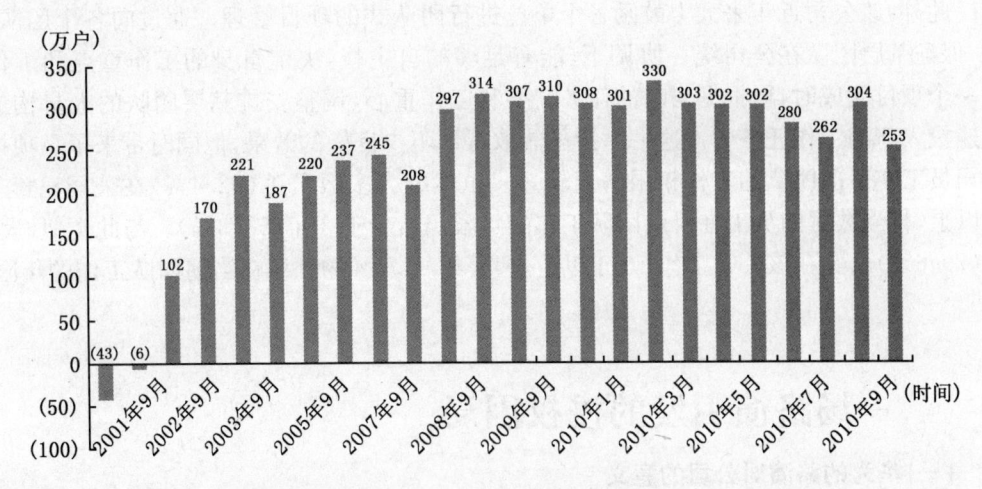

图1 某电信总公司移动用户月度增量

时间	增量(万户)
2001年9月	(43)
2002年9月	(6)
2003年9月	102
2005年9月	170
2007年9月	221
2008年9月	187
2009年9月	220
2010年1月	237
2010年3月	245
2010年5月	208
2010年7月	297
2010年9月	314

资料来源：公司公告，交银国际。

工程机构。20世纪初，该公司经转制后成功上市。为了应对市场需要和竞争压力，公司大力推进人才队伍的年轻化与技术化。经过多年连续不断的努力，目前该公司员工整体已呈现出年龄较轻、学历较高的特点（具体信息见表1）。现在公司中级以上职称员工共计3 920人，占全部员工总数的24%。在实际管理中，该公司为了鼓励年轻员工通过技术创新实现个人职业理想与企业技术的先进性，积极与国内外著名公司、厂商、科研机构（如爱立信、华为、中兴、朗讯、西门子、某市邮科院）进行技术交流与合作，并派出大量技术骨干与年轻员工参与到这些组织提供的各种培训与交流合作项目中。

表1　　某电信公司员工特征

内容	分类	中层领导	基层员工
年龄	30岁以下	11.8%	14.9%
	30~40岁	51%	68.1%
	40岁以上	37.3%	16.9%
性别	男	68.6%	56.3%
	女	31.4%	43.7%
学历	大专及以下	2%	7.1%
	大学本科	56.9%	67.5%
	硕士	35.3%	24.9%
	博士	2%	0.3%
团队工作年限	3年以下	64.7%	58.3%
	3~7年	21.6%	28.8%
	7年以上	13.7%	10.8%
单位工作年限	5年以下	23.5%	24.7%
	5~10年	5.9%	11.9%
	10年以上	70.6%	62.4%

此外,该公司近年来大力鼓励各个单位进行团队式的项目管理。通过向各个团队进行授权,保证基层团队在公司统一协调下,能有足够的自主权,决定自身的工作重点和工作流程。当一个项目完成时,再根据当时的任务需要和工作重心,调整安排基层团队的人员构成,以便迅速投入新的工作任务中。这一举措虽然取得了不少良好的效果,但同时带来了一项挑战,即公司员工在目前团队的工作年限普遍较短。虽然绝大多数员工(62.4%)在公司已经工作10年以上,相当数量的员工在目前团队工作的年限仍然少于3年(58.3%)。与此类似,大多数主管(70.6%)已经在该公司工作10年以上,但是约64.7%的领导在当前团队工作的年限少于3年。

二、一场路演引发的授权困局

(一)华为的路演对公司的意义

随着对基层员工进行授权这项工作的不断深入,公司郑总不断从内部网上了解到基层员工对团队主管在授权时的不解与困惑。最近的一次是有关华为来公司的一次路演。作为该公司重要的技术合作伙伴和设备供应商,华为常常派出自己的技术人员到该公司进行路演,以现场体验和实际演练的方式推销它们的产品。这一次的路演主要针对一套华为新研制成功的移动宽带解决方法。由于该公司在省内以及其电信母公司在全国范围内,在争夺移动用户和3G用户的竞争中已处于下风地位(如图2、图3所示),该公司领导十分重视这次路演,希望通过引入合适的移动宽带解决方案,将话音通话、有线、多媒体以及无线通信等技术进行整合,迅速改变该公司目前的落后局面。

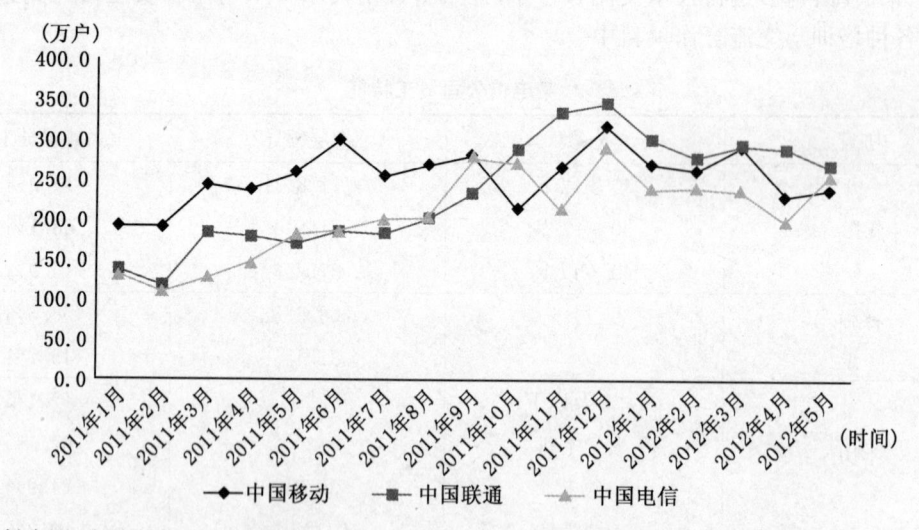

资料来源:公司公告,太平洋证券。

图2 电信运营商3G用户月新增数[①]

[①]《通信行业2012年中期策略报告:运营商竞争加剧,光通信获政策大力扶持》,太平洋证券研究报告,2012年6月27日。

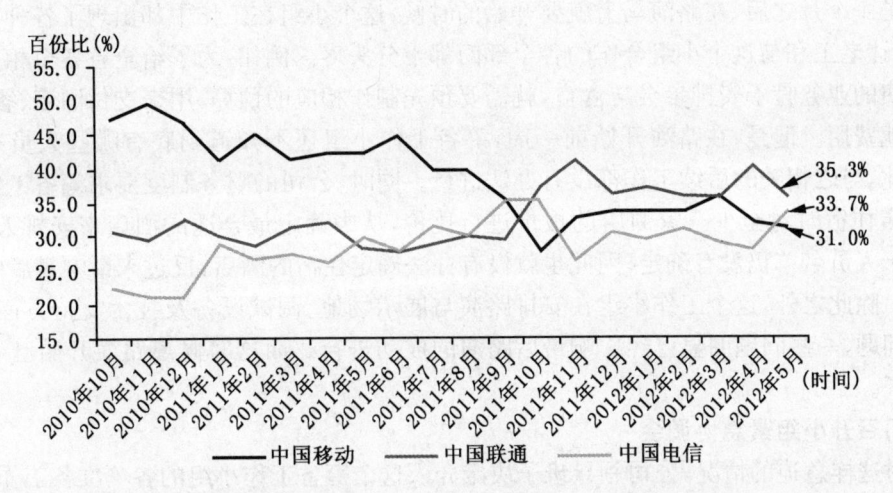

资料来源：公司公告，太平洋证券。

图3　电信运营商3G用户月新增数占比[①]

(二)筹备小组的建立与挑战

由于这次路演的重要性，公司领导班子高度重视，专门组织了一个"六人筹备小组"负责这次路演的准备、考核与总结。为了给这个小组配备最好的成员，公司专门从各个业务部门和职能单位抽掉了相关骨干，短期内作为小组成员，参与完成这个小组的各项工作。参与这个小组的成员也都觉得这是一项十分重要的工作和难得的机遇，如果做得好，没准将来可以让他们在单位里迅速得到升职。正因为这个小组的工作成果对公司未来技术发展具有十分重要的意义，公司领导班子安排某核心部门的经理老王来负责这个工作小组，并为其明确了具体的工作目的：

(1)筹备安排华为的路演活动，包括场地安排、人员组织、设备调试以及技术支持。

(2)组织安排公司相关领域的技术骨干参与路演，与华为的工作人员互动，了解掌握这套移动宽带解决方案的技术特点与市场潜能，并据此作出评估，供公司领导层决策使用。

(3)对整个路演进行总结评估，为公司今后的战略发展方向提供指引。

在老王接手这项工作前，郑总及领导班子的其他成员按照惯例找他谈了话，向他强调了这项工作的紧迫性与重要性，并建议他在工作中多使用授权的方式，让手下的年轻业务骨干们多参与相关的决策制定与工作安排，调动他们的工作积极性。

在听取了郑总和其他领导的意见之后，老王在工作中常常使用授权的方法，赋予手下的各个业务骨干很多工作责任，让他们切实为自己的职责负责。例如，老王会和几位小组成员一起工作，为这次路演做准备。为此，他们会与公司的不同部门进行协调(包括总裁办公室、网络操作维护中心、移动增值运营中心、客户支持中心、计费中心、声讯团队、管控部门以及运行维护部)。通过与这些部门的沟通联系，实现信息共享与资源整合。此外，老王在工作中积极鼓励小组成员为自己设定工作目标，努力听取他们的意见和建议，激励他们自己想出问题的原因，然后给予解决。因此，刚开始的时候，老王对于自己的工作方式觉得十分满意，觉得整个小组的工作已经上了轨道，可以顺利完成这次路演的各项目标。

---

① 《通信行业2012年中期策略报告：运营商竞争加剧，光通信获政策大力扶持》，太平洋证券研究报告，2012年6月27日。

但是1个月之后,在路演马上就要开始的时候,这个小组在工作中却出现了各种各样的关键问题,让老王和与这个小组合作的各个部门都十分头疼。例如,为了给全省各个相关部门来参加路演的业务骨干安排参会与食宿,就需要预先制作相应的预算,用来支付酒店、餐饮、交通以及其他费用。但是,在路演开始前一周,筹备工作小组还不知道到底有哪些人员来参加路演。因此,与之相关的后续工作都没有办法进行。同时,公司的财务制度要求筹备工作小组在安排酒店住宿时对至少三家酒店的报价进行比价,从中确定最合适的酒店来安排人员住宿。但是由于人员名单仍没有确定,因此也就没有办法确定住宿的酒店,反过来影响最后的预算审批过程。除此之外,这个工作小组在安排路演与展示场地、调试设备及技术支持方面,都出现了很多问题,一些问题明显已经影响最后路演的成功进行。而这时候离路演开始已经不足一周时间了。

(三)召开小组紧急协调会

面对这样急迫的情况,公司领导班子决定介入这个筹备工作小组的各项准备工作当中,力保路演的时候不出现差错。为此,郑总首先建议老王在小组内部召开一个工作会议,讨论如何解决现有的问题以及应该怎样落实之后的具体工作安排。为此,老王专门给小组各个成员发了一封邮件,计划召开一个紧急工作会议,来协调整个筹备小组的工作,邮件内容如下:

寄件人:王××
收件人:筹备工作小组成员
抄送:王××
题目:目前面临的困难
发送时间:××日下午2:00

大家好:

在过去的一个月当中,大家为这次路演作出了各种努力和贡献。在此,我对大家表示衷心的感谢。我知道因为其他部门没有积极配合和响应,也没有向大家提供足够的信息,所以你们在筹备路演的过程中遇到了不少困难。没关系,大家都是来自各个业务部门的骨干,我相信大家一定能够在未来的工作过程中解决这些问题。出于对大家的信任,我把这个问题留给大家自己来解决。我相信你们一定可以做得很好!

同时,在上次向郑总和公司领导班子汇报工作的时候,我把大家有关场地布置的一些意见和建议也一一做了汇报。郑总和班子成员对大家的意见十分重视,经公司党委讨论,决定都予以采纳。最后,为了解决我们目前面临的各种问题和困难,力保路演能够顺利圆满地进行,明天上午10:00,我们要开个会,讨论下一步的安排以及今后这个关键时段的工作。请大家务必准时出席。

王××

当天下午,小组成员们就对老王的这封邮件进行了讨论。首先,小组的一位成员——××部门的李翔给小组其他成员发了封邮件,内容如下:

寄件人：李翔
收件人：筹备工作小组成员
题目：Re：目前面临的困难
发送时间：××日下午3:00

  各位，老王说明天上午10:00开会。但我们部门那个时候正好是一个项目的年审，时间冲突，怎么办？

李翔

  之后，小组的另外三位成员对李翔的邮件进行了回复。

寄件人：刘松
收件人：筹备工作小组成员
题目：Re：Re：目前面临的困难
发送时间：××日下午3:00

  我觉得，既然老王已经决定了什么时候开会，我们现在还有那么多问题没有解决，我们还是全力配合吧。翔子，你就开完这里的会，再去你们部门参加年审好了。

刘松

寄件人：张猛
收件人：李翔；刘松；徐玲
题目：Re：Re：Re：目前面临的困难
发送时间：××日下午4:00

翔子：

  我同意刘松的意见。毕竟是部门老大发话，我们还是乖乖听吧。正好，明天可以好好讲讲我们和"那个人"沟通协调的问题。

张猛

寄件人：徐玲
收件人：张猛；李翔；刘松；
题目：Re：Re：Re：Re：目前面临的困难
发送于：××日下午4:00

  我也这么觉得。老王决定了，我们还是按照他的意思来做吧。你觉得呢？

徐玲

寄件人：李翔
收件人：张猛；刘松；徐玲
题目：Re:Re:Re:Re:Re:目前面临的困难
发送于：××日下午4:30

好吧，我还是参加完这里的会，再去参加我们部门的年审吧。谢谢大家的回复！

李翔

第二天早上，按照老王的提议，整个筹备小组开了一次紧急协调会，专门讨论小组现在亟需解决的一些紧迫问题。会上，老王先就确定路演人员名单的问题询问了小组成员李翔和翟志峰。一方面，李翔认为当初在安排这项工作时，老王已经授权给翟志峰去完成的，因为翟志峰负责所有的人员组织与安排。但是翟志峰认为自己主要负责酒店比价、人员招待这些方面的工作。相反，确定人员名单这项工作，应该是由负责场地安排与设备调试的李翔来牵头，因为只有确定哪些设备与这次的移动宽带解决方案有关，才能确定最后的相关参加人员，不然会导致不必要的浪费与麻烦。

对此，李翔认为自己已经在私底下，或者通过邮件，多次提醒翟志峰，这项工作最好由他来完成，但是翟志峰仍然无动于衷，导致整个筹备工作的进度受到了很大的影响。而翟志峰认为李翔并不是小组的领导，凭什么自己的工作要由他来指派？在李翔与翟志峰激烈争辩的时候，张猛和徐玲不是交头接耳，就是在桌上传递小纸条，让翟志峰更加觉得，李翔他们是串联起来整他。为了阻止李翔和翟志峰陷入更大的矛盾之中，老王当场阻止了他们的争论。之后会议决定，这项工作将由翟志峰来牵头尽快完成。此外，今后老王会更多地参与到决策制定与监督的过程中。会后，老王将会议的情况向郑总做了汇报，并保证在规定时间内完成路演的准备工作。在听取了老王的汇报之后，公司领导班子要求老王在最后的关键时刻，严密监督各项工作的进展，并随时向班子汇报工作情况。

三、由授权引发的反思

（一）对冲突的不同看法

在公司领导班子的直接介入下，华为的路演基本都顺利完成了。通过综合评估，公司决定投资购买该型号的移动宽带解决方案，提升整体服务质量。但是这个筹备团队工作的实际情况还是引发了郑总对于授权的思考。不断困扰他的问题是：授权真的错了吗？如果错了，那自己平时对于下属的那些工作举措，是否也存在相应的问题，只是自己没有发现呢？为了回答这个问题，他决定委托公司以外的咨询机构与整个小组的所有成员单独面谈，了解实际情况，解决这个困惑。

首先被约谈的是翟志峰。在解释团队中存在的各种问题与困扰时，翟志峰说："我认为，我们团队的问题在于，各个成员都来自不同的部门，以往没有太多的接触机会。这是第一次我们在一起合作。作为一个团队，我们需要真正感到自己是一个'团队'。比方说，成员之间需要有更好的沟通和更多的沟通渠道。如果在正式合作之前，组织一些拓展训练，没准可以增强同事之间的认同感。现在我们在相互都不熟悉的情况下合作，有些时候对于其他人的工作方法，可能就会有不同的看法。但是这个沟通与熟悉的过程需要时间，所以很可能出现冲突和矛盾。比如我对李翔的一些做法，就感觉不是很恰当。到了后来，可能他们几个人私底下沟通比较多，所以感觉像是一个小圈子。在会上相互之间传递纸条，窃窃私语，好像很针对某个人，这就不太好！"

对于他和翟志峰之间的冲突，李翔认为："我们之间其实没有什么，就是在一些工作方式和方法上有些不同。但是翟志峰这个人的性格可能有些问题，有些事情不太能够放得开。我试着跟他沟通过几次，但是没有办法说通。其实，包括我在内，我们团队的几个成员都已经对他很宽容了。有时候还帮他做点事情，比如跟其他部门联系。如果他说这个事情是不是可以麻烦我们来做，我们还是很到位的。但是，不能总是我们把事情都做了吧。毕竟这是一个集体的项目。不过我觉得更关键的问题是，领导班子中要是有人跟我们更好地沟通一下，可能会避免不少问题。我的意思是，我们小组的成员因为来自不同的部门，常常能够听到各种小道消息。比方说，就有人在传，这次筹备小组的工作是领导班子对老王的一次考察，如果做得好，他很有可能再上一步。但是这些事情都只是传言，没有正式的说法，所以大家都是猜测。但是有些同事可能是因为来自其他部门的原因，对这个消息就会有不同的想法。如果老王上去对他们部门不算一个'利好消息'的话，在工作上就可能采取比较消极的态度。所以我觉得我们需要一个更加畅通的沟通机制，领导们多跟我们分享信息就好了。"

（二）授权错了吗

对于李翔与翟志峰之间的问题，小组成员刘松认为："我觉得，在这个问题上，老王还是有点责任的。我明白现在公司上下都在讲要对员工授权，但是我觉得这也是要分场合、分情况来看的。对于有些工作上的安排，应该由领导说了算，不是我们当下属的自己可以决定的。最好一开始就能够把各项任务确定一下，形成一个系统。如果都是我们自己决定，肯定要乱套的。李翔和翟志峰之间的问题就是这样子。而且，因为我们都是小组成员，平时都是各个部门的骨干，跟有些人也是抬头不见低头见，所以也不太好多说什么。我们有时候间接地向老王反应过，他作为领导么，好像也有自己的想法，那么我们就乖乖地听呗。不过我还是觉得老王如果能够在有些时候多管管，就不会在工作中出现推诿、'搭便车'的现象了。大家工作起来其实还都挺有积极性的。"

对于老王的管理方式，小组成员张猛也有看法。他认为："我有的时候分不清楚，老王到底是真的相信我们自己就能够做好，还是干脆放手不管。工作毕竟是做出来的嘛！而且有时候，他确实会向我们征求意见。但是，事后我们常常发现这不过是走个过场，其实要怎么办，上头早就决定好了。这对我们的工作积极性来说，不是很有利。其实这点上，哪里的单位都一样。比如我的其他同学，也在国有大型企业工作，刚进单位的时候，如果领导表示想要听取一些意见，都很愿意向领导献计献策，但是久而久之，也就不说什么了。"

作为小组唯一的女性成员，徐玲对老王的工作方法表示赞扬："我是这个小组里唯一的女性，可能是因为这点原因吧，平时他们几个都蛮帮我的。我觉得老王的管理方式还是很不错的。当初我刚刚进入这个单位的时候，我们部门领导的管理方法就比较简单粗暴。他常常让我们觉得自己就是在这里'打工'的，只要把他分配给我们的事情做好就行了。所以当我发现老王常常鼓励我们，相信我们凭自己的能力一定能把工作做好的时候，一开始我还有点小小的怀疑和抗拒。不过很快我就适应了。现在小组里有些问题，我想老王也有自己的难处。外面都在传这个项目是对老王的一个考察，所以他做起事情来可能还是有点拘束的。而且他自己的一些想法和意见也不是能够得到领导班子完全的重视和肯定，那我们这些在'基层'工作的人就更不要讲了，工作起来肯定也有一定的制约和束缚。毕竟这个项目是暂时的，将来大家还是要回到自己原来的部门，不可能做到心往一处想、劲往一处使，这也是现实原因。"

（三）郑总的反思

当郑总阅读小组成员的访谈报告时，他不禁开始觉得困惑。没想到在实际工作中，老王的授权型领导方式会有这么多的问题。看来这不仅是个别员工的问题，也是整个公司的挑战。作为公司的一把手，自己曾多次鼓励下属在工作中进行授权，还专门写了一篇读书心得来谈这个问题。现在看来，自己在一些问题上看得还是不够深入。与此同时，对于自己鼓励的授权型管理风格，不仅各级领导都对此不是很热心，而且从各个渠道反映上来的意见中，自己也明显感到了问题。那到底如何才能将授权型管理方式的正面效用最大化，同时降低或避免出现一些冲突和挑战呢？这仍然是一个悬而未决的问题。

The Empowerment Dilemma: The Challenges For Middle Managers At a Communication Corporation When They Empower Their Subordinates

Chen Zhijun

(*School of International Business Administration, Shanghai University of Finance and Economics, Shanghai*, 200433, *China*)

Abstract: The current case describes the various problems and challenges that middle managers of a communication corporation encounter when they empower their subordinates. In particular, these challenges include the personal traits of these managers, team climate, subordinates' personal value and beliefs, all kinds of conflicts from team operation, and whether or not there are relevant practices to supervise and monitor the subordinates. Through this case, we found that managers could effectively empower their subordinates only when they have a clear understanding about these challenges beforehand and have built up a complete system to facilitate the empowerment process.

Keywords: Empowering Leadership; Team Climate; Personal Value Orientation

案例使用说明

一、教学目的与用途

本案例主要适用于"组织行为学"与"战略人力资源管理"中"领导学"以及"团队领导"等章节的学习，适用于MBA、管理类研究生案例教学使用。

二、启发思考题

1. 为何电信公司中层管理者的工作需要变革？
(1) 什么样的公司需要变革其管理方式？
(2) 公司内部的变革压力有哪些？

(3)阻碍这些变革的主要因素有哪些?

2. 授权够不够、对不对?

(1)何为授权型领导?

(2)促使一位领导表现出授权型特点的主要原因有哪些?

(3)授权型领导的个人特质应为哪些?(可以考虑个人价值观、工作信念、个性特质、对待被授权对象的认知与态度)

3. 如何在实际工作中对下属进行授权?

(1)授权是一个持续推进的过程,还是一种一蹴而就的举措?

(2)应该在开始接受一项工作(或开始领导一个团队的时候)就进行授权,还是在一段时间之后进行授权?

(3)衡量对一个团队进行授权的指标主要有哪些?

4. 下属的反应会是哪些?

(1)为何会导致工作中的冲突?

(2)如何避免在授权的同时,出现"搭便车"的现象?

(3)下属表现出怀疑和拒绝的主要原因是什么?

(4)何种团队氛围有助于授权型领导风格产生积极影响?

(5)何种个人价值观和信念有助于授权型领导风格产生积极影响?

5. 如何克服授权中出现的问题与困难?

引入系统的授权领导模式(详见图4)。

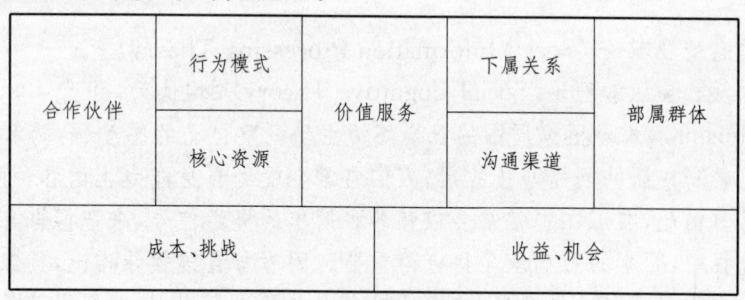

合作伙伴	行为模式	价值服务	下属关系	部属群体
	核心资源		沟通渠道	
成本、挑战			收益、机会	

图4 授权模式画布[①]

三、分析思路

教师可以根据自己的教学重点与教学目标灵活使用本案例,以下的分析思路仅供参考:

1. 在开始进行授权之前,组织与领导个人均需要做充足的准备,掌握相关的信息,除了明确被授权对象的工作内容、任务分配、与其他同事或团队的协作机制、个性特质、价值取向等[②],还需要获取足够的资源保障、拥有畅通的信息沟通以及反馈手段。

2. 在对下属进行授权时,需要采用权变型的领导方式。这种权变型的领导风格需充分考虑下属本人的价值取向,也要将团队氛围纳入考虑范围,包括团队中现有的各种冲突(包括工

[①] 亚历山大·奥斯特瓦德,伊夫·皮尼厄:《商业模式新生代》。

[②] Burke, P.J. Identity processes and social stress. *American Sociological Review*, 1991(56): p836—849.

作冲突、人际冲突)①,并辅之以充分的监督监察机制,以避免搭便车的现象②。

3. 任何领导风格或方式对组织产生的影响都是深远的。同时,采取这些行为时也需要将工作时间、阶段纳入考虑范围。即使面对同一群下属,在不同的阶段采用的工作方式也可能是截然不同的。可能在小组刚刚开始工作时,需要领导更加专断一些,随着小组的工作逐渐步上正轨,慢慢采用授权型的领导风格。③

四、理论依据及分析

(一)跨层次激励模型(Multilevel Model of Motivation)④

跨层次激励模型认为团队领导的行为是团队的背景性因素(Ambient Stimuli)。所以,团队领导的行为对团队所有成员的心理状态和工作行为均有相当大的影响。同时,这些领导行为影响团队成员的态度和表现主要是因为他们首先影响了部属心理上的被激励状态(Motivational States)。具体来说,这种激励状态就是团队成员对他们的工作环境有什么样的认知,以及他们认为自己有什么样的能力,可以在这样的工作环境中有效开展和完成各项工作。例如,团队成员对自己有效开展各项工作比较有信心,或者是他们对团队和组织的认同度比较高。一旦领导行为改变了团队成员的激励状态,就会进而影响团队成员选择的具体工作目标,以及他们在实现这些目标时采用的具体工作方式或手段。总结起来,根据跨层次激励模型,团队领导的工作行为改变了部属的工作效果是因为这些行为首先改变了部属的激励水平。因此,哪种领导风格对部属的激励水平能有更强更积极的影响,对于这个团队来说,就是更有效的领导风格。

(二)社会信息处理理论(Social Information Processing Theory)⑤

这个理论以及社会认知理论(Social Cognitive Theory)⑥均认为,作为一种适应性的存在(Adaptive Organisms),人会根据周围的社会环境主动调整自己的态度、行为和信念。尤其当碰到不确定性比较高或新的问题与挑战时,人们常常会受到自身能力上的各种限制,无法全面收集与处理信息。由此,在工作中常常会依赖各种简单的提示信号,来把握自身面临的问题与挑战。在这个过程中,同事的影响就显得尤为重要。因为与直接领导相比,员工往往与在同一个工作环境下工作的同事接触更频繁,交流的机会也更多。由此,从他们那里获取的提示信号也会更多。所以同事的一言一行会直接或间接地对员工产生影响,这些影响能帮助员工检验与确认自己对于工作场所的各种认知。据此,这个理论认为,在团队工作的情境下,团队的集体工作氛围就会影响到每一位成员如何看待团队领导的领导风格。当团队的领导风格与团队

---

① Chen,G.,Sharma,P.N.,Edinger,S.K.,Shapiro,D.L.,& Farh,J.L.Motivating and de-motivating forces in teams: Cross-level influences of empowering leadership and relationship conflict.*Journal of Applied Psychology*,2011(96):p541—557.

② Langfred,C.W.The downside of self-management: A longitudinal study of the effects of conflict on trust, autonomy, and task interdependence in self-managing teams.*Academy of Management Journal*,2007(50):p885—900.

③ Lorinkova,N.M.,Pearsall,M.J.,& Sims,H.P.In Press.Examining the differential longitudinal performance of directive versus empowering leadership in teams.*Academy of Management Journal*.

④ Chen,G.,& Kanfer,R.Toward a systems theory of motivated behavior in work teams.*Research in Organizational Behavior*,2006(27):p223—267.

⑤ Salancik,G.R.,& Pfeffer,J.A social information processing approach to job attitudes and task design.*Administrative Science Quarterly*,1978(23):p224—253.

⑥ Bandura,A.Social cognitive theory: An agentic perspective.*Annual Review of Psychology*,2001(52):p1—26.

氛围相一致时，对于团队成员的影响就会更大。具体来说，团队领导的领导行为就会对团队成员的激励水平产生更为深远的影响。[①]

（三）职责身份理论（Role-identity Theory）

这一理论的概念基础是象征性交互作用学说（Symbolic Interactionism）。[②] 这一派学说关心的核心问题是社会结构如何影响了个体，同时个体如何影响了社会行为。在解释这些现象与作用时，职责身份理论认为，应该将社会结构视作每个人在日常生活中参与的各项社会关系与活动的一种稳定状态或规律。为了更好地融入到社会结构与社会秩序中，每一个体会主动将外部的期望转化为个体内在的自我期望，并以此来规范自己的态度与行为。在这个过程中，社会结构对个体态度与行为的影响，主要因为它首先影响了个体对于自身职责角色（如性别、作为一名下属的身份、具体的职业）的认同度。其中，职责角色是指由个体在社会结构中所处的位置而产生的一系列期望与要求。在不断的社会互动过程中，个体不断熟悉自身的社会地位与社会角色，最终对这些角色产生认同。以致最后人们也常常根据自身的职责角色来对自身进行评价。

此外，个体与环境因素都会对个体的职责角色认同产生影响。其中，作为个体因素，本人价值观的影响尤为显著。当个体将自身的态度与行为同自己的价值观相联系时，可以在社会结构与自身之间取得一致。同时，个体的价值观决定了哪些态度与行为，对于个体来说是合适的、应当被表现出来的。所以，在面对团队领导行为这一外部刺激时，个体价值观决定了员工应该如何应对与反应。由此可以认为，对于不同的员工，由于价值观上的差异，合适的领导行为或领导风格也是不尽相同的。只有那些与个体价值观相匹配的领导风格，才能对部属的激励水平真正产生影响。

（四）商业模式及商业模式画布

商业模式"描述了企业如何创造价值、传递价值和获取价值的基本原理"[③]。根据亚历山大·奥斯特瓦德（Alexander Osterwalder）与伊夫·皮尼厄（Yves Pigneur）提出的商业模式画布，一个好的商业模式包括以下部分：客户细分、价值主张、客户关系、渠道通路、关键业务、核心资源、重要合作、成本结构以及收入来源。这个画布的特点与优势在于，可以直观地将企业的商业模式展现出来，并不断通过调整这些核心部分之间的联系，对企业的商业模式进行创新。由于这些优势，可以将这一模式运用到领导力中，提出一个授权型领导风格的模式画布。

五、关键要点

授权型领导行为不是一个一蹴而就的过程。为了更好地对员工和团队授权，组织与领导需要采用权变的思想，充分地考虑到员工个人与团队集体的因素（或限制条件），并将组织设计、考核激励、人员管理等多个环节纳入考虑范围。因此，需要引入对跨层次激励模型、社会信息处理理论以及社会认知理论、职责身份理论以及授权型领导风格的模式画布的思考与应用。

六、课堂计划建议

本案例可以安排在学生学习掌握了"领导力"课程的相关知识后使用。具体可以通过课堂

[①] 本部分的撰写主要参考本人最新的研究成果：Chen, Z., Takeuchi, R., & Shum, C. A social information processing perspective of coworker influence on the focal employee. Conditional acceptance, *Organization Science*。

[②] McCall, G., & Simmons, J. L. Identities and interaction. New York: Free Press, 1978.

[③] 亚历山大·奥斯特瓦德，伊夫·皮尼厄：《商业模式新生代》，第4页。

讨论的方式来灵活运用。以下是按照时间进度提供的课堂计划建议,仅供参考:

整个案例课的课堂时间控制在45分钟以内。

课前计划:在授课前,将案例正文及相关附件材料发放到学员手中,提出启发性思考题,请学员在课前阅读案例并对思考题进行初步思考。

课堂计划:简要的课堂前言,明确主题 (2~5分钟)

分组讨论阶段,明确讨论重点 (5分钟)

小组代表发言 (每组5分钟,控制在25分钟以内)

教师反馈,组织全班进一步讨论,并引导学员进行归纳总结 (10分钟)

课后计划:请学员利用授权模式画布,结合自身组织的特点,提出一个在自身组织中推进授权工作的模式与计划。